高等学校公共管理类专业规划教材
总主编　楚明锟

SCIENCE AND ARTS OF LEADERSHIP

领导科学与艺术

主　编　汪来杰
副主编　郭　婕　李艳荣

河南大学出版社
·郑州·

图书在版编目(CIP)数据

领导科学与艺术/汪来杰主编. —郑州:河南大学出版社,2013.5
(高等学校公共管理类专业规划教材　总主编/楚明锟)
ISBN　978-7-5649-1161-4
Ⅰ.①领…　Ⅱ.①汪…　Ⅲ.①领导学—高等学校—教材
Ⅳ.①C933
中国版本图书馆 CIP 数据核字(2013)第 051238 号

责任编辑　王有芳
责任校对　赵丹丹　何　果
装帧设计　王四朋

出版发行　河南大学出版社
地址:郑州市郑东新区商务外环中华大厦 2401 号
邮编:450046
电话:0371-86059712(高等教育出版分社)
0371-86059713(营销部)
网址:www.hupress.com
排　　版　郑州市今日文教印制有限公司
印　　刷　郑州海华印务有限公司
版　　次　2013 年 5 月第 1 版
印　　次　2013 年 5 月第 1 次印刷
开　　本　787mm×1092mm　1/16
印　　张　17.25
字　　数　409 千字
印　　数　1～3000 册
定　　价　33.00 元

总　序

公共管理进入科学研究领域发生在20世纪70年代，但是公共管理的思想却源远流长。公共管理的本质特性是公共性，而公共性根源于人类集合体中个体之间的差异性所隐含着的共同性，这种共同性是构成人类社会整体公共性的前提。孤立的人类个体在应对重大的、复杂的共同社会事务时，总是力不从心、微不足道，所以人类需要通过社会的公共性，用共同行动的力量去应对和解决涉及社会成员直接或间接、全部或大部分的共同问题，以保障人类的生存和发展，以推动人类文明的巨轮滚滚向前。

地质学家认为地球大约形成于50亿年前。仅仅到了四五百万年前，类人猿才出现，而现代人类出现在距今四万年前。"人类发展成为具有最高智慧的生物，他们创造了工具、技术、语言和其他交流与协作的手段。当其他动物在形体和基因上努力适应自然环境的时候，人类却改变了自然环境使之适合自己的需要，这个过程早在远古时代就已经开始，并一直延续到今天。经过漫长的岁月，智力也赋予人类发展社会与文化的无尽潜力。"①"人类发展社会与文化"的第一个形态被称为原始社会。在漫长的原始社会，人类以亲族关系的公共性为基础，平均分配经济生活资料，社会靠传统和家长来维系。随着生产力的发展，社会有了分工、剩余产品和家庭私有制，阶级便相伴而生。有阶级就有阶级矛盾，而当阶级矛盾达到不可调和的程度，便产生了国家。在农业社会，处于社会经济结构优势地位的奴隶主和封建地主阶级，俨然以公共性的"代表"自居，执掌国家公共权力，依靠国家暴力机构，对社会大众实行经济上的剥削和政治上的压迫；国家虽然也做了一些公共性的事情，如修道路、修水利、抵御外辱等，为社会的生产发展和生活安全奠定基础，但根本上是为了维护奴隶主和封建地主阶级的统治地位。这实质上不是公共性的进步，而是公共性的破坏；不是公共性的进化，而是公共性的异化。当人类进入工业社会之后，国家由资产阶级统治，资产阶级统治国家的进步性归根结底表现在两方面：政治上实行依法治国，经济上实行市场经济。依法治国体现的是法律面前人人平等，市场经济体现的是自由竞争、人人公平。显然，这至少在形式上建立了公共性的制度。也正是在这种制度背景下，现代政府生成并逐渐走上历史舞台。工业社会初中期，政府的管理权力来源于民主意愿与选举的程序，权力配置以"赢者统吃"和"政党分肥"为主，政治与行政的职能仍然混沌不分；政府为了促进自由竞争，追求国民财富和国家力量的同步增长，行政行为在依法行政过程中虽然成为较规范的实践活动，但表现为"无为而治"的放任性。法制规定了人

① ［美］杰里·本特利、赫伯特·齐格勒：《新全球史——文明的传承与交流（上）》（第三版），魏凤莲等译，北京：北京大学出版社，2007年版，第6～7页。

民权利的至上性和政府权力的有限性、人民主权原则和政府限权原则、法治政府原则和代议制政治体制、横向与纵向权力制衡体制及文官控制军队的制度。政府职能被限定在保护本国不受外来入侵的威胁、保护社会成员不受他人欺侮、建设和维护必要的公共设施，从而保证自由秩序稳定安宁，不干预经济生活和政府的廉价节约。

随着资本主义市场经济的充分发展和资产阶级民主政治制度的成熟，19 世纪末 20 世纪初，资本主义社会进入垄断时期，现代化工业生产水平大大提高，生产规模越来越大，市场竞争日趋激烈，传统的经验管理已不合时宜，一场科学管理革命在工业领域涌动并初见成效。工业化大生产带来的政治、经济、社会等领域的问题也对政府管理提出了严峻挑战，政府机构中普遍存在的办事效率低下、腐败现象严重、官僚主义盛行等弊端，更使面对工业化发展赋予自己应当解决的公共性问题的政府感到无能为力。于是，工业领域的科学管理运动和社会科学领域的"官僚制组织体系"的结合，促使政府由放任行政转变为管理行政。1887 年，公共行政学的鼻祖——美国杰出的政治学家、行政学家托马斯·伍德罗·威尔逊(Thomas Woodrow Wilson，1856～1924)，以其超凡的理论创新勇气和改革精神，发表了公共行政学的开山之作——《行政学研究》，使行政学成为一门独立科学。

当然，管理行政的问世并不意味着统治行政的消失。一方面政府在许多领域中仍然包含着带有统治特征的强制性行为；另一方面，在越来越多的社会管理领域中，政府服务于政治统治的色彩逐渐淡化，管理行政的属性越来越多地占据政府治理模式的主导地位。与此同时，社会的政治发展使政府成了专门的行政部门，国家的政治部门与政府渐渐形成了双向互动的关系：政治部门赋予政府政治性质，政府则以高效管理对政治部门负责；政府的公共事务管理逐渐成为国家政治生活的主导内容，国家政治部门则越来越趋向成为促进和监督政府实现高效社会公共事务管理的部门。特别是 20 世纪初那场席卷世界发达国家的经济危机，造成经济持续衰退、失业剧增、生产相对过剩、社会危机加剧等严重公共问题，迫使政府治理方式的改革成为社会关注的焦点。英国经济学家约翰·梅纳德·凯恩斯(John Maynard Keynes，1883～1946)顺应时势，以有效需求原理和就业理论为基础，提出了反危机的政策主张，提倡国家调剂和干预经济生活、加强社会监管。在凯恩斯理论的影响下，西方国家先后扩大行政规制职能、社会管理职能和经济管理职能，开辟了管理行政大有作为的广阔天地，国家福利主义的旗帜高高飘扬，导致行政国家迅猛出现。在这种背景下，以官僚制架构的公共行政学体系日益完善。最早系统阐述公共行政学理论的是美国学者伦纳德·D. 怀特(Leonard D. White，1891～1958)，1926 年他出版了世界上第一本大学行政学教材：《行政学导论》。

在现代社会，市场机制(看不见的手)和行政机制(看得见的手)都是对经济社会发展最具制约性的力量。但是，市场机制不是万能的，行政机制也不是万能的，关键是要把握"两只手"制约经济社会发展力量的平衡度。到 20 世纪 70 年代，福利国家虽然使社会的穷人群体绽放了"笑容"，但从摇篮到坟墓、从垃圾处理到卫星上天所涉及的公共事务都需要政府解决，必然使国家陷入经济困境。管理行政虽然强化了市场监管和社会管理，但现代社会各种矛盾冲突尖锐复杂，使社会的不可治理性问题凸显，政府无力就某些公共管理问题采取有效行动，或者说政府能力与要解决的公共管理问题所应具备的能力有差距：一方面，公共事务的数量剧增，政府大量通过立法管制干预民众生活，管的事务过多、范围过大而又不依靠社会力量处理，出现了管不了、管不好、服务不了、服务不好的严重问题，导致了不可治理性；另一方面，在官僚制体制和“帕金森定律”的作用下，政府机构臃肿、人浮于事、能力缺乏、决策迟缓、执行不力和效率低下，出现了不可治理性。政府不可治理性的蔓延，必然使政府表现出对公共事务管理的冷漠，该办的事没有办，该管好的事没有管好，失信于公众，令公众对政府失望。同时，官僚制自身的稳定薪酬、职业终身等弊端，往往使公职人员满足现状、不思进取，墨守成规、惧怕改革，衙门作风、贪污腐败，素质能力达不到既好又快解决公共事务的水平，达不到实现公共利益最大化的要求，引发民众对政府的不信任感增强，使政府面临合法性危机。在这个过程中，公共行政理论在质疑官僚制行政的同时，试图通过行为主义、公共政策、新公共行政的范式转化来使政府走出困境，但收效甚微。政府的内在原因加上科技发展、全球化和民主化的推动，引发了波澜壮阔的以新公共管理为导向的政府改革运动，它“意味着有意识地对公共部门的组织和程序进行旨在使其(在某种程度上)运作得更好的改变”。新公共管理改革突破传统公共行政的局限性，将社会治理主体扩展为由政府、非政府组织及其他社会治理力量组成的多元化社会治理主体；将企业管理的竞争技术与手段引入公共管理领域，改进公共服务质量，提高公共事务管理效率；将相关学科的知识和方法融合起来，创立了公共管理的新知识框架，从而呈现出良好的社会治理的勃勃生机。实践是理论的源泉。公共管理学科就是在概括新公共管理运动中的政策、观点和经验中应运而生的。

日益复杂化和多元化的公共管理活动是人类共同行动的基本实践。政府处在多元化社会治理主体的核心地位，如何协同其他社会治理主体处理好公共事务、搞好公共管理，已成为公共管理学科的重要研究课题。当代公共管理领域广阔，涉及错综复杂的公共问题，包含千头万绪的公共事务；而每一类公共问题的解决或公共事务的处理，都闪烁着智慧的光辉、蕴涵着知识的真谛。公共管理学术界基于不同的科学价值观，从不同的科学研究视角，概括公共管理领域的社会实践经验，揭示其内在的本质与规律，形成理论性、系统化的逻辑体系，从而派生出异彩纷呈的公共管理学科的分支科学，全面地指导现实的公共管理实践活动。

中国是具有悠久文明史的国家，曾经以举世瞩目的文明成就矗立于世界民族之林，只是在近代放慢了前进的步伐，歇息了。大梦醒来，方知落后于西方几百年的工业文明历程。20世纪末叶，中国开启改革开放之门，步入工业化道路，构筑市场经济体制。中国发展是硬道理，发展中国成为第一要务。政治学、行政学、法学、社会学等公共管理的相关科学，在被打入“冷宫”30余年后重见天日，迎来了春天。伴随着中国经济社会的迅猛发展，公共管理领域的研究者和实践者，在借鉴西方公共管理理论精华和实践经验的前提下，结合中国处于工业社会又面临后工业社会挑战的国情，与时俱进，开拓创新，不但创造出具有中国特色的公共管理理论，而且指导中国的公共管理实践走上科学化、法治化、民主化和服务化的道路。

本套高等学校公共管理类专业教材主要是为传授公共管理知识服务的，适用对象是教师、学生和实践者。对于教师而言，他们需要一套突显中国化和应用性的教材，通过传道授业教书育人，使学生树立从事公共管理事业的崇高理想和坚定信念，培育和提高其投入公共管理实践的基本素质和基本能力。对于学生而言，他们需要通过课堂和自我学习，从公共管理知识载体的教材中获得真知、得到启迪、学到技能、提高素质，以利于将来走上工作岗位后在公共管理事业上大有作为。对于实践者而言，他们其中很多人没有公共管理的专业教育背景，但公共管理活动的复杂性和多样性，不仅决定其需要有不同专业教育背景的知识，而且决定其需要从事公共管理活动的理论指导，想必这套公共管理学科教材也能担当此任。

本套教材有三大特色。第一，科学性与思想性相结合。科学性是思想性的基础，思想性是科学性的灵魂。教材编写坚持科学的世界观和方法论，坚持为社会主义建设服务、为人民服务的政治方向，坚持百花齐放、百家争鸣的学术方针，揭示公共管理学科研究领域的本质和规律，建立具有中国特色的公共管理学科知识体系和教学体系。第二，理论性与应用性相结合。在理论上，教材编写不机械地照搬西方理论，尽量避免多学科理论交叉重复，将科学性、学术性、中国化融为一体；在应用上，教材编写联系中国的国情、公共管理实践和公共管理教育，切实服务于高等学校公共管理学科的素质教育，切实服务于培养宽口径、厚基础、高素质、强能力的公共管理人才的需要。第三，基础性与创新性相结合。在基础性方面，教材要注重阐述公共管理学科的基础理论、基本知识和基本方法。在创新方面，既要吸收国内外的新理论，又要总结我国公共管理实践领域和教育领域的经验教训；既要体现科学理论体系的创新，又要体现教学体系的创新。

公共管理学科的未来发展将体现在两个重要方面。一是知识增长。公共管理研究者一定会与时代发展同呼吸、共命运，殚精竭虑，潜心研究，不断开发公共管理学科的知识资源，促进公共管理学科理论的持续增长和日趋完善。二是教学相长。教学是公共管理知识的传播过程，学习是公共管理知识的扩散过程。教学相长体现的是传授知识、应用知识、开发知识、增加知识的过程。换言之，教与学并不意味着知识从教者向学者的转移，而是一种复制或创造性复制，并通过逻辑推理思维和社会实践活动产生新的知识。为了公共管理学科的蓬勃发展，为了公共管理教育事业的繁荣昌盛，为了公共管理实践的文明进步，本套教材的编者将竭尽全力，尽其所能，做出贡献！

娄成武教授（全国公共管理硕士教育指导委员会委员，教育部高等学校公共管理类专业教学指导委员会主任委员）、邓大松教授（全国公共管理硕士教育指导委员会委员，教育部高等学校公共管理类专业教学指导委员会副主任委员）、唐任伍教授（全国公共管理硕士教育指导委员会委员，教育部高等学校公共管理类专业教学指导委员会副主任委员）和张康之教授（教育部长江学者特聘教授）作为本系列教材编写顾问，对教材的编写给予了殷切关怀和大力支持，并提出了指导性意见；13所高等学校推荐的编委组织了各自学校的参编教师，并参与筹划了本套教材的编写工作；河南大学出版社对本套教材的编写和出版予以支持和帮助。本人作为总主编表示衷心感谢！

楚明锟

2013年元月16日

目　录

第 1 章

导　论

领导及其活动是一种在人类社会中普遍存在并与人类群体活动共生相伴的现象。人类历史上英明勇敢的领导层出不穷，他们的领导艺术和丰功伟绩更是后人不断传颂的话题。人们对领导的崇拜，深深地吸引着人们对领导活动和领导现象进行深入系统的实践总结和理论探讨。领导学作为一门新兴学科，是现代化大生产与社会分工的产物，是古今中外领导思想和领导实践的系统化和理论化。领导学是研究领导活动各要素之间相互作用、相互影响的规律的科学。随着领导学研究系统化程度的不断深入，领导学在社会实践中发挥着越来越重要的作用。

1.1　领导学的产生与发展

领导现象是随着人类社会的产生而产生，并随着人类社会的发展而发展的。在社会化大生产条件下，伴随着社会分工的深入和科学技术的发展，在古往今来人类丰富的领导实践和朴素的领导思想的基础上，领导学产生并在社会各领域发挥了重要的作用。

1.1.1　领导学的产生

(1) 领导学产生与发展的基础：人类历史上领导活动和领导现象的发展演变

从学科意义上来讲，领导学是一门新兴的学科，但从其实际内容上来讲，领导学研究的却是人类历史上古老的社会现象。领导学的产生反映了人类领导活动长期演变的历史过程。

马克思主义认为，人类的领导活动和领导现象最初是由直接的社会生产和人类的共同劳动引起的。人的社会属性决定人必须生活在群体之中。而对于较大规模的人类群体活动和社会生产而言，要想获取成功，就必须在一定的协调和指挥下进行，这种协调和指挥的工作便是领导活动。马克思曾经指出："一切规模较大的直接社会劳动或共同劳动，都或多或少地需要指挥，以协调个人的活动，并执行生产总体的运动——不同于这一总体的独立器官的运动——所产生的各种一般职能。一个单独的提琴手是自己指挥自己，一个乐队就需要一个乐队指挥。"①在人类历史上，领导活动和领导现象从原始社会就已存在，但由于各个时代物质资料生产方式的不同，以及人们认识水平的不同，领导活动的内容、方式又表现出不同的特征。

在生产力水平极端低下的原始社会，氏族部落内部实行的是生产资料公有制。由于对外界自然的认识能力较低，部落成员为了生存和获取生活资料，就要自然地聚集在一起，以群体的力量来弥补个体的不足。人们过着集体劳动、共同消费的社会生活。氏族部落首领负责指挥氏族部落成员猎取食物，并主持祭祀活动，这就是人类社会领导活动的发端。很显然，由于征服自然的水平较为低下，当时的领导活动内容是非常简单的。而为了与生产资料的公有制相适应，当时氏族部落首领与氏族成员之间其实是一种平等的关系。

到了原始社会晚期，随着社会生产力的提高和生产分工的发展，社会上剩余产品增多，从而造成贫富不均，生产资料和其他社会财富开始归统治者所有。这一分化最终导致原始社会解体，人类历史进入奴隶社会时期，并逐步发展到封建社会。在生产资料私有制的基础上，这两种社会制度分别产生了奴隶主和奴隶、地主和农民这样根本对立的阶级。在这种情况下，领导的职能一般是由生产资料的占有者行使的，因此，奴隶主和地主成为天然的领导者。他们掌握国家机器，掌握着行政领导权、生产管理权、军事指挥权等一系列社会最高权力，一切由他们说了算，广大奴隶、农民只能依附于他们，对他们俯首听命，承受着沉重的劳动负担。这时，所谓的领导，实质上就是剥削阶级的专制统治，领导与剥削阶级的政治统治权力是紧紧结合在一起的。同时，限于当时自给自足的小生产的格局，生产规模较小，领导活动主要是依靠积累的经验进行的。

到了资本主义社会，私有制发展到了登峰造极的程度，社会生活中资产阶级和无产阶级两大阶级的对立愈演愈烈，资产阶级是国家的统治阶级，无产阶级处于被剥削、被压迫的地位。同时，社会生产和科学技术的突飞猛进，生产规模越来越大，专业分工越来越细，社会联系越来越紧密，原来小生产的经验领导模式便越来越有局限性，从而促进了领导方式的重大变革，专家式领导、集团式领导应运而生并逐步普遍化。但是，由于资本占有关系的不同，资本家为了剥削和掠夺而进行的领导，表现出不同于其他社会领导的特点。

社会主义制度诞生之后，领导关系和领导体制发生了根本变化。社会主义社会的领导活动是以生产资料公有制为基础的。社会主义领导的目的是保证全体社会成员的利益，是为广大人民群众服务的。邓小平曾经指出，领导就是服务，这是对社会主义领导的本质概括。社会主义的各级领导是代表人民的利益的，是为了实现人民的利益而进行的领导。

正是在人类领导活动和领导现象的历史演变过程中，人们开始不断关注社会生活中的各种领导现象，并对它们进行深入思考和研究。因此可以说，领导学的产生与发展和人类领导活动的发展演变是分不开的，人类历史上丰富的领导现象是领导学产生的基础。

---

① 《马克思恩格斯全集》第 23 卷，北京：人民出版社，1974 版，第 367 页。

(2) 领导学产生的社会历史背景

如前所述，虽然领导活动自古有之，但对人类领导活动及其规律进行科学研究，并形成一门独立的学科，却是到了现代社会才成为可能的。随着社会生产力水平的快速增长和现代科学技术突飞猛进的发展，社会生活也发生了巨大的变化，其特点表现为规模庞大、结构复杂、信息巨量、因素众多、变化迅速。领导这样的社会活动，不能仅凭个人的经验和智慧，而是必须依靠科学的理论和方法。于是，用先进的思想和科学的方法来研究领导活动及其规律，就成为时代的迫切要求。可见，领导学的产生绝不是个别天才人物的偶然发现，而是有着深刻的社会历史背景的。它是社会化大生产的必然产物，是与人类社会的分工密不可分的。

a. 社会化大生产促进了领导学的产生

现代社会与以往社会相比存在着质的不同。在小生产的自然经济环境下，生产规模较小，领导者依靠自己的个人经验基本可以满足社会生产和生活的需要。加之自然经济时代社会节奏缓慢，大部分领导基本按照常规办事即可。但是到了现代社会，社会化大生产出现，生产规模明显扩大，社会联系越来越紧密，社会各领域之间"牵一发而动全身"，涌现出一大批大科学、大企业、大工程。所谓大科学，就是指不仅规模大、涉及面广、综合性强，而且可以取得较广泛的知识，解决涉及国计民生或与人类社会发展密切相关的问题的重大科研项目或课题。所谓大企业，就是指由市场规划、研究开发、生产储运、营销维修等各部门以及主体工厂和若干分厂组成的，规模庞大的生产经营系统；人员少则几万，多则几十万；有的还有若干分支机构遍及全国以至世界各地。所谓大工程，就是指各种大型的水利、电力、铁路、桥梁等工程项目。有的工程项目在国内跨越数省，有的甚至跨国、跨洲，因而需要投入大量的人力、物力和财力，由若干行业单位联合分工承办才能完成。这些新情况的出现使领导者单凭个人的经验和智慧已无法胜任领导工作，他们必须借助于科学的理论和方法，统观全局，积极果断，审时度势，才能在激烈的竞争中站稳脚跟。人们正是在研究和分析社会化大生产的一系列变化的基础上，开始认真思考领导学的科学理论和方法的。

b. 现代社会的纵向分工推动了领导学的产生

社会分工是生产发展、科学进步的重要因素，同时也是推动社会发展的重要力量。人类历史上的社会分工主要有两个方向：一个是按照劳动部门的不同进行的横向分工，另一个是按照劳动过程的不同阶段进行的纵向分工。其中，横向分工是人类历史上最早发生的分工形式，包括农业与畜牧业的分工、农业与手工业的分工以及体力劳动与脑力劳动的分工。每一次横向分工都促进了人类社会文明的巨大进步，也为领导学的产生提供了更为广阔的实践平台。社会的纵向分工发生的时间相对较晚，也没有横向分工的影响那么明显。现代社会的三大纵向分工包括决策和执行的分工、决策与咨询的分工以及决策与监督的分工。而决策与执行的分工直接导致了领导和管理的相对分离，推动了领导学的产生。

在自然经济时代，领导活动和管理活动是融为一体的。奴隶主、地主等既是领导者，又是具体生产的管理者。伴随着资本主义工业化的深入发展、生产规模的逐步扩大、组织形式的日趋复杂，资本家个人难以驾驭企业的发展，他们需要专门的一些人来进行决策和领导，这就在客观上要求领导权和管理权相对分离。1841 年，美国一铁路公司由于经营不善，造成东部纽约州与马萨诸塞州之间火车发生相撞，该公司被迫进行了领导体制改革，实行了企业所有权、领导权和管理权之间的分离。这一变革标志着领导活动与管理活动相对脱离的新时代到来了。1923 年，美国通用汽车公司首次实行“集体决策、分散管理”的所谓“超事业部”制，即政策决策与具体管理彻底分离。它标志着领导活动与管理活动的分离进入了高级阶段。

领导活动一旦从管理活动中分化出来，就要求人们去分析和研究领导活动中特有的规律，形成系统的领导理论，这在一定程度上推动了领导学作为一门学科的产生。

c. 人类历史上丰富的领导实践和朴素的领导思想为领导学的产生提供了思想渊源

领导活动是随着人类社会的产生而产生的，并与人类社会的发展与演变相伴始终。在领导学产生之前，人们已经在社会政治、经济、军事等领域进行了大量的领导活动和领导实践，积累了丰富的经验。有了领导活动，同时也就有了人们对领导活动的思考。古今中外，无数的先哲们留下了许多有关领导活动的宝贵思想。这些朴素的思想，虽然还没有发展成为系统的理论体系，但仍值得我们学习和继承，它们是领导学的思想源头。

在几千年的人类历史上，出现过许多杰出的人物，他们以自己卓越的领导活动积累了丰富的领导经验。与此同时，一些古代的军事家、政治家、思想家对领导活动也作过许多研究，写下了很多著作，形成了有关领导活动的朴素的思想，为领导学的产生奠定了思想基础。在我国，古人编写历史主要着眼于领导者，大量的著作如《史记》《论语》《资治通鉴》《二十四史》《孙子兵法》等都记载了古代统治者的政治、军事领导经验。其中，《孙子兵法》就是一部著名的军事领导学著作，它至今还受到各类领导者的高度重视和广泛研究。在西方也同样出现了大量的关于领导活动的不朽著作，如从亚里士多德的《政治学》到马基雅维里的《君主论》，以及洛克的《政府论》、卢梭的《论人类不平等的起源》、孟德斯鸠的《论法的精神》等，这些著作都以领导为核心，从政治、哲学等角度对政府领导进行了多方面的研究。

东西方历史上所出现的这些不朽著作，虽然没有被人们冠以“领导学”的名称，也没有形成系统化的现代学科意义上的理论研究，但却充分反映了人们对领导活动和领导现象的初步思考和探讨，是现代领导学产生的重要思想渊源。

(3) 领导学产生的标志

a. 决策从日常的生产、管理中独立出来——决策工作专门化

在 20 世纪之前，决策与执行的分离是有限的、局部的。但是，随着社会的发展，这一现象逐渐从政治领域向经济、科技、教育和军事领域扩展。西蒙第一次把决策作为独立研究对象，提出决策工作专门化的观点，即一切形式的领导(包括政治领导、经济领导、科学领导等)都专门从事决策，而不是决策的执行、操作。决策与执行的分化凸显了领导职能，推动了领导工作科学化。

b. 咨询从决策中独立出来——咨询工作专门化

决策工作至关重要，而正确的决策对决策者的知识结构、人员素质、技术水平等要求

相当高。正是在这一状况下，咨询业从决策中分化出来，成为一种专业性的工作，而大量的形式多样的智囊团也随之出现了。咨询业的发展有效地弥补了传统的个人决策和集体决策的缺陷与不足，它把领导者从繁重的、技术化的论证过程中解放出来。从此以后，领导者在决策过程中的功能主要体现为抉择，而智囊团的作用则主要是致力于提供与论证备选方案。咨询工作专门化使现代领导活动中的“谋”与“断”相对分离，也使抉择成为领导者的重要工作。

1.1.2　领导学的发展

伴随着领导活动的不断发展和深入，以及人类认识水平和实践能力的不断提高，尤其是现代社会的快速发展和现代科学技术的发展，领导学获得了长足的发展，形成了较为丰富的学科内容和系统的理论体系，并在现代社会中发挥着越来越重要的作用。

(1) 现代社会复杂化和快速化的发展推动了领导学的大发展

复杂化和快速化是现代社会区别于以往社会的最大特征。社会成为一个复杂的超级大系统，其中任何一方面的变化和发展都可能会影响其他方面。在这种环境下，领导工作中的成与败，都可能通过各个方面的联系，引起连锁反应。同时在现代社会，科学技术以一日千里的速度突飞猛进，经济发展迅速，生活节奏不断加快。面对稍纵即逝的机会，现代领导者必须眼观六路、耳听八方、深谋远虑、随机应变，对快速多变的社会活动准确判断，并善于及时作出正确的决策。总之，现代社会的发展对领导者提出了越来越高的要求，也进一步促进了领导学的逐步完善和发展。

(2) 现代科学技术的发展为领导学的大发展奠定了学科基础

随着现代社会的发展，各种发明转化成产品的生产周期越来越短，设备和工业产品的更新速度大大提高，这都得益于科学技术的日新月异。有人估计，近几十年出现的科学技术成果远远超过了人类在过去 2000 年内所取得的科技成果的总和。另外，现代科学技术的发展也促使自然科学进入了一个新的发展阶段，出现了电子、激光、原子能、计算机、空间技术等。自然科学和社会科学的发展越来越细化，不同学科之间相互渗透、相互影响，如数学进入社会科学领域，促进了社会科学研究的定量化和精确化。尤其是系统论、信息论和控制论等新兴学科的发展和广泛应用，为领导学的发展提供了基础理论和方法论。借助计算机技术，人们可以利用数学模型进行一些领导学模拟试验，这些都使领导学的研究从经验研究进入到科学研究阶段，促进了领导学的大发展。

自领导学产生以来，西方学者结合新的时代特征，对领导及其效能问题从不同的角度进行了各种研究和讨论，形成了不同的有关领导活动的理论，如研究领导者个人特性的领导特质理论、研究领导者行为与领导效果之间关系的领导行为理论、研究领导者行为方式与领导环境关系的领导权变理论等。近些年来又出现了一些新的领导理论，如领导替代理论、领导交易理论与变革理论、领导归因理论、自我领导与超级领导理论等，这些都充分反映了领导学发展的新成就。

1.1.3 领导学在我国的兴起和发展

在我国,领导学作为一门学科,产生于20世纪80年代初期。到目前为止,领导学得到了前所未有的重视和发展。这门学科在我国的兴起和发展是改革开放和社会主义现代化建设的必然要求,也是继承、丰富和发展党的领导实践和领导理论的迫切需要。

1978年,全国科学大会和党的十一届三中全会的胜利召开,给科学和思想界吹进了一股强劲的春风。一场以"实践是检验真理的唯一标准"为主题的大辩论和由此产生的思想解放运动进一步活跃了人们的思想,这使领导学在我国的产生有了可能性。之后,党中央再三强调,为了顺利地进行大规模的社会主义建设,我们必须解决管理体制和管理方式的问题,必须改进领导方法和领导作风。在党中央和国家有关部门的倡导下,一些既有马克思主义理论修养又有现代自然科学知识基础的学者开始了大量的管理科学和领导科学的专题研究,他们同时也将许多国外的管理理论及领导科学知识介绍到国内。1980年,刘吉撰写了论文《现代领导艺术》,开创了我国领导学研究的先河。1982年10月,党中央、国务院在《关于中央党政机关干部教育工作的决定》中把领导学列为必修课程。1983年5月,上海的夏禹龙、刘吉等撰写了《领导科学基础》。这是我国第一部领导学理论专著,它的出版标志着我国领导学的诞生。领导学在我国一出现,就受到各级各类领导干部的欢迎和重视,他们开始对它进行大规模的学习和研究。在近30年的发展过程中,一大批不同题材的领导学专著、译著、教材相继出版,一大批领导学的刊物和领导学学术团体及研究机构纷纷出现,领导学的研究队伍不断壮大。在研究我国改革开放和现代化建设重大问题的过程中,领导学也不断向纵深发展。

目前,领导学在我国已经取得了一系列显著的成就:具有中国特色的社会主义领导学的基本理论框架或体系已经基本形成,领导学作为一门科学已得到社会的高度认同并得以广泛普及和推广,一支比较强大的教学、科研队伍已经形成,领导学的社会服务功能得到一定程度的发挥。但是,在取得成就的同时也存在一些问题:我国领导学学科建设长期在较低水平上徘徊;理论与实际联系不够,"两张皮"现象比较严重;引进、消化功能较差,研究方法比较单一、落后;教学研究人员的水平、知识结构、实践经验等也有待提高。

1.2 领导学的研究对象和内容

领导学产生至今还不足百年的时间,是一门年轻的学科。但随着不断地发展,领导学已逐步形成了自己独特的研究对象和广泛的研究内容。

1.2.1　领导学的含义与特征

(1) 领导学的含义

对于什么是领导学的问题，国内外不同的学者有着不同的回答和界定。

有人认为，领导学是研究领导活动的一般规律及其应用的科学；也有人认为，领导学是研究领导者的素质和领导能力的科学；还有人认为，领导学是研究领导工作的一般规律和方法的学科。有的学者从领导实践入手研究领导的相关规范和法则；有的学者通过对领导主体的研究来解释和控制领导行为。这些都反映出人们对领导学概念认识上的分歧，也反映出不同的学者研究领导学的不同侧面和角度。

综上所述，我们认为，领导学是研究领导活动及其发展规律的科学，主要通过研究领导活动各种因素之间相互联系、相互影响的客观规律，来寻求提高领导效能的途径和方法，从而实现指导领导实践的目的。

(2) 领导学的特征

a. 社会性

任何领导活动都是一种社会活动，因此，研究领导工作的规律和方法的科学也必然具有很强的社会性。在领导活动中，不管是领导者还是被领导者，他们都生活在社会之中。领导的职能、素质、形象、结构、体制、文化等都是社会活动的产物。尤其是在阶级社会中，领导学的研究内容和社会功能也打上了阶级的烙印，领导者的阶级不同，其相应的领导活动及其规律也截然不同。因此，看到领导学的社会性尤其是阶级性特征，是我们正确认识领导活动的规律的基础。

b. 综合性

领导学之所以具有综合性特征，主要是因为领导活动本身是一种综合性很强的实践活动。从研究内容上来看，领导活动既涉及领导者与被领导者等人的因素，又涉及生产力和生产关系等经济因素，同时还会涉及对领导环境的分析和控制。因此，领导学的研究需要涉及社会科学和自然科学两大领域，它所运用的知识包括哲学、社会学、管理学、信息论、控制论等。从研究方法上来看，领导学的研究方法既有理论研究方法，又有实践研究方法；既有定量研究方法，又有定性研究方法，这些都反映出领导学的综合性特征。

c. 应用性

领导学是一门实践性很强的科学。它是在人类历史丰富的实践基础上产生的，所有研究的内容都是对领导活动和领导经验的概括和总结、提炼和升华，其最终的目的是通过探讨领导活动的深层规律，提高人们的领导艺术修养，提高领导效率。因此，领导学从实践中产生，又应用于实践。没有丰富的领导实践经验，没有在实践中的应用，领导学就是无源之水、无本之木，它既不可能产生，也不可能发展。

1.2.2 领导学的研究对象

对于领导学的研究对象，领导学界仍存在不同的看法，其中有代表性的观点是：

一是领导活动论。它认为，领导学的研究对象是指领导者和被领导者及其作用的客观环境的矛盾所揭示的领导活动的一般规律。

二是领导行为论。它认为，领导学的研究对象是领导行为中的特殊矛盾及其运动规律。

三是领导工作论。它认为，领导学的研究对象是现代领导工作的规律性及其方法。

四是领导要素论。它认为，领导学的研究对象是领导者、被领导者、客观环境这三项要素互相结合、互相作用的规律性。

五是领导系统论。它认为，领导学的研究对象是领导者、被领导者、领导手段和它们的共同作用对象构成的动态系统。

六是领导矛盾论。它认为，领导学的研究对象是领导主体与领导客体在一定条件下所构成的矛盾统一体。

上述各种观点虽然存在差异，但是它们有一个共同点，就是都看到了领导学要研究领导的一般规律。只是在研究什么规律上，人们的着眼点和研究角度不同，才提出了领导学不同的研究对象。

此外，还有人认为，领导学虽然是研究领导现象和领导活动的，但是领导活动并不需要专门化的科学理论指导，也无需为之建立专门的学科。只要运用马克思主义哲学作指导就可以了，马克思主义的认识论、方法论就是领导学。也有人认为，领导学实际上就是管理学，各个领域和各个级别的领导者只要掌握管理学的知识，就可以进行领导了。这两种观点都是片面的。虽然领导学需要马克思主义哲学的指导，但并不能被它替代。马克思主义哲学是关于世界观的学问，它所研究的是关于自然、社会和思维的最一般的规律，而具体到各个领域的规律，就只能由各个具体的学科去研究了。因此，就像马克思主义哲学不能代替其他具体学科一样，它也不能代替领导学。另外，管理学也不能代替领导学。领导学只是管理学大门类中的一个分支学科，它把管理学中的领导行为、领导活动分解出来，作为专门内容进行研究，这是一般的管理学所未能涉及的。上述错误的看法都在一定程度上否认了领导学作为一门独立学科的地位。领导学有其独特的研究对象和内容，领导活动的过程也存在独特的规律，这是任何其他学科无法取代的。

领导学对领导现象的研究经过了从零散到系统，从实践到理论、再从理论到实践这样循环往复的过程之后，领导学的理论体系就日臻成熟和完善了。领导学是以领导活动为研究对象的，它旨在研究领导活动各要素之间相互联系、相互作用的客观规律。这种研究范畴的规定性使得领导学区别于管理学、组织行为学，从而成为一门独立的学科。此外，构成领导活动的要素包括领导者、被领导者和领导环境，因此，领导学的研究对象也可以说是领导者、被领导者及领导环境之间的相互关系和规律。

1.2.3　领导学的研究内容

领导学是研究领导活动的规律性的。因此，凡是涉及领导活动规律的研究，都属于领导学的研究范畴，这充分说明了领导学研究内容的广泛性。

从宏观层面上讲，领导学的研究内容包括两个方面：领导科学和领导艺术。

领导学的理论性和实践性特点决定了领导学内容的两个层面。领导学有自己独特的研究对象和理论体系，研究的是领导活动各要素之间的相互关系和规律。在此过程中，领导学形成了高度科学化、理性化的知识体系和理论体系，即领导科学。同时，领导学又不是一门纯基础理论的学科，而是一门实践性很强的学科。领导活动如何才能有效，需要理论的指导，但是又绝非仅仅依靠理论就能够解决问题，还需要实践证明，领导艺术体现在领导实践过程中。因此，领导学的理论性和实践性决定了领导学的研究应该从两个层面入手：一是应该从科学层面即规范理论层面入手，归纳领导的一般规律和有效法则；二是应该从艺术层面即创造性、个别性层面入手，探讨领导之所以有效的奥妙所在。因此，领导科学和领导艺术就成为领导学研究的两大块内容。

从微观层面上讲，领导学的研究内容非常广泛，包括以下五个方面的内容。一是领导本质。研究什么是领导以及领导和管理的关系。二是领导主体和客体，即领导者和被领导者。研究领导者和被领导者在领导活动中的地位和作用，研究领导者应具有哪些特质和心理才能胜任领导的职责，以及领导者如何在决策、指挥、执行等活动中激励下属。三是领导职能。研究领导者在领导活动中如何进行科学决策和选才用人。四是领导结构和领导体制。研究领导活动开展的组织结构及领导关系。五是领导方法和艺术。研究为提高领导效果而采用的具体的领导方法和领导艺术。

总之，领导学的研究内容是非常广泛的，而且随着研究的深入，领导学的研究范围也会进一步扩大并向纵深发展。

1.3　领导学的学习与研究

1.3.1　学习研究领导学的意义

(1) 学习研究领导学是社会历史发展的必然要求

领导活动是人类历史上出现最早、发展最快、范围最广的社会活动之一，对促进社会的进步和人类历史的进程具有特殊而重要的作用。我们知道，一定的领导知识和领导能力是关系领导成效、政治统治、企业命运和人民利益的重大因素，不学习研究领导学，不掌握系统的领导学知识，就不能保证领导活动的成功。随着社会的不断发展，领导活动面临的社会环境也会越来越复杂。尤其是21世纪以来，知识成为经济社会的直接推动力，人类社会进入知识经济时代，传统的领导观念和领导方式已经不能适应时代的变化，新的时代对领导者提出了新的要求。而要完成领导观念和领导方式的变迁，就必须要了解领导学内在的一般规律，了解领导者的角色定位，掌握科学领导的方法和艺术。因此，学习研究领导学是社会历史发展的必然要求。

(2) 学习研究领导学是推动我国现代化建设的需要

目前，我国的社会主义现代化建设正在如火如荼地进行，特别是我国加入世界贸易组织以后，与国际社会的联系日益增强，面临的市场竞争更加激烈。在激烈的国际市场竞争中，综合国力成为关系国家和民族生存与发展的决定性因素。而领导力是一种最活跃、最具全局性的影响力，是综合国力中最重要的因素之一，并对其他因素具有制约作用。要提高综合国力中的领导力水平，要在空前复杂的国际环境下顺利进行社会主义现代化建设，除了靠马列主义、毛泽东思想、邓小平理论和"三个代表"重要思想的科学指导，靠党的正确领导，靠全国人民的共同努力，还要靠科学的领导和管理。各级各类领导者必须要懂得现代领导学的相关知识，积极探索领导工作的一般规律，把现代领导学的科学原理转化为高水平的领导实践，明确领导职责，掌握先进的领导方法。

(3) 学习研究领导学是提高领导干部素质的必要条件

领导者是领导活动的主体。领导者素质的高低直接影响领导活动的效果。在社会主义现代化建设过程中，各级各类领导干部担任着重要的领导任务，他们整体素质的高低决定了我国现代化建设的成败。当前，领导干部队伍呈现年轻化态势，相对于老一代领导干部来说，年轻干部在实际工作经验中必然存在一定的不足之处。要提升领导干部的素质，不但需要积累丰富的实践经验，也需要学习和掌握全面的理论知识。只有将实践与理论有机结合，我们才能够在培养适应社会主义现代化建设的领导干部、实现领导科学化方面收到事半功倍的效果。

1.3.2 学习研究领导学的方法

在现实生活中，人们认识事物和进行各种实践活动都需要科学的方法。一门学科的发展，也同样离不开科学的研究方法。领导学的研究方法主要有以下几种。

(1) 实证研究法

实证研究法，又称调查研究方法，是贯彻实事求是的基本原则，通过实际的调查研究，搜集大量的一手资料，进行定性与定量相结合的研究的方法。在研究过程中，坚持具体问题具体分析，从实践中来，到实践中去，强调用实事说话，反对主观臆断。随着计算机技术的发展，实证研究方法也非常注重利用这一技术进行数据和信息的处理，以便更好地完成定量研究。

(2) 案例研究法

案例研究法是选择具有典型意义的领导活动案例，对某一特定的领导活动过程作客观公正的描述或介绍，进而展开深入分析的研究方法。它可以选择成功的案例作为经验，也可以选择失败的案例作为教训。运用案例研究方法时，要注意在分析案例过程中分析者价值观的客观性、公正性，同时还要认识到所分析的案例只是已经发生的事件，每一个案例都是具体的、特殊的，尤其对特殊的情景，要避免片面分析或照抄照搬。

(3) 历史研究法

历史研究法是用历史的观点对领导活动进行观察和研究，注重研究领导和领导学的起源、发展和演变过程及其对社会的影响和作用的研究方法。具体做法是以史为镜，借鉴历史经验服务于现代领导实践和领导理论的发展。

(4) 比较研究法

比较研究法主要通过对一组具有可比性的领导问题进行横向或纵向比较分析，研究其相关性或差异性，从中汲取先进的理念和科学的方法。运用比较研究法要特别注意不同对象之间的可比性和可比程度。另外，还要认识到比较的目的是为了深化认识，而不是要生吞活剥，照抄照搬。在比较过程中还要注意从实际出发，并与具体情况结合起来进行分析。

【本章重点】

- 领导学的产生和发展
- 领导学的含义和研究对象
- 领导学的现实价值

【关键概念】

领导学　领导活动　领导规律　领导科学　领导学的研究方法

【复习思考题】

1. 试述领导学的产生和发展状况。
2. 如何理解领导学的研究对象和研究内容？
3. 简述如何学好领导学。

【推荐阅读】

王乐夫：《领导学：理论、实践与方法》(第三版)，广州：中山大学出版社，2006 年版。

邱霈恩：《领导学》，上海：复旦大学出版社，2001 年版。

金延平:《领导学》,大连:东北财经大学出版社,2011 年版。
孙立樵:《现代领导学教程》,北京:中共中央党校出版社,2006 年版。
刘建军:《领导学原理》,上海:复旦大学出版社,2001 年版。
吴维库:《领导学》,北京:高等教育出版社,2006 年版。

第 2 章

领导与领导本质

领导是一种社会中普遍存在并与人类群体活动共生相伴的现象，只要有社会群体，就会有领导存在。领导又是一种复杂的现象，其观察和分析的角度很广，内涵丰富，外延广阔。但领导在本质上是一种服务，体现为对公共使命的承担方面，这是领导活动的价值取向和精神归宿。

2.1　领导

2.1.1　领导的含义与特征

(1) 领导的含义

领导的含义是领导学研究的起点和基石。在普通人的视野中，"领导"与国家机构的官员、事业单位的负责人、企业的主管是同义语，凡掌握一定权力，握有一定资源，拥有一定社会地位的人都被称作领导。甚至在某些特定场合，领导这一词语还可演变为一种对人的尊称。但实际情况并非如此，在现实生活和理论层面，尤其在现代社会主义市场经济条件下，领导一词有着更丰富的内涵与宽泛的外延。基于领导本身的复杂性，研究者从不同的研究视角给出了关于领导含义的不同解释，可谓众说纷纭，莫衷一是。理查德・L. 达夫特指出，迄今为止，学者们已赋予"领导"这个术语多达 350 种定义，其中一位权威人士将其定义为"地球上最容易观察到却最不容易理解的现象"①。

斯道戈迪尔和巴纳德在其编辑的领导学手册中，在总括了各种学派及其观点的基础上，对领导一词进行了如下 11 种界定：领导意味着群体过程的中心，领导意味着人格及其影响，领导意味着以德服人的艺术，领导意味着影响力的运用，领导意味着一种行动或行

① 〔美〕理查德・L. 达夫特：《领导学原理与实践》（第 3 版），杨斌译，北京：电子工业出版社，2008 年版，第 3 页。

为，领导意味着一种说服的形式，领导意味着一种权力关系，领导意味着一种在互动中逐渐形成的效果，领导意味着一种分化出来的角色，领导意味着结构的创始，领导意味着一种实现目标的手段。

以上11种界定基本上是从以下四个角度去探讨领导这一概念的：第一，领导者中心说，即领导就是领导者依靠由权力和人格所构成的影响力去指导下属实现符合领导者意图的目标；第二，互动说，即任何领导活动都是在领导者和被领导者之间的互动过程中共同实现符合他们双方追求的目标；第三，结构说，即领导是在一定组织结构中展开的一种特殊活动；第四，目标说，即领导活动的主旨在于实现一个符合群体需要的公共目标。①

领导，可以作为动词理解，也可以作为名词理解；领导，有正式的，也有非正式的；领导，是一个历史范畴，不同的历史时期具有不同的含义；对领导的服从，有自觉的、盲目的和被迫的三种类型②。领导本身的复杂性，使得几乎每个研究者都有自己的理解，即使是普通人也有自己对领导的朴素的认识。在汉语的语境中，领导有时指称领导者，有时是领导活动，有时又指管理工作的组成部分。结合领导科学发展的现状及上述研究成果，我们认为，领导就是在社会共同活动中，具有影响力的个人或集体，在特定的结构中通过有效的途径，动员下属实现群体目标的过程。③

认识领导的含义，需要注意以下几点：

第一，领导产生、存在、运行于组织或群体之中。单一的个体必须依靠组织或群体才能得以生存、发展，而群体组织的良性运行又需要秩序、效率和正确的前进方向，这一切都在客观上催生了领导的产生。

第二，领导的主体是领导者与被领导者。在领导活动中，领导者影响和改变被领导者的心理与行为，实现力量的聚集与意志的统一，力求向正确的方向前进。被领导者是领导活动的基础，是领导目标实现的主要力量。只有领导者与被领导者的通力合作才能实现领导目标，二者缺少任何一方，领导活动都不可能有效运行。

第三，领导的目的是实现领导目标。领导目标指明了领导活动的方向，为领导者提供了美好的愿景，并产生有效的激励作用。没有目标的领导活动不能称之为领导。

第四，领导是一种关系。领导者通过权力与权威影响被领导者，被领导者通过追随、服从等影响领导者，二者有着密切的互动关系。领导者中心论或过多强调被领导者地位和作用都是不恰当的。

第五，领导是多因素的复杂活动。领导活动不仅仅是由领导者与被领导者构成的互动活动，而是多种因素交叉融合的产物；它包括领导者、被领导者、领导目标、领导环境与领导手段。要使领导活动顺利实施，就不可忽视其中任何一个因素。因此，领导学不单单是研究领导者，也包括对其他因素的活动及其规律的探讨。

---

① 李成言：《现代行政领导学》，北京：北京大学出版社，2002年版，第14～15页。

② 《领导科学基本概念理论研讨会综述》，《领导科学》，2003(24)，第24页。

③ 刘建军：《领导学原理——科学与艺术》(第2版)，上海：复旦大学出版社，2003年版，第10页。

(2) 领导的特征

a. 权威性

领导与权威密不可分，凡领导都意味着权威。从领导活动的成败及其效果来说，权威性是领导活动的首要特性。因为，一个组织要想开展领导活动，实现组织目标，就必须要有一定的权威基础。权威越大，领导工作越好执行；若缺乏权威的辅助，领导活动则会寸步难行。

b. 互动性

著名学者巴斯在《斯托格蒂尔手册》中指出，领导是组织内部相互作用产生的一种效果。斯道戈迪尔和巴纳德在其编辑的领导学手册中也指出，领导意味着一种在互动中逐渐形成的效果。领导活动与领导过程不是领导者个人的活动，而是在一定环境条件下展开的。只有一定的领导者主体与需要领导的客体发生互动关系时，才能形成领导生态。

c. 综合性

综合性是领导的重要特性。一方面，领导活动不是单一的，而是许多要素的综合体，如领导者、被领导者、领导环境等；另一方面，领导者面临的对象各种各样，所处的领导环境也日益复杂，这就要求领导者采用多样化的技术方法和手段，从多数人的利益出发，将不同的劳动分工和不同的利益进行综合，并将综合结果输出给社会及其追随者。

d. 服务性

领导中的组织是基于一定群体的社会共同生活而存在的，其最终效果应使这一群体的所有成员受益。另外，在现代社会生产中，领导者的事务性工作减少了，其主要的任务是与追随者进行沟通，协调各环节，为追随者提供舒适的环境和必要的服务。因此，领导具有服务性的特点。

e. 间接性

间接性特征是所有领导活动共有的特性。领导是一种说服他人热心追求一定目标的能力，是领导者通过引导、指挥、协调和组织追随者实现某种预期目标的行为过程。在这一过程中，领导与组织目标间接相关。

f. 创新性

进入 21 世纪后，科学技术的进步和发展使得社会环境日益动荡和复杂，而环境的变动又推动了领导活动的变革。过去的领导活动适应的是当时的组织环境，而新的环境因素需要用全新的领导方式、领导制度和领导活动来配合。因此，新时期的领导应该将新的思维方式引入领导活动中，革新原有的领导关系和情境，创造新的领导方法和途径，塑造新的领导者与被领导者，从而提升领导活动的绩效，更好地实现领导活动的预期目标。

2.1.2　领导的基本要素

对于领导的基本要素，学术界有以下几种不同的观点：

第一，三要素说。三要素说又有两种不同的观点：一种观点认为，领导活动包含领导者、被领导者和客观环境三个基本要素；另一种观点认为，领导活动包含领导者、被领导者和群体目标三个基本要素。其中，群体目标是联结领导者与被领导者的关键要素，是领导活动的起点、终点和内动力。

第二，四要素说。四要素说也有两种不同的观点。一种观点认为，领导活动包含着领导者、被领导者、群体目标以及实现该目标所采取的手段。其中，领导手段是指在实施领导中所凭借的各种条件和工具，包括领导体制、领导方法、规章制度等。另一种观点认为，领导活动包含领导者、被领导者、领导信息和领导权力四个基本要素。其中，领导信息是指目标、政策、制度、情报、方法、指令等概念的总称，领导权力是指领导者借以影响他人的力量。

第三，五要素说。即领导活动包括领导者、被领导者、领导目标、领导手段（方法）和领导环境五个基本要素，这五个基本要素可以用一句话概括起来，就是“谁在什么环境里用什么方法领导谁干什么”。其中，领导者、被领导者以及他们赖以存在的环境是整个领导活动中的“硬件”，领导方法、领导目标则是“软件”。

以上几种观点的主要分歧点，在于对领导目标、领导手段和领导环境三个要素有不同的看法。反对把领导目标作为领导活动要素的学者认为，领导活动的要素应该是客观的，而领导目标却带有很强的主观色彩。反对把领导环境作为领导活动要素的学者认为，领导环境是领导活动外在的相关条件，如果把它作为领导活动的要素，就混淆了生产活动和领导活动，也混淆了事物的内在因素和外在因素。反对把领导手段作为领导活动要素的学者认为，领导手段固然是领导活动的重要因素之一，但它不是基本要素，同基本要素相比，领导手段居于下一层次。至于领导信息和领导权力是否属于领导活动的基本要素，绝大多数学者均表示不赞成。因为，领导信息的含义太宽泛，而领导权力则早已包含在领导者这一要素之中。[①] 此外，有学者认为，领导的基本要素仅仅包括领导者与被领导者两个要素，这是一种最简单的二要素说。

领导的基本要素包括领导者与被领导者两个基本部分，这似乎已成为研究者约定俗成的共识。领导目标是领导活动与实践的指向，具有指引、引领作用，是领导者影响与改变追随者的重要方式，可以说，没有领导目标就没有领导。领导目标是民主集中的结果，正确有效的领导目标不能由领导者或领导集体主观设定，而应该由组织管理状况、员工素质、组织文化制度以及外在环境等客观要素决定，领导的基本要素离不开领导目标这一成分。任何领导都不能凭空产生。领导是一种过程，它必须根植于某种土壤之中，这个土壤就是领导者和下属所处的环境。领导行为受现实环境的制约，是领导者的主观因素与现实环境两方面共同作用的结果。领导者能否实现既定目标，既取决于自身素质，又取决于领导环境。领导手段作为领导的基本要素，在当前中国转型期有着重要的实践意义。当前，领导效能不高的一个极其重要的原因就是执行能力弱化、虚化，而这很大程度是由于工具手段的选择不当造成的。因此，对工具手段的研究可能成为未来领导执行能力研究的一个热点问题。基于此，我们认为，领导的基本要素包括领导者、被领导者、领导目标、领导环境、领导手段五个基本要素。这些基本要素有机地联系在一起，相辅相成，共生互

① 于科、葛本亮、薛平、于新恒：《领导科学基本概念学术讨论会观点综述》，《领导科学》，1987(11)，第29页。

动，共同构成了领导及其实践活动。

(1) 领导者

领导者是领导活动与领导实践的主导，在领导活动的矛盾统一体中，领导者是矛盾的主要方面。一般而言，领导者担任一定的领导职位，拥有组织赋予的权力资源，享有一定的社会地位与声望。在某种意义上，领导者决定组织及其成员的发展成败，甚至在一定程度上影响历史的变化进程。

(2) 被领导者

被领导者与领导者是相对的，一个人在一种场合是领导者，在另一种场合就可能是被领导者，被领导者与领导者共同构成领导的主体。因此，如何处理领导者与被领导者的关系就成为领导的关键。随着领导科学研究的不断深入，人们越来越重视被领导者的作用。单从字面意思上理解，被领导者似乎是被动的、无所作为的，但实际上，被领导者对领导者来说起着重要的作用。被领导者领导自己的上司——这种“向上领导”对于实现组织绩效的提升和实现领导者与被领导者的双赢起着重要的助推作用。

(3) 领导目标

领导目标是领导活动的出发点与落脚点，领导者需要制订符合客观实际的明确的领导目标。美国管理学家和领导学家杜拉克认为，一般组织中存在着三种错误领导的倾向：第一是过分强调领导个人技术，以致每个层次的领导者都只顾自己的专业技术而忽略了组织的总目标，使整个组织成为一盘散沙；第二是过分重视顶头上司的个人爱好，以致人人都想尽力投其所好，而忽略了工作的真正需求，使整个组织成为数位主管人喜怒哀乐的“晴雨表”；第三是不同层次的人见仁见智，上下意见难以沟通，赏罚不一，是非无一定标准，以致整个组织成为争吵、埋怨、赌气的场所。那么，如何走出这一系列致命的错误领导的误区呢？杜拉克提出，要以目标引导各领导层次的努力方向。这里所讲的目标，就是与个人价值观相结合的最高目标。所以，领导者必须保证最高目标的引导功能，使最高目标能够内化为每一个人的价值追求。①

(4) 领导环境

领导环境是领导活动与实践得以产生并可持续进行的各种要素的组合，主要包括政治、经济、文化、社会、人口、科学技术和自然条件等影响领导的内部和外部条件。领导环境是领导活动发挥作用与效力的基础和前提，它在诸多方面制约或推动着领导的实施。因此，领导需要认识环境，并在此基础之上能动地利用环境，进而在一定程度上改造环境，以使客观的外在环境有利于领导的顺利实施与发挥。领导经常会面临一些不利的环境，这个时候，领导需要把每个挑战当成机遇，在逆境中保持弹性并积极寻找问题原因，从而摆脱不利境遇。

① 刘建军、吕春艳：《如何实施目标领导法》，《领导科学》，2001(6)，第 9 页。

(5) 领导手段

领导手段是领导者在领导活动与实践中,为达成领导目标、履行领导职责实施的引领方式和影响措施,是领导的基本要素之间互动的中介与基本方式。科学的领导手段是达到领导目标的必要中介。在领导实践中,领导者对领导手段的认识、了解,以及适用能力和技巧会影响领导目标的实现程度。毛泽东同志曾经指出:“我们不但要提出任务,而且要解决完成任务的方法问题。我们的任务是过河,但是没有桥或没有船就不能过。不解决桥或船的问题,过河就是一句空话。不解决方法问题,任务也只是瞎说一顿。”①掌握科学有效的领导手段固然重要,拥有高超的个性化的领导手段更是领导影响力实现的关键途径。领导权威的塑造关键在于其个性化、人性化与直观性的领导手段,即领导艺术的实施,唯有如此,领导才是真正的领导,领导者才是富有权威与魅力的领导者。关心、尊重、理解下属,并提供成长发展的机遇,使下属铭记领导的知遇之恩,是比较有效的领导手段。

2.1.3 领导的基本关系

在领导生态系统中,领导者与被领导者之间的关系、领导者的主观指导与客观环境之间的关系是领导的基本关系。其中,领导者与被领导者是领导基本要素的最关键组成部分,而且是领导活动中最具有积极性、主动性、创新性的因素,体现了领导这一矛盾运动的主要方面。领导者与被领导者还可以相互转化,这使得领导者与被领导者的关系更加复杂,更富有动态性。只有把握了领导者与被领导者的关系,才能从根本上认识、理解与运用领导活动与实践。而领导者的主观指导与客观环境之间的关系则体现了人的主观能动性与客观实际之间的矛盾运动。领导学的主要任务是发现、认识和运用领导规律,领导的根本任务是认识并改造主观与客观世界,领导者主观指导与客观环境之间的关系体现了领导活动的基本性质,因而,二者的关系成为领导的基本关系之一。

(1) 领导者与被领导者之间的互动关系

领导是多种要素相互联系、互动制约、共生发展的结果,其内部包含诸多关系链。而领导者与被领导者的关系是领导的基本关系,这种关系在本质上是一种影响力与自觉服从,而不是一种统治或管理控制。领导者的职位和权力能带来威慑,导致恐惧地服从,而领导者的影响力则带来权威,使被领导者自觉主动地接受这种影响。但被领导者的服从并不一定是以上因素所致,领导者的权力、资源等也可以产生同样的结果,只不过这种结果是不可持续、非人性化的。随着知识经济时代的来临,高等教育大众化,人们受教育的水平普遍提高,被领导者的综合素质也不断提升,这就使得领导变得更加普遍。领导者与被领导者之间的关系又是领导活动中的基本关系,因而也将愈发成为人们研究的关注点。

领导者与被领导者关系体现为领导者与被领导者之间的互动,但这种互动会带来两种结果:一种是良性的互动结果,一种是恶性的互动结果。人们当然希望出现前一种结

① 《毛泽东选集》第一卷,北京:人民出版社,1991年版,第139页。

果，但由于过于关注领导者，强调领导者权力的作用，忽视被领导者，忽略二者的互动共生关系，领导者与被领导者之间呈现良性互动关系多数情况下仅仅是人们的美好期望。在市场经济条件下，基于“经济人”的人性假设，领导者与被领导者之间的互动多为物质利益的交换。根据伯恩斯的观点，这是一种浅层次、最低级的领导，而变革型领导与道德型领导是高层次的领导，特别是道德型领导脱离了单一的物质利益的局限，追求精神价值的实现，并且具备某种人格魅力，成为最高层次的领导类型。在价值“返魅”的后工业社会，领导者与被领导者之间互动层级应实现扁平化，领导角色向伙伴与帮助者转变，并充分利用电子媒介平台，建设良性循环的互动关系，从而在实现组织目标的基础上促成人的自我实现需要的满足。

领导者与被领导者之间的互动关系，具体体现在以下几个方面：

a. 领导者对被领导者的影响

第一，权力与资源。作为领导者，拥有职位和权力并占有相当的资源，在用人、决策方面有着特别的优势。领导者通过对被领导者的工作表现给予支持与肯定，给予物质奖励或精神奖励，可以提高被领导者的工作积极性与主动性。领导者在被领导者人事晋升方面有重要决定权，可以提升他们的忠诚度与满意度。

第二，能力标杆。领导者拥有精深的专业知识和广博的综合知识，容易使被领导者产生信任、认可与依赖感。在有效解决问题尤其是难题、引领重大变革的过程中，领导者展现出的超凡的品质与卓越的能力，更容易吸引被领导者自觉追随。

第三，交流沟通与协作。对于作为关系建设者的领导者来说，沟通是领导者实施有效领导、实现领导目标的基本技能之一。良好的沟通是领导者提升其影响力的前提条件，领导者通过与被领导者深入地沟通，倾听、了解被领导者的内心世界，为其提供建设性的意见与建议，使被领导者对领导者能有更清楚、全面的了解，从而实现彼此的理解与协作。

b. 被领导者对领导者的影响

第一，忠实程度。它是指被领导者对领导者制订的方案和决策的忠实执行与实施的程度。这种忠实程度直接影响领导者的领导效能和决策效能。

第二，认可程度。它是指被领导者对领导者的权威的认可及心理认同程度。这种认可程度常常会成为领导者顺利开展领导工作的前提。

第三，选择的权力。它是指被领导者有时也具有选择领导者的权力。在此意义上，被领导者在一定程度上决定了领导者的命运。

第四，服从与追随。它是指当被领导者受领导者的魅力所吸引并被其折服时，他就会产生积极主动的追随行为，这样就会强化领导者的领导力。

因此，领导者与被领导者互动关系的理想模式，我们可以概括为相互信任的互动关系、相互促进的互动关系、相互支持的关系、相互转化的关系、相互监督的关系。①

c. 领导者与被领导者互动的规律

在领导关系中，各种互动因素的不同组合具有以下规律性：

第一，当领导者发出的互动行为的内容主要以请求为主时，领导者在领导关系中的实

① 苏保忠：《领导科学与艺术》(第 2 版)，北京：清华大学出版社，2009 年版，第 139～140 页。

际地位就逊于被领导者，并且对被领导者的影响力会减弱。

第二，当领导者发出的互动行为的内容多为正确的命令或指示时，领导者在领导关系中的实际地位就优于被领导者，并且对被领导者的影响力会较强。

第三，当领导者发出的互动行为内容以某种请求为主，且频率较高时，领导者对被领导者的吸引力和制约力就必弱，而被领导者的独立性必大。

第四，当领导者所发出的互动行为的内容多为正确的命令或指示，且互动行为的频率较高时，他对被领导者的吸引力和制约力就较强，而被领导者对领导者的依赖性也会较大。①

(2) 领导者主观指导与客观环境之间的关系

所谓环境是指由体制、文化、心理和习俗等因素，在组织内部和外部形成的一种客观的、无形的压力。领导者一方面要顺应环境变迁的规律，另一方面也要塑造有利于领导效能实现的环境。于是，在领导者的主观指导和客观环境之间就形成了一对矛盾。如果领导者过高估计自己驾驭环境的能力，将会导致领导行为与环境的冲突，使领导活动不能顺利展开；如果领导者过分受制于环境，那么环境的压力就成为领导者能动地开展工作的羁绊，领导者便成为环境的牺牲品。

2.1.4 领导与管理的关系

(1) 领导与管理关系的相关研究

自从人类社会产生，领导与管理就以各种形式存在，并随着人类社会的发展而不断发展变化。在社会生产力发展落后的时期，社会事务简单，管理也多是经验管理，管理与领导合二为一。随着社会生产力的发展，社会事务越来越复杂，领导从管理之中分离出来成为社会发展的客观要求。从历史渊源与现实情况来看，领导与管理既有联系，也有区别。

对领导与管理关系的理解，有以下四种观点：

第一，领导就是管理，管理就是领导，领导者就是管理者。领导与管理是同一个概念的两种不同说法，二者没有任何区别。

第二，领导包含管理，管理是领导的一个内容。领导确定目标，作出决策，管理实现领导目标，是领导的一个职能。

第三，管理包容领导，领导从属于管理，领导是管理的职能之一。

第四，领导与管理相对独立，两者不具有包含与从属的关系，而是既有联系又有区别的两个独立范畴。这种观点被越来越多的领导学界的专家学者认同，它也是本书所持的观点。

① 李成言：《现代行政领导学》，北京：北京大学出版社，2002 年版，第 219 页。

(2) 领导与管理的区别

领导与管理作为两个独立的范畴，有着不同的实质、内涵与外延。对此，不同研究者从不同的层面与视角作了一系列区别：

第一，约翰·科特的观点。美国哈佛大学商学院教授约翰·科特在《变革的力量——领导与管理的差异》一书中分析了领导与管理的差别，归纳为以下几个方面。其一，管理的计划与预算过程趋向于注重几个月到几年的时间范围，强调微观方面，着重风险的排除以及合理性；而领导过程中经营方向的拟定着重于更长的时间范围，注重宏观方面，侧重敢冒一定风险的战略以及人的价值。其二，具有管理行为的企业在组织其人员配备时趋向于注重专业性，挑选或培训合适的人担任各项工作，并要求其服从安排；而联合群众的领导行为则注重整体性，要求整个群体朝着正确方向前进，并且投入进去，从而实现所确定的目标。其三，管理行为控制和解决问题的方式常常侧重于抑制、控制和预见；而领导的激励和鼓舞的方式侧重于授权、扩展，并不时创造出惊喜来激发群众的积极性。其四，领导与管理的根本区别体现在它们不同的功用上：领导能带来有用的变革，而管理则是为了维持秩序。

约翰·科特认为，管理主要侧重于处理复杂的问题，优秀的管理者通过制订规划、设计规范的组织结构以及监督计划实施的结果等方式使问题呈现有序一致的状态。相反，领导主要处理变化的问题，领导者通过开发未来前景而确定前进的方向，然后把这种前景与组织中的其他员工进行交流，并激励他们克服障碍达到这一目标。科特认为，要达到组织的最佳效果，领导与管理具有同等的重要性，二者不可偏废。但是，大多数组织总是过于强调管理而忽视了领导的重要性，故更应该加强开发组织中的领导作用。①

第二，亚伯拉罕·扎莱兹尼克的观点。美国哈佛大学商学院的亚伯拉罕·扎莱兹尼克指出，管理者和领导者是两类完全不同的人，他们在动机、个人爱好及想问题做事情的方式上存在着差异。他认为，管理者如果说不是以一种消极的态度，也是以一种非个人化的态度面对目标，领导者则以一种个人的、积极的态度面对目标。管理者倾向于把工作视为可以达到的过程，这种过程包括人与观念，二者相互作用就会产生策略和决策；领导者的工作具有高度的冒险性，他们常常倾向于主动寻求冒险，当机遇和奖励很高时，尤其如此。管理者喜欢与人打交道的工作，他们回避单独行为，因为这会引起他们的焦虑不安，他们根据自己在事件和决策过程中所扮演的角色与他人发生联系；而领导者则关心的是观点，他们以一种更为直觉和移情的方式与他人发生联系。②

第三，华伦·班尼斯的观点。美国南加州大学教授、领导学学者，曾任辛辛那提大学校长的华伦·班尼斯也对领导和管理作出区分。他认为："领导者是做正确的事情的人，而管理者是将事情做正确的人。"他列出二者的具体区别是：管理者寻求稳定，领导者探讨革新；管理者循规蹈矩，领导者独辟蹊径；管理者维持原状，领导者提高发展；管理者注重企业结构，领导者注重人力资源；管理者依赖控制，领导者激发信任；管理者目光短浅，领

① 刘银花、姜法奎：《领导科学》，大连：东北财经大学出版社，2002 年版，第 6～7 页。

② 孙立樵、冯致笺：《现代领导学教程》，北京：中共中央党校出版社，2002 年版，第 45～46 页。

导者目光远大；管理者重视原则和方式，领导者重视事情和原因；管理者盯着结果，领导者看到希望。①

依据上述观点，我们认为，领导与管理的区别表现在以下几个方面：

a. 权威性基础不同

领导是权力、能力、影响力的综合作用，它以影响力为基础实现被领导者的自愿追随与自觉服从。管理的权威性基础则是来源于组织或群体的职位权力，具有明显的强制性，对被管理者而言，服从是威慑性的，几乎没有选择。对领导而言，领导者的强制性权力是组织为实现组织目标而赋予他的。运用权力的确能产生顺从和服从，能实现集体行动、完成组织的目标，但这种自上而下的命令控制不能实现被领导者的内心认可与肯定。权力对下属的影响通常是外在的、不持久的，而且也会引发被领导者各种形式的反对。领导的影响力产生于领导者的内在素质和魅力，从内心深处触动被领导者的价值观、人生观与世界观，对被领导者的影响是发自内心的、持久的。

管理是以权力与正式的规章制度为基础，通过层级式的控制，以命令指示为方式，实现管理的预期目标。管理者以职位权力为实施管理的权威基础，因此与管理者相对的下级，其工作主动性、积极性与创造性很难调动，甚至对管理者而言，下级无需创造性，只要他们严格按照职责范围、规章制度进行执行性活动就可以了。

b. 目标不同

领导是管理的灵魂，是一种高层次的管理。领导目标主要是人类社会活动的宏观目标，在某些方面表现出一种战略性；而管理目标主要是指经济目标，如产值、利润等，在某些方面体现出一种战术性。

领导的意义，首先在于对路线、方针、政策的引导和确定；而管理是在方针、政策已经确定的前提下，通过采取各种有效的措施，使领导确定的大政方针得以实现。正如美国管理学家华伦·班尼斯指出的：经理们的目标是必须把各种事情办得正确，领袖们的目标是必须做正确的事。领导关注的是方向、前景、目标、意图、目的和效果这类正确的事情；而管理者则致力于效率、方式和短期的效应。美国前总统尼克松在《领导者》一书中也说过：一位领袖只知道什么是正确的事是不够的，他还必须能够做出正确的事。对做出正确决定但缺乏判断力或洞察力而又想当领袖的人，常常因为缺乏远见而导致失败。知道什么是正确的事但又做不到的人，常常因为他们软弱无能而导致失败。伟大的领袖既要有远见，又要有能力去做正确的事。在此基础上，他强调了领袖职能的不可替代性。就是说领袖“可以雇佣经理来帮助他完成上述任务，但只有他自己才能制定方向，提供推动力”。“经理考虑的是今天和明天，领袖必须考虑到后天；经理代表的是一个进程，领袖代表的是一个方向。”美国的劳伦斯·米勒在《美国企业精神》一书中，指出领导者与管理者的根本区别只有“目标”二字。他认为：“领导者把目标注入部下脑中，并激发他们极大的干劲，管理者则监督引导人们使用这股干劲。领导的魅力在于他向往更高的价值，他使人们永远感到自己是为人类做贡献的人，管理者只能满足人们对收入、地位和安逸的直接需要。领导者能为人们带来创造精神，鼓起创新的勇气，离开了领导者，管理只会教人们学会温顺

① 朱立言、雷强：《领导与管理的差异》，《中国行政管理》，2000(6)，第16页。

与服从。"①

c. 职能不同

领导是经由领导者影响并达到被领导者的自觉服从，从而实现领导目标的一个动态过程，因此，领导主要是处理人与人之间的关系，通过战略决策、文化建构、沟通激励的领导技能来实现与被领导者的目标与价值关联，具有明显的人本关怀特征。从一定意义上来讲，领导是一种软实力、巧实力，它以人的发展为最高追求，一切服务于人，更多地体现了人的道德要求，体现了人的人性化特征，表现出科学与艺术的统一。而管理是计划、组织、协调、指挥和控制构成的系列活动过程。现代科学管理以经过验证的工具和技术为中介，由训练的专职人员来实施。在特定的情况下，管理可以重复性进行，具有稳定性、规范性与执行性，管理主要是处理人、财、物、信息等资源的配置关系，以提高资源使用的效率。管理是一种硬实力，它以规范化科学化为追求，一切以制度为准则，体现了人的组织化特征，表现出科学与技术的统一。

(3) 领导与管理的联系

虽然领导与管理是两个相互独立的范畴与体系，但领导是从管理中分离出来的，二者是有区别的，也是互相联系、相互作用、共生融合，并在一定条件下相互转化的。

a. 目的一致性

领导的一项重要职能就是确定组织目标，并通过引导、激励下属，使其发挥主观能动性来实现组织目标；管理则是通过协调，把人、财、物等各类资源合理有效地整合在一起，从而实现组织目标。可以看出，领导与管理的最终目的是一致的，二者都是为了确保组织具有明确的目标并促进目标的达成。对于组织而言，只有通过领导者和管理者的通力协作，通过领导的卓越领导和管理的有效管理的紧密配合，才能确保组织目标的顺利实现。②

b. 角色的融合性

现代社会化大生产的发展与市场经济制度的逐渐成熟，促使了领导与管理职能的分离。领导、执行与监督权力的分离与制衡，客观上也使得领导者与管理者有了一定的分工与协作。但是，由于受历史文化传统等因素的影响，这种职位上的分工并没有促成领导与管理截然分离。领导者与管理者角色的承担既和个人的个性因素有关，也与特定的体制机制、文化环境等相联系，这就使得领导者与管理者的角色具有复合性、权变性。因此，领导与管理的选择要依据具体情境，纯粹的领导与纯粹的管理在现实情况中很难找到其存在的条件。

c. 职能的互补性

正如约翰·科特所言，组织要发展，领导与管理两者就缺一不可。对一个组织来说，如果只注重管理，而不注重领导，那么这种社会控制行为就是僵化的、没有活力的，注定会使组织、集团或者社会走向衰亡。反之，如果领导过多而管理不足，那么组织、集团或者社

---

① 孙立樵、冯致笺：《现代领导学教程》，北京：中共中央党校出版社，2002 年版，第 46～47 页。

② 鲍春雷：《领导与管理关系辨析》，《领导科学》，2009(13)，第 39 页。

会就会失去应有的规范和秩序，变得软弱涣散，或者使变革和创新变成狂热，向着不理智的方向发展。所以，只有将有力的管理和有力的领导联合起来，才能带来满意的效果。

d. 行为的转化性

从本质上看，领导与变革和创新是密切联系的。甚至可以这样说，领导即变革和创新。如果社会或组织没有变革和创新的需要，那么只有管理就足够了。而一旦社会或组织潜在地需要变革，或者正处在变革当中，那就必须要有领导。因为变革首先意味着要破坏今天，即破除现存那些不符合变化的实际，破除阻碍事业发展的既定规则、程序、制度、法律以及习惯势力、陈旧的观念和思维方式，等等。这就必然会引起人们在利益及思想观念等方面发生一些冲突和改变。于是，能否指出能为人们接受的远景目标和前进方向，并说服和引导人们放弃旧的东西，树立新的价值观念和思维方式，引领人们朝着新的目标和方向前进，就成为变革能否顺利进行并达成最终目标的关键。这就需要领导，需要有密切联系群众而又高瞻远瞩的领袖来影响、引导、率领人们进行这种变革和创新。而一旦变革告一段落，创新任务基本完成，组织进入一个相对平稳的发展时期，卓越的领导就必然要让位于高效的管理。

领导与管理的互相转化，是经常的、大量的，也是有规律的。一般来说，当组织或事业草创的时候应当是领导与管理并重的，而当组织或事业发展到一定阶段，处于相对平稳发展时期时，管理就显得更为重要了。当组织中的矛盾日积月累，已经无法在旧有的秩序和体制框架中解决的时候，变革的要求就要被提到议事日程上来。这时，提出新的远景目标和富有创见的方略，并引导和激发人们作出某种改变，就成为了必须。随之，以管理为主的形势就开始向以领导为主转变。相应地，变革的过程也就成为创新体制和重建秩序的过程。从现实情况看，在这个过程中，最难的是领导者或管理者自身能够主动地作出改变。而在通常情况下，组织也很难形成一种可以根据组织或事业发展的需要来不断更换领导人的机制。因此，怎样促进领导与管理相互转化的问题，实为领导变革中的一个极为重大的课题。①

2.2 领导本质

2.2.1 领导的自然本质与社会本质

(1) 领导的自然本质

领导是社会成员集体生产和生活的客观需要。个体力量的弱小和生存发展的需求使

---

① 李春林:《论领导与管理——兼论我国领导学的发展与完善》,《内蒙古大学学报》(社会科学版),2000(1),第21～22页。

得人们进行共同的劳动、共同的生活，凭借群体的力量来完成个体不能完成的任务。有组织的群体劳动要实现有序与高效率的生活，就必然要实行劳动的分工与协作，这就需要领导者引领、指挥、组织与协调以维护与发展群体的共同利益。领导的出现是有序进行社会生产和生活的客观需要。无论是原始社会的简单的生产劳动，奴隶社会、封建社会的自然经济占统治地位的经济形态，还是资本主义与社会主义社会现代的社会化大生产，都需要领导的组织、指挥、协调、计划。这是各个社会领导活动的一般属性，这种属性超越社会形态，贯穿于人类生产生活的过程。我们称之为领导的“自然本质”。

领导的“自然本质”的标志就是统一的意志和一定的权力。人类的活动都是有意识、有目的的，同时还有着自身的利益化要求和价值诉求。因此，个体的有理性会导致集体无理性，“公用地悲剧”即是典型的例证。因此，要想使领导的正确观念、行为转化为群体的观念与活动，首先就需要以领导者的意志为旗帜，指引、说服以统一人们的思想和行动。这种统一的意志和人们的服从是共同的社会生产与生活活动所必须的。无论是简单生产和封闭式生活还是社会化机器大生产和开放式生活，无论是政治、经济、军事、社会领域还是文化、教育、科技领域，要实现善治都需要统一的意志和共识的达成。统一意志的形成与存在仅仅是社会共同生产与生活的前提，统一意志的有效执行则需要依靠权力来维护与保障。统一意志与权力是领导活动运行的两个必备要素，特别是在剥削阶级占统治地位的社会形态中，权力是社会管理与阶级统治的手段。在政治民主的现代社会，随着个人权利意识的觉醒和受教育程度的提高，权力的作用与使用已不再是那么非人性化与赤裸裸，但权力的作用在领导过程中仍然必不可少。权力对实现领导目标与任务仍是重要的保障，只不过对现代权力的赋予与运用有了更多的制约。

(2) 领导的社会本质

领导的社会本质是领导的特殊属性，在不同的社会生产关系下，领导的性质和目的截然不同。领导是社会活动的产物，因而，它必然受到社会生产关系的影响制约，在不同的社会制度下，领导的社会本质体现出各自的鲜明特征。在集体劳动与生产资料公有的原始社会，领导具有简单朴素的服务性。在以生产资料私有制为基础的奴隶制社会、封建社会与资本主义社会，领导显示出明显的统治性，并以服务性掩盖其剥削性质。在生产资料公有制为主体的社会主义社会，领导活动体现着人民群众的意志和利益，并表现出越来越突出的服务性。由此可见，领导的社会本质随社会生产关系的变更而不断变化，它体现着特定生产关系的基本性质。

(3) 领导的自然本质与社会本质的关系

领导的自然本质与社会本质的关系是矛盾的共性与个性的关系。领导的自然本质存在于社会本质中，而领导的社会本质又体现着它的自然本质。领导的自然本质与社会本质相互依存，相辅相成，任何一个领导矛盾统一体都具有自然本质与社会本质，单纯的只有一个本质属性的领导活动是不存在的。把握领导的自然本质是探寻领导发展规律与未来趋势的基础；理清领导的社会本质是辨别领导本质区别的关键所在。我们只有全面掌握领导的双重本质属性，才能科学地认识与理解领导。

在自然本质与社会本质之间，社会本质占主导地位。领导的本质即由领导的社会本质决定。在领导活动中，领导者的出现，首先依凭的不是领导的“自然本质”的资格，而是依据占有生产资料的“社会本质”的身份。所以，一切社会生产过程中的领导所具有的决策、指挥、协调、控制等自然本质形式的改变，并不影响受制于社会生产关系的领导的社会本质，也不会改变领导的实质。另外，领导具有的统一意志和权力的特征，是建立在根本对立的基础上用强制和欺骗来维持的；或者建立在民主平等的基础上，用服务与服从和民主管理来协调一致。这也是由一定的社会经济关系和政治关系决定的。

在领导本质的双重性中，受一定社会生产关系制约的社会本质占主导地位，起着决定性作用。所以，认识一定社会的领导性质，既要看到其自然本质，更要揭示其社会本质，否则，对领导活动的认识就会失去正确的方向。①

2.2.2 领导本质的界定

领导的本质就是由构成领导活动本身并因而区别于其他活动的内在规定性，这就是领导活动独特的内在矛盾。这种内在矛盾首先表现为领导活动自身独特的结构关系即“领导者—群众—目标”的关系上，这就是领导活动自身特有的结构性关系和矛盾。这个特殊矛盾规定了领导的本质，同时也是把领导活动与其他社会活动相区别的根据。

领导活动是那种为了公共目的的共同活动，其本质体现为对公共使命的承担。因此，从领导活动的价值取向与精神归宿上来说，领导本质上是一种服务，并且是全心全意为集体、为人民、为社会服务。

(1) 西方学者关于领导本质的学说

a. 价值观为本说

科文·弗朗西斯在《以价值观为本的领导》中提出以价值观为本的领导观，他认为领导的本质是指领导者与其追随者在共有的价值观基础上形成的新型领导关系。以价值观为本的领导是以领导者个人价值观为原动力进行的领导。领导者本人首先要有明确、崇高的价值观，并以此为种子要素和原动力，滋生和发展组织经营和管理的各项要素。

b. 生态系统说

领导者、被领导者与领导环境之间是一种三边互动的相互依存、相互作用的互动关系，也就是说，领导活动是一个生态系统。领导者的本质不再像以往那样高高在上，而是和被领导者的互动，是领导三边活动中的一个基本的组成要素。著名学者彼得·M.圣吉就提出，靠英雄推动组织发展的做法使我们付出的代价是无法估计的，因为上层领导的努力无法代替真正的献身精神和组织中各个层次的学习能力。英雄型领导的神话制造出一种从上层强加下来的戏剧性变化和恶性循环，在组织中降低了领导能力，最终导致新的危机，只有按照“生态学”角度的思维方式和领导方式，把组织看作一个活生生的体系，充分发挥组织中不同层面的人们的积极性、主动性和创造性，使人们自然地形成互动和互补关

① 王乐夫：《领导学：理论、实践与方法》(第3版)，广州：中山大学出版社，1998年版，第40页。

系，才能形成组织的创造性张力，从而促成组织的长期发展。

这种观点是建立在关系互动说的基础之上的，但是又高于关系互动说。因为按照这种观点，领导只是领导活动中的一个要素，从中我们不难发现，领导者神秘的面纱被完全揭掉了，以往英雄主义的年代在这里不复存在了。

(2) 社会主义领导的本质

a. 社会主义领导的关系是新型平等的领导关系

社会主义领导是社会主义上层建筑的组成部分。经济基础决定上层建筑，经济基础的性质决定上层建筑的性质，经济基础的变化发展及方向决定上层建筑的变化发展及方向。社会主义经济基础是生产资料的社会主义公有制占主体、多种所有制经济并存，这是社会主义与资本主义相区别的本质特征。它反映在社会主义领导者和被领导者之间关系上，体现为一种新型的关系。社会主义经济基础决定了社会主义领导者与被领导者的关系不再是剥削与被剥削、压迫与被压迫的关系，不再是奴役与被奴役、愚弄与被愚弄的关系，而是在根本利益一致的基础上的领导与被领导关系，二者人格完全平等，没有尊卑贵贱之分。与原始社会领导者与被领导者之间人格化的简单服务关系、奴隶社会与封建社会的统治关系、资本主义社会的管理关系不同，社会主义领导者与被领导者是委托代理式分工合作的服务关系。

b. 社会主义领导的目标是科学发展，共同富裕

社会主义的根本任务是解放生产力，发展生产力。消灭剥削，消除两极分化，最终达到共同富裕则是社会主义的根本目的。根本任务强调社会主义生产力的发展，把发展作为第一要务，通过发展实现社会主义物质财富的增长，不断提高人们的生活水平。社会主义领导的根本目的是强调生产关系的进一步完善发展，坚持以人为本，在社会主义初级阶段，逐步消灭剥削，缩小贫富差距，在先富带动后富的基础上实现社会的共同富裕。这一根本任务与目标的完成是和社会主义的领导密不可分的。从这个意义上讲，社会主义领导的目标是科学发展，共同富裕。

c. 社会主义领导的本质是全心全意为人民服务

社会主义领导的本质是服务。社会主义生产资料公有制的主体地位决定了社会主义领导是为最广大人民群众的利益服务的，是为社会主义先进生产力的发展、社会主义先进文化的前进服务的。社会主义领导是以维护、发展、实现广大人民群众的经济、政治、文化与社会利益为出发点的，这决定了领导活动的根本宗旨是全心全意为人民服务。邓小平同志关于“领导就是服务”的论述鲜明指出了领导的本质。胡锦涛同志对科学发展观的论述指出:科学发展观，第一要义是发展，核心是以人为本，基本要求是全面协调可持续，根本方法是统筹兼顾。我们党的根本宗旨是全心全意为人民服务，党的一切奋斗和工作都是为了造福人民，要始终把实现好、维护好、发展好最广大人民的根本利益作为党和国家一切工作的出发点和落脚点，做到发展为了人民、发展依靠人民、发展成果由人民共享。这是对新时期社会主义领导本质的全面科学的表述，是“领导就是服务”思想的新的发展与创新。领导是职位、职权，领导更是职责。社会主义领导的职责是全心全意为人民服务，这也是社会主义领导的本质所在。

【本章重点】

- 领导的含义与特征
- 领导的基本关系
- 领导的基本要素
- 领导与管理的关系
- 领导的本质

【关键概念】

领导　领导特征　领导与管理　领导本质　领导的基本关系

【复习思考题】

1. 领导的基本要素有哪些？
2. 如何理解领导的本质？
3. 简述领导的基本要素。
4. 领导与管理的区别与联系是什么？

【推荐阅读】

芭芭拉·凯勒曼：《领导学：多学科的视角》，林颖、周颖等译，上海：格致出版社、上海人民出版社，2008年版。

朱立言、高鹏怀：《领导科学与艺术》，武汉：华中科技大学出版社，2009年版。

哈佛商学院出版公司：《权力、影响与说服》，江心英译，上海：商务印书馆，2007年版。

席西民、井润田、秦令华：《CEO领导科学与艺术》，北京：北京大学出版社，2009年版。

陈荣秋：《领导学理论与实践》，北京：清华大学出版社，2007年版。

边慧敏、廖宏斌：《领导学》，大连：东北财经大学出版社，2009年版。

汪来杰：《中西方视域下的领导理论》，郑州：河南大学出版社，2010年版。

第 3 章

领导思想与领导理论

中国古代文化中蕴含着丰富的领导思想，对它们的总结和提升有利于进一步丰富和发展中国特色的领导学体系。领导理论则是西方国家的产物，并随着时代的发展不断地深化和拓展，从寻找有效的领导者品质的特质阶段，到探求有效的领导行为方式和风格的行为阶段，再到从“情境”视角寻求有效领导的权变阶段，西方领导理论呈现出不同的特征。

3.1　中国古代领导思想

3.1.1　中国古代领导思想的主要内容

(1) 先秦时期主要领导思想

在先秦诸子百家中，出现了儒家、法家、道家、墨家、兵家、阴阳家、纵横家、杂家等众多学派专门论述如何学习和掌握治国安邦的本领的思想。在诸多学派中，最重要的有三家，即以孔子为代表的儒家、以韩非为代表的法家和以老子为代表的道家。他们的思想包括了中国古代领导思想的主要内容。

儒家的领导思想主要是“修、齐、治、平”。修即修身，齐即治理好自己的家庭，治即治理国家，平即治平天下。其中，“修身”被儒家看作是进行社会领导的逻辑起点，没有“修身”，“齐家”、“治国”、“平天下”就无从谈起。“修身”实际上包含两层意思：一是强调领导者个人道德修养的重要性，二是强调“教化”的重要性。而“齐家”、“治国”、“平天下”，则是“修身”所要达到的目的。此外，儒家所提倡的领导思想还包括“仁爱”、“贵和”以及“整体主义和国民主义”等思想。儒家企图劝说统治者，要治理好国家和天下，必须以修身为本，希望他们懂得正人先正己、上梁不正下梁歪的道理。《大学》视家为国之本，认为“一家仁，一国兴仁。一家让，一国兴让。一人贪戾，一国作乱，其机如此”。“政者，正也。子帅以正，孰敢不正”。“其身正，不令而行。其身不正，虽令不从”。孔子还要求从政者“自省”、“自戒”、“自讼”、“自责”、“克己”、“修己”、“求诸己”。孔子云：“尊五美，屏四恶，斯可以从政矣。”这句话的意思是说，要想从政或者成为一名领导，就必须遵从五项美德，摒弃四项恶习。“五美”指的是“君子惠而不费，劳而不怨，欲而不贪，泰而不骄，威而不猛”。孟子也说：“君仁莫不仁，君义莫不义，君正莫不正。”儒家强调“为政以德”，孔子在《论语·为政》中说：“为政以德，譬如北辰，居其所，而众星共之。”孟子在《孟子·公孙丑上》中强调：“以力服人者，非心服也，力不赡也；以德服人者，中心悦而诚服也。”他们认为领导者要加强道德修养，以自身的模范行为来影响、感化和带动众人“见贤思齐焉，见不贤而内省也”。这些思想都为后世乃至当今的领导科学奠定了一定的哲学基础。

法家的领导思想主要是“法、势、术”。商鞅、慎到、申不害三人分别提倡重法、重势、重术，各有特点。到了法家思想的集大成者韩非时，他提出了将三者紧密结合的思想。“法”是指健全法制，“势”指的是君主的权势，要独掌军政大权，“术”指的是驾驭群臣、掌握政权、推行法令的策略和手段。其主要目的是察觉、防止犯上作乱行为，维护君主的地位。韩非的治国思想体现为“以法治国，以势立威，以术驭下”。首先是以法治国。韩非认为只有实行法制才能“废私”，只有法制才能代表“公义”：“夫立法令者以废私也，法令行而私道废矣。私者所以乱法也。”其次是以势立威。韩非认为，君主要有权威就必须牢牢掌握立法出令、生杀予夺的权力，树立绝对的权势，使臣民完全服从自己，即所谓的“势”。所以他说：“善任势者国安，不知因其势者国危。”“势者，胜众之资也。”韩非的势，就是指权力，权势。再次是以术驭下，就是运用权术驾驭下级：“术者，藏之于胸中，以偶众端，而潜御群臣者也。故法莫如显，而术不欲见。”即使是至亲好友，也不能让他们知道。“用术，则亲爱近习莫之得闻也。”韩非总结的权术有很多，如“挟知而问”，即装聋作哑，明知故问，“见而不见，知而不知”，以试探下属是否隐瞒；“倒言反事”，即故意说错话、办错事，以检验臣下是否忠诚，等等。

道家的领导思想主要是无为而治。道家思想的代表人物有老子、庄子等，其核心思想是“道”，认为“道”是宇宙的本源，也是统治宇宙中一切运动的法则。其主要观点就是效法自然和清静无为。“处无为之事，行不言之教”，即一切顺乎自然，对百姓采取不干涉和少干涉的政策，以无为手段达到无不为的目的。老子将自然规律引入人类社会，主张“人道”也要遵循“天道”，应该清静无为，“人法地，地法天，天法道，道法自然”。即执政者必须以自然模式和自然法则来治理国家。老子主张无为、退守，力促事物向消极、柔弱的方面发展。因此，在领导智慧和谋略上，老子主张柔弱之术，形成了道家独具特色的领导智慧和领导谋略。这些智慧和谋略有：以静制动，“静为躁君”；以柔克刚，“天下之至柔，驰骋天下之至坚”；戒盈处虚，“持而盈之，不如其已。揣而锐之，不可长保。金玉满堂，莫之能守。富贵而骄，自遗其咎”；“善用人者为之下”，即善于用人的领导者应始终谦逊地对待被领导者。因为“贵以贱为本，高以下为基”；防微杜渐，“其安易持，其未兆，易谋也，其脆易破，其微易散。为之于未有，治之于未乱”；以曲求全，“曲则全，枉则正。洼则盈，弊则新。少则得，多则惑”；深藏不露，“将欲取天下也，恒无事。及其有事，不足以取天下”；等等。

墨家的领导思想主要体现在《墨子》一书中，突出的是尚贤、尚同、惠忠、强节等主张。墨子认为尚贤乃是为政之本，贤者在位，则国家治，贤者不在位，则国家乱，“国有贤良之士众，则国家之治厚，贤良之士寡，则国家之治薄”。

兵家的领导思想主要体现在《孙子兵法》中，如“计而后动”即缜密而慎重的决策原则，“出其不意”体现了灵活机变的战术思想，“合之以文，齐之以武”则体现了治军带兵中的领导艺术。

(2) 秦汉至明清时期主要领导思想

从秦汉始经各代直至明清的两千多年，是以封建君主专制主义为核心的官僚领导体制与封建正统领导思想的确立、发展与完备的时期。这一时期的领导思想结合各个历史时期的不同特点，在继承发展先秦诸子百家领导思想的基础上，又形成新的领导理论。

秦始皇是中国古代史上有名的暴君，“焚书坑儒”就是一个典型例证。但客观地看，作为中国历史上第一个封建帝王，秦始皇在治国理政方面也有积极的思想体现，尤其是在领导体制方面具有一定的贡献。首先，他强调“以法治国”，而且设立了严密的管理机制，设置了三公九卿。三公九卿分工明确，各司其职，对皇帝负责。其次，推行郡县制。秦始皇将天下分为36郡，后又增设为40郡，郡以下设县。每郡设郡守、郡尉和郡监，分别掌管行政、军队和监察。县以下设乡，乡以下设亭，这样就形成了一个组织严密、号令一致、权力高度集中的行政管理体系。

两汉时期是中国古代领导思想平缓发展的一个时期。这一时期的领导思想的一个突出特征就是兼采众长，融为一说。汉初的领导思想表现为道家的“无为而治”，如西汉政治家陆贾认为秦朝的灭亡是因为统治者“举措太众，刑罚太极”，他主张统治者在治理和领导国家时必须做到“块然若无事，寂然若无声，官府若无吏，亭落若无民，闾里不讼于巷，老幼不愁于庭，近者无所议，远者无所听，邮无夜行之卒，乡无夜召之征，犬不夜吠，鸡不夜鸣，耆老甘味于堂，丁男耕耘于野”。汉高祖刘邦深谙用人之道，他善用出身低微之人；善论功行赏，予之以利；善用他人之计，博采众议。两汉时期的领导思想还有关于君民关系、领导策略的论述以及“民无不为本”的重民思想、考功论官的主张等。如汉代社会批判思潮的主要代表人物王符就主张德刑并重，不可偏废其中任何一方。他还认为君主领导国家的一个重要内容就是“治吏”，“凡南面之务，莫急于知贤。知贤之近途，莫急于考功”。

三国两晋南北朝时期是中国封建社会进程中比较曲折的一个历史时期。这一时期，中国大一统的进程出现断裂，但领导思想的发展进程并未中断。其中，曹操、孙权、诸葛亮的领导思想各有超出前代的新内容，尤其是在用人方面有较大的进展。比如，曹操推行“明扬仄陋，唯才是举”、“勿拘品格”的用人方针，并且三下求贤令，征求那些“被褐怀玉而钓于渭滨者”、“负污辱之名、见笑之行、或不仁不孝，而有治国用兵之术者”。诸葛亮强调领导者的正身，“人君先正其身，然后乃行其令。身不正则令不从，令不从则生变乱”，他还提出“集思广益”、“并用刚柔”的用人原则，指出对待贤士必须“各因其能而用之”，并举例说“忠直可使理狱，廉平可使赏罚”。而孙权的用人思想也值得借鉴，他对战功卓著的将领和政绩昭彰的文臣，大加褒赏，爱护有加，尊敬之至；对自己或孙氏家族的人，不偏袒，不护己，以大局为重。

隋唐时期是中国古代社会第二次大统一的时期，也是我国封建社会的鼎盛时期。这一时期经济发展，文化繁荣，思维视野开阔，出现了颇具积极因素的领导思想。如隋文帝提出“儒法并用”、“尽除苛法”、“以德代刑”、“崇俭禁贪”的主张，实行“见善必进”、“唯在得人”的用人方针。唐太宗李世民提出“安人宁国”、“以民为本”、“慎刑恤杀”、“务在简宽”的治国之道，“为官择人，唯才是举”、“才行兼备”、“扬长避短”的用人原则，“兼听纳谏”、“明正赏罚”的为政方针；在君之修身方面，他还提出“夫为人君，当须至公理天下”，要“以天下为公，无私于物”。魏征的君臣论，认为为君之道是重修身、务兼听、任贤良、安思危；臣之品格为忠于所事、去就缘情。武则天则提出“君臣同体”、“上下相资”的治国之道，“不拘门第”的人才政策，以及“恩威兼施”的领导权谋，等等。

两宋时期的思想领域中占统治地位的是理学，这是一种以儒学为核心，儒、道、佛相互渗透的唯心主义思想体系，与理学相对立的是功利主义思想。两宋时期的领导思想正是在理学与功利主义思想相斗争的背景下阐发出来的：有关于人才的教之、养之、取之、任之的论述，如王安石认为当时教育上的最大问题是学非所用，用非所学，说“今士所宜学者，天下国家之用也”；也有立君为民的观点，如北宋思想家、改革家李觏认为，君是服务于民的，他说“古之天下，君养民也，后之天下，民自养也”；还有官与民交相知的思想，如李觏说：“吏之于民必相知心，然后治也。吏知民心则明，明则政平矣；民知吏心则信，信则令行矣。欲相知心，岂一朝一夕而哉。”北宋思想家司马光的领导思想体现在强调君主的修养和职责上，他还提出“度才而授任，量能而施职”的观点。

明清时期是我国封建社会的终结时期，这一时期的领导思想继承并发展了传统的观点、主张和理论。如明太祖朱元璋实行“明礼以导民，定律以绳顽”的治国纲领，提出了“民为国本”、“民安则国安”的主张，主张“人思尽职”、“量才用人”的用人原则，以及“治人者必先自治”的领导者自我约束等思想。清朝康熙皇帝提出“勤政务实”、“奖勤惩贪”、“以宽为本”、“以德化民”的治国方略，强调“致治之道，尊重人才”、“德本才末”、“随才器使”的用人主张。乾隆皇帝在政策和思想上与康熙是一脉相承的，他在用人问题上主张德才兼备、以德为主。他提出：“论人之道，才品兼长固属甚善，但二者不可得兼，才胜于品，一时浮饰可观而心志不诚，根本不固，将来必难驾驭；品胜于才，虽一时肆应不足，而心术端方，操守廉洁，将来扩充历练，必能不愧循良。”

3.1.2 中国古代领导思想的特点

中国古代领导思想十分丰富，既有理论又有实践，涉及领导本质、领导者素养、领导关系、领导体制、领导原则、领导决策、用人方法等领导学内容，是中国优秀传统文化的重要组成部分，尤其是先秦时期的领导思想，具有极大的思想影响力和文化传承性，为以后的各朝当政者及我们现在研究领导学打下了坚实的实践基础。通过以上对中国古代领导思想的大致梳理，我们可以从以下几方面把握古代领导思想的特点。

(1) 以民为本

古代领导思想中比较突出的就是民本思想，就是以民为本、重民爱民、富民教民。这体现了古代统治者和思想家对治国理政规律的探索和认识，其出发点和落脚点既有“安民”也有“为民”，具有一定的积极意义。

a. 民为邦本

中国历代的统治者和思想家都高度重视人民的力量和作用，认为人民是国家的根本，要以民为本，顺乎民意，取信于民，赢得民心。在两千多年前，春秋时期，齐国著名政治家、思想家管仲最先提出了“以人为本”的概念。他在《管子·霸言》中说：“夫霸王之所始也，以人为本。本理则国固，本乱则国危。”《尚书》也指出“民惟邦本，本固邦宁”，得民心者得天下，失民心者失天下。国家能否治理得好，关键在执政者能否赢得民心。《管子》指出“政之所行，在顺民心；政之所废，在逆民心”，所以要治理好国家，“必当下顺民心”。宋代程颐云：“为政之道，以顺人心为本。”历史表明，民心向背关乎统治能否稳固和长久，关乎国家的兴衰成败。政局的治与乱，事业的兴与衰，国家的存与亡，莫不关乎此。

b. 爱民重民

民本思想在夏朝萌芽，到春秋时期基本形成。孔子说：“民以君为心，君以民为体。”在此基础上，孟子更进一步提出：“民为贵，社稷次之，君为轻。”“乐民之乐者，民亦乐其乐；忧民之忧者，民亦忧其忧。乐以天下，忧以天下，然而不王者，未之有也。”《太平御览》载，孔子的学生子夏将君民关系喻为鱼水，提醒执政者不要脱离民众：“鱼失水则死，水失鱼犹为水也。”唐太宗李世民“去奢省费，轻徭薄赋，选用廉吏”的做法也体现了统治者的爱民思想。

c. 富民教民

民富，才能国富。只有民众富裕了，生产才会发展，国家才会富裕。《荀子》云：“民富则田肥以易，田肥则出实百倍。”民富，才能君富。《论语》云：“百姓足，君孰与不足？百姓不足，君孰与足？”《荀子》云“下贫则上贫，下富则上富”，只有让老百姓先富起来，方能实现“上下俱富”。民富，才能国安。实现统治还要教化民众，使民众服从统治。孟子认为，有无教化是区别人与禽兽的根本标准：“饱食暖衣，逸居而无教，则近于禽兽”，“上无礼，下无学。贼民兴，丧无日矣”。并且通过对民众的教化可以改善执政者与民众的关系，从而赢得民心：“善政不如善教之得民也。善政，民畏之。善教民爱之；善政得民财，善教得民心。”

(2) 重视领导艺术和方法

中国古代领导思想的一个重要特征就是以对领导艺术和方法的研究为核心，重视对领导艺术和方法的探讨和运用，即重视“治术”、“权谋”，对发展今天的领导科学有一定的借鉴意义。

a. 德法兼济

德治与法治、王道与霸道是中国先秦时期儒法两家提出的相互对立的政治主张。如前文所述的孔子主张“为政以德”，孟子曰“以德服人”，而《墨子·法仪》则认为：“天下从事者，不可以无法仪。无法仪而其事能成者，无有也。”韩非子明确地指出：“奉法者强则国强，奉法者弱则国弱。”他还强调：“法不阿贵，绳不挠曲。”《管子·明法》中也主张：“法度行则国治，私意行则国乱。”孔子在总结治国之道时也主张“德刑兼用”、“礼法结合”。在封建社会统治中历代统治者把两者作为工具结合起来运用，外儒内法，儒法相济，德刑相辅，根据统治的实际需要，交替使用，以巩固和维护其统治。

b. 选贤任能

历代统治者都高度重视人才，认识到人才的重要性。《管子》云“天下者，无常治，无常乱，不善人在则乱，善人在则治”，所以“争天下者，必先争人”。荀子总结说：“尊圣者王，贵贤者霸，敬贤者存，慢贤者亡。”范仲淹说：“得贤杰而天下治，失贤杰而天下乱。”在选拔和使用人才方面，历代统治阶级也在不断探索有效的制度和办法。隋唐时建立了科举制度，用于考核与选拔人才。选才要求遵循任人唯贤的原则，强调德才兼备的人才标准。《管子》主张德、功、能三者兼顾。墨子将德、官（处理政务的能力）、劳、功四者并列。荀子提出“论德而定次，量能而授官”，认为德、能不可或缺。唐太宗李世民要求官吏“才行兼备”。在人才使用上，古代统治者和思想家要求做到人尽其才、才尽其用。如王安石的用人思想就是：不计“资序”深浅，不计“历任”久暂，只管“所任之使”与“其才”是否相符。再如《三国志·魏书·郭嘉传》裴松之注引《傅子》的“用人无疑，唯才所宜”，等等。

c. 奖罚分明

古人认为，奖惩具有统御、引导、鞭策、教化等多种功能，因此非常重视运用这种手段来进行领导。赏罚并施，同时做到公正，功过相称，才能引导人做好事，禁止人干坏事，使人进有所得，退有所失，各尽其能。如曹操在对人的激励上就做到了论功行赏，奖罚分明，无论关系亲疏，无论个人好恶，一切奖惩以事实为依据，奖得众人心悦诚服，罚得众人百口莫辩。历代著名政治家如诸葛亮、王猛、王安石、张居正等，都运用了奖罚分明、宽严相济、刚柔结合的政治之术。

d. 多谋善断

领导者的一个主意或决定，小则关系组织的兴旺，大则关系国家的安危。司马迁说“安危在出令”；张居正、唐甄指出，高层领导者的“一举一措乃天下向背所系”。因此，多谋善断是领导者必备的素质和职责。古人强调做任何事之前都必须预先进行周密的谋划。《孙子兵法》中指出：“多算胜，少算不胜，而况于无算乎？”《中庸》里说：“凡事预则立，不预则废。”《九唐书》中也指出：“先谋后事者逸，先事后谋者失。”即做事之前需要深入地了解各方面情况，掌握基本的信息。《孙子兵法》云：“知己知彼，百战不殆。”还要兼听广纳、博采众议、集思广益，这样才能防止决策失误。汉代桓宽说：“谋及下者无失策。”清代思想家唐甄说：“以众人之明为一明，以众人之聪为一聪。”之后还需要领导者有主见，善于决断。正如辛弃疾所说的“谋贵众，断贵独”。并且要不失时机，当机立断。古人认为，适时决策，事半功倍；举措失时，事倍功半。

（3）重视领导素养

中国古代政治家、思想家在总结历代朝政兴衰存亡的经验教训的基础上，认识到执政者特别是执政骨干有无高尚的道德品质，是一个国家、民族能否兴旺发达的关键。因此，他们非常重视领导者的品德修养。如《周礼·天官》中的“六廉”说就提出了为官者应具备的德行素养：一曰廉善，二曰廉能，三曰廉敬，四曰廉正，五曰廉洁，六曰廉辨。

a. 要求领导者修身正己

对于执政者的素养，古人不仅认识到了它的重要性，还从思想、品德、作风、气质等诸多方面予以概括。中国传统治国之道把“修身、齐家”作为“治国、平天下”的基础和前提，要求为政者必须加强修养，完善人格，提升品德。儒家思想认为，领导者要以礼为基，以仁为本，以信为重。《礼记・大学》把修身正己提到治国理政的高度来认识其重要性，认为："古之欲明明德于天下者，先治其国；欲治其国者，先齐其家；欲齐其家者，先修其身；欲修其身者，先正其身。"

b. 要求领导者清正廉明

为政者必须廉洁奉公。吏治清明，是政权巩固、经济发展、社会进步的重要保证；而吏治腐败，则是民不聊生、国破家亡的祸根。因此，历代统治者无不要求官吏清正廉洁。《清碑・官箴》指出："吏不畏吾严而畏吾廉，民不服吾能而服吾公。公则民不敢慢，廉则吏不敢欺。公生明，廉生威。"指出清正廉明乃是为政之本。古代统治者还制定了惩治腐败的酷刑严法并不断采取新的举措。如明朝开国皇帝朱元璋对元朝末年贪污腐败的危害感触很深，制定了《大明律》，不遗余力地治理腐败，对官吏贪污的处罚十分重。雍正年间，为了避免官员贪赃，在基本的俸禄之外，还特别发放"津贴"，开始实行养廉银制度。

c. 要求领导者居安思危

古代统治阶级中的有识人士是在国家政权相对稳定时期，也会时刻提醒本朝统治者，千万不可麻痹大意，而应该保持着一种"战战兢兢，如临深渊，如履薄冰"的戒惧心情。《周易・系辞》中说："君子安而不忘危，存而不忘亡，治而不忘乱，是以身安而国家可保也。"就是要求统治者居安思危，在任何情况下，都不要被好形势冲昏头脑，看不到潜在的危机，而要保持一种谨慎警惕的心情，这样才可能保证长久的"国泰民安"。

总之，中国古代领导思想为现代领导学的发展奠定了基础，但由于受历史和阶级的局限，中国古代领导思想被深深地打上了封建思想的烙印，对此我们应予以批判继承，在扬弃中挖掘其现代价值并加以创新，使中国古代领导思想的优秀部分在繁荣发展中国马克思主义领导学和领导中国特色社会主义伟大事业的实践活动中放射出更加灿烂的光辉。

3.2　西方领导理论

3.2.1　西方领导理论的发展阶段

西方领导理论随着时代的发展也在不断深化和拓展，从寻找有效领导者品质的特质阶段，到探求有效领导行为方式和风格的行为阶段，再到从"情境"视角寻求有效领导的权变阶段，西方领导理论呈现出不同的研究特点。

(1) 领导特质理论

领导特质理论是指从领导者的性格、生理、智力及社会因素等方面，寻找和归纳领导者特有的品质或应有品质的理论，也称领导素质理论①。在19世纪末20世纪初，随着管理学和心理学等学科的产生和发展，人们对领导特质进行了较系统、科学的探讨，陆续产生了各种各样的领导特质理论。在早期众多的理论和假说中，比较著名的有亨利的特质理论和吉赛利的特质理论。

1949年，亨利提出了成功领导者应具有的12点特质：一是成就欲强烈，把工作当成乐趣和兴奋点，对其的关注和追求超过对金钱报酬和职位晋升的关注和追求；二是敢于承担责任，干劲大，希望迎接工作的挑战；三是尊重上级，认为上级水平高、经验多，能够帮助自己上进和提高，与上级关系好；四是组织能力强，把混乱的事组织得很有条理；五是决断力强，能在较短的时间内对各种备择方案加以权衡并迅速作出决断；六是思维敏捷，有较强的预测能力，能从有限的材料中预测出事物的发展动向；七是自信心强，对自己的能力有充分的自信，目标坚定，不受外界干扰；八是极力避免失败，不断接受新任务、树立新目标，驱使自己前进；九是讲求实际，重视现在，而不大关心不肯定的未来；十是眼睛向上，对上级亲近而对下级较疏远；十一是对父母没有感情上的牵挂，而且一般不同父母住在一起；十二是忠于组织，忠于职守。

吉塞利提出了有效领导者的七种品质特征和五种激励品质。七种品质特征包括才智首创精神、监察能力、自信心、与群众关系密切、决断能力、刚性和韧性、成熟度；五种激励品质是指对工作稳定的需求、对金钱奖励的需求、对指挥别人的权力的需求、对自我实现的需求、对事业成就的追求。②

早期的领导特质理论侧重于比较领导者与被领导者、高层领导者与基层领导者、成功的领导者与不成功的领导者之间的个体差异，试图确定成功的领导者具有什么样的人格特质，也就是确定具有什么样的特性的人适合做领导者，进而在此基础上确定进行什么样的训练能够培养出胜任领导工作的人。他们一般从五个方面入手进行研究：生理特质、个性特质、智力特质、生理特质、社会特质。但是，大量研究证明所有成功的领导者，都具备一系列一致而独特的个性特点；具备某些特质确实能提高领导者成功的可能性，但没有一种特质是成功的保证。为什么领导特质理论在解释领导行为方面并不成功呢？原因有四个：第一，它忽视了下属的需要；第二，它没有指明各种特质之间的相对重要性；第三，它没有对因和果进行区分（如，到底是领导者的自信导致了成功，还是领导者的成功建立了自信？）；第四，它忽视了情境因素。这些方面的欠缺使得研究者的注意力转向其他方向。

从20世纪40年代开始，领导特质理论就已不再占主导地位了。到20世纪60年代中期之前，有关领导的研究着重于对领导者偏爱的行为风格的考察。进入20世纪80年代后，由于环境的快速变迁，知识经济的发展对领导者提出了新的要求，新的领导特质理论研究又掀起一个高潮。

美国著名领导学专家库塞基和波斯纳从1980年开始调查了近千家企业及政府行政部门，而后又在1987年和1995年进行了两次调查。他们发现领导者特质中排在前四位的特质是：诚实，有远见，懂得鼓舞人心，能力卓越。领导特质理论在当代的一个新进展，

① 李成言：《现代行政领导学》，北京：北京大学出版社，2002年版，第166页。

② 李成言：《现代行政领导学》，北京：北京大学出版社，2002年版，第167～168页。

是美国领导学者德克兰提出的领导素质的宪法模型。宪法模型实际上是一种理论上的比喻。德克兰认为，随着时代的变化，美国宪法在具体观点和解释方面也会相应变化，即具有广泛性和弹性，但基本原则依然保持不变，并继续发挥作用。与此相似，人们也能够找出关于领导者的基本的优良品质。尽管随着环境的变化，领导者的某些特质也会随之发生调整和变化，但其中基本的优良品质仍然会保留，比如坚定、心胸开阔、诚恳，等等。并且，尽管领导风格和领导方法发生了许多变化，但基本的领导品质却一直相对稳定。经过分析整理，德克兰认为这些基本特质可以分为四个基本方面：个性、想象力、行为和信心。

领导特质理论确实能给人一种直观的吸引力，并能把人们的注意力集中到领导者身上，对领导者这一特质要素也有一个深层次的理解，为人们评估自己的领导特质提供了一个水准基点。但领导特质理论并没有对领导者的特质作出一个具体的界定，只是形成了“最重要”领导者特质的主观决定论；没有对特质与领导行为结果之间的关系进行分析，不能把情境因素考虑进去。

(2) 领导行为理论

从 20 世纪四五十年代起，随着行为科学的兴起，人们逐步转移到对领导行为的研究上来。对领导行为的研究，最早是在 20 世纪 40 年代末，在俄亥俄州立大学进行的。与此同时，在密歇根大学也有一组学者进行研究。还有第三组是 20 世纪 60 年代，由布莱克和莫顿进行的研究。

领导行为理论主要是针对领导者在领导过程中的具体行为以及不同的领导行为对部属的影响，以期寻求最佳的领导行为。研究领导行为理论的目的在于增强对各种具体的领导行为的预见性和控制力，改进工作方法和提高领导效果。研究的侧重点在于确定领导者应具有什么样的领导行为以及哪一种领导行为的效果最好。其中较有代表性的领导行为理论有以下几种。

a. 领导行为四分图理论

1945 年，美国俄亥俄州立大学教授斯多基尔和沙特尔进行了一系列的研究，希望能确定领导行为的独立维度，开始时他们收集了大量下属对领导行为的描述，列出了一千多种刻画领导行为的因素。通过筛选、归并，最后把领导行为归纳为“关心组织”和“关心人”两大类。与此同时，密歇根大学的研究也得出了同样的结论，他们将领导行为归结为“生产导向”和“员工导向”(其内涵与“关心组织”和“关心人”相近)两大类。“关心组织”强调以工作为中心，是指领导者以完成工作任务为目的，为此只注意工作是否有效地完成，只重视组织设计、职权关系、工作效率，而忽视部属本身的问题，对部属严密监督控制。“关心人”强调以人为中心，是指领导者更强调建立领导者与部属之间的互相尊重、互相信任的关系，倾听下级意见和关心下级。调查结果证明，“关心组织”和“关心人”并不是相互排斥的，它们具体到一个领导者身上有时一致，有时并不一致；可能这两类都达到很高的值，也可能都是很低的值，也可能一项是高值，另一项是低值。因此，他们认为领导行为是两类行为的具体结合，它可以分为四种情况，可以用两度空间的四分图来表示。属于低“关心人”而高“关心组织”的领导者，最关心的是工作任务。高“关心人”而低“关心组织”的领导者大多数较为关心领导者与部属之间的合作，重视互相信任和互相尊重的气氛。低“关心组织”、低“关心人”的领导者，对组织、对人都漠不关心，一般来说，这种领导方式效果较差。高“关心组织”、“高关心人”的领导者，对工作、对人都较为关心，一般来说，这种领导方式效果较好。如图 3-1 所示：横坐标表示对组织的关心程度，纵坐标表示对人的关心程度。

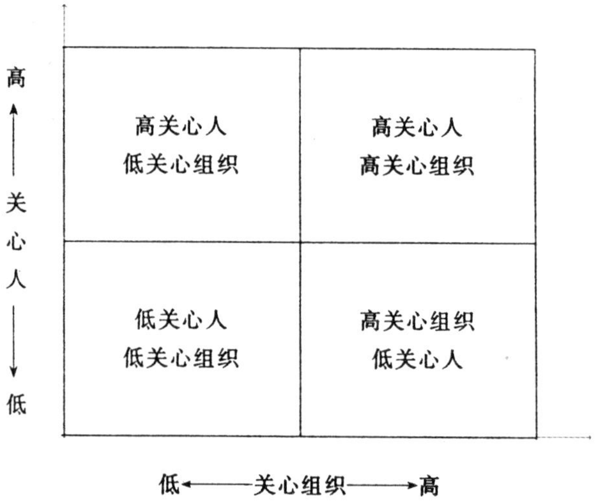

图 3-1 领导行为四分图理论

领导行为四分图理论的现实意义在于从中发现了领导行为的两个最基本的考察维度：关心组织和关心人，从而为领导行为的研究开辟了新的途径；它所提出的四种领导风格也为以后许多领导理论的研究奠定了基础。

b. 领导方格理论

领导方格理论是由美国得克萨斯大学的行为科学家罗伯特·布莱克和简·莫顿在 1964 年出版的《管理方格》一书中提出的。他们认为，在领导工作中往往出现一些极端的方式，或者以工作为中心，或者以人为中心，或者强调监督，或者强调相信人。在关心工作的领导方式和关心人的领导方式之间，可以有使两者在不同程度上互相结合的多种领导方式。为此，他们以企业中的领导方式为根据提出了领导方格理论。领导方格理论可以用领导方格图（如图 3-2）体现出来，这是一种纵横各九等分的方格图。横坐标表示领导者对工作的关心程度，纵坐标表示领导者对人的关心程度。在坐标图上由 1 到 9 划分为 9 个格，作为标尺。整个方格共 81 个小方格，每个小方格表示“关心工作”和“关心人”这两个基本因素相结合的一种领导类型，并分别在图的四角和正中确定五种典型类型。即 (1.1)型：贫乏型领导或无为型、虚弱型领导，其最大特征是身在其位，不谋其政。他们对人和事都不够关心，是一种极不称职的领导。这种领导方式一般都会导致失败，是一种很少见的极端的情况。(1.9)型：乡村俱乐部型领导或懒散型、逍遥型领导，其最大特征是重视下属的态度和情感，对下属关心备至。他们只关心人而不关心工作，对部属一味迁就，做老好人。(9.1)型：任务型领导或强制型领导，其最大特征是好强和有力量，控制他人的欲望特强烈。他们高度关心工作及其效率而不关心人，只准下级服从，不让其发挥才智和进取精神，把下属看成机器。在安排工作时尽量减少人为因素的干扰。(5.5)型：中间型领导或中庸型领导，其最大特征是既不过分倚重人，也不过分偏重任务。他们对人的关心度和对工作的关心度保持中间状态，甘居中游，只图维持一般的工作效率与士气，安于现状，不能促使部属发挥创造革新精神。(9.9)型：团队型领导或理想型领导，其最大特征是实现人与工作的和谐化与一体化，并极大地强化了组织的合作意识和献身精神。他们既关心工作，又关心人，领导者通过协调和综合各种活动，促进工作的开展，他们会鼓舞士气，使大家和谐相处，发扬集体精神。这种领导方式效率最高，因而也必然可以取得卓越的成就。

1.9								9.9
				5.5				
1.1								9.1

表 3-2　领导方格理论图

领导行为理论为我们提供了评估领导者一般行为的方法，它提醒领导者，他们对他人的影响是通过改变他们所做的工作以及他们所建立的关系来起作用的。领导行为理论的价值在于它强调了领导行为的两个核心维度，即"关心组织"和"关心人"的重要性，这两种行为是领导过程的核心。但是领导行为理论没有充分说明在所有情境下都有效的、普遍适用的领导者的行为。

(3) 领导权变理论

对领导权变理论的研究始于 20 世纪 60 年代，并于 20 世纪 70 年代逐渐形成体系。权变理论的兴起有其深刻的历史原因。20 世纪 70 年代的美国，社会不安、经济动荡、政治骚动达到空前的程度，石油危机对西方社会产生了深远的影响，企业所处的环境很不稳定。而以往的管理理论大多都是在追求普遍适用的、最合理的模式与原则，这些理论在解决企业面临瞬息万变的外部环境时显得无能为力。正是在这种情况下，人们不再相信管理会有一种最好的行事方式，而是必须随机应变地处理管理问题，于是形成了一种管理取决于所处环境状况的理论，即权变理论。"权变"的意思就是权宜应变、"随具体情境而变"或"依具体情况而定"。

在领导学中，所谓权变理论是指领导者应该根据情境因素选择有效的领导方式。因其重视情境对领导行为有效性的影响，所以有些学者又把它称为情境理论。该理论认为并不存在一种普遍适应的、"最好的"或"最不好的"领导方式，领导是一个动态过程，而且领导者的有效行为应随着下属的特点和情境的变化而变化。领导者在一定情境条件下通过与下属的交互作用来实现理想。因此，其领导绩效有赖于领导者的因素、被领导者的因素、情境的因素之间的交互作用。① 代表性的领导权变理论主要有：

a. 菲德勒的权变模式

1967 年，美国华盛顿大学教授 F. 菲德勒经过 15 年的调查研究，提出了“有效领导的权变模式”，这一模式把领导人的特质研究与领导行为的研究有机地结合起来，并将其与情境分类联系起来从而研究领导的效果。他提出有效的领导行为依赖于领导者与被领导者相互影响的方式，以及情境给予领导者的控制和影响程度的一致性。

菲德勒根据他的研究阐明了领导情境的三种因素：职位权力、任务结构和领导者与下属的关系。每一种因素又分别有好坏、有无、强弱两个不同的方面。这三种权变因素组合起来，从最有利到最不利，可以得到八种不同的情境和类型，每个领导者可以从中找到自己的位置，确认自己的领导情境。菲德勒认为三个条件齐备，即领导者与下属关系好、任务结构化程度高、职位权力大，这是领导者最有利的情境；三者中有一项或两项具备的是领导者的一般情境；三者都缺的是领导者最不利的情境。这一模式还提出，提高领导者的有效性只有两条途径：一是替换领导者以适应情境；二是改变情境以适应领导者。费德勒对权变理论的一个比较新鲜的见解是，他认为一个领导者的领导风格、领导方式是不大容易改变的，要使领导风格、方式与上述三个因素相匹配，比较现实的做法是努力改变这三种因素，目的是适应、匹配领导者多年来已习惯了的领导风格和领导方式，从而提高工作效率和达到预期的领导效果。

菲德勒研究了 1200 个工作群体，对 8 种情境均对比了关系取向和任务取向两种领导风格，其结论是：在环境因素最好或最坏的条件下，应该选择以关心工作任务为中心的领导者；否则，则应该选择以关心人为中心的领导者。

b. 情境领导理论

保罗·赫塞和肯尼斯·布兰查德提出了情境领导理论。该理论包括三个方面：一是下属的成熟度，二是领导者的风格，三是领导者根据下属的成熟度来选择适当的领导风格。他们认为下属的“成熟度”对领导者的领导方式起着重要作用，对不同“成熟度”的员工采取的领导方式应有所不同。所谓“成熟度”是指人们对自己的行为承担责任的能力和愿望的大小。它取决于两个要素：工作成熟度和心理成熟度。工作成熟度包括一个人的知识和技能，工作成熟度高的人拥有足够的知识、能力和经验完成他们的工作任务而不需要他人的指导。心理成熟度指的是一个人做事的意愿和动机，心理成熟度高的个体不需要太多的外部激励，他们靠内部动机激励个人行为。

c. 途径—目标理论

途径—目标理论最早由加拿大多伦多大学教授 M. G. 埃文斯于 1968 年提出，其同事 R. J. 豪斯和米切尔作了扩充和发展。1974 年秋，R. J. 豪斯和米切尔发表了著名论文《关于领导方式的途径—目标理论》，这篇论文对途径—目标理论进行了阐述：途径—目标理论以期望几率模式和对工作、对人的关心程度模式为依据，认为领导者的工作效率是以能激励下属达到组织目标并且在工作中得到满足的能力来衡量的。领导者的基本职能在于

① 朱立言：《行政领导学》，北京：中国人民大学出版社，2002 年版，第 105 页。

制定合理的、员工所期待的报酬，同时又为下属实现目标扫清道路、创造条件。

途径—目标理论研究的中心是领导者可以激励下属完成指定目标，它大量汲取了员工激励研究的内容。该模式的基本要点是领导者如何通过选择特定的行为措施，帮助下属通过一定的路径以实现目标，领导者所选择的行为措施最适合现实的需要和下属工作的环境。通过选择恰当的领导风格，领导者可以提高下属对成功的期望和满意度。该理论特别关注的一个重要问题是，帮助下属克服障碍。这种障碍可能是工作情境中的任何妨碍下属工作的事物。特别是当障碍对下属产生多余的不确定性、挫折感或威胁感时，途径-目标理论认为，领导者有责任帮助下属排除这些障碍，或者绕过这些障碍，这样将会提高下属对完成任务的期望水平，提高他们的工作满意度。通过实验，R. J. 豪斯和米切尔认为，“高工作”和“高关系”的组合，不一定是有效的领导方式，还应考虑情境因素。

领导特质理论和领导行为理论都是从领导者的角度出发去研究领导的有效性问题的，二者都认为无论在什么样的情况下领导者总是发挥着巨大的作用。领导权变理论看到了情境、被领导者对领导有效性的影响，但其仍然假设领导者总是必要的，从领导者的角度出发去寻找适合于不同环境下的最佳领导模式。

3.2.2　西方最新的领导理论

(1) 交易型领导与变革型领导行为理论

1978 年，伯恩斯在对政治型领导人进行定性分类研究的基础上，提出领导过程应包含交易型和变革型两种领导行为；1985 年，巴斯正式提出了交换型领导行为理论和变革型领导行为理论，与以往理论相比，他采取了更为实际的观点，是以一个“走在大街上的”普通人的眼光看待领导行为的理论，具有实际的应用价值，在实践中得到了广泛应用。

交易型领导行为以奖赏的方式来领导下属，当下属完成特定的任务后，便给予承诺的奖赏，整个过程就像一项交易。其主要特征是：第一，领导者通过明确角色和任务要求，指导和激励下属向着既定的目标活动，领导者向员工阐述绩效的标准，意味着领导者希望从员工那里得到什么，如满足了领导的要求，员工也将得到相应的回报；第二，以组织管理的权威性和合法性为基础，完全依赖组织的奖惩来影响员工的绩效；第三，强调工作标准、任务的分派以及任务导向目标，倾向于重视任务的完成和员工的遵从。

交换型领导行为建立在一个交换过程的基础上，主要包括权变与非权变性两种奖励行为和权变与非权变性两种惩罚行为，实施不同的奖励和惩罚会导致不同的结果。所谓权变性奖惩是指根据下属的绩效进行奖励和惩罚；非权变性奖惩是指领导进行奖罚时不依据下属的绩效。巴斯则将交换型领导行为分为权变奖励领导行为和例外管理领导行为两种，并随着领导者的活动水平以及员工与领导相互作用性质的不同而不同。权变奖励领导行为是指领导和下属间的一种主动的、积极的交换，领导认可员工完成了预期的任务，员工也得到了奖励；例外管理领导行为则指领导借助于关注员工的失误、延期决策、差错发生前避免介入等，与下属进行交换，并按领导者介入时间的不同分为主动和被动两种类型。主动型的例外管理领导者，一般在问题发生前，持续监督员工的工作，以防止问题的发生。同时一旦发生问题，立即采取必要的纠正措施，当然也积极搜寻有可能发生的问题或与预期目标偏离的问题。领导者在员工开始工作时，就向员工说明具体的标准，并以此标准监督差误。被动型的例外管理领导者，则往往在问题已经发生或没有达到规定的标准时，以批评和责备的方式介入。一般情形下，领导者一直等到任务完成时才对问题进行确认并以此提醒员工，也往往在错误发生后才说明自己的标准。当员工所处的工作以及环境已不能为员工提供激励、指导和带来满意感时，这种领导行为才具有效率。

变革型领导行为是一种领导向员工灌输思想和道德价值观，并激励员工的过程。在这一过程中，领导除了引导下属完成各项工作外，还常以领导者的个人魅力，通过对下属的激励刺激下属的思想，通过对他们的关怀去变革员工的工作态度、信念和价值观，使他们为了组织的利益而超越自身的利益，从而更加努力地投入到工作中去。这种领导方式可以使下属产生更大的归属感，满足下属高层次的需求，获得高的生产率和低的离职率。变革型领导行为具有以下主要特征：一是超越了交换的诱因，通过对员工的开发、智力激励、鼓励员工为群体的目标、任务以及发展前景超越自身的利益，实现预期的绩效目标；二是集中关注较为长期的目标，强调以发展的眼光，鼓励员工发挥创新能力，并改变和调整整个组织系统，为实现预期目标创造良好的氛围；三是引导员工不仅为了他人的发展，也为了自身的发展承担更多的责任。变革型领导行为拓宽了领导行为的研究范围。

巴斯提出变革型领导行为应包含以下四个维度。第一，理想影响力。它是指能使员工产生崇拜、尊重和信任的一些行为，包括领导者承担风险、考虑个人之外员工的需求以及良好的道德品质。第二，鼓励性激励。它是指领导者向员工提供富有意义和挑战性的工作，同时通过积极乐观的态度唤起他们的团队精神。第三，智力激励。它是指领导者启发员工发表新见解及从新的角度或视野寻找解决问题的方法与途径，鼓励员工采用崭新的方式完成任务。第四，个人化考虑。它是指领导者仔细倾听并关注员工的需求。

我们在以往的一项关于中西方企业领导行为研究中曾提出六种变革型领导行为，包括远见卓识、智力激励、寄予厚望、树立榜样、促进合作和提供个人支持。研究结果表明，在中国文化背景下，促进合作（促进员工合作，使他们为共同目标而工作的程度）、提供个人支持（领导关心下属的个人感受和需求的程度）和树立榜样（领导树立与之力求推广的价值观相一致的行为榜样）与中国文化特征和传统中国领导哲学相一致；有远见、寄予厚望和智力激励三种领导行为则在中国文化中不是很受重视。由此可见，变革型领导行为是一种动态性的结构，具有多维性，在不同的文化背景和工作环境下，它的维度具有权变性，并且有一点可以肯定的是，变革型领导行为着重突出了领导者对组织以及个人的变革效应。①

(2) 自我领导与超级领导理论

美国著名学者查理·曼茨和亨利·西姆在《超级领导——领导他人去领导自己》一书中提出了自我领导和超级领导理论。他们提出，领导要关注那些能够成为“自我领导的被领导者”。

① 中教网：http://www.teachercn.com/lunwen/2004/11－9/21322146276.Html.

所谓“自我领导”，顾名思义，就是自己领导自己，即领导者的主要任务和职责就是采用各种方式方法把被领导者培养和造就成为领导者，使他们具有高度的责任感和自我控制能力，自觉努力地工作，使被领导者由过去的“要我做”变为“我要做”。所谓“超级领导”，就是领导者带领下属领导他们自己。超级领导适用于那些有责任领导他人的管理者。

自我领导和超级领导有着内在的联系。理解自我领导是理解超级领导的关键性一步，因为对下属的所有控制最终要靠下属的自我影响起作用。无论这些控制从何而来，其效果仍然依赖于这些控制在多大程度上能被下属认同和内化。

自我领导有两类策略。第一类是注重有效的行为和行动，即以行为为中心的策略。它对下属领导自己完成一些困难但又必须完成的任务十分有帮助，包括自定目标、自我提示、自我检查、自我排练。自我排练即在完成一项重要任务之前进行周密地安排和训练，并自行实施奖励和惩罚措施。第二类是注重有效的思想和情感，即以认知为中心的策略。认知策略主要是关于下属如何构建自己建设性的管理思维模式，然后通过它影响行为的。它分为两个部分：一部分是考察如何利用来自任务本身的快乐和自然回报，以形成具有建设性的思想与感受；另一部分则通过信念、自我暗示和想象等方法形成建设性思维。①

【本章重点】

- 中国古代领导思想的特点
- 领导特质理论
- 领导行为理论
- 领导权变理论
- 交易型领导与变革型领导
- 自我领导与超级领导

【关键概念】

领导特质理论　领导四分图理论　领导方格理论　领导行为理论　领导权变理论　交易型领导　变革型领导　自我领导　超级领导

【复习思考题】

1. 试述儒家领导思想及其对当今领导者的启示。
2. 中国古代领导思想的主要特点是什么？
3. 简述西方领导理论的发展阶段。
4. 简述交易型领导与变革型领导的区别。
5. 如何才能成为超级领导？

---

① 朱立言：《行政领导学》，北京：中国人民大学出版社，2002年版，第114页。

【推荐阅读】

沃伦·本尼斯:《超越领导:经济学、伦理学和生态学的平衡》,刘芸等译,上海:格致出版社、上海人民出版社,2008 年版。

兰炜班:《超级领导》,北京:中国计量出版社,1997 年版。

彭向刚:《领导科学》,长春:吉林大学出版社,1991 年版。

陈新忠、李忠云:《中国传统文化中的领导思想及其现代价值》,《领导科学》,2006 年第 17 期。

田广清:《中国领导思想史》,北京:九州出版社,2003 年版。

裴传永等:《中国古代领导思想概论》,北京:中国人事出版社,1990 年版。

李锡炎:《中国古代、近代领导思想述评》,北京:人民出版社,2007 年版。

第 4 章

领导者与被领导者

领导者是领导活动中占主导性的能动因素，是整个领导活动的根本推动者、引领者和责任担当者。被领导者是领导活动的基础与源泉，是领导目标得以实现的决定者。在领导活动中，领导者与被领导者相互作用、相互依存，共同构成领导活动的主体。

4.1　领导者

4.1.1　领导者的含义与特征

(1) 领导者的含义

领导者对组织或群体的成长、壮大与可持续发展影响深远，在特定的背景下，领导者的魅力、魄力能够弥补物质资源的不足，从而改变事物发展的进程与格局。那么，领导者是什么？什么样的人能够成为领导者，领导者难道仅仅是那些我们平常人仰视的英雄人物、伟大领袖吗？由于研究视角的多样、领导活动的复杂多变，研究者对领导者的认识也存在着差异。

传统的观点认为领导者是担任领导职务、拥有领导职权、履行领导职责的个人或集体。领导者利用组织赋予的职权，依照规则引导被领导者行动从而实现组织目标。这种领导者往往是政府高层官员、大型企业老板、军队等各领域的精英。这种观点把领导者与正式组织的权力掌握者联系在一起，把领导者等同于权力掌握者、资源的占有者，在一定程度上反映了正式领导者的特征，但忽略了正式领导者的本质所在，否认了非正式领导者的地位。实际上，无论在理论上还是实践中，正式组织与非正式组织中都存在领导者，非但如此，在某些特定情况下，非正式领导者的影响力甚至会远远超越正式领导者，这种依靠个人知识、品质与魅力的非正式领导能满足被领导者的精神情感需要，可以说是自然的领导者。正如J. M. 伯恩斯在《领袖论》一书中认为：政治领袖无处不在。在大多数社会中，领袖并不局限在少数有无限权力的杰出人物的范围内，它还包括人数众多但尚不明确的人员的行为在内。由此可见，没有职位、职权与职责的、在群众中自动涌现的人物也可以被列入领导者的行列。

现代管理学之父彼得·德鲁克在《未来的领导》一书的序言中说，所有成功的领导者都知道下面四个简单的事情。第一，领导者的唯一定义就是其后面有追随者，一些人是思想家，一些人是预言家，这些人都很重要，因为没有追随者就不会有领导；第二，一个成功的领导者不一定是受人爱戴的人，而是使追随者做出正确的事情的人，结果才是最重要的；第三，领导者都是受人瞩目的，因此他必须以身作则；第四，领导地位并不意味着头衔、特权、级别或金钱，而是责任。"领导者是其后面有追随者"的定义，揭示了领导者与被领导者的互动关系，突破了以领导者为中心的传统定义，凸显了被领导者的主体地位，显现了以人为本的时代精神追求。人们往往想当然地把领导者视为领导活动的主体，从家长式领导或管理式领导来看，这确实符合客观实际，也体现了领导者在领导活动中的核心作用。但随着人们对领导者理解的不断深化，领导者也逐渐走下神坛，由英雄领袖转向普通人，领导者与被领导者之间的鸿沟也在逐渐消失。随着人的主体地位的提升，人成为组织最为重要的资本，人们逐渐意识到在领导活动中，领导目标的实现必须依赖于领导者与被领导者的良好协作才能顺利实现，因此，领导者与被领导者共同构成了领导活动的复合主体。

领导者作为从组织或群体中逐渐分化出来的一种社会角色，是社会发展的客观需要，为人类社会的进步贡献了巨大力量。领导者产生的形式对领导者权力、权威的运行有着重要影响。它能为领导者主导作用的发挥提供合法性基础与社会资本支撑。从领导者产生的形式来看，领导者可以划分为两大类：一类是从群体、社会中自发产生出来的，另一类是经过选举或组织任命正式产生的。①在非正式组织或人类群体中，领导者的产生是一个自发的过程，领导者凭借自身的知识、品质、能力等逐渐脱颖而出，成为天然的领导者。虽然没有正式组织架构与法定权力的占有，但他们拥有众多的追随者。在正式组织中，领导者产生的方式主要是选任与委任，辅之以聘任与考任。选任是指依据法律和相关组织章程规定选举而担当组织领导者，其合法性基础在于选民或组织被领导者的认可与同意，选任的领导者通过选票的形式确立与正式组织的权力与义务关系。这种形式一般适用于对组织的政治类领导者、高层决策者的任命。委任的领导者是上级主管部门依照管理权限进行委派或任命产生的，其合法性基础在于上级的选拔、考察与任命，这种形式是正式组织领导者较为普遍的产生方式。聘任形式的领导者通过平等协商以正式合同的方式确定双方的权利与义务，这种形式主要适用于组织急需的专业技术类人才。考任的领导者通过考试的形式产生，这种领导者凭借自身的能力素质为组织进行日常业务的处理，一般是行业的领导者。

领导者的外延到底有多大呢？其一，领导个体，即普遍意义上的领导者或领导人。这是领导者的主要含义所在，也是领导集体和领导群体存在的前提。其二，领导集体，亦称领导班子，它是由在同一群体或组织内完备的一组领导岗位上任职的领导者组成的领导团队。领导班子一般由主要领导人和一般领导人组成。主要领导人是群体或组织内的最

---

① 朱立言、雷强：《领导者定义与职责新探》，《行政论坛》，2002(6)，第 51 页。

高领导者，承担统合领导责任，而一般领导人是与最高领导者差别不大的次级领导者，充当班子成员。其三，领导群体，俗称领导集团，即由存在于不同群体或组织中、不同数量大小的多个领导集体组成的领导者阵营，这是一种领导者集合体。①

领导者包括领导者个人，这是领导者的基本组成部分，也是领导者的现实表现。在一般情况下，领导者多数是以个体的方式出现并发挥作用的。然而随着市场经济的发展、社会的日趋复杂，领导者也越来越表现为集体的形式，集体讨论和协商在一些领导决策中起着相当重要的作用。这种领导形式能实现效率与效果的统一，其关键在于领导者集体不是领导者个体简单的相加，而是按照一定的规则制度有机组合，更能发挥整体合力。但是，领导集团由于涉及多个群体，人数较多而容易涣散拖沓，领导的整体合力很难实现，领导者个体容易脱离领导集团而单独实施领导活动。领导者个体与领导者集体同属领导者范畴。

因此，在社会共同活动中，经过选举、任命或从群体中涌现出来的能够指导和协调群体成员向着既定目标努力的、具有影响力的个人或集体，都是领导者。领导者是一个组织正常运作和发展的发动者和推动者。② 正确理解领导者的含义，应着重把握以下几点：

第一，领导者通过战略规划设计、团队协作、引领变革、传播先进理念等活动，代表组织利益与价值，影响激励被领导者，达成组织目标与实现组织内人际关系的和谐。

第二，要成为成功的领导者，就要努力向集正式领导者与非正式领导者两种身份于一身的角色靠拢。

第三，领导者之所以能够影响并改变被领导者，真正起作用的并不仅仅是领导权力，还有更重要的领导者的能力与影响力。

第四，领导者不仅意味着领导职位、职权，更意味着领导职责。

(2) 领导者的特征

领导者是领导活动中具有主导性的能动因素，是整个领导活动的根本推动者、引领者和责任担当者。杰克·韦尔奇在《赢的答案》中谈到领导者的特征时提到，除诚实、才智、心理成熟三个基本特征外，领导者还有五个重要特征：第一，极其旺盛的精力，在连续工作很长时间的情况下仍能保持旺盛的精力，不论面临顺境还是逆境，都能以积极乐观的心态面对；第二，能够激励他人，能够把追随者旺盛的精力释放出来；第三，敏锐、深刻的洞察力，能迅速地对情况作出判断，说"是"或者"不是"，而不是模棱两可的"也许"；第四，执行能力，就是干实事的能力；第五，有激情，领导者必须热情似火，执著、坚定。从某种意义上来讲，一切组织或群体活动的成败，关键都在领导者，领导者是职位、职权与职责的统一，三者融为一体，既是调动与利用一切资源、影响被领导者、保障领导活动顺利实施的必要条件，也体现与影响着新时期领导者的特征。

a. 拥有权力与权威

一般而言，领导者是领导职位、职权与职责的有机统一。要履行领导责任，实现组织

---

① 丁恒龙：《现代领导公关艺术》，北京：中共中央党校出版社，2002 年版，第 24～25 页。

② 刘建军：《领导学原理——科学与艺术》（第 2 版），上海：复旦大学出版社，2003 年版，第 164 页。

目标，就必须有组织赋予的与职位相应的法定权力，即支配人和事件的力量或态势。根据职权一致原则，特定的职位意味着特定的权力，职权有明确的限制范围，并且不因领导者个体而改变。依靠法定权力，领导者进行决策、用人等领导活动。领导者必须在特定的领导范围内行使领导者的权力，履行职责，不能超越这个职权边界。领导者权力是开展工作、从事领导活动的必要后盾与必要手段。领导者离开了领导权力，就无法实施领导活动，也无法实现领导目标。

在领导活动中，领导者不仅仅要拥有职位权力，拥有职位性权威，更应该追求非职位权力，把领导活动上升到精神与心理层面。领导职权与职位紧密相连，职位在，职权在，职位去，职权去，以此为基础的领导权威方具有非持久性。领导者以领导权力为基础，更加强调自身在被领导者内心中的威信、威望，形成一种非强制性的软权力，以此为基础的领导者权威的来源既不是法规的明文规定，也不是组织的授予，更不是传统的继承，它主要来自于领导者个人的知识技能、综合能力、品质、魅力形象和与被领导者的关系等内在因素。这种权威的形成需要领导者长时间的自身修炼以及同被领导者的愿景达成共识、感情和谐融洽。这种无形的影响力一经形成，就是一种巨大的资源和力量，能使被领导者自觉主动地接受领导者的引导，发自内心地支持领导者从而顺利实现目标，不因领导者职权的去留而发生变化。因此，新时代的领导者更要重视自身的修炼，坚持从群众中来、到群众中去，深入基层，体验群众生活，坚持使领导工作体现人民的意志、利益和要求。

b. 担当责任

责任是领导者的第一要义，领导者的责任与领导职权、职位相联系、相对应，因此，领导责任也被称为领导职责，它是社会活动或组织对领导者的工作的一系列要求的集合。责任与权力被共同赋予领导者，实现责任与权力的恰当分配，既是保证权力正确行使的重要举措，也是领导者实施领导活动的客观要求。领导者的职位、权力和责任是对应一致、相辅相成、不可分割的，职位越高，权力越大，责任也越大，不存在只有权力而没有责任的领导。对于领导者而言，权力是手段，责任是目的，责任超越权力。领导者不但是决策者、用人者，还是领导活动的负责者。领导者实施领导活动、承担领导责任是对组织或群体的信任与权力赋予的一种回报，理应担当法定义务。领导者要树立起责任观念，同时也要通过规章制度，推动领导者职责的履行，杜绝领导有职有权无责现象的出现。

一般来说，领导者的责任包括政治责任、工作责任、法律责任与道德责任。政治责任是指领导者因违反特定的政治义务或没有做好分内之事而导致的政治上的否定性后果，以及所受到的谴责和制裁。这种政治上的否定性后果，意味着其不再是政府权力的行使者。工作责任是指领导者担任某一职务所应承担的义务和应负的责任。法律责任是指领导者在管理过程中因违反法律规范所应承担的法律后果或应负的责任。道德责任是指领导者应承担的道义上的责任。道德责任包括两个层面：一是领导者必须符合社会要求的基本道德规范，二是领导者有义务倡导一种良好的道德风尚。

c. 提供服务

从服务型政府、服务型组织、服务型政党等诸多称谓之中，我们可以感受到服务在当今社会生产生活中的魅力与魔力。在经济市场化、政治民主化的新时期，几乎每个个体或组织都是以服务者与被服务者的双重身份生存发展的，服务对领导者而言显得尤为重要。

“领导就是服务”的观念也越来越深入人心。我们可以说服务就是领导活动的核心，领导者角色演变为社会的公仆、被领导者的勤务员，二者的工作只有分工不同。领导者责任是为社会、为集体、为人民服务，其角色扮演是服务型领导。服务型领导是“领导者以本身的道德和责任为基础，尊重被领导者个体的尊严和价值，关注被领导者的发展，挖掘和培育被领导者的能力，充分激发被领导者积极进取的精神、心理和情绪等多方面动力，将被领导者的利益置于领导者个人利益之上的颇具仁爱、以人为本的领导实践活动和认知行为”①。领导者应将服务作为领导的本质要求，始终做到情为民所系，权为民所用，利为民所谋。

d. 创新与引领变革

领导者创新与引领变革是组织发展的最强大动力。只有不断创新，勇于变革，及时更新制度规则、组织文化、领导方式方法，组织才能立于不败之地。据相关研究发现，一些领导者成功地完成创新与变革，其自身所具备的特征是：一，他们把自己定义为进行变革的领导者而不是想维持现状的人；二，他们会显示出勇气；三，他们信任员工具备承担责任的能力；四，他们能吸收和表述那些促进适应性的价值观；五，他们能意识到自己的错误并从中进行学习；六，他们能管理复杂性、不确定性和模糊性；七，他们有愿景，并能用生动的语言来描述这些对于未来的愿景。②

e. 角色多重与权变

领导者与被领导者都是相对的，没有被领导者也就无所谓领导者，二者对立统一，并在一定条件下相互转化。领导者与被领导者又相互影响。在一些情况下，被领导者与上级领导者共同决策，共享权力。领导者的权力边界受到被领导者的制约，领导者的工作绩效、战略决策的执行等均依赖被领导者的积极性、主动性与创造性。因此，现代社会的领导者随着条件的不断变化而承担着不同的任务使命，一个领导者也就是一个角色集合体。管理学家亨利·明茨伯格认为，领导者在不同情况下扮演着人际关系、信息和决策三类十种角色：名誉首脑、领导者、联络者、监督者、传播者、发言人、创新者、调解人、分配人、谈判人。在分工复杂、利益分化、价值多元的现代社会，领导者必须加强自身素养，拥有广博的知识，更加善于整合协调，更加注重人的心理引导感化，做一个人格化的、富有感召力和亲和力的领导者。

4.1.2 领导者的权力与权威

(1) 领导者权力的概念

对于领导者权力的概念，学者们可谓见仁见智。概括起来，有以下四种观点：

---

① 韩勇、陶建平：《我国公共部门服务型领导研究——以广西为例》，《领导科学》，2011(5)，第4页。

② 〔美〕理查德·L. 达夫特：《领导学：原理与实践》，杨斌译，北京：电子工业出版社，2008年版，第386页。

第一，领导者权力是一种决策。拉斯韦尔在《权力与社会》中就持这种观点。他在文章中指出，决策是涉及严厉制裁的政策，领导权力就是参与决策。制裁把同一般意义上的影响力区别开来。权力是借助制裁那些背离政策的行为来影响他人的决策过程。拉斯韦尔在这里十分明确地指出：领导权力是一个决策过程。决策是为了政策的推行，以制裁为手段规范那些违背政策的行为，这个决策过程能够使其他人自觉地执行政策。因此，他把领导权力定义为领导决策。

第二，领导者权力是一种能力。韦伯认为领导权力是把一个人的意志强加在其他人的行为之上的能力，是一个人或一些人不管其他人的反对甚至反抗而实现自己意志的能力。

第三，领导者权力是一种关系。《简明不列颠百科全书》指出，权力是“一个人或许多人的行为使另一个人或其他许多人的行为发生改变的一种关系”。

第四，领导者权力是一种支配力量。持这种观点的学者把领导权力看作是一种起控制和强制作用的支配力量。J.马里顿在《民主与权威》一书中就指出，领导权力就是支配主体影响支配客体的支配力量。①

我们认为，领导者权力是领导者在领导活动中，根据情境的变化而通过特定的领导手段来影响与改变被领导者行为与心理并与其协同完成目标的能力与影响力。

要完整理解领导者权力这一概念，需要把握以下几个方面：

其一，领导者权力是一种人与人之间的关系，这是领导者权力的本质所在。权力是一种社会关系，只有在人与人之间才存在权力这一独特的社会现象，而在人与物、人与环境之间不存在权力。权力是在一定的生产资料所有制基础上的利益关系。在不同的社会形态，领导权力具有不同的性质与表现。

其二，领导者权力是领导者、被领导者、领导目标、领导手段与领导环境五个要素交融互动的产物。领导者权力运用的结果取决于这五种要素的动态发展，其中任何一种要素缺失，权力就不复存在，更谈不上运行权力来达到预期的目标了。特别是在强调被领导者作用与地位的新时代，领导者权力的运行更加取决于领导者与被领导者的合作与互动。

其三，领导者权力是基于一定的目标由组织或群体赋予的，权力与领导者职位、职责密切关联，三者缺失任何一个都会导致领导活动生态的失衡。因此，领导者权力有明确的边界，必须受到有效的制约，具有明显的工具性。

其四，并不是只有领导者才拥有权力，被领导者也有权力。要有效发挥权力的效力，需要领导者权力与被领导者权力的协同。

（2）领导者权力的类型

20世纪初，法约尔在他的《工业管理与一般管理》一书中，首次把权力明确划分为职务权力和个人权力。他说，在一个领导人身上，人们应该把属于职能规定的职务权力和由于领导者个人的智慧、博学、经验、精神道德、指挥才能等因素所决定的个人权力区分开来。作为一个出色的领导人，个人权力是规定权力的必要补充。按照法约尔的解释，职务

---

① 齐明山：《行政领导学》，北京：对外经济贸易大学出版社，2009年版，第51～52页。

权力就是社会组织赋予领导者的职务所拥有的影响他人心理和行为的能力；个人权力则是领导者的内在素质和行为能力所造成的影响他人心理和行为的能力。用一个公式来表示：权力＝职务权力＋非职务权力(个人权力)。①

我们参照弗伦奇和瑞文的五种权力类型，再结合法约尔有关权力的划分，可以看出，领导者权力由职位权力与非职位权力构成，其中职位权力包括合法权、奖励权与强制权，而非职位权力包括专家权与参照权。

a. 合法权

合法权与组织中的正式职位相关联，这种权力来自于组织的正式职位，其权力的大小与职位的高低是一致的，并且得到被领导者内心的认同。这种认同可以为领导者职权的运用提供合法性基础，同时职权的合法性为领导权力的稳定性提供了保障，使其无法进行任何形式的私人转让。但是由于领导者合法权具有刚性和外在强制性特点，被领导者在合法权的强力下，大多只是被动地服从，因此，这种权力容易膨胀、被滥用。故而，这种权力的运用也需要遵循一定的规则要求。

b. 奖励权

奖励权是领导者实现组织目标采用的较为普遍方法，领导者通过按照一定的标准给予被领导者物质与精神资源的满足来体现奖励权。一般而言，奖励权的行使表现为：奖金、奖品与荣誉嘉奖、职位晋升或工作的丰富多样等多种形式。奖励可以满足被领导者一些需要，提高他们的工作满意度与积极性。奖励要达到一定的效果，就应该注意奖励的适度性，这里既包括时间上的适度，也包括数量上的适当，并且决不能把物质奖励作为唯一的手段。根据马斯洛的需要层次理论，单纯的物质奖励不能达到预期的奖励效果，特别是在一些公共部门或公益性比较突出的组织，滥奖会导致组织公共性或公益性的缺失，使组织员工盲目拜金。因此，领导者要注重物质奖励与精神奖励相结合。

c. 强制权

强制权是与奖励权相对应的，领导者通过给予被领导者物质、精神或肉体上的损失和损害来影响或改变其行为与心理来体现强制权。强制权的行使以威慑或武力为基础，具有即时性、效率性、单向性，在出现危机或其他特殊状况时，领导者往往使用该权力。但是强制权容易压制被领导者的个性，这种被压制情绪在长时间累积的情况下，一旦爆发，极易产生不可想象的破坏性，被领导者常常以怠工等形式进行报复，导致组织内人际关系恶化，彼此对立情绪严重。相对于奖励权而言，强制权的运用后果一般是不可挽回的，一旦实施了错误的人身强制，对个体来说将是极大的身心损失或损害。除非有特殊情况，领导者一般不要轻易使用强制权力。尤克尔给出了该权力的使用指南：解释规则与要求，确定人们理解违反纪律的严重后果；对违法采取迅速一致的反应，而不偏袒任何人；在运用职责或惩罚之前，通过调查去获取事实，避免仓促作出结论；除非最严重的错误，否则在采取惩罚之前就要提供充分的口头或书面的警告；管理者应采取私下警告与指责的方式，避免存在威胁；保持镇静，避免出现憎恶或个人的拒绝；表达真诚的需求去帮助个人顺从角色期望，从而避免惩罚；请人们以建议的方式改正问题，寻求一个对具体计划的同意；如果在

① 秦建民、陈英：《用人方法与艺术》，北京：石油工业出版社，2002年版，第338页。

给出威胁或警告之后仍然存在不服从，就要运用行政处罚维护可信性；运用合法的、公正的惩罚，与损害的严重性相当。①

d. 专家权

专家权是领导者在专业领域所具备的知识与技能所产生的权力。该权力要求被领导者认可领导者在专业领域中的专家地位。随着科学技术的日新月异、知识经济时代的发展与专业分工的日趋细化与深化，领导活动的有效实施越来越需要依靠专家的力量。现在一些组织的高层领导中出现了很多的专家型领导者，他们一方面拥有组织赋予的职位权力，另一方面在各自的领域又具有专业权威。领导者行使专家权时应注意不能以自己的职位权力来替代专家权，对陌生或未能深入了解的领域不要轻易评论、判断，以免造成专家权的滥用与误用。

e. 参照权

弗伦奇和瑞文认为领导者的最后一种影响力为参照性权力。参照权的基础是对拥有理想的资源或个人特质的人的认同，它是基于人们对领导者的崇拜、取悦而形成的，一般包括以下三种类型。一是个人魅力权。这是一种无形的、很难用语言来描述或概括的权力。它是建立在被领导者对领导者个人素质的认同及对其人格的赞赏这一基础之上的。领导者的个人魅力激起了追随者的忠诚和热忱，因此这种权力具有巨大而神奇的影响力。二是背景权。背景权是指那些由于辉煌的经历或特殊的人际关系背景、血缘关系背景而获得的权力。三是感情权。感情权是指一个人由于和被影响者感情融洽而获得的一种影响力。②

(3) 领导者权力获得的途径

领导者权力是领导者实施领导活动的基础与保障。随着被领导者受教育程度的提高，知识型被领导者在组织中所占的比例越来越大，人们也越来越张扬个性。领导者正面临一个个体化的社会，如何有效地影响与改变被领导者成为一个难题，依靠强制性推力已是力难从心，“原子化”的个体使得领导活动无从下手。要实现领导者与被领导者为目标共同努力，必须加大“引力”，催生被领导者自身的动力，激活其潜在能力，这就要求领导者扩大权力总量，合理配置权力资源，正确使用权力。

面对被领导者形形色色的需要，领导者需要进行自我修炼，储备领导潜力，培养高尚的人格品质；勤于工作，清正廉洁；在危机或风险的特殊时刻，勇于、善于决断，体现领导能力，展示领导魅力。值得一提的是，领导者获取权力时要兼顾并充分利用组织内外部的权力因素。在组织中，除了上述领导者的权力性影响力与非权力性影响力之外，还有被尤克尔称作“对抗权”的下属对领导的权力，以及组织本身的权力。如果把权力的外延扩展到影响力的程度来理解，那么组织本身、组织内部各要素之间以及组织与环境之间都广泛存

---

① 〔美〕加里·尤克尔：《组织领导学》，陶文昭译，北京：中国人民大学出版社，2004 年版，第 175 页。

② 刘建军：《领导学原理——科学与艺术》(第 2 版)，上海：复旦大学出版社，2003 年版，第 185～186 页。

在着权力要素，充分利用这些要素，把握这些要素并将这些要素的能量内化，是获取权力的又一重要途径。简要地说，这些权力要素包括以下方面：

第一，组织内的权力联系。在确认谁拥有权力之后建立起来的联盟，这种权力联系本身就构成了一种对组织其他成员、组织环境的一种新的影响力。这种影响力有助于领导者的工作顺利地开展。

第二，关键信息。领导者控制信息流通程度的能力，决定了他向下属解释外界事件以影响他们态度和知觉的可能性程度，掌握控制关键信息，能够使个人或团体获得信息权。这种信息可以是通过正式组织获得的，也可以是通过与组织内部、外部的联系获得的。

第三，交流渠道与外来专家。领导者要想获得权力，还必须寻求他人的帮助，拓宽交流渠道，寻找相关领域的专家来帮助自己收集信息、分析情况、发现机会并作出正确决策。借助外来专家来支持自己的见解，推行自己的决策，让他们为自己行为的正确性提供证明，确实能增加自己的影响力。

第四，积极的关系网。领导者应该时刻关注周围的人，与那些现在或以后能对自己有所帮助的成员建立积极的关系。这个关系网中包括上级、下属、其他较低级别的人、合作共事者等。建立良好的关系网，能够使领导者获得组织内外的广泛支持，增强自身的影响力。建立良好关系需要采取一些策略，包括对组织忠诚；注意自己给别人的印象，进行“印象管理”；保持谦恭、亲切和积极；积极向他人寻求建议；乐于助人，等等。①

(4) 领导者权威的概念与类型

a. 领导者权威

恩格斯在《论权威》中说：“所谓权威，就是把一部分人的意志强加给另一部分人。它是以服从为前提的。”

罗伯特・A. 达尔在其《现代政治分析》中有这样的精辟论述：X 对 Y 有权威的条件，就是 Y 承认 X 控制 Y 的合法性，或 Y 承认有义务服从 X。

马克斯・韦伯将权威分为三种类型：个人魅力型权威、传统型权威和法理型权威。其中，法理型权威来源于职位权力，它的基础是合法的；个人魅力权威和传统权威来源于个人权力，它的基础是世袭血缘关系、传统观念或者个人的英雄业绩和高尚品德，权威建立的基础是人们心里的虔诚信仰。

阿尔蒙德在其《比较政治学》中，对政治权威是这样注释的：如果某一社会中的公民都愿意遵守当权者制定和实施的法规，而且还不仅仅是因为若不遵守就会受到惩处，而是因为他们确信遵守是应该的，那么这个政治权威就是合法的。

法约尔在《工业管理与一般管理》中，阐释了什么是领导权威：在一个领导人身上，人们应把属于职能规定的权力，和属于自己的智慧、博学、经验、精神道德、指挥才能、所做的工作等决定的个人权力区分开来。作为一个出色的领导人，个人权力是规定权力的必要补充。

综上所述，完整理解权威的内涵，应把握以下两个方面：

---

① 齐明山：《行政领导学》，北京：对外经济贸易大学出版社，2009 年版，第 58～59 页。

第一，权威描述的是人和人之间的统治与被统治、领导与被领导的关系，具体来说，是一方承认另一方对自己施加影响和控制权力的合法性并自愿服从的关系。

第二，权威是权力影响力的外在体现。它来自于两个方面：一是按照法律规章所配置的职位权力；二是个人权力，即人格等凝聚性要素的同化力。凝聚性要素包括人格、修养、能力、学识、智慧、经验等个人特质。①

b. 领导者权威的类型

领导者权威的产生基础是领导者权力，由此，根据领导者权力的分类，我们可以把领导者权威分为职位性权威与人格权威两种类型。

第一，职位性权威依托领导者职位产生显性的、刚性的、规范化的权力。一般性权威并不能总是带来理想的效果，而职位性权威的作用效果有着很大不同。领导者职位性权力合理合法，得到了被领导者的拥护与认可，对领导目标的达成与和谐人际关系的建设起到积极的作用，这是领导者努力要实现的理想状态；在实际领导工作中，领导者虽然行使了职位性权力，但由于多种复杂原因，有可能未能得到被领导者的支持与认同，权力行使的结果是被领导者消极被动的服从，甚至出现某种形式的反抗。因此职位性权力只是为领导者权威的树立提供了一种可能，拥有职位权力的领导者可能同时拥有权威，也可能不拥有权威，那种认为只要拥有领导者职位权力就树立了权威的想法，是不正确的。

第二，人格权威是一种无形的力量，这种权威建立在领导者个人的知识、技能、品质与魅力之上，它呈现出隐性、柔性、人文性的特征，对领导者权威的树立起着至关重要的作用。领导者要想取得领导活动的成功，实现被领导者的自觉追随与服从，关键在于领导者的人格性权威。实践证明：一个成功的领导者不仅重视职位性权威，更为注重人格性权威的培养。我们说领导是一门科学，更是一门艺术，原因就在于领导者人格性权威的发挥，这也是领导艺术性的表现。

c. 职位性权威与人格权威的差别

第一，表现形式不同。职位性权威以职权的形式出现，与特定的个人没有必然的联系。无论是谁，只要他拥有了这种职位，他就具有这种职位权力带来的权威。但能否成功有效地实施领导，不完全取决于他的职位性权威。人格权威则与领导者的自身素质密切相关。一个素质高的领导者一旦拥有某种职权，就会凭借自身优秀的品德、渊博的学识、卓越的才能和良好的作风，形成一种强大的感染周围人的影响力，从而保证有效地实施领导。

第二，影响时限不同。职位性权威是通过命令、指示等行政手段产生影响的，它具有直观、明显的特点。这种权威随着职务的产生而产生，也必将随着职务的解除而消逝。人格权威则来自于领导者自身，是通过领导者优良素质感染周围的人的，人们从心理上认同，从情感上接受，进而影响人们的言行，在人们的心目中形成了一个“权威”的形象。由此，这种崇高的威望也变成了一种无形的号召力与影响力，在人们的心灵上留下深刻的烙印，即使职位不在，这种影响力和感染力也会常驻人们心中。

---

① 马向平、曾伟：《领导学——本质、主体与过程》，北京：中国地质大学出版社，2006 年版，第111～112页。

第三，影响效果不同。职位性权威具有强制性和不可违抗性，它以外力形式产生作用。对这种外力的作用，被领导者在心理和行为上一般表现为消极、被动地服从。而人格性权威是被领导者对领导者本身由衷地敬仰和佩服，这种权威是通过一种内力产生的，在这种内力的作用下，被领导者表现出一种积极地服从，并发挥主观能动性，从而创造性地开展工作。①

4.2　被领导者

4.2.1　被领导者的含义与特征

(1) 被领导者的含义

领导者与被领导者是领导活动中两个密不可分的领导主体，被领导者是相对于领导者而言的，有领导者自然就有被领导者，我们经常用"追随者"、"下级"、"下属"、"群众"等称呼来指代被领导者，对被领导者含义的解释，也是众说纷纭，见仁见智。一种观点认为被领导者是领导活动中的另一方，是领导活动的实施者、执行者，他们执行决策，具体完成组织目标。该观点以领导者为中心，强调被领导者的服从、从属地位，忽视了被领导者的主动性、参与性。另一种观点着眼于价值追求，基于时代变化，重视被领导者在领导活动中的主体地位与基础作用。朱立言指出："所谓追随者(follower)，是指在领导活动中与领导者有相同的信仰和利益的人员。在许多研究者看来，领导者的概念是确定的，而作为领导三要素的追随者的含义则不确定，甚至名称也未确定。如'被领导者'、'拥戴者'、'下属'、'支持者'等。'追随者'是一个新的具有时代精神的概念，逐渐为人们所接受。"②该观点改变了传统的领导者中心的观点，从被领导者与领导者共同具有的价值追求出发，指出被领导者在领导活动中的主体地位与能动性，否认了被领导者单纯的依附、被支配的角色，凸显了被领导者是和领导者一起，积极主动地为双方共同经济或价值追求协同行动的个人或群体。

随着人们对被领导者在领导活动中地位和作用的日益肯定与重视，有关被领导者的定义也成为领导学研究所要解决的迫切问题。综合前期的研究结论，我们认为被领导者是指在领导活动中，与领导者具有共同利益或价值追求、具体执行决策、完成组织目标的个体与群体。完整理解被领导者含义，需要注意以下几个方面：

第一，被领导者与领导者有着共同的利益与价值追求。被领导者服从领导者，接受领导者的影响，这不仅仅是利益交换的驱使，更多的是具有共同的价值追求，彼此达成精神

① 姜法奎、刘银花：《领导科学》，大连：东北财经大学出版社，2002 年版，第 28～29 页。

② 朱立言、雷强：《论领导者与追随者》，《北京科技大学学报》(社会科学版)，2000(4)，第 4 页。

的共识。被领导者与领导者共同的价值追求与精神追求使得他们结成一个生命共同体，为双方共同的目标而努力。

第二，被领导者与领导者都是领导活动中的主体。被领导者有追随行为，这是领导活动的本质所在。不仅如此，领导者也有追随活动，领导者在领导中要代表被领导者的利益，关注被领导者的诉求，成为被领导者的支持者和伙伴。

第三，被领导者既包括个体被领导者也包括群体被领导者。传统意义上的被领导者主要来自组织或群体中的一般成员，他们是基层操作人员，职位低，而现代意义上的被领导者包含组织中的每一个人，每个人都同时扮演着领导者与被领导者的角色。

(2) 被领导者的特征

a. 相对的服从性

对于被领导者而言，领导者掌握各种资源与信息，能够利用职位权力充分影响被领导者的心理与行为，并且领导者的权力与权威使得被领导者在形式上和实质上都处于服从的地位。唯有这种服从，领导者才可能实现领导目标，组织才能得以高效地进行集体行动。但是，被领导者的这种服从并非是单一的、绝对的无条件服从。人作为复杂的个体，其表达形式是复杂的，被领导者的服从可以分为自觉服从与非自觉服从两种形式。也就是说，被领导者的服从也是需要条件的，要实现被领导者的自觉服从，就必须满足其个性化需求。随着知识型的被领导者愈来愈多并逐渐在组织中发挥主导作用，过去单纯的物质激励方式越来越不适应时代的要求，领导者要实现被领导者的服从，必须关注其发展需求，否则，使被领导者自觉服从的目标就无法实现。

b. 人数众多，行为复杂多变

社会生产生活的各个层面都有领导者与被领导者，相对于领导者而言，被领导者在数量上基数更大，人数众多。由于政治、经济、传统文化、地域与职业等方面的不同，不同的被领导者具有不同的利益与价值追求，尤其在社会转型时期，随着利益与社会分化加剧，被领导者的行为与心理也更加复杂，这就进一步加剧了领导活动的复杂性。因此，领导者必须充分重视被领导者的行为与心理变化特点，不断学习，深入实践，把握被领导者独特的活动规律，自觉地按照被领导者的活动规律去实施领导活动。

c. 基础性与决定性

被领导者是领导活动以及组织目标的具体实践者、执行者，领导活动的开展、组织目标的实现一定意义上取决于被领导者的积极性、能动性和创造性。一方面，从领导者的产生基础来看，领导者是从被领导者中脱颖而出的，没有被领导者的认可与合作就无法开展领导活动；另一方面，从长远来看，领导者唯有以被领导者的利益为出发点开展活动，才能得到被领导者的可持续追随，否则就会导致领导者与被领导者的冲突。脱离了被领导者这一基础和源泉，领导者也就谈不上有效地领导。

d. 互动性与共生性

在领导者与被领导者这一矛盾统一体中，领导者通过其权力与权威，推动与引领被领导者共同努力实现领导目标。一方面，领导者推动与引领被领导者，被领导者处于被动地位。领导者通过激励与沟通等具体领导手段，促使被领导者在行为上积极主动。领导者的人格性权威在无形之中影响并实现了被领导者内心的认同与自觉。另一方面，领导者从根本上来讲就是服务者，领导活动的实质就是为被领导者服务，领导者只有从被领导者的实际出发，全心全意为他们服务，才能获得被领导者的追随与服从，从而建立起和谐的人际关系。领导活动的开展需要依靠被领导者的参与、监督，从而保障领导活动的科学性与民主性，而不是靠领导者单方的意志与行为。领导者与被领导者共生发展。

4.2.2　被领导者在领导活动中的地位与作用

(1) 被领导者是领导活动中与领导者相互依存、相互作用的重要角色

在历史上，被领导者常常被认为是依赖性很强的个体或一个被动的角色。然而，在 20 世纪 90 年代，许多组织成员开始对领导者的高薪和奖金、极端的地位象征感到不满，更多地被领导者希望参与决策和分享利益。美国学者查尔斯·N.格林探讨了领导者和追随者之间的相互影响关系，提出追随者的工作情况以及追随者的满意程度能使领导者转换自己的领导风格，即追随者行为可能塑造了领导者采取的体恤行为和初始建构行为的数量。如追随者工作较差会使领导者减少体恤的形式。相反，对工作好的追随者，领导者不太需要建构，并因此而减少建构活动。在某种程度上，追随者对工作满意的表达被认为是对领导的增援。菲尔莫尔·H.桑福德认为，领导是领导者与追随者之间的关系，就像婚姻是夫妻之间的关系、友谊是朋友之间的关系一样。如果我们想了解婚姻，就不能只研究丈夫或只研究妻子，而是必须研究他们之间的关系。当领导产生时，总会存在追随者，正是他们在接受或拒绝领导，他们总是带着自己所有的心理特点而存在的。追随者带给领导者的习惯、态度、喜好、偏见和深藏的心理需要。如果我们对这些心理特征有一些了解，就会对追随者的"乐于接受领导"有所了解，进而了解他们倾向于与何种领导者建立这种关系。H.桑福德尤其强调追随者的心理需要或倾向在对一个领导者的感觉怎样或对他接受的程度方面如何有重要作用。追随者从领导者解决的问题掌握一定的标准，以此判断领导者的效果。所有这些因素决定了他们与什么样的领导者建立何种关系。埃德温·P.霍兰德认为领导者素质是受追随者的反应影响和制约的，领导者与追随者的关系受由领导者和追随者带入关系中的"感觉、误解和自我导向的偏见"的影响。乔恩·P.豪威尔和丹·L.科斯特利提出在领导活动中，所有领导，无论成功与否，其领导风格都会有弱点和缺陷，而有效的下属可以弥补这些缺陷。领导和下属不可分割，没有下属就没有领导者，领导行为都是发生在具体的下属成员的团队活动中的。他们还举例说，在日本，下属的忠诚是一种很受推崇的传统，武士精神就是这种忠诚的体现，即使在今天仍然备受推崇。当然，他们也指出，当代有效的下属并不是"只会说是的人"或者"小绵羊"，而是那些能做到领导所想的事情的人。当今世界，跨国竞争越来越多，运作成本增加，劳动力受教育程度上升，工厂的技术含量增加，大型组织中的中层管理职位在减少，所有这些发展使下属要承担比以往更多的职责，他们能够进行独立的自我管理，能够开展那些原本由领导

者负责的工作，这样的成员在许多组织中越来越普遍。①

（2）被领导者是领导活动的基础与源泉②

从领导活动的本质来看，领导活动的有效运行不仅仅在于领导者的权力与权威，更主要的是取决于被领导者。领导者只有以被领导者为根本，建立起与被领导者之间和谐的工作和人际关系，从而影响被领导者的心理与价值观念，才能真正获得被领导者的信任、支持和追随，才可能保持、巩固与发展自身领导力。原因在于以下几个方面。

a. 被领导者是组织领导力量的源泉

在领导实践活动中，领导者的力量来源于千千万万个被领导者。从形式上来看，一个个分散的、原子化的被领导者力量是微乎其微的，但被领导者拥有尚未开发的潜在力量。这种力量只要经过有序地引领，就会爆发出巨大的能量。领导者只有坚持从群众来，到群众中去，依靠群众，为广大群众谋福祉，赢得被领导者的追随，才能把这些巨大的潜在力量激发出来，以达成既定的目标。

b. 被领导者是领导活动智慧的源泉

一方面，领导者是从被领导者中历经诸多的历练产生的，领导者在特定的时期也是被领导者。当今的被领导者之中也存在成长着的领导者。另一方面，人数众多的被领导者中有着源源不断的智慧源泉。“三个臭皮匠，赛过诸葛亮”，人数越多，能人智者的存在概率自然也高。现代科学知识的来源之一——经验，主要就是被领导者的丰富的实践活动，被领导者对现实的理解是最真实清楚的，他们的智慧是无穷无尽的。因此，领导者要虚心向被领导者学习，甘做被领导者的学生。

c. 被领导者是领导活动愿景达成的重要源泉

共同的愿景或价值观是现代领导活动发展的新趋势。被领导者自觉服从领导者的重要心理因素就是双方共同愿景的确立。作为对未来美好前景的憧憬与期望，共同的愿景是领导者与被领导者的“心灵契约”。相对于书面契约，共同愿景更能凝聚双方的力量，达成心理共识。共同愿景的确立过程，并非仅仅由领导者制定，而是要经由领导者与被领导者共同协商，获得一致的共识，确定双方愿意为之奋斗的美好未来。这样的共同愿景的确立过程，更有认同性，也更有执行性，它可以促使领导者与被领导者更大程度地发挥力量。

（3）被领导者是领导目标实现的决定者

历史唯物主义结束了英雄史观的统治地位，科学地揭示了人民群众在历史发展进程中的决定性作用，认为人民群众是社会发展变革的决定力量。现代领导科学的发展也越来越重视被领导者对领导活动目标的实现所起的决定性作用，具体表现在以下几个方面。

a. 决策参与

从法律意义上讲，被领导者作为国家的公民有权利参与领导决策。随着高等教育大众化的来临，现代公民受教育水平不断地提高，越来越多的被领导者具备了较高的人文素

① 张晓峰：《被领导者的角色行为及其价值探究》，《哈尔滨市委党校学报》，2007(2)，第84页。
② 张政：《被领导者在领导过程中的地位和作用》，《唯实》，1992(2)，第56～57页。

质与专业技能，他们有能力、也有意愿参与重大的领导决策活动。根据西蒙“管理就是决策”的论断，在实践活动中，被领导者已经开始进行自主决策、基层管理与自我管理，并取得了令人满意效果。被领导者的专业知识技能更是在领导决策的制定过程中起着重大作用。科学决策、民主决策、依法决策成为现代领导决策的标志。

b. 方案执行

领导活动从思想观念到现实生活的转化需由执行活动来实现，高质量、高水平的执行活动取决于被领导者的知识、技能与意愿。这是决策执行活动中不可或缺的重要因素。被领导者是领导决策的具体实践者、执行者、贯彻者。可以这样说，被领导者是领导决策与领导具体实践的桥梁与纽带。领导者只有把自己的主意、办法变成被领导者的自觉行动，才能使领导意图转化为现实。

c. 监督约束

领导者拥有组织赋予的权力，这是实施领导活动的必要条件，权力能保障领导活动顺利运行。但权力也能膨胀、异化为个人谋取私利的工具。“绝对的权力导致绝对的腐败”，要确保领导者权力在正确的轨道上行使，就离不开必要的权力监督。从政治学意义上讲，在领导活动中，对领导者实行权力监督是现代民主政治的要求。随着现代民主政治的发展，人们的法律意识被强化，被领导者对领导者权力的监督越来越成为社会的常态。从领导科学上讲，被领导者的监督约束主要是在与领导者一起共同努力来达成领导目标的过程中实现的，被领导者通过自身的支持、追随等行为来影响领导者，并在一定程度上保证了领导活动的正确方向。

d. 信息提供

在当今信息社会，领导者越来越倚重信息资源，根据这些信息，领导者才能认识和发现领导活动的内在规律，只有掌握了信息才能制定、确立与完善领导决策。面对信息大爆炸的社会现状，领导者自身获取信息的渠道以及获得信息的数量远远不能满足领导活动的需求，而被领导者又人数众多，他们对社会各领域、各层面的现实情况最清楚，对经济、文化、社会等方面的体会最切实，从而被领导者充当了信息提供者的角色，与领导者共同实现管理活动。

4.2.3　被领导者与领导者关系

(1) 被领导者与领导者关系模式

领导者与被领导者的关系是领导活动中的基本关系，也是领导学界一直关注的基本问题之一。在传统上，人们认为领导者与被领导者的关系是等级式的命令与服从关系。领导者与被领导者有着明确且不同的组织内部分工，领导者专职决策，被领导者负责执行。但随着时代的变迁，人们对二者的关系的认识不断地深化。领导者与被领导者关系有以下几种模式。

a. 等级关系

所谓等级关系就是借助领导体制所确立下来的上下关系。现代社会中的领导活动大都是在组织内发生的，它必须借助较为严密的组织系统使领导活动达到有序化的状态。因此，借助强制性的制度确定领导者与追随者的行为规则及行动领域，对整个组织的发展来说是极为必要的。因此，在等级关系中，我们一般是使用下属（subordinate）这个概念的。但是下属这个概念对于解释领导行为的效力是有限的。因为一个人是你的下属，并不等于他就服从你的领导。因此，等级关系也仅仅是对正式领导关系的一种描述，现实的领导过程在等级关系这一框架是显现不出来的。

b. 交易关系

随着对领导过程的深入研究，人们发现领导者是否满足追随者的需要往往是决定领导行动成败的关键，于是经济学中的“理性人”的假设有效地推动了对领导行为的研究。其基本看法是：追随者是理性人，他们对领导者的追随程度和支持程度是以领导者满足他们需求的程度作为前提的。也就是说，领导关系实际上就是领导者与追随者之间的交易关系。由于领导者一般都拥有职位权力，他们决定着资源的分配，在组织内资源稀缺而获取资源的人数又较多时，交易关系就成为影响领导者创造追随者的重要变量。①

c. 互相依赖关系

现代领导理论认为，人人皆可以成为领导者，领导活动是一个双向互动的过程。领导者通过其权力、能力和影响力实现被领导者的追随，完成领导目标，适应环境变化的要求并有限度地改造环境，引领组织变革创新。尤其是领导者品质、知识与个人魅力更能影响众多被领导者自觉地追随。被领导者通过参与、监督和建议的表达帮助领导者完善其领导活动；在领导活动的执行过程中，需要领导者提供良好的文化环境，来激发被领导者的动机、积极性和主动性。同时，在执行过程中领导者又为被领导者提供优质服务。被领导者的追随与领导者的服务体现了二者在完成目标的互动关系。

d. 共同体关系

领导者与被领导者之间关系的基础有以权力为基础的等级关系，也有以金钱为代表的利益关系，也有以工作目标的实现为前提的依赖关系。这几种领导者与被领导者的关系在层次上呈现出一种递进式的排列。共同体关系是指领导者与被领导者有着共同的理想、愿景与价值观，将二者凝聚起来的是更高层次的愿景、理想，这是一种“心理契约”，是心理与精神层面上领导者与被领导者力量的凝聚，他们彼此信任、肝胆相照、荣辱与共，共同为组织的未来负责并共享发展成果。领导者与被领导者结成了事业共同体，彼此共生共存。

（2）被领导者与领导者关系的处理

被领导者与领导者人际关系的好坏直接关系到领导活动的成败。和谐的组织人际关系是领导者努力的方向，但这一关系对于领导活动来说，并非仅仅是领导者的事情，被领导者对和谐关系的建立同样具有重要作用。被领导者处理好与领导者的关系问题实际上就是被领导者如何才能提高自身的追随力的问题。

---

① 刘建军：《领导学原理——科学与艺术》（第2版），上海：复旦大学出版社，2003年版，第205～206页。

a. 提高执行力，高效完成目标

被领导者是领导活动中对组织目标的具体执行者，他们依靠自身的知识技能高效执行领导决策，加深了领导者对自己的信任和依托。通过这种执行活动，被领导者在完成既定目标，为组织成长做出贡献的同时，无形中也影响了领导者，体现了自身的价值。被领导者只有坚持以工作为根本，踏实认真地做事，尽力发挥自身才能，取得高绩效表现，才能处理好二者之间关系。

b. 帮助领导者进步或改正不足

领导者是组织成长发展的引领者，领导者决策质量的高低直接关系着组织的生死存亡。因此，在领导活动中，领导者必须依靠被领导者，充分发挥他们的聪明才智，集思广益以保障领导决策的科学化。被领导者需要明白他们与领导者是休戚与共的共同体，他们应该珍惜自身的参与权利，负责任地提出建议或意见，认同领导者的正确行为与观念，恰当地指出领导者的不足，帮助领导者进步、发展，从而使自己逐渐加深与领导者心理关联，成为领导者工作上有益的伙伴、助手与参谋。

c. 信任与支持领导者，建立和谐关系

信任与支持的关系是领导者和被领导者在组织活动中分工协作的必然要求。社会发展要求有领导者与被领导者的区分，同时也需要彼此的支持与信赖。领导者是服务员，被领导者作为接受对象也要信任、支持领导者。信任与支持是被领导者服从的基础，也是双方良性互动关系建立的起点。建立在这种基础之上的双方的对话、交流与沟通能使被领导者体会到自己的主人翁地位，建立起与领导者平等和谐的关系，在互动中实现对领导者的影响与改变。

d. 修炼自我，提升自身修养

在一定条件下，人人都是领导者与被领导者，现代意义上的被领导者不能再局限在服从、被支配的角色，而应在特定的范围内更大限度地发挥自身的主动性与积极性，成为推动组织革新的基础力量。被领导者应该进行自我领导、自我修炼、自我反省，有自己的独立性，敢于担当、勇于变革和为人诚实、独立而不盲从等良好的道德品质是被领导者修炼自我的努力方向。被领导者可以根据上级领导者的特质、风格等有意识地来调整自我努力的方向，拥有双方共同的愿景，保持彼此间的联系，以增强对领导者的影响。

(3) 领导者与被领导者关系的处理

a. 规范权力使用，适时适度授权分权

领导者的职位性权力包括合法权、奖励权与惩罚权。这些刚性、外显的权力对于领导活动的顺利实施是不可缺少的，但这些权力很容易偏离正确的方向而被异化。因此，领导者要有效地影响被领导者，首先就要用好手中的权力，切实做到权力为大众服务，权力为公共利益护航。此外，随着信息技术的迅速发展。人们的综合素质与技能的提高，现代社会组织结构走向扁平化，管理层次在减少，与之对应的是管理幅度的扩大，领导者分权授权成为时代发展的必然趋势。被领导者素质的提高、法律规章的健全、社会组织的发育等也为领导者权力的分权与授权提供了相应的外在保障。领导者使用好和维护好被领导者赋予的权力，依法用权，以德用权，与被领导者分享权力与发展成果，这是领导者与被领导关系和谐发展的基本前提。

b. 充分发挥非职位性权力的影响

领导者的权力与权威是影响与改变被领导者的重要资源，相对于职位性权力的影响力而言，非职位性权力的影响显得更加突出。该影响力是柔性的、无形的，它基于领导者的知识、技能、专长、高尚品格、感情交流等方面，对被领导者心理与行为的影响改变是自然的过程。因此，优秀的领导者在处理与被领导者的关系时不可忽视其非职位性权力的影响，要不断学习，修炼自我品格，掌握领导技能，用心去沟通，只有如此，领导者才能实现从合格、优秀到卓越的不断跨越。

c. 激励与沟通，营造和谐关系

营造组织和谐的人际关系氛围是领导活动的目标指向之一，领导者要实现被领导者的自觉服从、追随，需要满足被领导者的需求，而有效的激励能激发被领导者的潜力与工作热情，实现组织整体合力的最大化。激励能促使被领导者更加主动自愿地追随领导者，实现领导活动的本质要求。而沟通是组织实现整体协调的必要手段，组织愿景的创立、战略规划的制定、工作方案的执行等都需要领导者与被领导者协作配合，这就需要双方通过沟通消除障碍，达成共识。激励与沟通是领导者基本的领导技能，是领导者建立和被领导者和谐关系的重要领导工具。

d. 塑造共同愿景，革新组织文化

被领导者服从、追随领导者不仅仅在于领导者的权力与权威，更在于双方有共同的愿景，并处于同一个组织文化的熏陶中。领导者与被领导者共同创立组织愿景，从而使组织愿景得到被领导者内心的认可，将会激励被领导者为这一共同的美好未来而努力奋斗，自然也能实现其对领导者的自觉服从。组织文化建设是新时期领导者面临的重要课题，以组织文化为基石的文化管理成为组织管理与领导的发展趋势。领导者要从文化的高度处理与被领导者的关系，强调以人为本，注重精神、心理和情感的交流，通过影响被领导者的思想和观念来改变其行为，充分发挥文化领导力在构建和谐人际关系方面的作用。

(4) 领导者与被领导者关系的未来展望

领导者与被领导者的关系是一种社会关系，它包含了不同程度的利益要求和价值追求，在阶级社会中，这种关系体现为阶级之间及其内部阶层的关系。随着时代的进步，民主政治、市场经济、和谐社会对领导者与被领导者关系的影响，特别是以互联网为代表的信息社会的不断推进，信息与知识的生产、传播不再掌握在少数精英手中，知识经济、信息社会在带给人们生产、生活方式的巨大改变的同时，也使被领导者与领导者的关系呈现出新时代特征。

a. 追随者与领导者在人格上是平等的

追随者与领导者之间所体现的是一种民主的、自由的、平等的社会关系。双方都是为了实现共同愿景的，追随者不仅仅是在追随领导者，更是在追随愿景。这个愿景正是追随者和领导者之间的心灵契约；而且，组织也是领导者和追随者之间的“契约箱”。领导者和追随者之间不再是人身依附关系，而是平等的契约关系。

b. 追随者与领导者在身份上是相对的

追随者与领导者的身份处于不断变化之中。在不同的时间、不同的场合、不同的组织中，领导者可以变成追随者，追随者也可能变成领导者。随着领导者对追随者的培养以及组织内部的发展，追随者也可以成为新的领导者。而且，在不同的组织联盟之中，领导者与追随者的地位也是不断变化的。

c. 追随者与领导者互相追随

本尼斯认为好的领导者应该也是好的追随者，领导者和追随者有很多共同之处：善于倾听，有合作精神，以及与同伴共同对付竞争者的问题。领导者有主动权，追随者也有很大的主动权，如果在领导过程中发生了变化，追随者可能追随到底，也可能放弃追随，使领导者不再是领导者。

d. 追随者与领导者相互制约

领导者的权力来自于组织的法定权力，更来自于追随者的认可，没有追随者的承认，领导者将是有权无威，形同虚设。追随者也要服从自己认可的领导权威的指挥，与领导者有默契的合作，否则，追随者违反自己认可的领导权威的意志，也就是违背自己的意志。①

【本章重点】

- 领导者权力与权威
- 被领导者的地位与作用
- 领导者与被领导者的关系

【关键概念】

领导者　职位权力　非职位权力　领导者权威　被领导者

【复习思考题】

1. 领导者的特征。
2. 简述领导者权力的类型。
3. 简述被领导者的地位与作用。
4. 结合实际情况，你如何看待领导者与被领导者关系的处理？

【推荐阅读】

加里·尤克尔：《组织领导学》，陶文昭译，北京：中国人民大学出版社，2004 年版。

理查德·L. 达夫特：《领导学：原理与实践》(第 3 版)，杨斌译，北京：电子工业出版社，2008 年版。

---

① 朱立言、雷强：《论领导者与追随者》，《北京科技大学学报》(社会科学版)，2000(4)，第 4～5 页。

📖 理查德·哈格斯、罗伯特·吉纳特、戈登·柯菲:《领导学:在经验积累中提升领导力》(第5版),朱舟译,北京:清华大学出版社,2007年版。

📖 林志颂、德特:《领导学》(亚洲版),顾朋兰、解飞、姜涛等译,北京:中国人民大学出版社,2007年版。

📖 朱立言:《行政领导学》,北京:中国人民大学出版社,2004年版。

第 5 章

领导素质与领导心理

领导素质是领导者实施有效领导的重要的主观条件。领导个体素质的高低和领导群体素质结构是否优化直接影响着领导活动的成败。因此，提升个体领导素质和优化群体领导结构是领导素质建设的重点。领导的工作绩效不仅取决于领导所具有的素质，也取决于领导的心理健康状况。面对复杂的社会环境，要保证领导效果，减少不良心理的影响，领导就要不断培养自己的心理调适力，提高自己的心理素养。

5.1　领导素质

5.1.1　领导个体素质

(1) 领导个体素质的含义

素质原是生理学上的一个概念。“素”，是本来、原有的意思；“质”，是性质的意思，也就是这一事物区别于其他事物的内在规律性。“素质”一词有狭义和广义之分。狭义的素质是作为生理学的专业术语来使用的，是指人的解剖生理特点，即人的神经系统和感觉器官等先天的解剖生理特点。这种先天的生理特点是人们获得知识、才能的基础和自然前提。广义的素质是在生理学意义的基础上发展起来的，具有丰富的内涵，它不仅包含一个人的体质状况，还包含组成这个人的特点、质量、水平以及整体的品位等，主要指人的性格、毅力、兴趣、气质和风度，是个人在先天禀赋的基础上，通过后天的努力形成的基本特质。随着素质内涵的扩展，素质一词被广泛应用到其他方面。社会科学中的素质应是指一个人进行一般生存和发展所具有的自身内在条件的总称，其内容包含政治思想、知识、技能、道德品质等方面的造诣和水平的高低，对一个人的成败得失以及他在社会生活中表现出的优劣强弱具有决定性意义。

所谓领导个体素质，是指充当领导角色的个体为完成其特定的职能职责，发挥其特定的影响和作用所必须具备的自身条件，是在先天禀赋的生理条件的基础上，通过学习、教育和实践锻炼而形成的在领导工作中经常起作用的那些基础条件和内在要素的总和。领导个体素质具有广泛的内容，它包含领导者的政治思想素质、道德品质素质、知识文化素质、领导和管理能力等。

领导个体素质一方面包含着领导者个人的心理和生理等先天禀赋，另一方面它又是一个发展的动态概念，用以描述和揭示现实领导者的实际状态、水平和差距即后天实践等。因此，领导者素质与领导者先天遗传的生理、心理特点有关，并受它们的影响和制约，但主要是在后天的社会实践中经过自身努力所形成的结果。与先天禀赋相比，后天的学习和锻炼对领导者良好素质的形成具有特别重要的意义。

(2) 领导个体素质的特征

领导者个体素质的特点是与领导者的地位、领导工作性质及职能相联系的。由于领导者是领导活动的主体，在领导活动中承担着决策、组织、协调和指挥等重要职能，因而，领导者个体素质必然有别于普通成员的基本素质而具有自身的特殊性。一般而言，领导个体素质具有如下基本特征：

a. 综合性

领导个体素质是由诸多因素组成的一个有机的结构体系。领导者所处的地位、所担负的职责和所应起到的作用决定了领导者从事的是一项综合性很强的工作。作为一个组织或团体的“火车头”，领导者肩负着决策、指挥、规划、协调等重要职责。这就要求领导者有全局观念，有组织、协调、指挥、决策等能力，有扎实的专业知识与技能，有高度的责任感、良好的品德和健康的身体。

我国古代就有“德、识、才、学”的说法，《孙子兵法》中提到作为领导人的将才，必须具备五方面的素质：“将者，智、信、仁、勇、严也。”江泽民同志在纪念中国共产党成立 72 周年座谈会上的讲话中指出：“做解放思想、实事求是的模范；做艰苦奋斗、无私奉献、全心全意为人民服务的模范；做遵守纪律、坚持民主集中制的模范；做脚踏实地、勤奋工作、忠于职守的模范；做反对各种消极腐败现象、发扬社会主义新风尚的模范。各级领导干部就应该比普通党员做得更好些，要求更严些。”我们党对领导干部“革命化、年轻化、知识化、专业化”的素质要求，就直接体现着领导个体素质的综合性特征。

b. 层次性

任何的领导工作都是一个系统，它划分为不同的层次。领导个体素质的层次性是指不同层次的领导者有着不同的职责，因而领导个体素质的要求也有高有低。

对于领导素质的层次性，我国历史上许多有作为的政治家都有过精辟的论述。如在《史记·淮阴侯列传》中记载过刘邦和韩信的一次“论将”对话，韩信就提出一个十分重要的军事人才分类原则，即所谓“能领兵者，谓之将才也；能将将者，谓之帅才也”。

随着人类社会的发展进步，人们的社会分工也越来越细，领导者的职责也越来越分明。领导层次有高层、中层和基层之分，领导领域有经济、政治和文化等，领导部门有党委、行政、事业、企业之别。不同层次、不同领域、不同部门对领导者的素质有着不同的要求。因而，领导素质具有十分鲜明的层次性。美国著名管理学家哈罗德·孔茨阐述了不同层次的领导者所需要的不同能力。他认为，领导层次越高，对领导者的决策力、创造力的素质要求就越强；层次越低，对领导者的技术能力、业务素质的要求也就越强；而对中层领导来说，因为需要承担大量的上传下达的职能，所以其组织协调能力就显得十分重要。

c. 时代性

不同社会、不同历史时期的领导者，在其成长发展的过程中，必然要受到所处时代的政治、经济、文化和科学技术发展状况等的影响。因而，在素质方面就会打上时代的烙印，具有一定的时代性。

领导个体素质是在一定的环境下培养锻炼出来的，而不断发展变化的环境对领导个体素质又提出了更新更高的要求。这是辩证唯物主义对领导素质和客观环境之间关系的基本态度。时代在发展，领导个体素质也要不断更新。例如，在革命战争年代，就要求领导者具有能发动群众、会搞阶级斗争、英勇战斗、不怕牺牲等方面的素质；而在改革开放的社会主义现代化建设的今天，则要求领导者具有懂科学、会管理、善经营、时刻掌握政治方向、站稳政治立场等方面的素质。可见，领导个体素质的时代特色是十分鲜明的。领导者只有具备了符合时代特点的素质，才能有效地实施科学领导。

d. 动态性

辩证唯物主义告诉我们，世界上的一切事物都是处在不断发展变化之中的，领导素质也不例外，它同样是一个不断发展着的动态概念。一个人能否成为领导者以及能够担负哪一级的领导者，固然与一定的先天素质有关，但起决定作用的因素还是后天的社会实践。而后天实践和社会环境总是处于不断地运动变化之中，实践与环境的变化不断向领导者提出新问题、新要求，这就促使领导者努力学习、刻苦锻炼、永不满足，不断提高自身的素质。相反，如果领导者不思进取、故步自封、骄傲自大，不仅会使领导者素质逐渐下降，而且有时私欲的恶性膨胀甚至会导致领导者素质的蜕变。毛泽东曾指出："马克思、恩格斯、列宁、斯大林之所以能够作出他们的理论，除了他们的天才条件之外，主要地是他们亲自参加了当年的阶级斗争和科学实验的实践，没有后一个条件，任何天才也是不能成功的。"①俗语也说，勤能补拙，一分辛苦一分才，天才在于积累。因此，领导者要保持谦虚谨慎、不骄不躁的作风，不断地进行理论学习，积极地投身社会实践，从而提高自身各方面的素质，才能在领导活动中发挥应有的作用。

(3) 领导个体素质的意义

古人讲修身、齐家、治国、平天下，这充分说明了良好的素质对于治家和治国的重要性。领导个体素质是开展领导活动的基础和前提，在领导活动中起着不可替代的作用。领导个体素质的高低会直接影响领导水平发挥的大小，是领导活动成败的根本原因。

a. 领导个体素质是有效实施领导职能的重要条件

领导者在社会组织中扮演着关键的社会角色。领导者掌握着一定的权力，是社会组织的决策者、指挥者，在领导活动中不断地进行决策和选才用人。领导者要有效地实施自己的领导职能，确保领导效果，就必须具有坚定正确的政治方向、高尚的道德、广博的科学文化知识、卓越的创造能力等。一般来说，一个事业心强、对工作负责、专业知识丰富、创

① 《毛泽东选集》第 1 卷，北京：人民出版社，1991 年版，第 287 页。

造力强的领导，能够利用各种有利条件，消除不利影响，确保领导活动的成功，从而能够将本组织内的工作搞得有声有色；相反，一个素质较差的领导，即使本组织内有很多有利条件，也不会很顺利地开展工作。因此，领导者较高的个体素质是领导者胜任领导工作、有效实施领导职能的重要条件和保障。

b. 领导个体素质是提高领导影响力的客观要求

领导影响力是领导者在领导过程中影响和改变被领导者心理和行为的能力。领导者实施领导的过程，实际上就是领导者发挥其领导影响力的过程。从领导影响力的性质上来看，领导者的影响力分为职权影响力和统御影响力。职权影响力主要来自领导者手中所握有的各种权力，而这些权力是组织赋予领导者的法定权力，在职权影响力的作用下，被领导者的心理和行为表现为被动地服从。统御影响力主要来自领导者具有的知识、技能、才干、能力及良好的品德，在统御影响力的作用下，被领导者的心理和行为表现为信服和敬佩，从而主动地服从领导者的领导。一个优秀的领导者要将这两种影响力有机地结合起来。在领导者手中的权力一定的情况下，要想提高自己的领导影响力，保证领导效果，领导者就要努力提高自己的统御性影响力。而提高统御性影响力的途径则是提高领导者的各方面素质。因此，加强领导个体素质是提高领导影响力的客观要求。

c. 领导个体素质是提高领导艺术和领导水平的基础

领导活动是一种复杂的社会劳动。随着现代化社会大生产的深入发展、社会环境的日益复杂，领导者要想得心应手地开展领导活动，就必须具有科学的领导方法和娴熟的领导艺术，以提高自己的领导水平。而领导艺术和领导水平则主要取决于领导的个体素质。若领导者素质较高，就能娴熟地运用并不断创造出新的领导方法和领导艺术；若领导者素质较低，那么即使有效的领导方法和领导艺术也难以被应用。无数的领导实践证明，优良的素质是产生领导艺术的源泉，领导艺术和领导水平与领导者的个体素质和水平成正比。所以，要保证各项领导工作的顺利进行，提高领导艺术和领导水平，就必须重视提高领导个体素质。

(4) 领导个体素质的基本内容

领导个体素质是领导者履行领导职能的基础，是有效开展领导活动的主体性要素。虽然不同层次、不同领域的领导者具备的素质不完全相同，但从领导者的地位和工作性质来看，领导者一般应具备如下几方面的素质。

a. 政治素质

领导者的政治素质是指作为一个政治角色的领导者对自己的政治权利、政治义务的理解、把握和反应以及付诸行动等能力的总和，是领导者在长期的政治生活中不断接受培养和熏陶而形成的个体特质，是领导者的政治方向、政治立场、政治品德等的综合反映。

政治素质是领导者的灵魂，是领导者必须具备的首要条件。它在领导者的日常领导工作中占据着重要地位，直接影响着领导活动的方向和绩效。任何一个社会组织都是在一定的国家政治经济体制的基本环境之下生存和发展的，组织的命运与国家的命运是紧密联系在一起的。因此领导者必须具备较高的政治素质，准确把握组织发展的方向，奠定组织发展的政治基础。每个国家都有自己鲜明、具体的政治素质标准和内容，就我国来讲，领导者的政治素质主要包括如下内容：

第一，丰富的政治理论和政治知识。政治理论和政治知识是领导者政治素质形成的基础。各级领导者要具有远大的共产主义理想，认真学习马列主义、毛泽东思想和中国特色社会主义理论体系，提高自己的理论成熟度，认真学习共产主义运动的知识、党和国家的相关理论知识及西方国家的政治知识，不断对时事政治进行关注和研究。只有具备了丰富的政治理论和政治知识，才会形成牢固的政治素质基础。

第二，坚定正确的政治方向。政治方向是领导者处理领导事务的根本目标和基本思想。离开了正确的政治方向，领导活动的性质就会出现偏差。领导者必须维护党和国家的根本利益，在思想上和行动上与党和国家保持一致，既要维护党的领导，又要有大局意识，在领导活动中要考虑全局利益，服从大局，正确处理好整体和局部、长远与眼前的关系，为组织发展创造良好的政治环境。具体来说，我国的各级领导者，都必须坚持"一个中心、两个基本点"的基本路线，掌握马克思主义的基本原理，具有较高的政治理论水平和政策水平，在大是大非面前，能够准确识别方向，分清是非，不迷失政治方向，不丧失政治立场，维护国家和人民的根本利益。

第三，鲜明的政治观点。政治观点是领导者观察和处理问题的基本看法，是领导活动的政治指导思想，也是领导者认识问题和解决问题的立足点和出发点。领导者应当善于运用马克思主义的立场、观点和方法来观察问题和分析问题，不断增强领导工作的原则性、系统性、预见性和创造性，不断提高认识世界和改造世界的能力。

第四，高度的政治觉悟。政治觉悟是领导者政治思想水平的重要标志，是领导者战胜一切困难、取得工作成绩的动力。领导者的高度政治觉悟，一方面表现为时刻关心国际社会的风云变幻，关心党和国家的前途命运；另一方面表现为具有强烈的事业心和政治责任感，勇于创新，顽强拼搏，不断开创组织发展的新局面。

第五，较高的政治鉴别力和较强的政治敏锐性。政治鉴别力是领导者在政治现象面前透过现象看本质的能力。对于纷繁复杂的政治现象和社会现象，领导者要能深刻认识其本质，坚决反对社会上出现的拜金主义、享乐主义和个人主义，自觉抵制外来的各种侵蚀，防止腐化、堕落现象的发生，要旗帜鲜明地表明自己拥护什么和反对什么、提倡什么和反对什么，同一切动摇社会主义方向、背离马克思主义轨道的思想和行为作斗争。政治敏锐性是领导者在政治问题上见微知著的眼光和能力。根据马克思主义的观点，任何事物的发展都有迹可循。领导者要有敏锐的政治鉴别力，在一些思想和行为处于萌芽状态时，就能认清其本质，辨明其利害，把握其发展趋势，并及时采取措施，防患于未然。

b. 道德素质

领导者的道德素质是指领导者在生活和学习过程中形成的、用以调节同他人之间的关系的价值标准和价值判断、道德规范和道德要求，是领导者人格的最重要组成部分。对于领导者而言，其行为不仅关系到个人利益，而且关系到国家、社会、组织和员工的利益。领导者的才能固然重要，但是无德的领导者无法唤起下属的追随和尊敬。品德高尚的领导者就像磁石一样吸引着下属，以自身的道德在组织内产生强烈的影响力，使自己成为其他成员学习的榜样。另外，道德素质还决定着其他素质发挥效能的方向和性质，决定着领导者整体素质的品位和价值。一个优秀的领导者所应具备的道德素质包括以下内容：

第一，为人的基本道德。领导者首先是一个普通人，要与社会中的其他成员和社会组织进行交往，所以领导者首先要具备为人处世的基本伦理道德，要有为实现奋斗目标和崇高理想而献身的大无畏精神、牺牲精神；要有同情心、正义感、责任感，要做到诚实守信。只有具备了这些为人的基本道德，领导者才能与周围的人尤其是被领导者处好关系，以自身行为影响、吸引和教育组织成员，形成一种良好的风气，增强组织的凝聚力。

第二，政治道德。领导者要深明大义、忠诚可靠，精神高尚、气节崇高；顾全大局，自觉遵守政治纪律，坚持政治原则；勇于奉献，廉洁奉公，勤政为民；严守党和国家的秘密，认真维护党和政府的声誉。

第三，权力道德。拥有权力是领导者进行领导活动的基础。领导者要正确看待和使用手中的权力，始终保持权力的人民性、公正性，要能够自我约束，不能把权力当成是私有财产或者达到个人目的、获得个人私利的工具，要把权力完全运用到为人民服务的工作上，用到维护党和国家及人民的利益上，自觉地反对和防止权力崇拜和权力扩张。

第四，法律道德。领导者要尊重和维护法律，自觉奉行法律规定，自觉接受法律的监督和约束，做到有法必依，执法必严，违法必究。

第五，职业道德。领导者要负责任，守信用，讲效率；求真务实，言行一致，实事求是；密切联系群众，关心和帮助群众；正直无私，严正待人；尊重知识，尊重人才，能听取各种意见；不好大喜功，不沽名钓誉，不专横跋扈；工作中勤恳敬业，忠于职守；开拓进取，不弄虚作假等。

c. 知识素质

当今世界，有关经济、政治、军事的竞争已逐渐转向科学技术、知识的竞争。对现代领导者而言，完善的知识素质是领导活动取得成功的关键。由于领导工作是一项面对全局、贯通上下、指挥众人、不断决策的综合性劳动，也是一种科学性和艺术性相结合的创造性劳动，因此，领导者只有具备广博坚实的科学文化知识，合理的知识结构，才能驾驭全局，运筹帷幄，搞好各项工作。

第一，文化知识。由于领导活动是一项具有高度综合性的社会活动，领导者需要处理和认识的问题包罗万象，涉及各个领域，因而领导者要成功地驾驭领导工作，就必须具备广博的科学文化知识。不仅要广泛涉猎政治、经济、军事、教育、文学、历史、地理、法律和逻辑学等社会科学知识，还应该掌握一定的自然科学知识，如数学、物理、化学、生物、生态学以及电子计算机等基础理论知识，特别要掌握现代自然科学的新成果——系统论、信息论和控制论的基本原理，并尽可能把它们运用到领导工作中去。这些文化知识不但有助于领导者形成正确的世界观和人生观，而且可以培养领导者广阔的知识视野和较强的思维能力，为做好现代领导工作打下扎实的基础。

第二，专业知识。领导者除要具有一定的文化知识外，还应努力学习和掌握各自领导范围内的专业知识。各个行业和部门都有各自的专业理论知识，这是行业部门从业活动规律的历史积累和科学总结。只有对自己负责的业务范围内的有关专业知识和理论进行深入研究，精通业务活动的主要内容、前沿理论和发展趋势，全面深刻地认识和掌握本行业的内部活动规律和运作模式，才能够根据行业特点和需要进行科学决策，实现领导目标。

第三,领导知识。现代社会的高速发展,组织规模的不断扩大,都对领导工作的科学化提出了更高的要求。仅凭过去的领导经验,领导者已经远远不能适应时代的要求。因此,要实现领导活动的有效性,领导者就必须掌握领导学及管理学相关知识,如现代管理学、组织行为学、领导学、决策学和领导心理学等。不仅要掌握这些学科的基本理论,更要学会娴熟地运用这些学科所提供的各种方法和技巧,解决实际工作问题。只有这样才能使领导工作合乎领导活动的基本规律,从而不断提高领导水平,创造出较高的领导业绩。

d. 能力素质

能力素质是指领导者所具备的能够使领导活动得以顺利完成的行为能力的总和。知识是能力的基础,能力是知识的运用,知识丰富并不等同于能力高强。领导者能否胜任领导工作,不仅要看领导者知识素质的高低,更要看他的知识素质以及其他素质能否转化为工作实践,即要看领导者的能力素质如何。领导者的能力素质主要包括一般能力和领导能力两部分。

一般能力是指领导者应具有的观察能力、记忆能力、思维能力和想象能力等。这些基本能力是发挥领导能力的基础。一般能力主要包括如下内容:

第一,观察能力。观察能力是指通过观察、感知和知觉,领导者将自己同外部世界联系起来,从中获取各种信息的能力。领导者要善于察觉那些稍纵即逝的事物和信息,并对其进行细心观察,从中发现问题,洞悉本质。

第二,记忆能力。记忆能力是指以往的知识、信息和经验在大脑中储存的能力。记忆能力是创造力必不可少的构成要件。任何一种创造性活动,都必须先把以往储存的信息和材料取出来,加以整体的联结,只有在此基础上,才能产生新的联想、新的创造。

第三,思维能力。思维能力指对现有的知识,经过分析和综合、判断和推理等逻辑思维活动得出新结论的能力。创造性活动即依赖于缜密的思维能力。

第四,想象能力。想象能力是指对客观事物和信息所进行的联想和再创造的能力。想象能力是在创造性活动中具有加速器作用的能力。

领导能力是领导者在从事领导活动的过程中所应具备的特有能力,它是提高领导绩效、实现领导目标的根本条件,也是领导者区别于管理者和被领导者的基本标志。领导能力主要包括以下内容:

第一,驾驭全局的能力。领导者处于组织的中枢地位,对整个组织系统负有全面的责任,因而必须具有驾驭全局的能力,善于从战略上把握事态,抓住关键,突出重点,保证整个组织有序、高效地运转。

第二,多谋善断的能力。领导者要有战略头脑,善于研究问题,思考问题,深谋远虑,运筹帷幄,遇到紧急情况能够迅速拿出主意,处理问题时善于决断,敢于拍板,从众多的方案中选择出最佳的方案,不失时机地作出正确决策。

第三,识才辨贤的能力。选才用人是领导者的一项重要职能。领导者要具有识才辨贤的能力,要始终保持清醒的头脑,能够不断发现人才,不被表面现象甚至假象迷惑,还要有组织和调配人才的技巧,因材施用,使人尽其才。

第四,组织协调的能力。领导者作出决策之后,还负有实施决策的重任。在决策的实施过程中，领导者要把人、财、物、时间和信息等组织资源优化结合起来，使它们形成一个相互配合、协调一致、运转灵活的有机整体。另外，要从小的群体活动到大的社会政治、经济、军事、文化活动中，把诸多纷争的因素综合起来，形成一个和谐的、充满活力的整体，这些都离不开领导者的组织协调能力。

第五，应变创新的能力。随着科学技术的迅猛发展，当今世界的变化也异常迅猛，因而，领导者必须具备应变创新的能力。领导者要思维活跃，富有胆识，不迷惑权威，不崇拜偶像，不为过时的观念所束缚，善于捕捉信息，不断提出新观念，想出新办法，创出新水平，走出新路子，在领导工作中不断有所发现、有所突破、有所革新。

第六，人际交往的能力。领导者在领导活动中要处理的一个很重要关系是与被领导者的关系，因此，解决人际交往问题是构成领导活动的一个重要方面。领导者必须要具有较强的人际交往、社会交往的能力，善于与各种人相处，并能和他们愉快地沟通思想、交流看法；善于用各种不同的办法去说服不同的人；要能够感召和影响别人；要有较好的语言和文字表达能力。

e. 身心素质

身心素质包括身体素质和心理素质两个方面。

第一，领导者要有健康的身体。身体素质是领导者的自然体质，也是其他素质赖以存在和发挥作用的前提和基础。由于领导者肩负着复杂而繁重的工作任务，因此，只有具备健康的身体、旺盛的精力，才能适应领导工作的基本要求。任何一项领导活动，往往都要进行调查研究、协调各方关系、阅读文件、参加会议和组织指挥等，这些无一不是艰巨而繁重的脑力劳动和体力劳动，需要有良好的体力来支撑。此外，领导者体魄健壮、精力充沛，也会给人一种朝气蓬勃、奋发向上的感召力。如果一个领导者体弱多病，精神萎靡，就不仅难以胜任其职责，而且也会使人感到丧气。

第二，领导者要有健康的心理素质。科学研究表明，以气质、性格为特征的心理素质对人的事业有着极为重要的影响。现实社会中，每个领导者都有自己的个性特点和心理特征，并必然会将之带到领导活动中去，从而对领导活动产生较大影响。健康的心理素质主要包括以下几个方面。首先，敢于决断的气质。气质是比较稳定的个性特征。心理学上通常把人的气质类型分为胆汁质、多血质、粘液质和抑郁质，这四种气质类型都有各自的优缺点。作为领导者，必须具备敢于决断的气质，要有不失时机、勇敢果断地处置问题的热情和气魄。关于不同气质对领导的影响，下节将详细介绍。其次，竞争开放的性格。竞争在某种意义上说就是奋力争先。在科学技术高速发展的时代，组织所面临的环境挑战非常严峻。领导者应有敢为天下先、善于争先的品质。另外，领导者要与各种人打交道，要随时处理各种矛盾，这就决定了领导者要有开放的心态，宽阔的胸襟，团结众人一起去不懈地竞争。再次，坚韧不拔的意志。要开拓创新，就难免遭受挫折和失败。只有具备不怕挫折和失败而百折不挠的毅力，才能经得起各种风浪的考验。因此，意志坚定是领导者必备的重要的心理条件。最后，较强的心理承受力。再高明的领导者都不可能永远成功。优秀的领导者要做到顺境时不骄不躁，逆境时不气不馁，面对利欲时不为所动，面对突发事件时处变不惊。

(5) 领导个体素质的提升

领导者不是天生的，领导个体素质主要是在后天培养的基础上形成和完善的，其高低主要取决于个人努力的程度。对领导个体素质的培养是一个持续进行的过程。随着社会的发展，具备了一定领导素质的领导者也需不断提高自身素质，一方面需要不断加强学习和自身修养，并在实践中锻炼自己；另一方面还需要加强对领导干部的培养教育和考核监督。

a. 领导者自己的自觉努力是提高领导个体素质的内在动力

领导者的自觉努力是提升领导素质的根本性前提。它标志着领导者追求进步的主观愿望和内心要求，为领导素质的培养提供不竭的动力。

第一，加强学习和自身修养。不断地学习是提高领导个体素质的基本方法和途径。列宁说："只有了解人类创造的一切财富以丰富自己的头脑，才能成为共产主义者。"①领导者学习马克思主义理论知识，可以提高自己的理论水平和思想觉悟；学习党和国家的路线、方针、政策、法规、决议等，可以提高自己的政治觉悟和法律水平；学习现代科学文化知识，可以提高自己的专业素质和业务水平；学习现代管理和领导理论，可以掌握科学的领导方法，提高领导艺术。有些领导者认为自己不用进行理论学习，随着职务的提升，领导素质和领导水平自然就会提高；认为自己的学历已经较高，知识储备已经足够，不需要进一步加强学习。这些想法都是错误的，他没有认识到学习在领导素质提升中的重要性。俗语说，人要活到老学到老。它充分反映出不断学习对于提升领导个体素质的重要意义。

第二，积极投身实践。实践锻炼是提高领导素质、造就合格领导者的根本途径和关键环节。辩证唯物主义认为，实践是人们有目的地改造客观世界的物质活动，是人们认识的基础，它不断地推动人的认识发展，并作为检验人的认识正确与否的唯一标准。领导个体素质的提高同样离不开社会实践锻炼。领导活动不是抽象的理论研究，它必须实实在在地解决具体问题。这种实际能力只有在领导活动中才能得到锻炼和提高。古人云："纸上得来终觉浅，觉知此事要躬行。"毛泽东也多次谈到要反对纸上谈兵："读书是学习，使用也是学习，而且是更重要的学习。从战争学习战争——这是我们的主要方法。"②我国的改革开放和现代化建设的伟大事业，向各级领导干部提出了更高的要求，也为他们充分展示聪明才智提供了广阔的舞台。领导者只有积极投身到实践中去接受锻炼，不断积累经验，才能不断提高素质，增长才干。领导者如果不在实践中进行扎实的磨炼，就无法承担起改革和建设的历史重任。

第三，正确剖析自己，不断自我反省。人贵有自知之明。不管是做人还是做事，领导者只有正确地对待自己，实事求是地评价自己，辩证地看待自己的长与短、得与失、成与败，才有可能获得事业上的成功。

b. 加强制度规范，为领导个体素质提高提供外部保障

制度的建设和规范是新时期社会发展的必然要求，相应制度的设立与完善为领导者

---

① 《列宁选集》第 4 卷，北京：人民出版社，1995 年版，第 285 页。

② 《毛泽东选集》第 1 卷，北京：人民出版社，1991 年版，第 181 页。

的活动提供运行规则和体制保障，也为领导个体素质的提升提供了必要的参考和依据。与自觉进行理论学习和社会实践、不断进行自省相比，相应的制度规范是培养领导素质的外部保障，是社会力量对个人发展的有效影响。

第一，确立领导干部培训制度。领导干部培训制度是领导系统对领导主体素质主动塑造的具体制度。当前，重视高级管理人员的教育和培训已成为世界发达国家的一个重要特征。这些国家为建立和维持在市场竞争和民族发展中的优势，都十分重视有计划、有系统地培养高级管理人员。我国自十一届三中全会以来也十分重视建立和健全领导干部的教育培训制度。按照干部革命化、年轻化、知识化和专业化的“四化”方针和干部教育培训正规化、经常化、制度化的要求，党和政府大力培训各级领导干部，使干部队伍较好地适应了改革开放和经济快速发展的要求。但我们也必须看到，干部教育培训工作的制度化程度还不高，这妨碍了我国领导干部素质的进一步提高。从目前来看，教育和培训领导干部要建立健全四项制度：打好马克思主义理论根底的理论培训制度，全面提高领导者素质的岗位培训制度，完善领导者素质的定期轮训制度和领导干部的在职学习制度。

第二，加强领导干部监督制度。为了实现领导干部素质的提升，社会应当建立并完善监督制度，对领导活动进行必要的监督，从而实现权为民所用、利为民所谋的社会效果。我国现行的监督体系包括政党监督、行政监督和社会监督等若干相对独立的监督系统。它们分工明确，各司其职，各负其责。总之，加强领导干部监督制度将为领导活动提供明确的制度范围，有利于纠正不良的领导认知，矫治错误的领导行为，从而树立健康的领导形象，保证正确的领导方向。

第三，完善领导干部考核制度。对领导素质进行测试和评定是衡量领导素质状况的基本手段，这就必然要求完善相应的领导干部考核制度。只有定期或不定期地了解领导干部的政治表现和工作表现，并对他们做出必要的鉴定，才能对领导素质做出量化的评定，才能准确地了解素质培养的效果，明确进一步提高的方向。通过领导干部考核制度的测评，不仅可以衡量领导干部的业绩成果，还可以掌握领导干部在重大问题上的立场、观点和态度，从而对领导干部出现的思想政治问题进行及时的解决处理，对其不正确的思想认识进行及时的教育引导。

5.1.2 领导群体素质结构

按照系统论的观点，结构是指系统的构成内容及其形式。一定的结构是保持事物的整体性及整体功能的重要因素。结构是否合理，对事物整体功能的发挥有着重要的影响。

领导工作是一项复杂的劳动，随着现代化大生产的深入发展，仅凭领导者个人的智力和能力，是很难适应的。这时，领导群体的作用就越来越重要，领导群体是制定和执行决策的中心，是动员、组织和率领群体成员完成各项任务的指挥部。江泽民同志在《努力建设高素质的干部队伍》的重要讲话中指出：“要在坚持‘四化’方针和德才兼备原则的前提下，根据各类领导班子的不同情况，合理调整和改善结构。在注重思想政治素质的基础上，要注意年龄结构、知识和专业结构，还要注意各个成员的特长，使领导班子成为整体素质优良、成员优势互补的坚强集体。”调整和改善领导班子结构，是新时期加强领导班子建设，推进党的建设这一伟大工程的一项重要任务，“领导班子就是作战指挥部”①。这个指挥部功能的大小、战斗力的强弱、工作效率的高低，不仅同每个成员的政治觉悟高低、理论水平高低、组织能力大小、实践经验等直接相关，而且也依赖于该领导群体素质结构是否合理。

(1) 领导群体素质结构的内容

领导群体是一个由若干领导成员组成的系统，它应该有也必然有自己的结构。所谓领导群体素质结构，就是在一个系统内，构成领导群体的各种人员的构成比例及其组合方式。一个领导群体不能只由具有一种专业知识的领导者组成，也不能都是年纪大、资格老的领导者。如果领导群体素质结构不合理，即使每个成员的素质都很高，也不能发挥领导群体的整体功能。

具体来讲，领导群体素质结构包括以下几方面内容。

a. 年龄结构

年龄结构是指不同年龄的领导者的组合搭配状况。对于一个人来说，年龄不仅是岁月的标志，更包含着不同的阅历和经验。现代心理学研究表明，人的智力与年龄之间有一定的定量关系：人的知觉能力，最佳年龄区在 10～17 岁；记忆能力和动作反应速度，最佳年龄区在 18～29 岁；比较判断能力，最佳年龄区在 30～49 岁。由此可见，在不同的年龄阶段，人的能力是有一定的区别的。

一个科学而合理的领导群体素质结构应该是以老年、中年和青年三个年龄层次的人员形成合理的比例，呈现梯队结构，既有“老马识途”的老年人，又有“中流砥柱”的中年人，还要有“奋发有为”的青年人。年长者经验丰富、沉着冷静、深谋远虑、处事稳健，适于从事指导、参谋、管理等工作，还可以统筹全局、把握方向、培养英才，亲自处理一些比较重要的社会问题和工作问题；中年领导精力充沛、思路开阔、年富力强、反应敏捷，理解力、辨别力、分析问题和解决问题的能力比较强，兼有青、老年领导的长处，可以起到承前启后的作用；青年人生气勃勃、奋发向上、思想敏锐、热情饱满、虚心好学，易于接受新事物，创造力强，适于从事中、老年难以胜任的攻坚性、开拓性工作。对于三个年龄层次的比例问题，一般应使年富力强的中年同志占多数，以发挥中坚、骨干作用。如果过分老化，容易反应迟钝；如果过分年轻，又会形成经验不足、遇事摇摆不定的局面。梯队结构的领导群体，既有利于取长补短、发挥整体功能，又能防止年龄老化，以保障领导群体活动的相对稳定和连续性。对于不同层次、不同类别的领导班子应有不同的年龄结构。一般来说，高层次、政府机关领导班子的年龄结构可稍高一些，而低层次、企事业单位领导班子的年龄构成可相对稍低一些，这主要是由不同层次、不同类别领导班子的工作性质、工作任务和工作特点决定的。

领导群体在年龄构成上要保持动态平衡，促使其自我更新。领导群体是新陈代谢的有机整体，由于自然规律的作用，人总是要生老病死，群体成员总是有进有出，这是不以人的意志为转移的客观规律。随着时间的推移，合理的年龄结构也会趋于不合理，因此，就

① 《邓小平文选》第 2 卷，北京：人民出版社，1994 年版，第 9 页。

要按梯次的年龄结构配备人员，保证领导班子成员的相对平衡。只有保持领导群体的动态平衡，才能保持群体内部的生机与活力，才能培养和造就大批新生力量。

b. 知识结构

知识结构是指领导群体成员之间的知识积累和专业背景的搭配组合状况。对于一个现代社会的领导群体来说，知识就是力量。现代领导者必须具备丰富的知识，在整个组织结构中属于高文化知识水平。领导群体的层次越高，其成员的文化知识水平也应越高。

事实证明，在一个集体内，知识范围有差异，知识层次有高低，成员相互之间就有吸引力；同等知识程度和同等层次的人集中在一起，容易形成知识的平面结构，缺乏立体感。领导群体内部既要有受过高等教育，具有较高理论修养的谋略家，又要有具有丰富实践经验的实干家。不同的领导者的专长是不同的，只有将各种“专才”合理搭配起来，才能构成整体的“全才”，才能胜任各种综合而复杂的领导工作。在领导群体内部，既要有懂自然科学技术方面的人才，又要有懂得人文社会科学知识方面的人才；既要有熟悉管理过程的管理专家，又要有精通本行业业务的技术专家，还要有掌握思想工作的政治思想教育专家。领导群体要将具有不同专长的人有机地结合起来，以形成既有较宽的知识面，又有精深的专门知识的立体知识结构。

c. 智能结构

智能结构是指领导群体成员不同智能的合理构成。智能是指人们增长和运用知识的能力。人的智能是有差异的，有的人精于观察、善于思索、富于想象，能够不断构思出新思想、新理论、新主意和新方法，创造能力比较强；有的人长于指挥、巧于组织、善于应变，组织才能比较出众；有的人善于书面表达，构思严谨巧妙；有的人善于口头表达，说理深入浅出，富有感染力；等等。在组成领导群体时，应将不同智能类型的领导个体组合到领导群体中来，形成一个既多谋又善断，既严谨又活泼的高智能的立体群体。

d. 心理素质结构

心理素质结构主要包括气质结构和性格结构。不同的人，因其遗传因素和所处的社会环境各异，性格气质往往千差万别。不同气质和性格的领导者，各有不同的特点，对问题的判断和处理也是不相同的。有的领导刚毅果断，行动敏捷，作风泼辣，但稳健不足；有的领导温文尔雅，勤于思考，办事稳重，但魄力不足；等等。一个领导群体，如果不注重成员的气质结构和性格结构，即使能力很高，也可能因为性格不合而矛盾丛生，关系紧张，内耗严重。领导群体要注意不同气质和性格的成员的合理搭配，如沉着冷静型的、活泼好动型的、性格内向型的、性格外向型的等，只有把不同气质和性格的人组合起来，才能形成气质和性格的互补效应，形成一个刚柔并济、动静结合的领导群体。

（2）领导群体结构优化的意义

要发挥领导群体的整体功能，就要保证领导群体有一个优化的群体结构。领导群体结构优化就是要建立一个领导成员之间紧密联系、功能互补、相得益彰、自我协调的整体。优化的领导群体结构的意义体现在以下几个方面。

a. 优化的领导群体结构是社会主义现代化建设的需要

领导班子结构合理化才有利于实施系统的领导。在生产规模不大、分工协作简单的情况下，组织管理比较简单，一些人凭经验、技术和才干，以及较好的条件和较高的威信，就可以胜任领导任务，因而当时无所谓领导结构是否合理化的问题。而现代化建设任务的艰巨性和复杂性不但要求领导者个人必须具备一定的素质，而且要求有一个科学合理的领导结构。只有结构合理的领导班子，才能把不同智能的领导者聚集在一起，集思广益，实施系统领导。

b. 优化的领导群体结构有利于发挥领导群体的整体功能

按照系统论的观点，系统的结构决定系统的性质和功能，即使构成系统的要素完全相同，由于组成系统时的结构不同，也会形成性质和功能完全不同的事物。如金刚石和石墨都是由相同数量的碳原子组成的，但由于碳原子的结合方式不同，二者的性质就截然不同。领导群体素质结构是一个多维的、动态的综合体，结构优则功能强，结构劣则功能弱；优化的领导群体结构有助于实现领导成员的优势互补、相得益彰，从而使领导群体的整体功能有效地发挥出来，提高领导效率。

c. 优化的领导群体结构有利于领导群体的新陈代谢

领导群体成员既是一个从年轻到年老的年龄成长过程，也是知识、能力的逐步发展和完善的过程。不同年龄的领导成员之间的合作，既能改善领导群体的整体效能，又有利于年轻成员的成长。因此，优化的领导群体结构有助于群体自身的新陈代谢，形成成员的不断更新，进而实现领导群体知识结构、智能结构和年龄结构等的更新，使领导群体处于动态平衡之中。

(3) 领导群体结构优化的标准

衡量一个领导群体的素质结构是否合理，主要有以下标准。

a. 整体性标准

领导活动的效果，主要依赖领导群体能否发挥整体功能。实践证明，领导群体结构的优化有助于产生个体无法比拟的整体力量，实现 $1+1>2$ 的效果。领导群体成员好比组合在一起的音符，既可弹奏出美妙和谐的乐曲，也能产生令人生厌的噪音。即使领导群体成员个个素质好、水平高、能力强，但集体协调不好的话，也不能发挥其整体功能。因此，领导群体素质结构的优化，必须坚持整体性标准，从领导群体整体入手。

b. 适应性标准

一方面，不同的领导活动要求领导群体具有不同的年龄结构、知识结构及智能结构等，必须根据组织的性质和领导工作的具体内容来优化领导群体素质结构以适应群体的要求。另一方面，领导群体结构是一个动态的发展过程。领导群体结构需要根据外界领导环境的变化，对内部构成要素不断进行平衡，力求配比合理，排列科学，以适应外界领导环境的状况。由于领导环境不断发展变化，领导群体内部各要素也要不断地进行调整。一个优化、合理的领导群体必须是一个能在复杂的环境变化中实现自我的稳定和平衡、不断完善自身的群体。

c. 高效性标准

一个领导群体素质结构是否优化、合理，可以根据该领导群体的工作效能如何以及能否高效地解决问题来判断。一般来说，结构优化、合理的领导群体，拥有的能量较大，必然能够既果断敏捷、又切合实际地处理事务，领导效能也必定高效。

（4）领导群体素质结构优化的途径

实现领导群体素质结构的优化，必须从以下几方面入手。

a. 从整体着眼选配领导人才

选拔和配备领导人才，要着眼全局，坚持整体观点。人无完人，每个人都有自己的优点和缺点，如果单独考察一个领导者，则都存在或大或小的缺点。若从整体上考察个体，选配领导人才，就要发挥领导者的长处。所以，要实现领导群体素质结构的优化，就要坚持根据整体的需要以及领导群体的状况来考察、选配领导者。

b. 加强培训，提高领导者素质

实现领导群体素质结构的优化，除了采取必要的手段对成员进行替换之外，还需要根据现实的要求，加大对领导者的培训，重视各种教育机会，不断提高他们的德才水平，以适应经济发展和社会进步的需要。

c. 加强后备领导队伍建设

要保持领导群体永久的活力，就必须保证优秀的后备资源，因此，就要大力开发领导人力资源，做好后备领导队伍的选拔、培养、提高、发展和使用等工作，为领导群体提供"蓄水池"，从而保持领导群体持久的活力。

5.1.3 领导素质测评

（1）领导素质测评的含义和作用

领导素质测评就是对领导素质进行检测、测试、测量、验证、判断和评价的总称，是对领导的专项素质或整体素质进行科学客观把握的系统化应用理论和应用技术。通过测评，能比较准确地反映领导人才的专项素质与综合素质；能比较准确地鉴定、验证有关领导素质和实际岗位要求之间的实际差距；能为育人、选人和用人及开发领导人才提供全面、系统、科学、客观和权威的佐证。

领导素质测评是一种极为重要的组织人事功能，通过测评可以鉴别和区分不同领导素质，便于确认不同领导人才，以更好地做到适才适用。首先，通过测评可以从非领导者群体中发现领导人才并加以起用；其次，通过测评可以从更低级的领导者群体中发现更优秀的领导人才并加以起用；再次，通过测评可以从领导者群体中发现不同的优缺点、长短处，并加以适时、科学地搭配、调整和组合，由此形成一个能够最大限度地发挥整体效应和作用的领导人才集体；最后，通过测评可以从现有的领导者群体中发现并验证非领导人才的领导者，并及时、果断地促使其离开领导岗位。

测评的内容可划分为领导业绩检测、领导绩效评估、领导知识技能考评、领导能力测试、领导类型测评和综合性的领导素质测评等。

(2) 领导素质测评的类型

领导素质测评的类型主要分为定性和定量两种。定性测评主要依靠感觉、印象和经验来完成，所得结论带有直观性；定量测评则是运用数学的方法，通过对测评对象有关情况的数据的搜集、整理、计算和分析，把握领导者的素质。

长期以来，定性测评在人的素质测评中占据优势。但从定性上测评素质是不深入的，往往是一种模糊的印象判断，不利于找出和发现其问题所在，进而无法找到解决问题的方法。随着测评技术的发展，定量方法被逐渐引入到人的素质测评当中。科学的素质测评就引用了多学科的定量测评技术，国际上对素质的测评也逐渐引入了其他领域的定量指标或者创造定量指标。但我们也应该认识到：素质测评是一个比较复杂的问题，仅靠不断的定量化的测评技术，虽然能在一定程度上衡量素质水平的高低，但在不同的语境中，定量化的指标会失去它的意义，因偏离实际情况而贻笑大方。定性测评和定量测评既相互区别，又相互联系，在测评中要做到定量测评和定性测评相互结合，定性测评是定量测评的基础，定量测评是定性测评的深化。

(3) 领导素质测评的方法

a. 领导个体素质的测评方法

一是因素评鉴法：即通过调查分析与实测数据统计分析，提出对人员考察的有关因素，形成素质评价标准量表体系，然后把被测者纳入该体系中进行测评。

二是心理测验法：即通过预先确定的心理测验量表或模拟一定的工作场景的仪器设备来测量与评价一个人的素质。这种方法对于评估一个人的智能或身体运动机能具有一定的意义。

三是情景模拟测评法：即把被测者置于一定的模拟工作环境之中，采用多种评价技术，观察和考察被测者的心理与行为，以测量其素质。

b. 领导群体素质的测评方法

一是双层测评法：即在对群体成员个体素质、绩效进行测评的基础上综合评价群体的整体特点和结构。

二是群体行为测评表：即利用问卷方式调查了解群体成员对群体规范的看法及对群体的态度和行为，从整体上考察群体活动的性质和绩效。

三是人际关系的测评法：即通过问卷调查后，利用社会测量矩阵图或人际关系测量图的方式，考察群体成员之间亲疏远近等关系和群体内聚力的特点与弱点。

四是角色知觉测验法：即利用谈话、问卷等方式了解群体成员和其他人对群体中的角色及其作用的认识，分析群体成员之间的协作配合状况与程度。

5.2 领导心理

领导心理是指领导者在其领导行为中所表现出来的典型心理品质和心理特征。在领导活动中，领导者处于关键的地位，他们的心理与行为，对组织的生存和发展具有直接的影响。目前对领导心理的研究一般是从静态和动态两个方面进行的。静态的研究主要侧重于从领导者的个性特征和品质方面去研究，揭示成功的、高效的领导者应具备什么样的个性特征和心理素质，以及领导者的心理特性与领导效率的关系；动态研究主要侧重于探索不同的领导方法、领导作风和领导行为所产生的心理效应，为提高领导效率服务。

5.2.1 领导的个性倾向性

人们在认识客观世界的过程中，都会表现出自己独特的心理特点，这就是人的个性。“个性”一词来源于拉丁语“personal”，其原意是指希腊罗马时代戏剧演员在舞台上戴的面具，它代表剧中人的身份，后来引申为演员在舞台上所扮演的角色。心理学家沿用其含义，用它来指称一个人在人生舞台上，在他的行为模式中表现出来的内心活动。现代心理学通常把个性理解为一个人的整体心理面貌，即具有一定倾向性的各种心理特征的总和。

个性倾向性是指一个人对现实的态度和行为倾向。它是个性结构当中的动力系统，是人进行各项活动的基本动力。它决定着人对现实的态度，决定着人对周围世界的认识和态度的趋向与选择。个体倾向性是个性结构中最活跃的成分。个性倾向性一般包括需要、动机、兴趣、理想、信念和世界观等。这些成分之间并不是彼此孤立的，而是相互联系、相互影响、相互制约的。其中，需要是最基本的个性倾向，是整个个性积极性的源泉，只有在需要的推动下，个性才能形成和发展。动机、兴趣和信念都是需要的表现形式。而世界观居于最高层次，它指引和制约着一个人的总的思想倾向和整个心理面貌，是人们言论和行动的总动力。由此可见，个性倾向性是以人的需要为基础、以世界观为指导的动力系统。

(1) 需要

需要是人脑对生理和社会的需求的反映。人是一个生物实体，又是一个社会成员。人为了求得个体的生存和社会的发展，必然产生一定的需求，如食物、睡眠、交往和配偶等，这些要求反映在个体头脑中，就形成了人的需要。需要是个体在生活中感到某种欠缺而力求获得满足的一种内心状态，它是有机体自身或外部生活条件的要求在头脑中的反映。

人的需要是多方面的。人为了维持生命和延续种族，就会产生对衣、食、住、行和性等的自然需要；人为了适应社会生活，提高物质生活水平和精神生活水平，又会产生对劳动、社交、友爱、文化和艺术等的社会需要。人的需要是分层次的。最有代表性的是马斯洛的需要层次理论。马斯洛把人的需要划分为五个层次，分别为生理的需要、安全的需要、爱的需要、尊重的需要和自我实现的需要。他认为这五种需要都是人的最基本的需要，都是天生的、与生俱来的，它们构成不同的等级或水平，并成为激励和指引个体行为的力量。需要的层次越低，它的力量越强，潜力越大。随着需要层次的上升，需要的力量相应减弱。在高级需要出现之前，必须先满足低级需要。

对于领导者而言，一方面领导者有普通人一样的需要；另一方面由于领导者自身角色的特点，决定了领导者的需要层次应该与一般人有所不同。如生理的需要虽是领导者的基本需要，但领导者绝不能停留至此，不能缺乏高层次的需求。有的领导者以权谋私，多吃多占，甚至触犯法律，那他就失去了作为领导的资格。在一个领导岗位上，领导者要不断地对高层次需要有所向往、希冀与追求，应该成为一个有所追求、有着强烈自我实现需求的领导者。

(2) 动机

动机是引起并维持人们从事某项活动以达到一定目标的内部动力。动机也是人为实现一定目的而行动的原因。

人在日常生活中从事各种不同的活动都是有一定原因的，这个原因就是人的行为动机。一个人从举手投足到科学上的发明创造，无一不是在动机的驱使下进行活动的。动机作为一个解释性的概念，用来说明个体为什么有这样或那样的行为。

动机是一种精神状态，是针对一个人的意识或潜意识而言的，是一种内在的东西。动机看不见、摸不着，但可以通过行为体现出来。它是激励个体活动的心理动力，它在人的活动中有着非常重要的功能，是引起活动的直接机制。

动机产生的条件有两个：需要和诱因。

需要是引起动机的内在条件，动机是在需要的基础上产生的。个体为了获得需要的满足，就会积极地去寻找满足需要的对象，从而产生动机。如夏天热的时候，人就会尽可能地寻找凉爽的地方，渴时就会去寻找水源等。一般认为动机是需要的具体表现。虽然动机是在需要的基础上产生的，是由需要所推动的，但需要产生之后，并不一定就成为推动人进行活动的动力，需要变成动机往往要有一个发展阶段，即需要的强度必须达到一定水平后，才能成为引起、推动或阻止某种活动的动机。

诱因是引起动机的外在条件。凡是能够诱发个体动机的刺激或情境都称为诱因，有了诱因人才能为满足需要去采取行动，需要才表现为活动动机去推动行为达到目标。如果仅仅有需要而没有诱因，是不会产生动机的。只有内部需要与外在诱因相互作用、相互结合才能成为支配一个人行为的动机，二者缺一不可。

领导者的工作能否获得成绩，在很大程度上取决于他能否发挥积极性和主动性。领导者的积极性和主动性与其个人的动机力量成正比。动机力量越大，则积极性和主动性愈大；反之则愈小。领导者的动机虽然是一种内部刺激，他人无法直接看到，但是动机往往体现在行动之中。只要能对领导者的行为作出系统的分析，便可推断其动机。如果一个领导者在工作中精力旺盛，积极肯干，关心群众生活，我们就可以认为该领导的事业心、责任心等动机力量是很强的、很持久的。

(3) 兴趣

兴趣是力求探究某种事物或从事某种活动的心理倾向。它使人对某些事物给予优先注意,积极地探索,并且带有积极的情绪色彩。如对体育感兴趣的人,总是对体育方面的消息优先加以注意,常为体育竞赛活动以及有关体育方面的报道所吸引,无论是观看还是谈论体育比赛时,情绪高昂,兴高采烈。

兴趣是在需要的基础上产生和发展的。需要的对象也就是兴趣的对象。一个人只有对某种客观事物产生了需要,才有可能对这种事物发生兴趣。例如,一个人感到了学习知识的必要,才有了学习知识的要求,然后才会产生对学习知识的兴趣。瑞士心理学家皮亚杰指出:兴趣,实际上就是需要的延伸,它表现出对象与需要之间的关系,因为我们之所以对于一个对象发生兴趣,是由于它能满足我们的需要。但需要不一定都表现为兴趣,如人人都有睡眠需要,但并不代表人人都对睡眠有兴趣。

兴趣是选择职业和在职业上成功与否的预测指标。一个人如果喜欢与领导角色相关的活动,就有可能选择领导作为自己的事业并努力成为一个成功的领导者。

(4) 信念

信念是坚信某种观点的正确性,并支配自己行动的个性倾向。它表现为个人确信某种理论、观点或某种事业的正确性和正义性,对它抱有确信无疑的态度,并且力求加以实现。例如,人们对于像"人定胜天"、"正义必胜"等观念的确信和信任,就是人们的一些信念。信念是人们在长期实践活动过程中,根据他的生活内容和他所积累的知识经过深思熟虑决定的。信念一经确定,就具有稳定性,它指引着人的思想和行为。它不仅是人们对自然和社会的认识,而且人们对它还富有深刻的感情和热情,力图去捍卫它并试图使别人也赞同这些原则和理论,必要时,人们为了自己的信念甚至可以献出生命。

在我国,领导者的信念应该是实现社会主义和共产主义这一远大目标,如果没有这一崇高的远大理想和信念,在实际工作中就会偏离正确的方向。现实中大量的例子告诉我们:一个优秀的领导者,其信念一般是正确的;反之,一个品德败坏的领导者,大都是在信念上发生了变化。

(5) 世界观

世界观是信念的体系,即一个人对整个世界的根本看法。它包括自然观、社会观和人生观。世界观所涉及的是整个世界最普遍的问题,它常常表现在系统的社会意识形态上,当一个人的信念组成一定体系时,就构成他的世界观。世界观是个性倾向的最高层次,它是个人行为的最高调节器,影响个人的整个心理面貌。世界观决定一个人个性发展的趋向和稳定性,影响认识的正确性与深度,制约情绪的性质与变化,调节人的行为习惯。

5.2.2 领导的气质与性格

(1) 领导的气质

气质是指一个人比较稳定的心理活动的动力特征，是人在心理活动和外部活动的进程中表现出来的某些关于强度、速度、灵活性和稳定性等方面的心理特征的综合。气质是个性中典型的、稳定的心理特点。有的人的情绪和活动发生得迅速而强烈，外部表现非常明显，喜怒哀乐皆形于色；有的人的情绪和活动发生得缓慢而微弱，外部表现不显著，表情冷淡，对任何事情似乎都无动于衷，这些都是气质的表现。

一般来说，气质受先天遗传因素的影响比较大，而且具有极大的稳定性。它很早就表现在儿童的游戏、作业和交往活动中，当然在环境和教育的影响下，随着年龄的增长和阅历的变化，气质也会有所变化，但与其他的心理特征相比较，气质的变化要缓慢得多。

目前心理学界把气质分为四种类型：多血质、胆汁质、粘液质和抑郁质。不同的气质类型有不同的心理和行为特点。

胆汁质的人属于兴奋型，即具有强烈的兴奋过程和比较弱的抑制过程。这种类型的人的特点是具有很高的兴奋性，因而在行为上表现为不均衡性。在情绪活动中，一般表现为精力充沛、感情强烈而且容易爆发、行动迅速、性急易于激动和不能自制。

多血质的人属于活泼型，其神经过程具有强烈、平衡而且灵活的特点。这种类型的人活泼好动，热情洋溢，情感变化快而不持久。在行动上，多血质的人一般都有很高的灵活性，容易适应变化的生活条件，在新的环境中不会感到拘束，他们善于交际，能很快同别人接近并产生感情。另外，多血质的人大多机智、聪敏、开朗和兴趣广泛，能迅速把握新事物。但他们的兴趣不够稳定，注意力容易转移。一旦没有足够的刺激和吸引，他们就会变得厌倦和怠惰，开始时所具有的热情也会很快消失。

粘液质的人属于安静型，其神经过程具有强烈、平衡但不灵活的特点。粘液质的人情绪不易激动，他们沉着、冷静，经常表现得心平气和，不轻易发脾气，也不大喜欢交际，对人不容易很快产生强烈的情感。这种人反应比较慢，行动比较迟缓，但是稳重、踏实，不论环境如何变化，都能保持心理平衡。粘液质的人善于克制自己的冲动，能严格地遵守既定的生活秩序和工作制度，具有很好的坚持性，常常显得有耐心、有毅力；一旦对自己的力量做好了估计，选定了目标，就能坚持到底，不容易受到外界的干扰。他们的不足之处是不够灵活，有惰性，容易因循守旧、保守固执。

抑郁质的人属于抑制型，这种人具有高度的情绪易感性，而且情感体验深刻、有力、持久。他们往往敏感、多疑，经常为一些微不足道的缘由而动感情，在情绪上产生波动和挫折，但很少在外表上表现自己的情感。抑郁质的人外表温柔、恬静，在行动上表现得非常迟缓，常常显得扭捏、腼腆、优柔寡断、迟疑不决，遇到困难和危险时，常常畏缩、惊慌失措。但是他们具有很高的敏感性，思维敏锐，观察细致，谨慎小心，常常能观察到别人观察不到的东西，体验到别人体验不到的东西。

在现实生活中，属于上述典型气质类型的人是很少的，大多数都是以某一类型的气质为主，同时兼有其他类型的一些特点，即属于中间类型。每种气质类型的特点，都有好的一面，又有不好的一面。因此，任何一种气质类型都对领导者有利有弊。胆汁质类型的领导者在工作中积极的一面是：精力较旺盛，工作主动性强，能以极大的热情投身所从事的事业；热情直爽，容易与周围的人发生联系；有较强的决断性，办事果断不拖拉，工作效率较高。其消极的一面是：脾气暴躁，压不住火，不利于处理各方面的人际关系；缺乏耐性，不容易深入细致地思考问题。多血质类型的领导者在工作中积极的一面是：思想活跃、反应迅速，接受新事物快，有利于领导活动的创新；灵活性、适应性强，能适应各种复杂的情况。其消极的一面是：情绪不稳定、易于变化，工作持续性差，容易见异思迁，不利于完成艰苦的工作；决策易轻率，缺乏深思熟虑。粘液质类型的领导者在领导工作中积极的一面是：沉着、冷静，在处理问题和决策过程中比较稳妥；有实干精神以及很强的坚持性；情绪不外露，善于忍耐自制。其消极的一面是：灵活性差，接受新事物比较慢，不利于适应高速变化条件下的工作。抑郁质类型的领导者在工作中积极的一面是：具有很强的感受力，观察比较细致、深入，善于观察别人不易察觉的细节；思维比较周密、深入，布置工作比较细致、周到。其消极的一面是：行为较孤僻，不善交际；感情比较脆弱，难于忍受强刺激；意志坚韧性较差，难于决断。

一个人的气质类型不能决定一个人的社会价值，也不能决定领导的工作成就。领导者要想让自己的气质给领导工作带来好的影响，关键就要了解自己的气质类型，发挥自己的气质的长处，扬长避短。

上级领导者在任命领导干部时要考虑下属的气质因素，要了解下属的气质特点；对不同气质类型的人采取不同的领导方法。例如，对多血质的人，要着重培养其扎实、专一的精神和勇于克服困难的精神，注意其见异思迁的缺点。而对抑郁质类型的人，要注意培养其亲切、友好、善交、刚毅和自信的精神，对其批评要注意场合。对胆汁质类型的人，要着重培养其自制能力和坚持到底的精神，在交往中注意其情绪的变化。对粘液质类型的人，要着重培养其热情、爽朗、生机勃勃的精神，对其弱点的批评、教育要有耐心。在调整领导班子时，应依据不同气质类型进行合理搭配，从而发挥每个人气质方面的优点，调动各种类型人员的积极性，发挥最佳效能。在一个领导班子中，既需要勇敢果断的兴奋型干部，又需要遇事善于思考、深谋远虑的安静型干部，两种气质类型的人结合在一起，有利于在领导工作中取得佳绩。如果领导班子里全都是点火就着的兴奋型干部，就容易产生摩擦，造成内耗。

(2) 领导的性格

性格是指人对现实的稳定的态度并与之相应的习惯化的行为方式。性格是个性心理特征最重要的方面，它通过人对某种事物的倾向性态度、意志、活动、言语和外貌等方面表现出来。人们在现实生活中显现出的某些一贯的态度倾向和行为方式，如大公无私、勤劳、勇敢、自私、懒惰、沉默和懦弱等，都反映了自身的性格特点。

俗话说，江山易改，禀性难移。意思是说，一个人的性格一旦形成就很难改变。性格并不是天生的，而是后天形成的。它是一种与社会最密切相关的人格特征，在性格中包含有许多社会道德含义。性格表现了人们对现实和周围世界的态度，并表现在他的行为举止中，体现在对自己、对别人、对事物的态度和所采取的言行上。作为领导者，要不断完善自己的性格，成为一个出色的领导者。

性格的类型有很多，按照不同的标准可以分成不同的性格类型。

按心理活动的机能不同，性格可划分为意志型、理智型和情绪型。意志型性格的人以意志占优势，做事有明确的目标，并能自觉主动地采取行动，坚定沉着。理智型的人以理智占优势，凡事以理智权衡一切并支配自己的行动，冷静，善于思考，自控能力较强。情绪型的人情绪体验深刻，言行易受情绪左右，热情、易冲动，喜欢感情用事，不善思考。

按心理活动的倾向不同，性格可划分为内向型和外向型。内向型的人，沉默寡言，心理内向，感情深沉、严肃、含蓄，待人接物小心谨慎，性情孤僻，不善交际。外向型的人心理外向，对外部事物比较关心，活泼开朗，善于交际，情感容易外露，待人接物比较随和，独立性强，决断能力强，不拘小节；但比较轻率，缺乏自我分析和自我批评精神。

按独立性程度不同，性格可划分为独立型和服从型。独立型的人善于独立发现问题和解决问题，目标明确，勇于开拓，工作有创造性，能从容面对挫折，不折不挠，乐于承担具有挑战性的工作。服从型的人缺乏独立性，容易不加考虑地接受别人的意见，屈从权威，缺少主见，能认真贯彻执行上级的各项方针政策，遵纪守法，自觉接受人民的监督，但开拓精神不足，主动承担具有挑战性工作的勇气不足。

性格是人的个性中的核心部分，是在一定的社会环境和教育因素的影响下，在个体的实践活动中逐渐形成和发展起来的。同时，它对一个人的成长、事业的成败及领导水平的高低都有直接的影响。对于领导者来说，领导者的性格与政治品德的形成有直接联系，正直、诚实的性格容易形成大公无私、刚正不阿的道德品质；而对他人、对集体冷漠的人，则容易养成自私自利、损公肥私等恶劣的道德品质。另外，领导者良好的性格可以在一定程度上调节和改造不良的气质。人的性格和气质既有区别，又有联系。气质是一个人的心理活动的动力特征，它主要体现了神经类型的自然表现；性格则是一个人稳定的态度和习惯化了的行为方式，更多地体现了生活环境的影响。同时，气质与性格又是相互渗透、相互制约的，如领导工作长期对领导者沉着、冷静的性格要求，可以改善胆汁质类型易于冲动的气质特征。领导者的性格对领导能力素质的形成也有一定的影响。优良的性格能促进能力素质的发展。认真、勤奋、谦虚和热情等性格品质，对领导者提高自己的能力素质具有极大的促进作用；相反，粗心、懒惰和骄傲等性格品质，则会阻碍领导者能力的提高。

领导者要根据领导工作的需要自觉培养领导者的性格品质，同时要善于解剖自己性格上的缺点。为了保证领导者性格修养的顺利进行，领导者可以树立自己的良好的性格榜样，找到自己性格培养的楷模。

领导者在配备领导班子时，不能有性格偏好，要注意不同下属性格之间的互补。同时，作为领导者，要认识到由于生长环境、生活经历等原因，每个人都有自己的性格特征，不要以个人的性格去要求别人，对待下属要有容人之量，与人为善。

5.2.3　领导的心理调适

现代社会正处在一个变革时代，这种快节奏的社会生活使人的心灵承受了巨大的压力。有专家曾预言:从现在起到21世纪中叶,没有任何一种灾难能像心理危机那样带给人们持久而深刻的痛苦。面对纷繁复杂、风云变化的外在世界,领导者的心理肯定也会有波澜起伏,如遭遇冲突、紧张、痛苦、焦虑、愤怒、仇恨和挫折等负面心理。心理健康与否,对领导者具有十分重要的影响。

领导者应当深刻把握心理健康的标准,并自觉地进行心理调适,确保自己的心理平衡和健康,学会应对挫折,学会缓解工作压力,以便不断地适应环境,胜任工作,提高领导绩效。

(1) 领导的心理适应能力

心理适应能力是指领导者通过自我意识、自我控制与调节,克服心理的、情绪的各种障碍,激发创造性张力,塑造健全完美的人格,防止和消除不良的心理状态的能力。它主要包括以下几种能力。

a. 自我意识能力

人的心理不仅能够认识外界现象,而且能够认识自己的身心状态,把自己的心理活动作为自己意识的对象,从而控制自己的力量,调节个人同周围现实的关系。正如苏格拉底所说,真正认识自己的人,才是最有能力的人。要提高自我意识能力,就要知长短,知荣辱,知轻重,知忧乐,知进退。

b. 自制能力

自制,就是自我调节和自我控制。自制能力是指个人对自己的心理,如情感、情绪、愿望、习惯和爱好等进行控制或克服的一种能力,也是促使自己自觉地履行职责的一种能力。

作为领导者,要有目的、有意识地审视自己的言行,用较高的道德标准要求自己,以理智、意志克服不符合道德要求的情感、欲望,使自己按照合理、正确、符合领导角色要求的活动方式行动。另外,在领导工作中,领导者要善于控制自己的情绪,冷静、沉着地处理各种事情,解决各种矛盾、问题。

c. 心理承受能力

心理承受能力是指在社会变革的过程中,人们对事物的心理适应和反映能力。作为领导者,要正确面对工作压力,培养自己的意志力和情商,要有不怕牺牲的竞争精神。面对各种强大的压力,要寻求理性情感互补,提高综合平衡能力。

d. 情绪调节能力

近年来,学界提出了"EQ"理论,即人的情商,它是人的非智力社会素质发展水平指数,包括情绪控制力、忍耐力、冲动控制和感情控制等。大量事实证明,一个人的智商再高,没有较高的情商,也是不能获得成功的。

一个领导者,如果能将自己的情绪掌控在自己的手中,掌握协调好自己的情绪,则将具有特别的智慧。

(2) 领导者常见的心理障碍及其调节

在实际生活中,领导者和普通人一样,在心理素质方面并非是完美无缺的。领导者也有自己的心理障碍。但是如果作为普通人,影响的只是个人或普通几个人,而作为领导者则不同,他们的心理障碍不仅影响其领导效能的提高,而且会给组织甚至社会带来危害。因此,对存在各种心理障碍的领导者,必须加强自身修养,增强心理调适能力。

a. 领导者常见的心理障碍

第一,虚伪心理。自古以来,中国人就爱讲面子、讲排场。有些领导者更是如此。有的领导者因为面子而产生虚伪心理,有的领导者为显政绩而产生虚伪心理,还有的领导者为了自己的私利而产生虚伪心理,等等。长期官场上的明争暗斗使人逐渐学会说官话、说套话、打官腔,虚伪心理可见一斑。

第二,嫉妒心理。嫉妒是一种在社会关系中作用最普遍,但却最容易被人们忽略不谈的一种心理状态。嫉妒是一种卑劣的情绪,如果一个人反复出现嫉妒情绪,就会转化为人的稳定的性格特征。具有嫉妒性格的人不仅会给自己的身心健康带来很大的损害,而且会破坏人与人之间的心理相容性。领导者的嫉妒心理大都是为社会对自己的评价问题而产生的,嫉妒的中心往往是对方的地位、名誉、权力和业绩等。

第三,傲慢与偏见心理。傲慢是骄傲与怠慢两种情绪的结合体。偏见是一种置客观条件于不顾的主观心理,是一种狭隘、偏执和狂妄的不良心态。

傲慢与偏见都是领导交际中的大忌。有了傲慢与偏见心理,在领导交际中会先入为主、以点概面,产生首因效应、晕轮效应和近因效应。首因效应也叫"第一印象"效应,是指人们在心理上存在认知上的误区,在对待他人的知觉方面,首次接触能给人留下深刻印象,并对双方以后的交往关系产生某种程度上的决定性影响。晕轮效应是指在人们在交往中,会因对某个人的个别印象特别突出,以至于对他的特点缺少清晰地感知,往往从对方的这一个特征而泛化到其他一系列特征,就像晕轮或月晕一样,是从一个中心点而逐渐向外扩散成越来越大的圆圈。近因效应是指围绕人们所熟悉的客观对象,往往是最近或者最后所得到的信息对其社会知觉的影响作用会更大、更深刻。

第四,挫折心理。挫折,是指个体在从事有目的的活动过程中遇到障碍或干扰,致使个人动机不能实现,个人需要不能满足时的情绪状态。领导者在受到挫折时,会产生一些攻击行为,把愤怒的情绪发泄到其他的人或物上,对下属大发脾气,也可能将自己的不良行为转嫁他人,以减轻自己的负担。

b. 提高领导者的心理调适能力

第一,不断调整目标。对领导者而言,面对新的目标或障碍,应通过积极努力来克服障碍,使目标得以实现。如果阻力太大,则采取迂回曲折的方式来实现,或者寻求替代性目标。不过,领导者长期为实现目标不断付出艰苦努力,有时也会因心理疲惫导致心理障碍,失败的经历甚至会导致人的焦虑、忧郁和攻击性行为等。所以,每隔一段时间就应依据目标实现情况和内外环境的变化,重新确认目标的科学性和可行性,据此作出相应的调整,以避免因目标确定不当带来的失败打击。当然,正确地对待挫折,注意自我化解、面对和恢复也是自我调适的关键。

第二,加强思想道德修养。领导者首先要树立正确的世界观、人生观和价值观。正确对待权力、地位、金钱、名利、待遇和职位等,冷静而稳定地处理事物,保持乐观主义精神,提高对心理冲突和挫折的承受能力。其次,要正确认识和处理经济富裕和精神富有的关系,全面把握人生的价值目标,既要追求经济的富裕,更要追求精神的富有。再次,要保持清醒的头脑，防微杜渐，“勿以恶小而为之，勿以善小而不为”，做到为政清廉，提高拒腐防变的能力。最后，要培养广泛的兴趣爱好，以形成开朗活泼的个性，增强自信心。

第三，客观地看待自己和外部世界。了解自己，正确地评价自己，是建立积极的心理适应的基础。领导者在客观地了解职位要求和自身特征的基础上，就可扬长避短，实现有效的领导。同时，也更能接受现实的自我，即使自己在某些方面有缺陷，也不会自卑，而会看到自己的长处和优势，争取成功。此外，要实事求是地评价他人，要用发展、变化的眼光看待他人，避免认知偏差。

附：领导气质、性格测验方法

(1) 气质测验 60 题

下面的 60 个题大致可确定人的气质类型：

1. 做事力求稳妥，一般不做无把握之事。
2. 遇到可气的事就怒不可遏，把心里话全部都说出来才痛快。
3. 宁可一个人干事，不愿很多人在一起。
4. 厌恶那些强烈的刺激，如尖叫、噪音、危险镜头等。
5. 和人争吵时总是先发制人，喜欢挑衅别人。
6. 喜欢安静的环境。
7. 善于和人交往。
8. 到一个新环境很快就能适应。
9. 生活有规律，很少违反作息制度。
10. 羡慕那些善于克制感情的人。
11. 在多数情况下情绪是乐观的。
12. 碰到陌生人觉得很拘束。
13. 遇到令人气愤的事，能很好地自我克制。
14. 做事总是有旺盛的精力。
15. 遇到问题总是举棋不定、优柔寡断。
16. 在人群中从不觉得过分拘束。
17. 情绪高昂时，觉得干什么都有趣；情绪低落时，又觉得干什么都没有意思。
18. 当注意力集中于某一事物时，别的事很难使我分心。
19. 理解问题总比别人快。
20. 碰到危险情景，常有一种极度的恐惧感。
21. 对学习、工作怀有很高的热情。

22. 能够长时间地做枯燥、单调的工作。
23. 感兴趣的事情，干起来劲头十足，否则就不想干。
24. 一点小事就能引起情绪波动。
25. 讨厌做那些需要耐心、细致的工作。
26. 与人交往不卑不亢。
27. 喜欢参加热闹的活动。
28. 爱看感情细腻、描写人物内心活动的文艺作品。
29. 工作学习时间长了，常感到厌倦。
30. 不喜欢长时间地讨论一个问题，愿意实际动手干。
31. 宁愿侃侃而谈，不愿窃窃私语。
32. 别人总是说我闷闷不乐。
33. 理解问题常比别人慢。
34. 疲倦时只需要短暂的时间休息，就能够精神抖擞，重新投入工作。
35. 心里有话不愿意说出来。
36. 认准一个目标就希望尽快实现，不达目的誓不罢休。
37. 学习、工作同样一段时间后，常比别人更疲倦。
38. 做事有些鲁莽，常常不考虑后果。
39. 老师或他人讲授新知识、新技术时，总希望他们讲得慢一些，多重复几遍。
40. 能够很快地忘记那些不愉快的事。
41. 做作业或完成一件工作总比别人花的时间多。
42. 喜欢运动量大的剧烈体育活动，或者参加各种文艺活动。
43. 不能很快地把注意力从一件事转移到另一件事上。
44. 接受一个任务后，就希望把它迅速解决。
45. 认为墨守成规比冒风险强些。
46. 能够同时注意几件事物。
47. 当我烦闷的时候，别人很难使我高兴起来。
48. 爱看情节起伏跌宕、激动人心的小说。
49. 对工作抱认真严谨、始终一贯的态度。
50. 希望做变化大、花样多的工作。
51. 和周围人的关系总是相处不好。
52. 喜欢复习学过的知识，重复做熟练的工作。
53. 小时候会背的诗歌，我似乎比别人记得清楚。
54. 别人说我“出语伤人”，可我并不觉得这样。
55. 在体育活动中，常因反应慢而落后。
56. 反应敏捷，头脑机智。
57. 喜欢有条理而不甚麻烦的工作。
58. 兴奋的事常使我失眠。
59. 老师讲新概念，常常听不懂，但是弄懂了以后就很难忘记。

60. 假如工作枯燥无味，马上就会情绪低落。

测定方法：

在回答问题时，你认为很符合自己情况的，记 2 分；比较符合的，记 1 分；介于符合于不符合之间的记 0 分；比较不符合的，记－1 分；完全不符合的，记－2 分。

在回答问题之后，将各类题得分汇总：

胆汁质	题号	2	6	9	14	17	21	27	31	36	38	42	48	50	54	58	总分
	得分																
多血质	题号	4	8	11	16	19	23	25	29	34	40	44	46	52	56	60	总分
	得分																
粘液质	题号	1	7	10	13	18	22	26	30	33	39	43	45	49	55	57	总分
	得分																
抑郁质	题号	3	5	12	15	20	24	28	32	35	37	41	47	51	53	59	总分
	得分																

说明：

①如果某一种得分明显高于其他三种，且均高出 4 分以上，则可定为该气质类型。此外，如果该气质类型得分超过 20 分，则为典型的该气质类型；如果得分在 10～20 分，则为一般的该气质类型。

②两种气质类型得分接近，其差异低于 3 分，又明显高于其他两种，且高出 4 分以上，则可定为这两种气质的混合型。

③三种气质得分均高于第四种，而又接近，则为三种气质的混合型。

（2）内外向性格测验 60 题

这里所提供的性格测验是一种通俗的问卷测验，这种问卷简便易操作，可帮助你了解自我，完善自我。

1. 在大庭广众面前会不好意思。
2. 对人一见如故。
3. 愿意一个人独处。
4. 爱表现自己。
5. 与陌生人难以打交道。
6. 开会时喜欢坐在被人注意的地方。
7. 遇有不快的事情，能抑制感情，不露声色。
8. 在众人面前能爽快地回答问题。

9. 不喜欢社交活动。
10. 愿意经常和朋友在一起。
11. 自己的想法不轻易告诉别人。
12. 只要认为是好东西立即就买。
13. 爱刨根问底。
14. 容易接受别人的意见。
15. 凡事很有主见。
16. 喜欢高谈阔论。
17. 会议休息时宁肯一个人独坐也不愿同别人聊天。
18. 决定问题爽快。
19. 遇到难题非弄懂不可。
20. 常常未等别人把话讲完,就觉得自己已经懂了。
21. 不善和人辩论。
22. 遇到挫折不易丧气。
23. 时常因为自己的无能而沮丧。
24. 碰到高兴之事极易喜形于色。
25. 常常对自己面临的选择犹豫不决。
26. 不大注意别人的事。
27. 爱把自己同别人比较。
28. 爱憧憬未来。
29. 容易羡慕别人的成绩。
30. 相信自己不比别人差。
31. 注意别人对自己的看法。
32. 不大注意外表。
33. 发现异常现象容易想入非非。
34. 即使有亏心事也会很快将它遗忘。
35. 总是把家里收拾得干干净净。
36. 自己放的东西常常不知在哪里。
37. 做事很细心。
38. 对于别人的请求,总是乐于提供帮助。
39. 十分注意自己的信用。
40. 热情来得快,消退得也快。
41. 信奉“不干则已,干则必成”。
42. 做事情更注意速度而不是质量。
43. 一本书可以反复看几遍。
44. 不习惯长时间读书。
45. 办事大多有计划。
46. 兴趣广泛而多变。

47. 学习时不易受外界干扰。
48. 开会时喜欢同人交头接耳。
49. 作业大都整洁、干净。
50. 答应别人的事情经常会忘记。
51. 一旦对人有看法就不易改变。
52. 容易和人交朋友。
53. 不喜欢体育运动。
54. 对电视节目中的球赛尤有兴趣。
55. 买东西前总要估量一番。
56. 不怕从来没做过的事情。
57. 遇有不愉快的事情可以生气很长时间。
58. 自己做错了事,容易承认和改正。
59. 常常担心自己会遭遇失败。
60. 容易原谅别人。

测定方法:

下列试题中,凡单数题,回答"是"记 0 分,"不置可否"记 1 分,"否"记 2 分;凡双数题,回答"是"记 2 分,"不置可否"记 1 分,"否"记 0 分:

题号	1	3	5	7	9	11	13	15	17	19	21	23	25	27	29	小计
得分																
题号	31	33	35	37	39	41	43	45	47	49	51	53	55	57	59	小计
得分																
题号	2	4	6	8	10	12	14	16	18	20	22	24	26	28	30	小计
得分																
题号	32	34	36	38	40	42	44	46	48	50	52	54	56	58	60	小计
得分																

把上述小计得分相加得出总分,总分的含义如下:

91 分以上为典型外向;

81～90 分为较外向;

71～80 分为稍外向;

61～70 分为混合型(略偏外向);

51～60 分为混合型(略偏内向);

41～50分为稍内向；

31～40分为较内向；

30分以下为典型内向。

【本章重点】

- 领导个体素质的提升
- 领导群体素质结构的优化
- 领导心理对领导活动的影响

【关键概念】

领导素质　政治素质　道德素质　知识素质　能力素质　身心素质　领导群体素质结构　领导心理　个性倾向性　气质　性格　心理调适能力

【复习思考题】

1. 如何理解领导素质的构成及其重要性？
2. 联系实际分析如何提高领导个体素质。
3. 简述应该从哪些方面来优化领导群体素质结构。
4. 简述领导素质测评的重要性。
5. 领导者的个性倾向性对领导效果有哪些影响？
6. 身为领导者，如何排除自己的心理障碍，提高自己的心理调适能力，保证领导效果？

【推荐阅读】

- 王乐夫：《领导学：理论、实践与方法》（第三版），广州：中山大学出版社，2006年版。
- 邱霈恩：《领导学》，上海：复旦大学出版社，2001年版。
- 刘宏、高丽君：《管理心理学》，北京：清华大学出版社，2011年版。
- 李秀忠、孔伟：《管理心理学》，济南：山东人民出版社，2011年版。
- 郑日昌：《领导素质测评》，上海：华东师范大学出版社，2008年版。
- 潘云良：《领导者素质分析与测评读本》，北京：中共中央党校出版社，2000年版。

第6章

领导形象与领导魅力

领导形象是领导者给人留下的整体印象和综合评价，这种综合评价会在很大程度上影响领导者的威望，领导者能否取得公众的支持和信任与领导形象的好坏直接相关。领导魅力是对他人的感染力和吸引力，是领导者实现高效领导的重要保障。影响领导魅力的因素是多方面的，有权力因素，也有非权力因素，而领导形象则是影响领导魅力的非权力因素。领导魅力和领导形象构成影响领导活动的决定性因素。

6.1 领导形象

6.1.1 领导形象的内涵、特征和重要性

(1) 领导形象的内涵

"形象"一词源于文艺领域，是指文学艺术家在某种创作思想的指导下，对现实生活加以选择提炼，从而创作出的有审美意义、思想内容和外在形式的具体艺术典范。后来，这一概念被广泛借用。在领导学中，所谓领导形象是指领导者的气质、形体、风度、品德、能力和价值观念等方面给他人留下的整体印象，是领导者在其领导实践中，留给其他社会成员的综合印象和得到的总体评价。

对领导形象的内涵，我们可以从以下几个方面来理解：

第一，领导形象最终会成为社会心理的组成部分。社会心理是主观的、潜移默化的一种思维定式，反映一定的社会风貌，能够产生广泛的社会影响。思维定式一旦形成，就会产生相对的独立性和稳定性，不易改变，并有广泛的群众基础。领导者给他人留下的印象最终会积淀于社会心理之中，这种社会心理是对领导者内在素质与外在能力的一种确认。社会心理和领导形象之间存在着一种互动，既有的社会心理，包括人们对个人形象认识的思维定式和衡量标准，为领导者形象的塑造提供依据。同时，公众会通过直接或间接的途

径形成对领导者的初步印象，印象一经形成，公众便会从各方面加以分析和判断，分析得失、优劣，通过陈述和评价表达出来，最终形成新的社会心理。

第二，领导者是领导形象的物质载体。建设实施和组织领导形象的主体就是领导者。领导者可以在行使职位权力的过程中以优秀的精神风貌和行为特征塑造、展示自身的光辉形象。每一个领导者都有属于自己的领导形象，一个腐败守旧、低能拖沓、表达混乱的领导者会产生恶劣的领导形象；相反，一个开拓创新、务实高效、廉洁自律的领导者就会产生良好的领导形象。同时，领导者可以通过寻求有效途径，采取各种办法，积极塑造自身的形象。如领导者可以运用各种现代传媒手段，实现有效宣传和积极沟通，使民众了解领导目标、领导者的价值观念和领导工作思路，在此基础上形成符合客观实际和民众期待的领导形象。

第三，社会公众是领导形象的最终感受者和评价者，领导形象要符合民众的要求和预期。民众是领导权力产生的源泉，民众有权选举、罢免和监督领导者，因此，领导者的言行举止都会影响其在民众心中的形象，并最终转换成民众支持或反对他的原因。同时，在民众被领导的过程中，每个个体都会逐渐形成对领导者的感知和判断，这种感知和判断的累积和得到认同，就构成了社会整体意识，这种整体意识又会指导民众对领导形象的再认识和再判定。

那么，领导形象是由哪些因素决定的呢？

第一，领导素质。领导素质是指领导者系统的、综合的、整体的特征或能力。实际上，领导形象就是领导素质的外化或表现形式。领导素质是存在于领导者体内可以利用的资源，而领导形象是对这些资源利用的结果；领导素质是内在的本质内容，领导形象是外在的表现形式。领导素质决定领导形象，有什么样的领导素质，就会有什么样的领导形象，素质低下、能力平庸和作风不实的领导者，是不会有一个好的领导形象的；“腹有诗书气自华”，就是这个道理。因此，领导者只有从内在素质抓起，全面提升综合素质，才能树立起良好的领导形象。领导形象是领导内在素质的客观表现，直观反映领导者的内在思想状况、精神面貌、能力水平和处事作风。因此，好的领导形象能否塑造，能否保持，直接反映出领导者素质的高低和加强素质建设的成效大小。领导者的言谈举止必须谨慎细致，严格规范，符合领导工作要求，充分体现出良好素质。同时，提升领导者素质和积极塑造良好形象两者相得益彰。提升领导素质是前提条件，是立身之本、立业之基；塑造形象是形式，是载体，是谋事之需、成事之要。通过提升素质，可以为树立形象奠定扎实的基础，而通过塑造形象又可以有效推动素质的提高。二者相互联系、相互影响、相互补充、相互促进，领导者要学习和掌握塑造形象的方法和技术，充分利用和开发领导素质资源来塑造领导形象。

第二，领导角色。“角色”一词来源于戏剧，自美国学者米德在《心灵、自我与社会》一书中首先运用“角色”的概念来说明个体在社会舞台上的身份及其行为以后，“角色”的概念就被广泛应用于社会学与心理学的研究中。社会学家认为，角色是“与社会地位相一致的社会限度的特征和期望的集合体”。如在企业管理中，组织对不同的员工有不同的期待和要求，就是企业中员工的角色。领导角色就是领导者由于担任某一职务拥有职权后所取得的社会地位和身份，以及由此产生的行为规范和范式。领导者居于特定的社会环境中和具体职位上,法律法规明确了其权力、责任和义务,民众也会因其领导者的身份,对其道德观和价值观提出更高的要求和期待。当今社会民主化发展势头迅猛,通过法律规定的领导者角色也越来越成为公众的共识。领导者角色的明确化,其实也是对领导者素质和形象的一种明确。所以说,领导角色也是领导形象的决定因素之一。

(2)领导形象的特征

a. 领导形象是主观性和客观性的统一

一方面,领导形象是领导者的气质、形体、品德、能力和价值观念等方面给他人留下的主观印象和评价。领导者也是通过主观意识和自觉行为来刻意塑造领导形象,以符合公众的期待,增加自己的影响力。因而,无论是领导者的形象塑造还是公众对领导形象的评价都是主观行为,体现出领导形象的主观性。另一方面,领导形象不是虚无的,它实实在在、客观公正地存在于公众的心目中。同时,领导行为、领导结果和领导绩效是领导形象形成的客观基础,领导行为和领导结果也要依赖于客观的经济、政治、文化条件。这些都体现了领导形象的客观性。

b. 领导形象是个体性和整体性的统一

就个体而言,领导形象是某一被领导者在与领导者的多次接触中,将诸种对领导者的感受加以综合、修正、补充和评价的结果。就群体来说,群体性领导形象是将每个个体对领导者的形象进行综合而形成的。对领导者的群体印象在更大范围内进行综合的结果就形成整个社会公众的集体印象。因此,领导形象是公众个体意识的总和,是公众的整体意识,是个体性与整体性的统一。

c. 领导形象是确定性和可变性的统一

一般情况下,领导者在初次露面时,为了给人留下好印象,都努力抓住机会表现自己的长处和风格特点,产生“首因效应”。所谓“首因效应”,是指领导者一旦在公众心目中形成某种印象,就会在相当长的时间内影响公众行为和认知,这种认知并不会因时空变化而立即发生变化。也就是说,公众心目中的领导形象具有质的相对稳定性。但我们也应看到,领导活动的功能、结构、要素和权力的运作都是不断变化的,领导者与公众都处于互动过程之中,公众对领导者的期望和要求也在不断变化,领导形象也会随着这些因素不断变化。

d. 领导形象是主动性和被动性的统一

随着领导者对形象作用的认识逐步深入,越来越多的领导者更加注重通过精心策划来刻意塑造形象,由此可见,领导形象并非随意流露或无意间显露的,而是存在着积极的人为因素的。历史表明,随着商品经济的高速发展和社会文化的繁荣,领导者越来越重视自己的社会关系行为,从而就越来越将自身形象的塑造作为一个有计划、有目的的活动过程去加以控制。但是,积极塑造出来的领导形象并不必然会得到公众的认同而产生好的效果。领导形象最终还需要公众来判断和评价,它还要将自我形象转化为社会形象才有意义,因此,领导形象塑造的过程要根据社会公众的信息反馈来调整,否则领导者难以判断其刻意塑造的自我形象是否符合公众的要求。所以,领导形象不仅是一个主动塑造的过程,还处在可监可控的反馈调整系统中,体现出主动性与被动性的统一。

(3) 领导形象的作用

a. 良好的领导形象有利于领导者职责的履行

领导形象的形成是以领导者与社会公众广泛接触为基础的，因此，良好的领导形象本质上是给被领导者留下的好印象，这种好印象可以直接转化为被领导者对领导者服从的内驱力，有利于领导者完成领导目标。另外，领导形象是领导者个人素质和能力的外化，领导者树立形象的过程，也是公众对其个人素质、领导能力进行认识、接受或评判的过程。一旦领导者的能力得到公众的认可，工作得到了公众的理解和支持，就说明他在公众中树立了良好的形象，该领导者就具有履行职责、实施领导的基础。相反，如果领导者不能塑造良好的领导形象，那么他的能力将得不到认可，工作也将得不到支持，其履行职责、实施领导的基础也就没有了。

b. 良好的领导形象是领导活动取得成功的决定因素

领导者是领导活动的主导因素，对领导目标的实现、组织健康的发展起着关键的作用。领导形象的状况，不仅事关领导者本人的影响力和号召力，更为重要的是，它还关系到组织的凝聚力、战斗力和整体形象。这些都是领导活动取得成功的关键因素。如果领导者能成功塑造良好的形象，以高尚的领导魅力、饱满的精神风貌、得体的领导礼仪和优良的领导作风来赢得公众的好感、认可和信赖，不仅能使领导者有较高权威，而且有利于领导的决策、指示、领导方法为群众所接受，并得到创造性地执行。相反，如果领导者不能成功地塑造良好的形象，就得不到公众的理解、支持与认可，领导活动就难以取得成功。

c. 良好的领导形象有利于提高领导效能

领导效能是指领导者在实施领导的过程中的行为能力、工作状态和工作结果，是实现领导目标的领导能力和所获得的领导效率与领导效益的系统综合。我们知道，领导形象的好坏直接决定了领导者能否得到民众的认可和支持，那就必然会影响到领导效能的高低。总体来说，领导形象对领导效能的影响有正负两个方面：从正面影响看，良好的领导形象能够对领导效能产生积极的影响，即具有良好形象的领导者往往都能得到被领导者的支持与遵从，从而最大限度地调动被领导者的积极性和创造性，主动地融入组织中，为实现组织目标贡献出他们的聪明才智，大大提高领导效能；从负面影响看，若领导者形象不佳，就会造成上下级关系紧张，互相没有信任感，组织没有凝聚力和创造力，员工也没有工作热情和活力，领导活动的开展就会因遇到问题或受到抵制难以开展，领导效能就被大大降低。

d. 良好的领导形象是营造和谐人际关系的必要条件

领导形象是领导者在与民众接触和联系过程中给民众留下的印象，这种印象又反过来影响领导者与民众之间的关系。良好的领导形象，如给被领导者留下文化素质高、领导能力强、工作经验足、平易近人、谦逊进取等印象，领导者就会得到被领导者的信任与尊重，领导者与被领导者之间就能深入沟通，形成和谐融洽的组织氛围。相反，如果领导者给被领导者留下了工作能力差、领导能力弱、性格有缺陷等印象，被领导者就会主动回避和领导者之间的接触，造成人际关系淡漠，组织氛围紧张。因此，良好的领导形象是融洽人际关系、提升组织团队意识的重要条件。

6.1.2 领导形象的内容构成

领导形象是一个形象体系，它由许多方面组成。概括起来，良好的领导形象包含以下几方面内容。

(1) 头脑清醒、立场坚定的政治家形象

这要求领导者具备以下几方面的素质和能力。第一，较高的理论素养。就我国的行政领导者而言，就是要用马克思主义理论武装头脑，有坚定的理想信念，有为人民服务的公仆意识。第二，敏锐的政治判断能力。在复杂的社会局势中，领导者要保持清醒的政治头脑，要善于理性地、科学地思考问题，以冷静的政治思维判断、分析和解决各种问题。第三，宽阔的眼界。既能从历史的角度深入考察事物，又能立足当前，面向未来，以长远和宽阔的眼光来处理遇到的各种问题。第四，博大的胸怀。要有容人之量，尤其能容忍别人的不足和缺陷；同时，也要能容人之长，对于别人的优点，要敢于承认和吸纳，勇于向下属求教。第五，高度负责。权力和责任是相对而生的，领导权力越大，所要承担的责任就越多。权力是领导者从事领导活动的条件，责任是从事领导活动的动力。领导者应努力做到权责一致、权责对等和敢于负责。

(2) 高瞻远瞩、总揽全局的战略家形象

领导者是引领组织发展的主导力量，和被领导者不同，领导者关心的不仅是细枝末节的操作性工作，而是更加注重对组织前景的谋划。因此，领导者要眼光长远，要统领全局。具体来说，领导者要具备这样几种能力，以塑造其战略家形象。第一，领导者要有权衡利弊、排除干扰和果断决策的能力。领导决策遵循满意原则，面对多种决策方案时，领导者犹豫不决，往往会贻误战机，因此领导者要在保持理智和准确的情况下勇于决断。当然，这种决断不是拍脑袋，不是随意决断，而是要求领导者在掌握科学方法和步骤的基础上，听取建议，甄别优劣，科学决断。第二，要有周密运筹的组织能力。在用人方面，领导者要能做好用人唯贤、量才适用，并能从整体出发，优化组织人才结构。在协调方面，领导者要能运用领导力协调各级各方面的力量，化解矛盾，充分发挥每个部门和个人的力量，并形成一种团队合力，齐心协力完成组织目标。在沟通方面，领导者要善于听取各意见，要学会倾听不同声音并对其做出积极回应，营造出建设性的沟通氛围。第三，要有统揽全局、着眼于未来的敏锐洞察力。从时间上来看，领导者要纵观历史、立足当前、展望未来，从历史发展长河中探索和发现事物发展的规律及当前所处的阶段，准确把握事物的发展方向，明确发展目标，将当前和未来紧密结合，合理安排，明确步骤，循序渐进。从空间上来看，领导者要从哲学的高度把握问题，要从全局和局部的辩证统一关系中把握整体效能，一方面把工作重心放在全局性问题上，抓主要矛盾，抓要害；另一方面，也要在把握全局的基础上安排好局部问题，理顺关系。

(3) 热心服务、积极奉献的社会活动家形象

领导者权力是民众赋予的。民众期待的领导者是为民办事、为民解忧的服务者。因此,领导者要塑造一个积极为人民办事、乐于奉献社会的良好的社会活动家形象。为此,领导者要做到以下两个方面。第一,要注重宣传作用,积极动员民众。无论已经制订出多么完善的计划,或者有多么美好的组织愿景,没有宣传,民众就无从了解,更谈不上理解、接受和支持。所以,领导者要重视宣传,把好的政策、方针、计划和宏大的愿景传递给每一位相关者。将民众的精力集中到领导和组织目标上来,激发他们的积极性和创造性,并以饱满的热情投入到实现组织目标的工作中去。第二,要深入基层,提供服务。领导者要深入组织群体的每一个角落,尤其是要倾听最基层成员的意见、建议、要求和想法,并以实际行动协调资源,满足他们的合理要求。要以一个服务者的角色关心组织成员的切实需要、切身利益,帮助他们解决实际问题。

(4) 清正无私、廉洁自律的道德家形象

清正廉洁是领导形象的基本要求,自古以来,清正廉洁都是公众对领导形象的基本期望。具体来说,领导者的清正廉洁包括两个方面。第一,领导者要为人正派。要清白做官,正直做人,踏实做事。在处理事务和进行决策时真正保持领导者的角色,不自私,不自利,不搞小团体主义,一切从组织和集体利益出发。不利用手中的职权笼络人心、打击异己,心地坦荡,光明磊落。要坚守道德防线,有高尚的道德情操。第二,领导要廉洁自律。由于领导者职权的存在,往往会发生依靠法律法规等他律手段失败的情况。因此,领导者要主动以法律、道德为基本标准来进行自我规范和自我约束。同时要对自己提出更高的要求、使用更严的标准,努力成为一个值得民众信赖和拥护的领导者。

(5) 积极进取、开拓竞争的创新者形象

创新是组织发展的核心竞争力。树立积极进取、开拓创新的形象,是组织发展核心竞争力的基本条件。创新形象的塑造需要领导者具备以下三种能力。第一,要有创新意识。领导者不能故步自封,满足现状。即使已经取得一定成功的组织如果失去了创新能力,其发展也会受到严重影响。因此领导者有危机意识和创新意识,要更新观念,能以独特的视角重新分析和解读问题。第二,要有创新能力。领导者仅仅有创新意识还不够,还要有将这种意识付诸行动的创新能力,这些能力主要有创造力、理解力、观察力和执行力,等等。只有具备了这些能力,才能在创新意识的指导下,发现新契机,找到新办法,增加新动力。第三,要有谋划能力。领导者要能基于新视角,根据组织的实际情况,高瞻远瞩,开创性地找到新的、更广阔的发展方向和发展道路。

(6) 求真务实、科学工作的实干家形象

这要求领导者能以务实的精神和实事求是的科学态度,脚踏实地地开展工作。具体来说,有以下两点。第一,领导者要深入基层,调查研究。毛泽东同志说过"没有调查就没有发言权",说明求真务实的重要性。领导者往往会因为地位和工作的原因,不能到基层,不愿到基层，这样就有难以掌握真实信息的风险，给领导者进行科学决策带来困难。第二，领导者要务实，要实干。有人说，领导者就是作决策、引领指挥。诚然，决策和指挥是领导者的主要职能，但这不是说领导者务虚不务实，没有人愿意跟随着只有嘴上功夫的领导者。相反，领导者在工作中唯有实干，才能真正出成绩，才能得到他人的支持和拥护。

(7) 朝气蓬勃、仪表优雅的风度者形象

个人的仪表对形象起着重要作用。在现实生活中，人们往往会透过不同的仪表刻画出人的形象，并给予不同的待遇。仪表风度形象，能折射出领导者的思想品质、文化修养和道德水平，也是情感、气质等内在要素的外在表露，是质于内而形于外的。一个领导者能否成功，心态的好坏起着关键作用，而仪表举止正是心态的外在表现。积极的、优雅的仪表能增强人的自信心，当领导者以乐观的心态、积极的态度去直面困难和矛盾时，成功将不期而至；相反，不关注仪表的领导者容易以消极的心态处理问题，这就很难得到别人的尊敬和信任。可以说，仪表形象是领导者素养和品位的直接体现，是事业成功的形象工程。对领导者来说，其仪表风度形象的核心内容是朝气蓬勃的时代精神风貌。在公众场合，领导者的仪表形象代表着他的品位和修养。这要求领导者要仪容整洁、仪表端庄、着装得体，要充满热情、积极主动地与公众接触，以开拓进取的勇气和精神影响和感染公众。在言谈上，领导者要力求说话的方式和内容恰到好处，语速适中，语调柔和，用词规范、不夸夸其谈。在举止上，行坐要温文尔雅、落落大方，同时避免不必要的多余动作。在礼仪上，领导者要了解并遵循社交场合的礼仪习惯，如在工作中的迎来送往、访问交流、接人待物、会见会谈和接打电话等各种活动中，要力求懂礼节，讲礼貌。在着装上，领导者应以庄重、大方、得体的服饰出现在公众面前和公务活动中，并根据不同场合和对象，选择合适的衣着，包括款式和颜色等，以适合各种场合的需要，提高和衬托领导者的良好形象。

6.1.3 领导形象的塑造

(1) 领导形象塑造的内涵

领导形象塑造就是领导者通过有意识的活动，培育和树立领导者在民众心中的良好形象。在领导者形象塑造的问题上，轻于言而重于行是根本法则，领导形象的形成归根结底是基于领导实践活动的，可以说，领导活动的实践的过程就是领导形象的塑造过程。

领导形象是由一系列民众印象组成的复杂的印象体系，这些印象的综合最终构成了领导者的整体形象。根据行为特点，我们可以将领导形象分为三个方面：第一，思想和价值观形象，这主要包括领导者的价值观、人生观、道德观、政治信念、服务意识、责任意识、大局意识和工作态度等；第二，工作和岗位形象，这主要包括权威形象，人际关系形象、决策形象、指挥形象、专业能力和时间观念等；第三，生活和日常形象，这主要包括领导者的人格形象、交际形象、家庭形象和仪表风度等。领导者在工作中受到赞誉或批评可能就是由这些形象的某一方面引起的，因此，领导者要严格规范领导行为，有些看似无关紧要的小事，都可能最终影响领导形象。

对领导形象的塑造就是要根据时代要求，认真学习领导形象的实质内容和重要意义，积极树立优良的领导形象，提升领导者的领导力。

(2) 领导形象塑造的途径

塑造领导形象是一个系统工程，领导者不但要认清领导形象对于其领导工作的重要性，还要掌握塑造形象的方法和途径，在工作中积极塑造形象。具体来说，领导形象的塑造途径有以下几个方面。

a. 树立形象意识，实施形象工程

领导形象的好坏直接关系到领导力的大小。良好的领导形象有助于领导者权威的形成，有助于构建良好的人际关系，有助于领导目标的实现。因此，领导者要认识到形象能够带来的积极效果，深刻认识到领导形象建设的重要意义，树立形象意识，重视甚至刻意塑造良好形象。同时，领导者要充分认识到自己是组织的代表，自身形象是组织形象的化身，因此要将自身形象的塑造主动纳入到组织形象的塑造中去，实施形象工程。组织要提高社会声誉，领导形象是实质性载体，领导形象是组织形象的具体化、人格化。领导形象塑造不仅关系到领导者的权力和权威，也关系到组织的发展和命运。因此，领导者要自觉地把塑造形象放在工作的重要位置，带头学习科学发展观的相关理论，树立奉献服务思想，坚持实事求是，模范地遵守法律法规，勤政廉政。同时，要掌握领导形象塑造的基本原则，建立领导形象设计咨询机构，对领导者的外在形象，根据不同场合要求进行预先设计，尽力使领导者对组织形象的输出发挥最大限度的作用。

b. 提升领导者素质，提高领导能力

领导形象是领导者内在素质和能力的一种外在体现，领导者的素质和能力高低，决定着领导形象的优劣。因此，塑造领导形象，必须从提升领导者素质和能力入手。对于领导者素质的提升，可以从以下几方面着手。一是要提升领导者的道德素质。领导者要道德自律，有高尚的道德人格，提升权力道德观。二是要提升领导者的知识素质。领导者要认识到知识是产生智慧的源泉，是创造力的基本要素，合理的知识结构是良好的领导形象建设的推动力。三是要提升领导者的身心素质。领导者要明确健康的意义，明确领导心理素质如气质、性格、风格等对领导者成功的重大影响，积极提升身心素质。四是要提升领导者政治素质。领导者要有科学的世界观，要坚持正确的政治方向，要有良好的公仆精神，要有坚强的党性原则。五是要提高领导能力，主要是领导者要积极提高思维和判断能力、沟通能力、语言和文字表达能力、科学决策能力、组织协调能力、识人用人能力、激励能力、把握全局的能力，等等。

c. 加强上下沟通，取得互相信任

领导活动是以人为中心的管理活动，每个人都不能孤立地存在于社会生活中，群体的心理特征、心理气氛和人际关系，对每个成员的行为及工作效率有着巨大的影响。互相信任是成员共同的心理诉求，是和谐人际关系的前提。加强人员间的相互信任关系，是增强团体凝聚力的黏合剂。成员间的相互沟通不仅是信息的传递，还包括情感、态度、思想和观点等方面的交流。加强沟通，会增进组织内部各成员间的思想感情交流，彼此产生信任感，形成成员间的亲密关系，通力合作，共同完成组织目标。可以说，沟通是成员增进了解的工具，沟通为组织中的行动提供支持。如果上下沟通渠道的速度和意见传递迟缓，就会使上下级间产生隔阂、误解和矛盾，并终将影响组织的正常运转。领导者与被领导者之间的上下级的沟通可以帮助下级了解目前组织所处的阶段及其所要做出的努力，使他们不断地适应工作的新要求。领导者可以通过有效的上下沟通掌握必要的情报信息，作出更加合理有效的领导决策。在信息沟通中要注意和遵循准确性、完整性、及时性、非正式沟通渠道和正式沟通渠道结合并用等原则，努力克服基于语义曲解、个人水平、态度不同、表达不清和信息过量等原因造成的沟通障碍。利用有效沟通，塑造领导形象。

d. 完善监督机制，规范和维护领导形象

领导形象经过精心塑造后还需要不断地维护和创新，并非一劳永逸。领导形象是易碎品，塑造起来很难，但损坏却很容易，偶有一疏，就有使形象毁于一旦的可能。因此，领导要十分注意维护自己的形象，对自己的领导行为严格要求，要像珍惜生命一样珍惜自己的形象。同时，领导形象的塑造和维护仅靠领导者的自律还是不够的；领导形象建设是系统工程，要想深入持久地开展，建立完善领导形象的监督机制是关键。首先，要通过立法规范领导形象。用法律法规的形式确定领导形象的构架和基础。可以用法律规范领导者合法产生的方式，用法律保证领导权力的行使必须与公众利益相一致。其次，通过执法加强领导形象自律。实践证明，执法是比立法更为艰巨的社会工程。它对领导形象的影响更大、更直接。领导者形象就形成于领导者的执法过程。假如领导者不能依法行政，则必无良好形象可言。所以，领导者的行为在塑造良好的领导形象过程中起关键的决定性作用，因而领导者必须加强自我约束、自我控制和自我监督。最后，通过司法救济领导形象。即使立法构建了一个最好的领导形象框架，也并不能保证领导行为完全符合民众的期望和法律的要求。因此，司法救济领导形象也成为一种必须，通过确认合法的领导行为，纠正违法行为，能在一定程度上补救公民遭受侵害的合法权益，恢复公众对领导者的信任。

6.2 领导魅力

6.2.1 领导魅力及其产生基础

韦伯说，魅力能否适用首先由被领导者是否承认来决定。从心理学上讲，这种承认是产生于激情或困顿或希望的信仰上的，纯属个人的献身精神。由此可见，魅力是一种心理现象，是心理上的一种承认、认同和信赖的感觉。

领导魅力是领导者以自己的高尚道德品质为基础，在长期的领导实践中形成的对他人的感染力和吸引力的总和。领导魅力是建立领导者与员工良好关系的基础，关系到被领导者的情绪和态度，具有不同领导魅力的领导者会导致不同的领导结果。领导魅力的心理根源在于追随者的态度。

领导魅力产生的基础主要有权力性因素、非权力性因素以及社会心理。

(1) 权力性因素

对于一个领导者来说，要保证其领导的有效性，就必须有职有权。领导者需要将手中掌握的职务权力转化为对下属的控制力和约束力。这种带有强制性、不可抗性的约束力，是一个工作群体发挥作用的基本保证，是使被领导者服从领导、领导者产生领导魅力的重要条件。具体来说，这种权力性因素有以下几个方面。

a. 传统因素

自人类社会产生以来，社会生活的积淀和文化的传承，使人们对领导者有了这样一种认识：和普通人相比，领导者有权力、有能力、有才干。这种观念逐步成为了一种社会范式，产生了对领导者的顺从感和佩服感。这种顺从感主要表现在两个方面：一是领导者对自己的上级领导服从，二是领导者要求下属对自己也要服从。而如果领导者没有权威，下级就会不服从上级的安排，工作的开展就会受到影响。但领导者也不能一味地刻意追求这种权威，否则，一方面可能导致下属的不满，另一方面可能导致盲目的个人崇拜现象的产生。

b. 职位因素

在社会生活中，领导者的职位会使被领导者产生敬畏感。一般情况下，被领导者对领导者的敬畏感会随着领导者的职位升高、权力增大而变得越来越强烈。而领导者的职位越高、权力越大，领导魅力也会越大。这是因为高职位的领导者工作层次相对较高、涉及面广、影响较大，哪怕是一件小事，只要高职位领导者介入或亲自处理，就会变成一件大事；如果问题得以解决，就会被宣传和颂扬，能向民众展示领导者的魄力和意志，提高被领导者的认同程度。但是，由于高职位领导者的影响面广，一旦高职位领导者出现工作失误，其造成的损失也会比低职位的领导者要大，这就对高职位领导者素质提升提出了更高要求。职位因素所形成的领导魅力，是组织赋予领导者的法定权力带来的，与领导者本人的素质并没有直接的关系。

c. 资历因素

领导魅力也受领导者的资历和经历的影响。资历反映了一个人的经验和生活阅历。资历较深的领导者会受到人们的敬重，资历较浅的领导者可能会导致被领导者对其能力的怀疑。资历主要与领导者过去所任的职务有关，因而资历所产生的领导魅力是属于强制性的，它存在于领导者从事领导活动之前。重视资历的作用，但也不能把资历因素无限扩大化和绝对化。资历虽然是实现有效领导的条件，但要取得被领导者的尊重和服从，除靠资历因素之外，还要看领导者在领导过程中的实际表现。

(2) 非权力性因素

领导魅力除了权力性因素外，领导者的道德品质、工作作风、工作实绩、知识储备和健全心智等非权力因素也能产生领导魅力。非权力因素比权力性因素更为广泛，尽管它表面并没有合法性权力那样有强制约束力，但实际上它常能发挥权力性因素发挥不了的作用。

a. 品质因素

品质因素主要包括领导者的道德、作风和人格等。它通过领导者的言行体现出来。

优秀的品格会给领导者带来巨大的领导魅力，会得到人们的尊敬，产生对别人的吸引力，促使他人去模仿。一个领导者只是知识丰富、职位高，如果品格不高、道德败坏，那么他的领导魅力也会荡然无存。因此，领导者必须注重培养自己的优良品格。

b. 知识因素

知识就是力量，知识改变命运，知识就是财富。如果领导者具有合理的知识结构，精通的专业知识，那便会大大增强其影响力。这种影响力就是所谓的"知识性权力"，有了这种权力，领导者才能够增强其领导魅力从而正确地处理各种复杂问题。没有知识储备的领导者因为缺乏理论指导可能会在许多问题上无所作为，进而失去下级的支持，失去领导魅力。

c. 感情因素

领导者如果能得到下属心理层面的认同，其号召力和领导力就会大幅提高。因为人与人之间感情密切，有亲切感，彼此间的影响力就会更大。所以，如果领导者平易近人，关心下属，与员工的关系融洽，他的领导魅力就会比较大。相反，如果领导者高高在上，与下属相互排斥、关系紧张，就会使二者心理距离扩大，削弱领导者的魅力。

(3) 社会心理

领导发挥其魅力，除了社会分工赋予的职权和后天培养的自身素质外，还有被领导者对领导者的心理需要。这种心理需要的总和，就是实现领导魅力的社会心理。具体包括以下几个方面。

a. 对权威的遵从心理

遵从权威是人的一种普遍心理倾向。社会通过对每个社会个体的特殊心理需求的满足，使其接受社会所需的行为模式，产生社会遵从。遵从和模仿不一样，它是积极主动的；也不同于依从，因为依从是迫不得已地勉强去做。遵从是为了维持社会团体而制定的标准，是一种文化模式，是人们习以为常的、自然的、自愿接受的行为方式。遵从产生于群体意见的一致性，群体意见的一致性越强，群体的内聚力就越大，群体的遵从性也越大。因此，权威越大，被领导者遵从领导者的行为就越强。

b. 对杰出人物的崇拜心理

社会学和心理学的研究结果表明，对已经建立功勋的领导者，人类会自发产生一种崇拜心理。在古代，战争英雄、渔猎能手和治水功臣等都会成为民众崇拜的对象；在当代，各个领域的专家学者或英雄楷模依然会受到大家的拥戴，人们会为自己所在群体中出现杰出人才而感到骄傲。

c. 对特定群体的归属心理

根据马斯洛的人类需求层次理论，归属需求是一种相对较高的人类的心理需求，人总是希望自己得到群体的认可和接纳，成为某一群体的一份子。实际上，每个人都可以归属于某一群体，只是有些时候其所归属的群体和他的期望不一致。作为领导者，只有融入到群众中，其智慧才可能得以完全展现。所以，归属心理也是领导者产生领导魅力的心理基础之一。

6.2.2　领导魅力的构成

领导魅力是一种心理上的认同，它以社会利益和社会权力为基础，以领导者、追随者和领导环境为载体，以情感、人格、胆识、能力、资历和职别等为构成要素，其结构包括魅力链和魅力面，具有可观察性、可实证性特征。领导魅力的构成是多方面的，概括起来，主要包括以下几个方面。

(1) 观念魅力

观念是人们对客观事物相对固定的观点，是人们精神的眼睛和思维的路标。观念本身不能改造世界，但却能对人类改造世界产生巨大而深远的影响。对于一个领导者来说，有什么样的观念，就会有什么样的思维方式和精神状态以及领导行为。观念的更新，是领导者高效领导的基点，是改革中最有意义的变奏曲。每一位现代领导者，要想成就大事业，显示出巨大魅力，必须冲破陈旧思想的禁锢，树立全新观念。

一是大局观念。大局观念就是以事物的整体利益为根本出发点的思想意识，是着眼于全局的根本利益，并以此为出发点和归宿来考虑和处理问题的思想和方法。高屋建瓴地从大局观察问题、分析问题和解决问题，是每个现代领导者所必须具备的政治素质。把握大局，顾全大局，必须科学地从战略的高度分析和判断大局。大局好不好，形势怎么样，从大多数人的利益来判断，不能只从局部情况、局部利益来判断。在具体行动上，要从全局利益出发，努力克服分散主义和各自为政的不良倾向。

二是战略观念。战略观念就是领导者具有着眼于长远、着眼于宏观的战略观念，做到识大局，遇大事不糊涂；大事糊涂、小事清楚的人，难当大任。现在的领导者应当长于从宏观上、战略上考虑问题，善于定路子、管盘子和抓班子。必须从忙乱中解脱出来，忙中偷闲，经常抽出时间踱一踱步、理一理思路，考虑些大事情，抓住带有根本性、全局性和关键性的工作，致力攻坚，重点突破。

三是系统观念。现代系统论观念认为，世界上的一切客观事物，都是由若干相互联系、相互作用和相互影响的各种要素构成的有机整体，这种有机整体就是系统。任何事物都是作为系统而存在的，这是一个不以人的主观意志为转移的客观事实。因此，作为一个领导者，如果对系统理论、系统观点茫然无知，要增强工作中的原则性、系统性和创造性，就是不可思议的。

四是竞争观念。竞争观念就是在市场经济活动中防败求胜的意识。一个领导者只有具备了这种意识，才会拼搏进取、自强不息，以"人一之，我十之"的气魄和冲劲，在发展市场经济中争抢"快行道"，占领"制高点"；才会虚心学习永不自满，不断丰富自己的学识与智慧，全面提高自身的素质；才会大胆创新，敢为人先，勇于探索前人未能涉足的"盲区"，致力开拓扑朔迷离的"难区"和"禁区"，从而在发展社会主义市场经济大潮中一显风流。

五是信息观念。在信息形态多样化、信息处理高效化、信息传递多元化、信息服务商业化和信息意识社会化的时代，一个卓越的领导者，在现代领导者生活中应具备有效地获取、利用信息的本领与技能。一旦沦为"信息盲"，那就无异于"瞎子"和"聋子"，这样的领导者，必定是决策的低能儿。因此，领导者必须及时、准确地获得必要的、充实的信息，从“广”、“快”、“精”、“准”等方面对信息工作提出明确要求。同时，现代领导者必须注重提高借用外脑的能力，重视管理信息系统的建设。

六是科技观念。科学技术是第一生产力。要推动生产力和社会经济迅猛发展，必须借助第一生产力的巨大威力。现代领导者要强化科技意识，提高科技素质，必须加强对科技知识的学习与钻研，建立起新型的知识结构；要树立大科技观，实现科技与经济的有机结合。要在发展中大力运用和推广先进科学技术；要着力开发科技人才资源，制定激励人才的政策和法规。

七是权变观念。权变观念就是要从实际出发，因时、因地制宜，机动灵活地处理问题。作为领导者，不仅要认真贯彻上级的决议、决定，而且更要结合实际特点，因为任何一项政策和决定，都不可能囊括各地的特殊情况，不可能提供适合各部门、单位具体情况的方法和措施。如果领导者采取教条主义的态度，不善于从实际出发，就不可能打开工作局面。所以，对于一个领导者来说，通权达变的意识十分重要。

八是服务观念。服务观念绝不是一个抽象概念，它必须体现在每个领导者的具体实践中。领导者要全身心地投入到为人民服务中去，至少要做好以下三点：一是提高服务的层次性，重在制定科学的战略决策；二是增强服务的主动性，不能是“坐堂等客”、“守株待兔”；三是注重服务的实效性。以求真务实的作风，去求得实实在在的效果。

（2）人格魅力

人格的力量是不可抗拒的。领导者人格的高下与其魅力的大小息息相关。这里讲的人格，主要指人的品格，它包括志向、情操、气节、胸怀、涵养等，其实质是指一个人的“德”。古人云：“德者，才之帅也。”一个领导者若志向高远，情操高尚，胸怀宽阔，不仅能使个性、才能得到充分的发展和正确的发挥，而且还会使人具有强烈的吸引力和感染力。周恩来之所以能令各种不同文化层次、不同信仰乃至不同政见的人为之倾倒，在很大程度上就取决于他巨大的人格魅力。“有才无德，其才足以济其奸。”领导者所处的特殊地位，决定了群众对其品格要求具有更高的期望。

首先，坚定的政治抱负和对事业的执着追求，是现代领导者事业成功的前提和获得人格魅力的基本要素。有志于干一番事业的领导者，不可没有远大的抱负和强烈的事业心。可以说，伟大的抱负能产生非凡的力量，我们不可想象一个胸无大志的人，人格会多高尚，在事业上会有多大作为，对他人能产生多大的吸引力。但是，有的领导者虽有“顶天”的雄心大志，却无“立地”的实干精神。所以，一个成功领导者，要想获得应有的魅力，并有所成就，就必须把坚定的政治抱负和脚踏实地的精神紧密结合起来，务实勤政，孜孜以求，生命不息，奋斗不止。

其次，公正忘私、一身正气，把有限的精力投入到无限的为人民服务中去，是现代领导者应有的价值取向和获得魅力的源泉。民众对于领导者的人格期望是多层面的，尤其对领导者廉洁清正的期望则异常强烈，一些优秀领导者之所以能在广大群众中产生强烈的反响乃至轰动效应，其原因皆出于此。在现实社会经过了否定之否定的前进运动之后，广大人民群众的价值取向、道德观念发生了深刻的变化，他们大都有自己鲜明的是非观、爱憎观。所以，现代领导者要塑造良好的形象，增强自身的吸引力。“壁立千仞，无欲则刚”，私欲乃启祸之源。淡泊的情怀与公仆的意识是领导魅力的双翼，也是现代领导要做到清正忘私、魅力常在而在精神上需要设立的两个支撑点。

再次，真情是最为感人的力量，也是领导者生发魅力的添加剂。与一个以诚待人的领导者相处，人的内心会产生一种亲近感、安全感，并乐意为之效命；而与一个虚伪、做作的领导者共事，人们心里总觉得不踏实，常常要“横着身子战斗”，主动性、创造性难以尽情发挥。随着时间的推移，压抑感、厌恶感难免滋生。因此，对于一个有志于增强自身魅力的领导者来说，“诚实是最好的政策”。领导者以诚待人表现在，当部属在人生道路上遇到困难或挫折而身处逆境时，能及时伸出援助之手。这种在关键时刻送上的温暖，往往能在对方的心灵深处留下难以磨灭的记忆。

最后，领导者还要有宽阔的胸怀，这是领导者领导力的重要来源。法国著名作家雨果说得好：“世界上最宽阔的是海洋，比海洋更宽阔的是天空，比天空更宽阔的是人的胸怀。”宽宏的气度、江海般的雅量，是现代领导者获得人格魅力所必备的素质。因此，领导者要善于与不同意见的人共事，能以友善为怀，真心实意地团结其一道工作。领导者用才时还要有容人之量。大胆地用贤任能，是领导者爱才的标志。爱才必须用才，不把人才放在适当的位置上展其所长，“爱”就无异于一张空头支票。领导者只有在大胆使用人才的同时，满腔热情地关心和爱护人才，才能最大限度地调动其主动性和创造性。

(3) 才华魅力

才华，是魅力的天然盟友。才华，从广义上说，应包括见识、能力、学问等方面。这里讲的，就是广义上的才华。一个品行好而又才华横溢、精明强干的领导者，方能使人真正生发由衷的钦佩之情和强烈的服从意识，从而在工作中出现“台上一呼、台下百诺”的效应。同时，才华和个性之间有着千丝万缕的联系。一个学浅才疏、缺乏主见的领导者，不可能有冒险精神、创新个性，也不可能有更多的幽默情趣。从这个意义上说，才华，是一个领导者魅力的“发射中心”。一个才华过人的领导者，在很大的程度上，可以说就是一个魅力四射的领导者。那么，领导者怎样才能做到具有才华魅力呢？

第一，领导者要有高人一筹的见识。在现实生活中，一些在才学方面并不具有特别优势的领导者，之所以能在进取的路途上建功立业，一个重要原因，就在于其有高人一筹的见识。领导者要审时度势，洞明世事。只有善于审度时势的领导者，才能把握住历史的发展和时代的潮流，在千变万化、错综复杂的客观形势面前，作出准确的决断而不致误入歧途。领导者要识别自我，驾驭环境。一个领导者必须正确地认识自己，才能在实际工作中扬长避短，充分发挥自己的强项，展示自己的风采与魅力。领导者还必须正确认识环境，并善于驾驭环境，不被各种挫折、困扰及各种风浪吞没。领导者要刻苦学习，勤奋实践。博览群书有助于增长见识，而实践则是主观见之于客观的东西，是获取“识”的最重要的途径。所以，有作为的领导者，应该投身于改革和创新的伟大实践，在实践中勤于思索，勤于总结，不断检验并丰富自己的见识。

第二，领导者要有优秀的决策才能。现代领导者必须多思多谋，躬身实践，努力提高自己的决策艺术。不管就什么问题进行决策，首先应当弄清楚问题本身的性质，然后再考虑这种问题应由谁来作出决策。领导者还必须注意把握好以下几点：首先，面对各种异彩纷呈的意见，不要急于评判谁是谁非，而必须搞清楚，他们为什么要提出这些不同意见；其次，要出于公心，不凭个人的好恶和主观偏见判断是非，而是以意见的正确与否决定取舍；再次，要辩证地取舍，要吸取精华，剔除糟粕，经过加工制作，形成正确的决策；最后，当对某一个问题的决策发生了争议，主要领导者一时难以证明谁是谁非或难以进行折中调和时，一般应暂缓作出决定，待通过深入调查研究，反复比较分析后，提交下次会议讨论。

第三，领导者要有创造性思维能力。人的思维的本质是人脑对客观事物的能动反映，是思考问题的过程。对于领导者来说，当然必须认识和遵循事物自身的发展规律，但就其思维特点来说更主要的表现在思维能动性方面，即要把对事物自身的本质认识和主体需要结合起来，在思维中改造客观世界，创造新的物质对象，即形成实践认识，以指导群众的实践。因此，加强创造思维能力的培养和锻炼，是领导者修养的一个重要方面。而创造性思维对人类认识世界和改造世界，具有特别重要的作用。一个具有创造性思维的领导者，往往具有喷泉般的不竭才思，具有丰富的想象力和创造力，对事物具有独到深刻的见解，能打破常规，创造性地开展工作，因而具有强烈的魅力。

第四，领导者要有决断魄力。决断，是最能直接体现领导者能力、胆魄的基本功。现代领导者，需要对下级的请示、上级的指令以及工作中的非规范性的甚至是意想不到的事情，及时加以处理。人们也只会对那种办事利落干练、富有决断魄力的领导者翘指称赞，而绝不会把一个遇事优柔不决或决而不断的领导者作为自己钦慕崇拜的对象。

第五，领导者要有精湛的思想政治工作艺术。思想政治工作是经济工作和其他一切工作的生命线，也是领导艺术的重要组成部分。领导的过程，就是制定决策和实施决策的过程。而任何决策若没有人的思想认识的参与和积极性、创造力的发挥，都是不可能实施的。因此，领导者的重要使命之一，就在于把群众的积极性调动起来，又合理地发挥出去，使决策化为人民群众的自觉行动。思想政治工作的独特内容，就是根据人们的心理特点和思想脉搏，通过适当的方式方法，去帮助人们提高认识世界（包括主观世界和客观世界）的水平；它的神奇魅力，在于充分调动和发掘人们工作上的积极性和创造性。一个在思想政治工作方面独具风格的领导者，往往是一个出色而富有魅力的领导者。

(4) 个性魅力

个性与魅力之间，从来都有着不解之缘。从狭义的角度理解，个性即人的意志、情感、态度、气质等方面的倾向性。从广义的角度理解，个性包括动机、需要、理想、信念、世界观、气质、能力和性能等。个性是历史的范畴，是人的社会属性和自然属性的统一，其实质是社会属性。这就是说，人的个性的形成，虽然受先天遗传因素的影响，但主要还是社会因素、客观环境作用的结果。随着人们所处的社会历史条件的变换，人的个性也会发生某种相应的变化。

个性有积极的和消极的之分。前者具有强烈的吸引力，甚至使人着迷；后者则令人兴味索然。积极的个性与领导工作的需要和社会的发展变革相适应，具有鲜明的特色；消极的个性则与之相反。现代领导者应努力塑造鲜明独特的个性，以不断增强自身的魅力。

首先，领导者要敢于冒险和创新。冒险和创新，既是伟大的变革实践赖以支撑的精神，也是现代领导者应当努力铸造的个性。现代领导者要追求卓越，显示出自己独特的魅力，创造出令人惊羡的业绩，必须坚决甩开沉重的历史“包袱”，一扫古人的保守心理和消沉之暮气，努力锻造自己“闯”的精神、“冒”的个性，以全新的思维方式和超越前人的气魄，在发展社会主义市场经济的竞技场上极速驰骋。领导艺术的精髓在于把原则的坚定性和策略的灵活性有机结合起来。这种“结合”的实质，就是创新。一个领导者，如果没有创新精神，或缺乏创新个性，在思维方式上、工作方法上跳不出框框、本本的樊篱，只知道唯书、唯上，或跟在别人后头亦步亦趋，没有一点新思想、新道道，想要有大的建树，无异于“乌托邦”式的幻想。我们正处在伟大的变革时代，最能显示一个人生命活力及价值的，莫过于创新；最能表现一个领导者鲜明个性和领导艺术的，莫过于创新。一个富有魅力的领导者，必定是一个具有创新个性的领导者。

其次，领导者要将阳刚之气与阴柔之美相结合。刚与柔，作为一对既相互依存又相互排斥的矛盾，必须统一于现代领导者的个性之中。一个富有魅力的领导者，其个性通常是刚与柔的珠联璧合。“刚”是立身之本，无刚，则难以自立，要成就大业更无从谈起。富于阳刚之气的领导者，充满生机勃勃的创造力量，能带领部属冲破各种艰难，坚定地奔向目标，因而具有强大的感召力和吸引力。同时，在原则允许的范围内，因时而异、因地制宜，灵活地处理问题、解决矛盾，这则是“柔”的深刻内涵。灵活性与原则性的高度统一，是矛盾的普遍性和特殊性相结合的原理在工作中的具体运用，也是领导艺术的精髓所在。可以说，没有灵活性的运用，就没有创新，没有领导艺术可言，原则性也是坚持不好的。刚与柔的有机统一，构成了人的完美个性。对于一个领导者来说，如果仅具有阴柔之美而缺乏阳刚之气，其魄力、胆略及处理重大问题的原则性、坚定性就可能大打折扣，甚至给人以软弱、怯懦之感；反之如果富于阳刚之气而缺乏阴柔之美，则不免有冷酷、孤傲、固执和呆板之嫌。只有能柔能刚的领导者，才会使人感到可亲可敬。

最后，领导者要有超然的幽默情趣。它与谐趣、欢乐、笑声通常联系在一起。在工作、生活和人际交往中，都离不开幽默这个神奇而迷人的精灵。有人说：“没有幽默感的语言是一篇公文，没有幽默感的人是一尊雕像，没有幽默感的家庭是一间旅店。”而拥有幽默，便拥有欢乐、友谊和爱。一个富有幽默感的领导者，必将魅力过人。要造就幽默的个性特征，后天的训练和培养显得十分重要。一是要培养自己高尚的情操和乐观、豁达的气度。一个心胸狭窄、思想颓唐和情趣低下的人，不可能会有什么幽默感。二是要培养自己敏锐的洞察力、丰富的想象力。一个善于在平凡的事物中发现不平凡的玄理，在人们熟视无睹的现象中创造出别人不曾问津的东西的人，往往具有极强的幽默感。三是要扩展知识覆盖面。一个领导者要增强自己的幽默感，必须博览群书。要有意识地选读些讽刺小说、喜剧本、笑话集和寓言等作品，同时还可多欣赏些滑稽剧、相声等文艺节目，尤其是要预先掌握一些与本人工作生活有关的幽默范例，然后在实践中根据自己所处环境的特点加以灵活套用和即兴发挥，这往往可以取得较快的成效。

(5) 风仪魅力

风仪，是一个人的相貌、衣饰及精神状态的综合体现，从一定程度上说，也是人的内在素质的折射和外现。领导者的外形、精神状态，固然不是获得魅力的主要因素，但是，如果因此而认为这与魅力毫不相干，那也是片面的。风仪虽属于外在的东西，但如前所述，它与一个人的内在素质有一定的联系。譬如，服饰打扮与人的审美水平有关，精神状态与人的个性、修养有关。一位哲人说得好："风度是我们天性的微小冲动。"从一个人的风貌可窥见其内在素质之一斑。一个举止有度、打扮得体、精神焕发的领导者，很可能是个内涵丰富的人。从美的角度说，风仪的美，是一种外在的美。而外在的美是魅力的一个不可缺少的组成部分。当一个人的内在素质为一个定值时，那么，外在的美就成为其魅力大小的重要因素。如果两个领导者的内在素质旗鼓相当，那么，其魅力的强弱，便很大程度上取决于他们相貌、服饰和精神状态因素的综合状况了。一个富有内在美而缺乏外在美的领导者，或许不乏吸引力，但比起一个既富有内涵又英俊潇洒、精神矍铄的领导者来，就可能相形见绌了。因此，一个在注重内在美的同时不忽略外在美的领导者，才最有资格成为魅力的骄子和宠儿。

首先，领导者要有挥洒自如的风度。一个现代领导者尤其是党政领导干部，不仅应具有知识分子的好学深思、政治家的坚定果敢，而且应具有现代社交家的翩翩风度，从而在人们的心目中留下一个深刻的印象。风度虽然是一种外在的东西，但它与一个人的知识水平、精神面貌、道德修养和审美观念等密切相关。因此，从完整的意义上说，风度是一个人内在美和外在美相结合的产物。"皮之不存，毛将焉附?"没有内在美，外在美就无所依托。没有坚定的信念，就难有刚毅、乐观的神情；没有高尚的情操和执着的追求，就难有从容潇洒、神采飞扬的姿态；没有一定的文化修养，就难有落落大方、彬彬有礼的举止，也难有典雅脱俗的打扮。有的人看上去仪表堂堂，神采奕奕，但一张口、一举手，就暴露出其不过是一个金玉其外、败絮其中的"绣花枕头"。这样的领导者，谁会认为他有风度呢？相反，有的人看起来其貌不扬，但言行举止中却透出一股让人难以抗拒的魅力。

其次，领导者要懂得"淡妆浓抹总相宜"。常言道："三分人才，七分打扮。"这话虽算不上真理，但也在一定程度上反映了装饰与外在美有着一定的联系。"梳妆打扮"固然不是现代领导者获得魅力的主要源泉，但是得体的装饰，却能使一个领导者平添几分风采。一个外表装饰得干净利落而胸无点墨、腹中空空的绣花枕头，固然令人生厌，但一个博学多才、精明强干的领导者，也可能因不修边幅或穿着邋遢而魅力减半。因此，外表的装饰打扮不完全是年轻女性的专利，它对于一个现代领导者来说，也是不容疏忽的。领导者的穿着打扮，总的原则是不宜走极端。即在通常情况下，不宜过分追求时髦，也不应穿得有失体面。通过服饰的线条、图案、色彩，来弥补自身体型的不足，从而达到扬美遮丑的效果，是衣饰艺术的主要功能，也是成功打扮的显著标志。现代领导者，欲常常容光焕发、神采奕奕地出现在人们面前，从而显示出青春的活力，并给人带来悦目的美感，就要善于打扮自己。

最后，领导者要具备强健的体魄。从领导者事业需要的角度说，只有具备强健的体魄，才能从事长时间的紧张的脑力劳动，忍受复杂情况下超强度的体力和精力消耗的。因此，现代领导者要担负起繁重的历史使命，并显示出诱人的风仪魅力，应该有强健的体魄和体格作保障。领导者保持和造就强健的体魄和体格的途径主要有：心胸豁达，态度乐观。领导者必须始终保持乐观的情绪和愉悦的心境，"以笑脸去迎接悲惨的厄运"，以豁达和自信去对待各种流言和诽谤，战胜各种困难和不幸，拿得起、放得下、想得开；讲究领导方法，提高工作效率。现代领导者应该努力运用领导科学的基本原理来指导工作，以“用人授权”的分身术，从繁杂琐细的事务中“超脱”出来，努力提高管理水平和工作效率，以使自己保持健壮的体魄和充沛的精力；注意饮食，坚持锻炼。现代领导者必须根据自身的爱好和特点，选择一定的方式，坚持锻炼，提高身体素质。

6.2.3　领导魅力的培植

所谓领导魅力的培植，就是建起领导者和追随者之间的和谐的人际关系。和谐的人际关系，是领导者与被领导者之间互相信任、互相追随共同完成组织目标的基础。较少运用职位权力，通过领导与下属之间的吸引力和凝聚力，协同奋斗、积极进取是魅力型领导者领导下的组织的显著特征。

(1) 领导魅力培植的原则

领导者魅力也正是在上下级之间的互动中形成的。领导魅力的培植需要把握四个原则。

a. 智慧原则

智慧是对事物能迅速、灵活、正确地理解和解决的能力。古今中外，大凡优秀领导者均极力寻求智慧。智慧源于领导者对感情的控制，领导者要想得到下属的认同，就必须要有人情味，要富有感情，但绝不能被情感控制，不能被欲望操纵。

智慧原则要求领导者能对人性进行深入分析，发现人性中的积极成分，并利用它来协调人际关系、赢得信任和支持，控制人性中的不良成分，去除下属的不良行为，维持融洽、和谐的组织氛围。领导者要能理性地分析和处理问题，公平地对待每一个下属，并且有长远的眼光，能做正确的事并把它做好。

b. 形象原则

被领导者观察领导者首先是从其外在形象开始的。领导形象是领导者内在素质的外在体现，“诚于心，见诸于形”，因此，领导者要注意塑造自己的领导形象，以提升自己的领导魅力，这就是形象原则。

领导形象包括以下几个方面。一是衣着。衣着是最容易被观察和评价的部分，因此，领导者要衣着得体大方，符合所处的角色要求。二是仪态仪表。领导者举手投足要落落大方，举止温文尔雅。三是心态。心态要积极、平和。优秀的领导形象能给人一种自然的亲近感，也是提升领导魅力途径之一。

c. 情感原则

领导魅力是对下属的一种情感影响力，领导魅力是通过领导者与被领导者的感情交流产生的。情感原则要求领导者要与下属心相连、情相通。领导要了解下属的情感，通过下属的面部表情、姿态和声音可以体验到类似的情绪，并作出相应的情感反应，真正做好情感移入。

领导者与下属发生矛盾与冲突的原因之一，就是某些领导者不能设身处地地体验别人的情绪状态。领导者还应该认识与体验不同下属的不同情感需求，不同年龄、不同职业、不同性别、不同个性特点的下属，对领导者情感会产生不同的需要与反应。如青年人对领导者情感的关注比中年人重视；知识分子对领导者情感的要求与工作不一样；女同志比男同志更善于体察领导者情感上的变化，等等，这些都说明了领导者要学会情感移入。

d. 影响原则

领导者只有具有强大的影响力，才能团结下属和员工完成领导目标。有学者甚至认为，领导的个人影响力占领导魅力的99%。因此，领导魅力的培植，自然要强调影响原则。影响原则的根本在于领导者的自我修养，要求领导者能以身作则，起模范带头作用。当民众对领导者产生好感时，他的指令就容易被他人接受；当民众对领导者道德的纯洁性产生怀疑时，他的影响就会降低甚至丧失。

在实际领导活动中经常出现这样一种情况：有的领导者总是一呼而百应，而有的领导者百呼一应。其原因正是在于领导者之间影响力的差别，而这种差别主要来自于领导者自身修养的差别。孔子说："上好礼，则民莫敢不敬；上好义，则民莫敢不服；上好信，则民莫敢不用。"也说明了领导者的"立身"的示范效应。

(2) 领导魅力培植的方法

著名的领导学家亚历山德拉在《魅力的七把钥匙》一书中对领导者魅力培植的方法和技巧进行了详细如下的论述。

a. 给出最佳的静默语

所谓静默语就是指除语言之外的体态和精神状态，如身体、情感、智力等方面的首次表露，人们正是根据这些静默语的信号，在脑海中形成了对你的初始印象。如何才能给人留下一个完美的第一印象呢？亚历山德拉对此提出了十个方面的建议：第一，赢家形象起始于良好的自我形象；第二，让你的着装为你效力；第三，赶紧梳洗一下，就会取得效果；第四，免去那些令人不愉快的习惯和小动作；第五，尽量用一些更好的职业用具；第六，保持健康向上的心态；第七，善待周围每一个人；第八，给别人以真诚的赞誉；第九，不要光说不干；第十，保健运动要生活化，不要追求高雅化。

b. 卓越的演讲能力

卓越的演讲能力可以达到两个方面的功效：一是能巧妙地运用语言将其思想、意图和决策等传达给他的下属；二是能使下属产生共鸣，达成对目标和思想的共识。将这两个方面概括起来就是，通过演讲达到下属对目标实现、事业成功的依赖，并由这种依赖使下属感到工作的快慰，并且愿意追随领导者的行动。对此，亚历山德拉对领导强化演讲技能也提出了十个方面的建议：第一，确定主题；第二，力求简洁；第三，吸取教训；第四，使用范例；第五，慎用道具；第六，牢记中心；第七，谨防意外；第八，适当停顿；第九，增加幽默；第十，首尾呼应。

c. 变得更有说服力

所谓说服力就是促使他人心甘情愿地做你想要他们做的事的能力。领导者要说服下属接受自己的主张，并促使下属主动地去执行决策，就必须培养良好的习惯。只有取得他人的信任，说服才算是成功的，才能够让他人心甘情愿、积极主动地跟着你走。亚里山德拉提出，应从以下七个方面入手，强化说服力：第一，问问自己想要什么；第二，将他人置于自我之上；第三，及时夸奖别人；第四，记住别人的名字；第五，激发积极情绪；第六，要对你的听众有所了解；第七，努力做一个更善于提问的人。

d. 见多识广、远见卓识

见多识广也是领导者魅力培植的重要因素。对此，亚历山德拉指出：在很大程度上我们可以说，在魅力的技巧中，见识是一块核心石。一个人样样具备，只是缺少见识，那就像盛装打扮之后，却没有地方去一样。如果你凡事都有所见识，那就会给你指明方向，有时方向比速度更重要。

【本章重点】

- 领导形象的内涵、特征与作用
- 领导形象的内容
- 领导形象的塑造
- 领导魅力及其产生基础
- 领导魅力的构成
- 领导魅力培植的方法

【关键概念】

形象　领导形象　魅力　领导魅力　领导魅力培植

【复习思考题】

1. 领导形象的特征和作用是什么？
2. 如何进行领导形象塑造？
3. 试论领导形象和领导魅力的关系。
4. 领导魅力产生的基础是什么？
5. 如何培植领导魅力？

【推荐阅读】

- 朱立言：《领导科学与领导艺术》，北京：中国人事出版社，2008 年版。
- 黄斌、任丽梅：《权威与魅力》，北京：企业管理出版社，2003 年版。
- 刘海藩、侯树栋、马绍孟等：《领导全书》，北京：九州出版社，2001 年版。
- 竺乾威：《公共行政学》，上海：复旦大学出版社，2007 年版。
- 亚历山德拉：《魅力的七把钥匙》，北京：经济日报出版社，1998 年版。

第7章

领导责任与领导伦理

法国学者拉贝莱认为：学术无良知就是灵魂的毁灭，政治无道德就是社会的毁灭。这句话反映出领导伦理对领导活动乃至整个社会生活具有不可低估的影响。领导伦理和领导责任是领导活动中经常遇到的问题，也是学者和政治家们始终讨论的一个具有理论价值和实践意义的热点问题。因此，研究和探讨领导责任和领导伦理，对提高我国领导者的责任感和伦理素养有着重要的意义。

7.1 领导责任

7.1.1 领导责任的含义及分类

(1) 领导责任的含义

什么是责任？“作为确定的人，现实的人，你就有规定，就有使命，就有任务，至于你是否意识到这一点，那都是无所谓的”①，马克思、恩格斯在谈到人的责任时曾这样说道。由此可以看出：责任体现了人的一种社会必然性，对任何人来说责任都是“不可推卸”的。词典上对于“责任”则有着更为明确的解释：“责任是指分内应做的事或者没有做好分内应做的事而应当承担的过失。”责任是一个人对他人和群体所负的利益要求。责任感是衡量一个人精神素质的重要指标。作为一个心智健全的成年人，最起码应该对自己的“责任”要有明确的认识。

在西方政治思想史中，“责任”一词最先出现在1787年的英语和法语中。“责任”(liability)一词后来在大陆法系的民法和英美法系的普通法中得到广泛使用。“公共”和“责任”的连用则始于西方公共行政学。在西方国家中，责任这个术语最重要的政治用途表现在英国式议会政府的威斯敏斯特体系中，议会政府本身有时就被称为责任政府。作

① 《马克思恩格斯全集》第3卷，北京：人民出版社，1960年版，第329页。

为政府官员的大臣主要履行本人的“职务”责任，对那些力所能及的事情负责，同时对下属的行为负有道义责任。

人总是不停地变换某种具体的角色或职位，而该角色或职位都会相应地赋予人某些特定的要求。当人处在某一角色或职位时，他就应努力满足其相应的要求。这些社会角色或职位的要求就是人的责任。责任也是社会的产物，是伴随着社会关系的建立而产生并随着社会成员素质和文化程度的提高而不断发展变化的。责任与社会共生共存，贯穿始终，并且随着社会的发展，社会关系的复杂化，责任会越来越明确，越来越精细，对社会控制的作用也越来越大。

什么是领导责任？古人云，“在官言官，在府言府”，“在其位，谋其政”，都是讲官员的责任。领导者是领导活动过程中的指挥者、组织者，是组织中主要职能的承担者，是一定权力的运行者。在我国社会主义制度下，领导者尤其是行政领导者不仅是掌权者，更是负责人和服务员，是人民的公仆。行政领导者拥有法定的权力、承担着法定的责任和义务。根据权责统一原则，在一定岗位上拥有一定权力的领导者就必然要承担与权力相对应的领导责任。正如毛泽东同志所说：“领导者的责任，归结起来，主要的是出主意、用干部两件事。”①

由“责任”的含义可以得出，领导责任主要包括两方面的内容：第一个方面是指领导者要依法履行领导职位上的工作职责。由于职位的不同，各级领导者都有其具体的职责。有的学者将我国行政领导者的职责归纳为三个方面：决策规划、组织建设和选才用人。第二个方面就是领导者必须承担违反法定义务而引起的法律后果。这主要包括政治责任、工作责任和法律责任。因而，领导者的责任不同于普通公务员的责任。对于公务员而言，其责任主要是完成本职工作，做到依法行政；而领导者则除了有工作责任之外，还负有相应的领导责任。他们既要对自己的行为负法律责任，还要对本行政机关组成部门、公务员及所属的其他组织的行政行为负连带法律责任；既要对集体决策、管理和执行中出现的重大失误等承担直接责任或连带责任，也要对影响政府运行、声誉、形象、信任和信念等个人能力、言论、形象与品行等承担责任。

由于政府官员行使了公共权力，因此要承担公共责任。总体上来说，公共责任表明政府对人民负责，并接受人民的监督。从这个意义上讲，领导责任是指领导集体和领导者对人民群众所负的责任，它是由人民群众对领导集体和领导者的需要决定的。“领导”就是引领导向，从这个角度来说，领导责任包含两个方面的基本内容：一是引导责任，即通过确定和宣传领导目标启发被领导者为实现自己的利益自觉行动的责任；二是向导责任，即通过指导、组织、带领被领导者积极行动，胜利实现既定目标的责任。在我们国家，一切领导责任都是通过做好这两方面的工作来对人民负责的。领导责任和领导工作的密不可分，在社会主义领导实践的动态过程中，具体表现为义务、任务和服务的统一。

(2) 领导责任的分类

如果把责任提高到义务的范畴，那么，领导责任就是领导主体行使法定的职责并承担

① 《毛泽东选集》第 2 卷，北京：人民出版社，1991 年版，第 257 页。

相应的义务。责任可以分为主观责任和客观责任。客观责任是外部环境强加的，是基于法律、组织机构和被领导者对领导者责任的角色期待，而主观责任则根植于每个领导者对良知、忠诚、认同的信仰方面，等等。

按照美国学者特里·L·库珀的看法，客观责任的具体形式有两个方面：职责和应尽的义务。职责是由职位角色确定的，是组织内部分工的结果，带有法定性、稳定性和规范性。担任相同职位的人员，具有共同的职责，在客观责任上体现共同的要求，如果有差异，那就是履行职责的意识和能力水平上的差异；担任不同职位的人员，有着不同的职责，所以，职位身份的不同，对于同一件事物有着不同的职责。“从相对重要性角度来看，义务更为根本；职责是确保义务在等级制度结构中得以实现的手段。职责包含上下级关系以及自上而下地行使权威以确保实现既定的目标。”①“如果将客观责任的这两个方面放在公共行政角色的组织和政治背景中加以解释，这些客观责任将越来越少地取决于综合的职责关系，而越来越多地取决于基础的义务关系。”②客观责任，带有强制性和绝对性，无论领导者是否接受或者认同自己任职的职责和义务，都是必须要履行的，“客观责任为所有接受行政管理职位的人提出了总的义务，但并没有考虑个体的需要、缺陷、喜好或对现任者的特殊偏好”③。

主观责任是领导者基于对其任职所产生的职责和义务的认识而形成的责任意识和责任行为，是责任意识和责任行为的统一。因此，它不仅体现在意识、理念的观念层面，而且通过具体的责任行为表现出来。强调主观责任，是指领导者的责任履行都是受其各自具体的责任意识所支配而表现出来具体的责任行为。就其主观责任的行为表现方式而言，主观责任带有客观性，因为责任行为是客观的，是可以观察到的外显行为。

主观责任与客观责任有着辩证统一的关系。“客观责任源于法律、组织机构、社会对行政人员的角色期待，但主观责任却根植于我们自己对忠诚、良知、认同的信仰。”④一方面，客观责任是主观责任的基础，领导者只有完整、准确地理解并认同了客观责任，才能形成清晰、适当的主观责任。另一方面，领导者只有形成清醒、正确的责任意识，持续稳定地表现出履行公职的责任行为，才能保证客观责任的实现。但是，客观责任与主观责任又有所不同。客观责任带有强制性、稳定性和绝对性的特点。强制性是指它不以领导者的认同和理解为履行的前提；稳定性是指在一定的时间和空间范围内，客观责任的内容和形式是相对稳定不变的，这样有利于行政责任的履行和实际效果的实现；绝对性是指客观责任的内容和形式不因领导者的主观愿望而改变，不以领导者的意志而转移。相对说来，主观责任带有任意性、变动性和相对性的特点。任意性是指主观责任都是每个领导者各自的

① 〔美〕特里·L.库珀：《行政伦理学：实现行政责任的途径》，北京：中国人民大学出版社，2001年版，第63页。

② 〔美〕特里·L.库珀：《行政伦理学：实现行政责任的途径》，北京：中国人民大学出版社，2001年版，第64页。

③ 〔美〕特里·L.库珀：《行政伦理学：实现行政责任的途径》，北京：中国人民大学出版社，2001年版，第66页。

④ 〔美〕特里·L.库珀：《行政伦理学：实现行政责任的途径》，北京：中国人民大学出版社，2001年版，第74页。

责任意识和行为，带有个人的主观意志，尽管客观责任对其主观责任有着强大的制约作用，但是，主观责任总是以其顽强的主观意志表现出来；变动性是指主观责任往往随着领导者特定的地位、角色、环境而发生变化，即使是同一个领导者的职责履行，都会因为针对不同的对象、场合和地位利益等发生变化；相对性是指相对于客观责任而言，不同的领导者对于同一个职位所规定的职责和义务，有着不同的理解和认识结果，因而也就有着千差万别的主观责任表现方式和结果。

(3) 正确认识权力与责任的关系

权力和责任紧密联系，不可分割。首先，权力与责任是对应的，缺一不可。无论是领导集体还是个人，都既有权力，也有责任。权力与责任相辅相成。只有责任，没有权力，责任就无法履行和落实；只讲权力，不讲责任，权力就得不到监督。对于党和政府的成员、个人或组织都要明确权力和责任。其次，权力与责任应是平衡的，对领导集体或个人的权力范围和责任范围的设定应是大体相当的。权力过大或责任缺失会导致滥用权力，损害人民的合法权利。最后，在制度设计上，应既有权力制度，也有与之相适应的责任制度。责任制度不完善会导致责任缺失，而责任缺失往往导致过错无人承担而使事业受损失。

7.1.2　领导责任的研究视角

西方行政学很早就有关于责任问题的研究，对其进行梳理有助于我们对领导责任的理解，为建立完善我国领导责任制度提供有益的启示。

(1) 传统公共行政的视野

追溯公共行政学的历史，自威尔逊、古德诺、怀特等理论家从权力和责任对等的角度关注公共责任问题到泰罗、法约尔、巴纳德等实践家关于如何把责任落到实处的论述，责任问题引起了人们广泛的关注。威尔逊认为对于政府来说，权力和责任两者的有机结合是不可或缺的，“任何事情，不论是政府的事情还是仅仅做买卖，都必须有一个人当家做主，对权力和对行使权力严格负责，是构成好政府的要素”①。理论的发展来自科学管理实践的发展，古典管理中的多项研究也证明了公共责任的重要性。法约尔谈到的“管理的一般原则”第 2 条便是“权力与责任”，他同时强调权力与责任相称。“责任是权力的孪生物，是权力的当然结果和必要补充。凡权力行使的地方，就有责任。……一个出色的领导人应该具有承担责任的勇气，并使他周围的人也随之具有这种勇气。”②从根本上来说行政组织中责任与权力的对等是基础，但是在公共责任的实现过程中存在多方面的阻力。20 世纪初期韦伯所描述的“理想的”官僚制模型是理解官员行为的最主要理论，其优点是

---

① 〔法〕法约尔：《工业管理与一般管理》，周安华等译，北京：中国社会科学出版社，1982 年版，第 224～225 页。

② 马骏、叶娟丽：《西方公共行政学理论前沿》，北京：中国社会科学出版社，2004 年版，第 24～25 页。

他强调明确划分每一个组织成员的职责权限并以法律的形式把它们固定下来，官僚制所确定的官员的责任是明确的；缺点在于扼杀了责任的主观能动性。总体而言，传统公共行政时期强调行政领导严格遵守法律、程序和上级命令，避免使用自由裁量权，并强调对于客观责任的负责。

（2）新公共行政的视野

1968 年，弗雷德里克森等一批年轻的公共行政学者，采用新的研究方法探讨公共行政学的相关问题，批判传统管理的效率趋向，认为其忽略了政府的社会价值和公共责任，公共行政的精神在于公平、回应、诚信和责任。弗雷德里克森所倡导的公共行政的 8 条新原理也是以关注公共责任为起点的。自此开始，各种针对传统管理模式的“新”理论应运而生。新公共管理把焦点集中在绩效与结果上，强调行政领导责任是以效率和效益来衡量的。新公共管理强调借助行政部门以外的立法部门对各级行政部门实行外在监督，来促使个人责任的实现，由于责任的界线很明显，很难把个体责任转移到集体责任或者行政活动的其他环节。通过市场机制与顾客评价等企业管理的经验同样能够达到落实公共责任的目的，客观地说，新公共管理很难摆脱传统管理的影响。

登哈特所倡导的新公共服务则把公民权和公共利益作为公共责任的核心，他反对新公共管理在民营化、企业家政府基础上对以效率为基础的公共责任的推崇。他认为公共利益和公民负责是行政责任的核心，公共责任应当同公民参与的目标相一致。新公共服务关于行政领导责任的论述已经凸显了多元理解的观点，并且把公民参与作为其组成部分。在新公共服务中，责任被认为包含了专业责任、法律责任、政治责任和民主责任，但其最终指向都是公民。从混沌理论出发，这有助于从一个全新的角度来思考行政领导责任问题。如基尔所言，在非线性力学组织中，认为行政领导不应该因为意想不到的结果而对其行为负全责看来是合理的。在所有非线性力学所造成的工作伦理问题中，“核心的伦理问题是关于责任的概念”①，行政领导责任意味着行政领导应该认识到，他们的行为可能会对政府服务产生影响，继而最终影响公民的福利。行政领导应该为他们行为的后果负责。莫雷认为，新公共管理在公共行政的传统责任之上加上了目标设定和政治管理的责任，而在传统公共行政学中，行政领导责任仅是执行政治层所确定的具体目标和任务。反思百年公共行政的主题，研究主线始终围绕着政府应该做什么的问题，可以具体为两个问题：一个是公共责任是什么，二是如何实现公共责任。

（3）官员道德品质的视角

道德责任是人类活动的开始，其中个体的主观作用影响巨大。麦金太尔非常强调伦理道德的约束力，他认为，在美德和法则之间还有另一种关键性的联系，即个体的主观责任，这对于规范客观责任具有重大意义，个人品质是实现本职工作的重要前提。行政领导责任的核心是统一的义务概念，由思想的戒律和职业的规约塑造而成；行政官员要有坚定

---

① 〔美〕麦金太尔：《德性之后》，龚群、戴杨毅等译，北京：中国社会科学出版社，1995 年版，第 46～47 页。

的决心，愿意牺牲个人喜好来实施法律政策，在本职工作中投入精力和创造热情；对曾宣誓捍卫的公众利益保持警醒的良知。行政责任源自真诚服务的态度。在形成这种态度的过程中，行政官员的伦理观念只能是唯一的，这就是非常重要的责任要素。库珀将自由裁量权作为起点，认为责任来自执行自由裁量权的行为，行政领导具有主观责任和客观责任。在客观责任中，行政领导要对上级、公众和法律负责，同时面临利益冲突、角色冲突和责任冲突。主观责任即个体认为应该负责的事情，同行政领导的道德伦理修养有关。他的研究强调了伦理道德对于塑造良好的行政责任的意义，主观伦理精神的塑造是从内部实现行政领导责任的途径。库珀对主观责任的强调也是对个体道德品质的重视，从历史上来看，我国长期以来侧重于从个体道德素质的角度来考察行政领导责任，这种理念作为法律规范的重要补充理论对促使公共责任的履行起到了很大作用。现代社会更为强调运用“问责”等各种法律来实现责任，但是效果却不尽如人意，这也迫使我们反思为什么仅仅依靠法律的惩罚难以起到应有作用，从而重视激励官员主观能动性的发挥，同时加强对其道德的引导。

(4)“街头官僚”的视角

李普斯基建立了“街头官僚”理论，他把处于最前线的政府工作人员称为“街头官僚”，从个体行为的视角而言，西方话语中的街头官僚可以解释行政领导的行为特征。这种理论认为街头官僚的工作琐碎，难以程序化，所以具有较大的自由裁量权；就个人权力而言，街头官僚具有某种自主性，因为在实际操作中，他们的利益同上级和政府管理者存在利益上的差异。正是在这种时间紧迫、需要马上决策的环境中造成了街头官僚们强有力的决策制定和执行能力。街头官僚的资源不足同需求的弹性增加了其履行责任的困难。他们的工作责任主要有：分配服务，即“增加顾客得到服务的成本（金钱、时间与信息）和将服务的总量进行限制”；通过设置和运作某些工作程序来控制顾客和降低不确定性；预留时间和资源来应付突发事件；“运用特殊的处理程序来吸收和化解公众的不满与抱怨”。这种理论对于我们从微观具体的角度来理解行政领导责任的灵活性、理解我国基层官员责任的复杂性有借鉴意义。

(5) 公共选择的视角

尼斯坎南认为传统的关于官僚制的文献都是从国家有机体的概念出发的，个人的偏好服从于国家特定的有机目标。这种观点便暗含着这样一种假设，即不承认官僚个人偏好的相关性，他们的偏好是服从性的或者没有相关性。显然，这种观点无法解释现代社会中官僚个人的诉求和偏好，尼斯坎南把官僚制同代议制政府和自由劳动力市场结合起来考察。这种观点从个体的角度解释官员的自利行为，对于我们理解行政领导责任中的自利行为有借鉴意义。对于责任的理解应当从结构、行为和规范三个角度进行，行政领导责任更多的关乎规范问题。由于其事务繁多，一个行政领导同时具有服务于个人目标或公众利益的不同观念，常常会阻碍其实现公共利益的最大化，同时其预算最大化倾向明显。① 综合尼斯坎南从公共选择视角的研究，行政领导在实现公共责任过程中面临着协调好个人利益和国家利益的困境。前人往往从体制的相关规定出发，忽略了政府是一个具有个人动机的人管理的政府，从而缺乏从人的视角来理解公共责任。

7.1.3 我国领导责任制度建设

在各个领域明确领导责任，实现权力与责任的平衡，对于解决因权力失衡带来的各种问题都是十分重要的。如在廉政建设中，规定好领导责任是搞好廉政建设的关键。美国研究反腐败问题专家罗伯特·克利特加德在调查了大量腐败案件后概括了一个著名的公式——腐败条件：垄断权＋自由裁量权＝责任制。从公式可以看出，责任制越健全，腐败现象滋生和蔓延的条件就越差；反之，腐败现象滋生和蔓延的条件就越好。所以，我们要不断加大对领导责任制度的探索力度，推进我国领导责任制度的建设。

(1) 领导责任体系内容

借鉴我国古代行之有效的责任机制和西方行政学的相关研究，领导责任体系包括以下几方面内容。

a. 政治方面的责任

邹建将政治责任概括为："掌握国家公共权力的党政干部应履行好对政治、经济、文化等事项的管理义务，正确处理好人民内部矛盾，服务于经济建设大局，最终实现人民群众的根本利益。反之，就要承担接受谴责、处罚甚至丧失行使国家公共权力的消极后果。其中掌握国家公共权力是承担政治责任的前提，有无违背人民群众的根本利益是是否承担政治责任的核心标准。"②政治责任是维系政治有效性的重要机制。政治责任不能完全由法律来明文规定，因为"一种政治行为如制定一项不合时宜的政策可能并不违法，甚至从形式上来看非常合法，但必须承担相应的政治责任"③。政治性决策及其后果的评价不仅以是否符合程序正义来评价，更以是否符合实质正义即是否合理正当来考察，所以"法律可以规定政治按什么程序运转，也可以规定政治向什么方向运转，但不能规定政治的运转结果即公共政策的具体内容，因为法律不能判断一项按其规定的程序制定并指向其规定方向的具体政策是否合理可行"④。

b. 体制规定的责任

从官僚制赋予个人的权力和责任相对等的角度来理解领导所承担的责任，这是最为基本的内容，也可称为政治责任。目前，上级领导为了落实责任，往往通过和下级签订责任状、制定相关奖惩办法来约束下级领导。这个层面的制度设计重在激励领导应当改变

---

① 赵树凯：《乡村治理：组织和冲突》，《战略与管理》，2003(6)，第4～5页。

② 邹建：《社会主义政治文明中的党政领导干部问责制研究》，北京：中共中央党校研究生院，2007年版，第172页。

③ 张贤明：《论政治责任——民主理论的一个视角》，长春：吉林大学出版社，2000年版，第52页。

④ 张贤明：《论政治责任——民主理论的一个视角》，长春：吉林大学出版社，2000年版，第56页。

在传统预算约束下面面俱到的责任形式，让领导只对最基本的社会事务和公共服务负责，这些内容是社会主义建设所必需的。其主要内容有发展经济、保护环境、提供公共产品和公共服务等。同时，体制还应当规范领导人权力的自我扩张和逆向软预算约束行为所导致的自上而下的掠夺行为。体制的规定应当成为外延层面责任的依据和基础，否则，便会造成责任界定的混乱。

c. 法律赋予的责任

法律赋予的责任主要是对法律负责，在法律规定的范围内按照法定程序实施，并接受法律的制约和惩罚。主要有廉政建设、安全生产责任追究及各种临时性事务。这个层面重在对行政领导进行法律监督与约束，所以仍然应从微观激励和宏观约束入手，在微观层面上，把相关考核同体制规定相结合，避免"体制外"因素介入考核；在宏观层面上动员外在力量对行政领导权力进行监督。法律应当对上下级行政领导的责任进行适当划分，阻止上级过多的"一票否决"，同时动员广大公民参与行政领导考核，把源自低层的力量制度化。

d. 道德责任

从个体主观能动性的角度来拓宽责任的内涵，按照公共性的精神，行政领导的道德责任即在具体政策执行中积极发挥主观能动性，并对人民负责，这是我国国情的特殊规定。这种情况普遍地存在于各级政府中，但不能简单地用政治责任来界定行政领导责任，不能简单地把行政领导的权力看作是政党权力的延伸。这种责任设计体现了行政领导把个人所处职位的能量充分发挥，但是它不能突破前面两个层次的规定，应当保持在合理行使自由裁量权的限度内，这个层面的责任很难用法律和制度规定下来。

(2) 我国古代的官吏问责制度

在我国古代，就十分强调官吏的责任。对官员的问责涉及政治忠诚、官宦集团纠纷、政见的差异以及行使权力的合宜状态，还有自于岗位责任的制度规定。在唐代，官吏的问责体制和机制趋于成熟。明清前的问责机构主要由御史监察和谏官言谏两大部分组成。这种机构创建于秦汉，发展于魏晋南北朝，健全于隋唐，到明清时期达到了高度的完备，在机构设置上，清朝将六科给事中合并于都察院。六科给事中与十五道监察御史(后增为二十道)，合称"科道"，分别负责对京城内外官员的监察和纠弹，实现了监察组织的空前完整和统一。

唐代官吏监督制度包括三个方面：一是直属皇帝的、独立于行政系统之外的御史台系统，这个系统起着对一切官僚进行全面监督的作用；二是由尚书都省主持而同时受到中书、门下两省监督的官吏考核制度；三是由尚书左右丞及刑部尚书分管的勾检制，其中主要是经济专项监督制度，这也是遍及一切机构的监督系统，只有中书、门下两个人数极少的机要部门例外。三个方面的监督系统共同发挥作用。

唐代御史台行使职权有三个特点：一是风闻奏事，风闻即传闻，御史台有权风闻奏事，即如果听说到某个臣子有什么问题，可以不经核实就直接奏报皇帝；二是设置台狱，唐初御史审案，皆送大理寺狱；贞观末，中丞李乾佑以办自大理往来，多被大理寺推翻释放，于是奏请御史台处置东西两狱，监禁罪犯。至开元时，御史台狱仍并入大理；三是三司会审，唐代遇有特别重大的案件，则由大理寺卿会同刑部尚书、御史中丞共同审理，这叫"三司推事”。有时还由门下给事中、中书舍人和侍御史，共同组成特别法庭，称为“小三司”，坐堂受理冤狱，称“三司受事”。

(3) 我国领导责任制度建设的探索

领导责任制度建设是深化社会主义民主政治建设、推进政治体制改革的有效途径，必须高度重视建立健全相应的制度，把责任同权力相对等，既不扩大权力，又不扩大责任，使得权责互为依赖、相称一致，客观公正地构建我国领导责任制度体系。近些年来，从理论和实践上我国不断对领导责任制度进行探索，主要有以下几方面。

a. 党政领导干部问责制度

党的十七大报告和十一届全国人大一次会议政府工作报告中都强调要“推行行政问责制度和政府绩效管理制度”。这说明随着改革开放的不断深入，党和国家对基层政府部门权力的有序、高效运行日益重视，监督和制约的力度也将进一步加大，行政问责制将成为完善行政执法的一项重要制度。2009 年，中共中央政治局会议审议并通过《关于实行党政领导干部问责的暂行规定》，它是对负有决策责任的“党政领导干部问责”的正式法规，它的出台是“党政领导干部问责”步入法制化的重要步骤，基本完善了从制度层面对公共权力控制与监督的责任追究、纪律追究、法律追究三大机制。

b. 探讨“执政责任共担”机制

“执政责任共担”机制，是指权力体依法行使职权、共同承担责任的运行方式和规程。打造“执政责任共担”机制，需对党内权力运行中存在的领导主体、决策主体、选举主体和监督主体偏离的问题进行调适，使权力主体归位。如《中国共产党党内监督条例(试行)》明确规定，要在党内建立健全并实施集体领导和分工负责、舆论监督、询问和质询、罢免或撤换等 10 项重要监督制度。其中的“罢免或撤换”制度，可以说是一项在作用上属重中之重的制度。近年来，“罢免”作为一项基本的民主监督制度和机制，在我国的人民代表大会制度中基本建立健全，而且实际运作的效果也比较好。这就为在执政党内建立“罢免或撤换机制”，提供了诸多可资借鉴的经验。

c. 领导辞职制度的探讨

2002 年 7 月，中共中央在《党政领导干部选拔任用工作暂行条例》(1995)的基础上，总结近 8 年来干部人事制度改革的成果，制定了《党政领导干部选拔任用工作条例》，并首次将引咎辞职纳入领导干部制度。2004 年，中共中央批准实施了《党政领导干部辞职暂行规定》，对“因公辞职”、“自愿辞职”、“引咎辞职”、“责令辞职”作了明确规定，也为各地方党政机关践行领导集体辞职制度提供了指引。

d. 完善用人失察失误责任追究制度

《党政领导干部选拔任用工作条例》对此作了明确的规定，《中国共产党党内监督条例(试行)》也规定了对干部任用的监督。这强化了干部监督措施，明确了监督主体、监督责任等方面的内容，对建立健全干部选拔任用的监督管理机制具有重要意义。但是在实际工作中，用人失察的“问责制”并没有得到很好的落实，其原因是追究用人失察责任有其特殊性。用人失察失误追究发生在事后，往往事隔几年甚至更长时间才回头追查相关责任人的责任。用人失察失误责任追究制度得不到较好落实，根本原因在于缺乏执行力。选人用人事关经济社会发展，事关党风、政风和社会风气，事关人心向背，建立和完善用人失察失误责任追究制度迫在眉睫。《关于实行党政领导干部问责的暂行规定》中规定了对“违反干部选拔任用工作有关规定，导致用人失察、失误，造成恶劣影响”的要进行问责，这对于完善用人失察失误责任追究制度是有积极意义。

7.2　领导伦理

7.2.1　领导伦理概述

(1) 领导伦理的含义

什么是伦理？在中国古代的典籍中，“伦理”一词最早见于《礼记》。“伦”、“理”原本也是两个词，“伦，辈也。从人，仑声。一曰：道也”。可见，“伦”字的意思是同辈、同类之中的不同等级，在涉及人际关系时，本身就有伦常、纲纪之意。“理，治玉也。从玉，里声。”“理”的原意是“治玉”。“玉之未理者为璞，剖而治之，乃得其鳃理。”前一个“理”是动词，意指“分析精微”，后一个“理”字为“纹路、秩序”之意。“伦理”中的“理”当取后一种意思，即秩序或规则。“伦”、“理”合用始见于《礼记·乐记》：“乐者，通伦理者也。”郑玄注“伦，类也；理，分也”，意思是“事物之论类各有其理”。因此，“伦”、“理”合在一起即为“群道”，指的是群居生活中人们所遵循的道理、习俗、规则，以及由此而形成的秩序。

从西方来讲，伦理一词来自希腊语“ethos”，意思是一个人基本的生活定位。最初，“ethos”便是“住的地方”。从哲学家亚里士多德开始，这个词的含义变成“内心的归宿”，或者今天所说的“内在性格”(inner character)。拉丁语把“ethos”翻译成“mos，moris”，由此产生了英语“道德(moral)”一词。在罗马时代，这个词的重点由内在性格转向了外在行为——举止、习惯和风俗，涉及个人或社会认为是合适的、合乎需要的那些价值观和伦理观，它还涉及个人的动机和德行。伦理理论给人们提供了一套规则系统，用来在具体情境中判断是非善恶，也提供给人们一个理论基础，用来理解什么样的人可以称作道德高尚的人。它说明，伦理问题的实质就是道德问题。

什么是领导伦理？对于这个概念有几种不同的认识，一种观点认为领导伦理以领导者的道德现象主要为研究对象，研究领导者的伦理规范，即领导者在领导活动过程中应遵循的基本道德原则，为领导者处理好各种关系，培养领导者忠诚、爱民、尚公、正直、廉洁、勤奋的美德，实现领导过程的伦理价值及领导者的道德完善，提供正确的道德原则和实现途径。另有学者认为领导伦理是指领导者在其全部活动中，为保持协调、和谐的人际关系必须遵循的价值理念、人伦准则和相关规范的总称①。还有观点认为领导伦理是领导者

① 张文芳：《关于领导伦理的几个问题》，《科学社会主义》，2007(2)，第93页。

的职业道德、职业操守的同义语,指领导者在自己的工作岗位上为实现领导目标、完成领导任务而自觉遵守社会规范、恪尽领导职守所必须具备的各种道德素质、道德要求的总和①。

因此,可以看出,领导伦理的主体是领导者,领导伦理是领导者在职业活动中应遵循的道德方面的准则,而非其他方面的准则(如法律、政治、宗教等方面的准则,尽管这些准则是互相交织在一起密不可分的)。领导伦理指在领导过程中领导者与被领导者潜在接受并受其约束的行为准则或价值观念,其具体表现为领导者与被领导者的价值观、思维观、行为准则以及与系统内外人员之间的人际法则、规则、原则与做事准则。

(2) 领导伦理与领导道德

领导道德则是领导者在领导活动中确立与践行的道德品格与道德方式的集合。作为领导道德觉悟、道德规范、道德行为的统一体,它与领导伦理融合成领导道德力体系。

领导伦理与领导道德之间有密切联系。首先,领导伦理是领导道德的源头。因为领导道德的"成德"(养成之德)所需要的"道",来源于领导伦理中的"理"。"由伦生理,由理成道,由道化德"是一个"链"结构。其次,领导道德是领导伦理的辅承转换。领导活动必须得"道"合"德",其"道"是对领导"伦"、"理"原则与规范的贯彻与实现。最后,领导活动必须合乎领导伦理与道德规律、履行领导伦理道德责任与义务。这一"铁律"的约束对所有领导者都有刚性作用。但是,领导伦理与领导道德在具体内涵、行为要求特征、作用途径和表意重点等方面也有明显区别。因而,领导伦理与领导道德是两个既密切联系又相互区别的概念。

(3) 领导伦理原则

领导伦理对领导工作和领导者都是至关重要的。关于领导伦理原则的探讨源于亚里士多德。他提出了有伦理的人应当具有勇气、节制、公平和正义等美德。美国学者彼得·诺斯豪斯在此基础上归纳出领导伦理的五大原则,即尊敬、服务、公正、诚实和团队建设。并认为这种归纳虽然不能涵盖领导伦理的方方面面,但还是为领导伦理理论的发展完善提供了理论基础。

a. 尊重他人

尊重他人就是领导者珍视他人的精神价值和个性。康德指出:我们有尊重他人的责任。尊重他人意味着永远把他人当作目的来看待,而不是当作达到某种目的的手段。伯恩斯就指出:领导者应该培养他的追随者,让他们意识到自己的需要、目标和价值观,并且帮助他们进行整合。一言以蔽之,尊敬他人的领导者始终承认人的价值。

b. 为他人服务

服务代表着要为他人谋求更大的利益的理念,它要求领导者在把服务原则付诸实践时必须以他人为中心,把他人的利益放在首位,必须以有利于他人的方式行事。有道德的领导者有责任去照料他人,为他们服务,在做出决策时要考虑他们的利益。领导学文献中

① 张凤合:《领导性别·领导伦理·领导效率》,《理论与改革》,2005(1),第114页。

有大量的关于服务原则的论述，如布劳克、克卫、德普瑞、吉里庚、格林里夫、寇兹和珀斯纳以及诺丁斯等领导学家都有相关论述。这些学者都认为，关照他人是伦理性领导的一个组成部分。

c. 公正

有道德的领导者认为平等地对待每一个下属是一个原则性的问题，领导者要在决策过程中把公平放在核心地位，没有人受到特别的优待或被另眼相看，除非有特殊情况不得已而为之。即使有人受到特殊的对待，也必须要以明确的、合理的、充分的、符合伦理规范的理由为前提。约翰·罗尔斯提出，对公平问题的关注应该体现在为实现共同利益而紧密合作的行动上，这与那条黄金法则很相似：你希望别人怎么对待你，你就怎么对待别人。

d. 诚实

要想当一个好领导就必须诚实，人们通常以为一个不诚实的领导者是靠不住、信不过的，大家对他说的话失去信心，进而会对他所代表的组织失去信心。大家不再尊敬他、信任他，领导者的威信也就荡然无存。戴拉·考斯特在其《伦理责任》一书中清楚地表达了他对诚实的看法。他认为诚实并不仅仅意味着不能欺骗，对于领导者来说，诚实具有以下含义：第一，不要答应你不能兑现的要求；第二，不能歪曲事实，不要不履行职责；第三，不要文过饰非；第四，不要逃避责任；第五，不要接受"商业压力下的适者生存排除了我们对他人尊严和人性的尊重"这一观点。除此之外，一个组织能够认识到诚实的必要性，以及给予诚实行为以奖励也是很重要的。

e. 建设团队

一个有道德的领导者往往重视团体内每一个人的意见和想法，关心集体，流露出对他人在伦理上的关注，所有的个人和团体的目标最终都注定要融入社会的共同目标和利益中去。由于领导往往被定义为影响他人达到共同目标的过程，领导定义就有了明确的伦理维度，这意味着领导者不能把目标强加给别人，而应确立与每个人的工作意图都能和谐一致的目标。伯恩斯说，变革型领导者和变革型追随者会趋向于投入到社会中，努力去建立层次更高、范围更广的伦理目标。所有的个人和团体的目标最终都注定要融入社会的共同目标和利益中去。

(4) 研究领导伦理的必要性

一个国家道德建设的关键在于领导伦理建设，因为领导者是带领集体、组织和大家开创和维护事业、勇于创新、掌控局面、承担责任的人。对于组织和集体而言，领导伦理具有极端重要性。领导者的伦理道德水准如何，往往决定了整个组织的氛围、工作效率和精神面貌，甚至影响到事业的成败。中国古代有"天不生仲尼，万古长如夜"的说法，以强调那种德才兼备的圣贤对于国家和民族的极端重要性。在中国革命的历史上，毛泽东的坚定、勇敢、热情、无私对中国革命的成功是至关重要的。这就如邓小平所说，如果没有毛泽东，中国革命可能至今还在黑暗中徘徊。相反，如果领导的伦理道德有问题，那么就会"上梁不正下梁歪"。正因为领导的特殊重要性，所以领导伦理建设尤为重要。

美国学者彼得·诺斯豪斯也认为："在领导学上，伦理涉及了领导者应该具有的行为，领导者应该是怎样的人；伦理与领导者行为和德行的本质有关。在决策情境下，伦理问题或者是内隐的，或者是外显的。不管是内隐还是外显，领导者的决策行为和行为方式都要受到伦理的指导和制约。”①由此不难看出，领导活动中不仅有道德问题，而且这个问题非常重要。领导道德实际上是一种榜样道德，这种榜样道德通过领导者自身的道德风貌和道德形象扩散和辐射到社会生活的各个方面。在当代西方国家，领导伦理被称为卓越领导的“黄金法则”，“追求卓越实质上就是追求伦理”已成为人们的共识。

在中国现代社会中，领导伦理与一般伦理规范既有共同点，又有所不同。其共同点表现在，领导者的道德也是社会主义精神文明建设的重要内容，它遵循发生论的一般规律。其不同点一方面表现在领导干部道德规范具有比一般道德规范更高的要求，领导者的道德构成必然是基于长期倡导的社会公德、职业道德、家庭美德之上，同时又要高于社会基本道德的体系。另一方面表现为领导者道德规范具有超前性的特点。社会一般成员的道德行为，更多地体现为道德规范的现实性要求，而领导者道德应具有更高层次，体现道德发展较高要求的超前特征。此外，领导者的道德甚至会影响整个社会的精神风貌。

7.2.2 领导伦理相关理论

(1) 我国领导伦理思想

中国作为一个伦理本位的社会②，在领导活动中也蕴含着丰富的领导伦理思想。中国五千多年的领导活动史，就是一部领导伦理道德的进化史。1988 年 1 月，全世界的诺贝尔奖得主会集巴黎，发表《宣言》说：“如果人类要在 21 世纪生存下去，必须回到两千五百四十年前，去吸取孔子的智慧！”言下之意是：以《论语》为载体和代表的中国古典领导伦理与道德思想体系，是全人类共有的宝贵的精神财富。按我国历史的递进次序考察，可以把领导伦理的发展大体分为以下两个阶段。

a. 中国传统的领导伦理思想

这一点可以追溯到西周时期，《尚书·周书》中包含有大量的有关统治者道德的论述。周公首次提出“敬天保民”的领导伦理思想，他成为古代领导伦理思想的奠基人，对后世产生了很大影响。

先秦的诸子百家提出了许多关于君主与将相官吏的伦理道德观点和深刻见解。其中，儒学是关于修身、齐家、治国、平天下的学问。孔子是儒学的创始人，而孟子、荀子则是儒学发展史上的两位重要人物。在孔子、孟子和荀子的著作中，领导伦理是一个非常重要的主题，他们提出的许多领导伦理方面的命题，言简意赅而又震撼人心，先秦之后历代封建王朝的领导伦理理论基本上都是对先秦儒家思想的继承与发展。不仅如此，先秦儒家的领导伦理理论，至今仍为人们所乐用，且常令当代人叹为观止，如孔子的“为政以德”、“大同”等思想。季康子问政于孔子曰：“如杀无道以就有道，何如？”孔子对曰：“子为政，焉

① 〔美〕彼得·诺斯豪斯：《领导学：理论与实践》，吴荣先等译，南京：江苏教育出版社，2002 年版，第 163 页。

② 梁漱溟：《中国文化要义》，上海：上海世纪出版集团，2005 年版，第 70 页。

用杀？子欲善而民善之。君子之德，风；小人之德，草；草上之风必偃。”“君子之德，风；小人之德，草”是对道德力量的比喻。用“风”和“草”来比喻“君子之德”和“小人之德”，当风吹过来时，草必然会倾倒，也暗示高尚的道德力量必然战胜邪恶的“小人之德”，从而显示巨大的力量。这也是孔子反对使用杀戮的手段，主张为政以德的理论根据。再如孟子的“仁政”思想。在政治上，孟子提倡“以民为本”，他认为，对一个国家来说“民为贵，社稷次之，君为轻”。孟子反对兼并战争，他认为战争太残酷，主张以“仁政”统一天下。此外，还有墨子的“兼爱”思想，等等。

作为儒家经典的《大学》对修身的论述最为透彻：“古之欲明明德于天下者，先治其国。欲治其国者，先齐其家。欲齐其家者，先修其身。欲修其身者，先正其心。欲正其心者，先诚其意。欲诚其意者，先致其知。致知在格物。……物格，而后知至。知至，而后意诚。意诚，而后心正。心正，而后身修。身修，而后家齐。家齐，而后国治。国治，而后天下平。自天子以至于庶人，壹是皆以修身为本。”在这些条目中，修身处于内与外的连接点上。向内，分别为格物、致知、诚意、正心。这四方面都有前后顺序，前者是后者的前提条件，只有做好了这四者，修身的目的才可以达到。这即是所谓“内圣”。向外，依次为齐家、治国、平天下，以自身良好的道德修养和日趋于圣人的综合素质，从小到大，从易到难，由内而外，由己及人，由家到国，即先把自身及家事治理好，然后才谈得上国与天下。正是在这一意义上，人们肯定了修身在政治生活中的根本地位。对于领导者来说，修身与治国是双向关系。一方面，修身是施行德治的前提；另一方面，德治也是修身的必要条件。国家治理得好，正义在社会中占主导地位，有德之人才能在社会中行得通；否则，一个不尚力不尚德的社会，不能给人提供修身的条件，即使修身做得好，在社会中也一无用处。而这种双向关系的实现都离不开领导者的开明。

此后，领导伦理思想得到了进一步的发展和丰富。西汉刘邦提出了“清静无为”、“与民休息”的政治伦理思想。汉武帝刘彻提出了“禁苛暴、止擅赋、力本农”的领导伦理思想。诸葛亮提出并践行了“鞠躬尽瘁、死而后已”的竭尽忠诚的领导道德理想。唐太宗李世民提出了“居安思危”、“虚怀纳谏”、“君臣合契”等领导伦理思想。范仲淹提出了“先天下之忧而忧，后天下之乐而乐”的伦理道德思想，等等。这些都是中国传统的领导伦理的瑰宝。

b. 中国共产党的领导伦理思想

毛泽东同志是我党从理论与实践的紧密结合上，最早思考与研究领导伦理与道德问题的伟大先驱，也是最深刻、最富有成果的探索者。在《毛泽东选集》中，关于领导伦理问题的文章占了很大篇幅，这些领导伦理思想光彩夺目，影响深远。毛泽东伦理思想始终贯穿着“为人民服务”这一核心，他认为“为人民服务”是社会历史发展的规律，是中国共产党区别于其他政党的显著标志，是人生观和道德修养的准则。邓小平同志从领导改革开放的实际出发，也提出了许多关于领导道德的新论断，如“三个有利于”的价值标准，即“是否有利于发展社会主义社会的生产力，是否有利于增强社会主义国家的综合国力，是否有利于提高人民的生活水平”为指导社会主义道德建设，特别是为科学地进行道德评价提出了客观标准。江泽民同志总结、提炼了一系列领导干部伦理与道德修养的新思想，提出了“三个代表”这一重要思想。他明确要求领导干部始终代表中国先进生产力的发展要求，始终代表中国先进文化的前进方向，始终代表中国最广大人民的根本利益。

党的十六大以来，以胡锦涛同志为总书记的中央领导集体继续推进了领导伦理、领导道德思想和理论的创新。他所提出的关于“共产党员保持先进性的六大要求”、“领导干部加强五项执政能力建设”、“以科学发展观统领各项工作的六个必须”、“三为民”观，都是既有理论高度、又有很强操作性的领导伦理道德新思想。2006 年 3 月，他又首次提出了“树立社会主义荣辱观”的重大道德命题，并号召广大干部群众和青年学生要分清是非、明辨“八荣八耻”，用“八荣八耻”规范行为，从而提高自身的道德水平。党和国家最高领导层提出如此具有鲜明时代特征的社会主义荣辱观体系在新中国历史上还是第一次。2007 年党的十七大报告中更包含着丰富、精彩的领导伦理思想。例如：按照德才兼备、注重实绩、群众公认的原则选拔干部，领导干部必须讲党性、重品行、作表率，加强领导干部廉洁自律工作，等等。其精神实质对当前我国领导干部伦理道德建设具有强烈的针对性，也是我国领导伦理研究的指南针。

(2) 西方领导伦理理论分类

许多西方领导学著作都涉及领导伦理理论问题。它们的基本看法是：领导伦理的相关理论是在两个领域展开的，即领导的行为和领导的特征。换句话说，领导伦理理论既研究领导行为，又研究领导者是什么样的人，二者之间有着必然的、密不可分的联系。

a. 领导者行为的伦理理论

领导行为的伦理理论可以分成两个类型：一是强调领导者行为结果的理论——目的理论，二是强调责任和规则的理论——义务理论。

目的理论是强调领导者的行为结果的理论，即根据个体的行为是否达到期望的结果来判断其正确与否。根据这种理论，要回答“什么是正确的”这个问题，只要看一下行为的结果就行了。实际上，行为的结果好坏决定了这种行为在伦理上是好还是不好。评价伦理行为的结果的方法有三种：一是利己主义的方法，它认为个体行动的目的是最大限度地为自己获取好处；二是功利主义的方法，它认为我们的行为应该为大多数人谋求最大的利益；三是利他主义的方法，认为只有在行为的初始目的是关注他人的利益得失时，这种行为才是符合伦理的。这种观点要求领导者按照他人的利益行事，即使在损害到自己的利益时也要以他人的利益为先。义务理论是强调责任和规则的理论。这里的“义务”一词来源于希腊语“deon”，意思是职责。一种行为是否合乎伦理不仅要看行为的结果，而且要看行为的本身，如是否诚实守信、处事公平等。义务理论主要关注领导者的行为、义务和做正确事情的责任。

b. 领导者特征的伦理理论

领导伦理的相关理论的另一个领域是从领导者特征的角度处理伦理问题，这些理论叫作“以美德为本的领导理论”，它们着眼于领导者应该是一个什么样的人。该理论认为：美德根植于个体内心深处和性情之中。美德和美德能力不是与生俱来的，而是可以通过学习和训练获得的，人们可以接受家庭和社会的教化而成为遵守道德规范的人。以美德为本的领导理论虽然直到最近才重新受到重视，但最早可以追溯到古希腊时期的柏拉图和亚里士多德。美德在希腊语中叫“aretaic”，也是杰出的意思。彼得·诺斯豪斯认为：“与亚里士多德一样，当代以美德为本的领导理论的拥护者也强调应该把注意力放在对伦理价值观的培养和训练上。与其告诉人们怎样去做，不如告诉人们应该怎么去做人，帮助人们拥有更多的美德。”①根据亚里士多德的理解，有伦理的人应当具有以下美德：勇气、节制、宽容、自我控制、诚实、好交际、谦虚、公平和正义。亚里士多德认为，美德能使个人在社会中很好地生活。诺斯豪斯认为，就本质而言，以美德为本的领导理论是关于如何做一个好人、如何成为一个有价值的人的理论。通过从童年到成年的长期反复练习，美德就成为了一种习惯，成为了人格的一部分。“从说真话开始，人会变得诚实；从施舍穷人开始，人会变得仁爱；从公平待人开始，人会变得公正。我们的美德来源于我们的行为，我们的行为又证明了我们的美德。”②

(3) 西方领导伦理观

a. 海菲兹的领导伦理观

罗纳德·海菲兹认为，领导道德与伦理的核心在于领导者如何帮助追随者应对冲突以及从中影响变革。罗纳德·海菲兹是一名精神病学家，基于他的致力于精神病学工作及对约翰逊总统、甘地及玛格丽特·桑格等许多世界级领导人的观察和分析，他系统地提出了独特的领导伦理理论。在《领导不容易回答》一书中，海菲兹提出领导者的主要角色是帮助追随者面对冲突和发现建设性的处理方式。他认为领导是一个集体的过程，领导者影响个人，也鼓动集体努力完成适当的工作。领导者的影响过程不仅包括使用理性和呼吁价值，也包括正式的权威。然而，正式的权威对于提供道德领导不是必要的，紧急的领导者能获得非正式的权威，在所需的情境下能负起执行领导的责任。海菲兹特别强调领导者必须运用权力来动员人们去面对棘手的问题，领导者要用信任、培养和移情来营造让追随者感受到支持的环境。在这样的支持性的环境中，追随者在面对难题时才能获得安全感。领导者特别要运用权力让大家注意到棘手的问题，检验信息的真实性，建立解决问题的框架，协调观念的冲突，促进决策过程的进行。领导者的职责在于帮助其追随者努力奋斗，以适应环境变化并促进个人成长。

领导者能做许多事情帮助人们以集体的有效的方式解决问题。领导的一个重要功能就是使人们知道一个重要的问题，而不是否认、规避、淡化问题的严重性。另一个重要的功能是帮助建构问题，阐明关键的事务，鼓励不同的意见，从现象中确认原因，确认复杂的相关依赖。领导者能够帮助人们获得信息，确认相同点和不同点，鼓励人们发现冲突的整合方案，从而促进问题的解决。

重要的是建立人们能够承受的集体工作方式。如果推进得太快，可能引起人们防御性的工作机制，如得出这样的结论，即临时的缓解或有限的进步是一个完整的解决方案。领导者必须让人们知道将要遇上的困难和为了成功而做出必要的自我牺牲。对领导来说，发现恰当的平衡是一个困难的挑战。海菲兹的思想似乎特别与评价这样的政治候选人相关，即他们否认或低估问题、允诺不现实的解决方案和追求短期的个人利益而不是集体的需要。

---

① 〔美〕彼得·诺斯豪斯：《领导学：理论与实践》，南京：江苏教育出版社，2002年版，第165页。

② 张晓峰：《中西视域下的领导学要论》，哈尔滨：黑龙江人民出版社，2005年版，第292～293页。

b. 伯恩斯的领导伦理观

詹姆斯·麦格雷戈·伯恩斯的变革型领导理论强调了追随者的需要、价值观和伦理观，主张领导者应努力把追随者的道德责任推向一个更高的水平，它明确宣称领导有道德上的维度。领导的一个主要角色或功能是增加道德意识，帮助人们解决价值冲突。这实际上指出了领导是在道德维度上展开的，而这恰恰是其他领导理论范式所忽视的。伯恩斯将变革型领导描述为一个过程，在这一过程中，"领导者和追随者互相影响，以提升到更高的道德和动机水平"。这些领导者利用呼吁理想和道德价值(如自由、正义、平等、和平和人道主义)而不是给予感情(如害怕、贪婪、嫉妒或憎恨)来唤起追随者的意识。

伯恩斯描述了领导是领导者和追随者相互影响的一个过程，他们之间的关系随着时间的推移而发展。变革型领导是个人之间的一个影响过程，也是鼓动用权力去改变社会体系和改革制度的一个过程。领导寻求影响、表达和减缓团体成员之间的冲突，因为这个冲突可能对鼓动和传输能量以实现共同的意识形态目标有用。因此，变革型领导不仅涉及单个追随者的道德升华，而且也涉及集体的努力去实现社会改革。"在这个过程中，领导者和追随者都将变化，他们不仅考虑什么对他们自己有利，而且要考虑什么将使集体的利益更大，诸如他们的组织、社团和国家。"①

c. 格林利夫的领导伦理观

1970 年，罗伯特·格林利夫提出了"服务式领导"的概念，也称"仆人式领导"，并于 1977 年出版《仆人式领导》一书，其观点近年来日益流行。仆人领导思想带有强烈的无私的道德色彩，强调领导者要想下属之所想，关怀下属，实质就是服务。格林利夫认为，服务于追随者是领导的主要责任和道德领导的本质。服务包括培育、保护和授权部属。一个服务式领导者必须注意追随者的需要，帮助他们变得更健康、更聪明、更愿意接受他们的责任。只有在理解追随者之后，领导者才能决定如何更好地服务于他们的需要，正是从这个意义上，才称其为"仆人式领导"。格林利夫认为只有天生的仆人才会成为领导者，事实上，一个人成为领导者的过程首先就是当仆人的过程。仆人式领导者必须站在好的和正确的立场上，在任何时候都应当反对社会的不正义和不平等，包括社会的弱势群体和边缘成员必须得到尊重和欣赏。这种类型的领导者必须授权给追随者，通过完全的忠诚和公开、保持行动与价值的一致性来显示对追随者的信任，以建立对领导的信任，而不是用权力支配他们。

因此，仆人式领导有五个原则作为基础。第一，关心人。仆人式领导者相信健康的社会和组织应该关心自己的成员，他们使用"爱"、"礼貌"、"共同体"这样的名词来描述工作关系所具有的特征。他们认为，衡量一个领导者是否成功不应该看他或者她获得的成就的大小，而是应该看下属的生活发生了什么变化。格林利夫建议我们用下面的问题来衡量领导者的有效性："那些接受服务的人是否得以成长？在接受服务的时候，他们是否变得更加健康、明智、自由，更加自主，使自己更有可能成为仆人？"第二，监护。仆人式领导者是为了别人才占据领导职位或者管理组织的。他们的行为代表着那些授予他们领导责任的下属，他们的行动是为了社会的利益，要确保他们的组织能够服务于共同的利益。监

① 〔美〕尤克尔：《组织领导学》，陶文昭译，北京：中国人民大学出版社，2004 年版，第 476～477 页。

护人要为结果负责，但是要通过服务他人的方式来实现自己的目标，而不是通过控制或者强制他们。第三，公平或者正义。通过公平地分配结果，仆人式的领导者共同致力于创造一个公平的竞赛场地。公平原则还扩展到权力分配方面。第四，感恩。对于那些将领导者看作是一种服务的人来说，领导者与下属彼此之间都负有责任。根据德普里的说法，下属从领导者那里可以期望得到下面的权利：被需权、参与权、盟约关系权利、理解权、影响自己命运的权利、责任权、上诉权、承诺权。反过来，下属对自己的领导者也负有责任：理解自己的组织及组织的目标、顾客、局限性等；承担实现个人目标的责任；即使并不认同组织的全部目标和程序，也要忠于组织的基本思想；抵制对新鲜和未知事物的恐惧心理；理解其他团队成员的价值及他们所做出的贡献；个人应保证对变化保持开放性；建立建设性的关系；问许多针对领导者的问题，包括他们信什么、他们如何为领导职位做准备的、他们能否帮助下属实现自己的潜力。第五，自我理解。与美德伦理学家一样，持仆人式领导观的人认为道德选择依据的应该是品格，而不是行为准则。领导者应当分析自己的动机，寻找自我成长的机会，定期检查自己的态度和价值观，在争取变得信任、有见识，对新思想很开放、强大、勇敢的过程中，为下属创造一个积极的道德氛围。

以上三种领导伦理理论的共同主题是：上下级关系是领导道德伦理的核心。另外，他们都强调领导者要密切关注下属的个人要求。其实，早在1982年和1984年，吉利根和诺丁斯就分别提出“人道”的概念，主张人与人的关系是道德的起点，在机构里人道尤为关键，它是建立信任和合作关系的主要基础，上述三种领导伦理理论与之极为类似。领导伦理理论提醒领导者，领导力也是道德的作用，它对于思考并实践领导道德起到了指导作用。①

7.2.3　领导伦理的评判

(1) 领导伦理的影响因素

a. 领导者的个性特征

进入组织的每一个人都有一套相对稳定的价值观，即关于对、错的基本信念，领导者更是不能例外。需要注意的是，尽管价值说和道德发展阶段看起来相似，但它们其实是不一样的。前者牵涉面很广，而后者是专门用来度量独立于外部影响的程度的。人们发现有两个个性变量影响着个人行为，这两个变量就是自我强度和控制中心。

自我强度用来度量一个人的信念强度。一个人的自我强度越高，克制冲动并遵守其信念的可能性越大。这就是说，自我强度高的人更加可能做他们以为正确的事。我们可以推断，对于自我强度高的管理者，其道德判断和道德行为会更加一致。

控制中心用来度量人们在多大程度上是自己命运的主宰。具有内在控制中心的人认为他们控制着自己的命运，而具有外在控制中心的人则认为他们生命中会发生什么事是由运气或机会决定的。具有外在控制中心的人不大可能对其行为后果负责，而更可能依

① 〔美〕彼得·诺斯豪斯：《领导学：理论与实践》，南京：江苏教育出版社，2002年版，第167页。

赖外部力量;相反具有内在控制中心的人则更可能对后果负责并依赖自己内在的是非标准来指导其行为。与具有外在控制中心的管理者相比,具有内在控制中心的管理者的道德判断和道德行为可能更加一致。

b. 领导者的道德发展水平

另外一个影响领导者伦理的因素就是他的道德发展水平。一些领导者的道德发展水平高,而另外一些则在道德观上受到挑战——这通常是在儿童期就发展起来的。一些理论家认为,人们要经历三个道德发展的阶段。男性和女性在每个阶段会获得不同的经验,因而最后对道德的看法也可能有所不同。这种道德观点被贴上了公正道德的标签,这是因为它是用道德规则来判断哪些行动是公平的。而在各个阶段的早期和晚期,每个阶段都有不同的特点。

美国心理学家劳伦斯·科尔伯格提出的道德发展阶段论(Stage of Moral Development),对这种个人的价值认知与对错判断之变迁提供了一种很好的理论说明。

道德发展的第一个阶段是道德成规前期(preconventional)。这个阶段的构成特点是大多数人是9岁以下的小孩,还有一些青少年和大量罪犯。在这个阶段的早期,人们都是以自我为中心的,不会考虑其他任何人的看法;但是因为各项规则都获得了权威的支持,所以他们会遵守规则,道德行为几乎完全是出于避免受到惩罚的缘故。在这个阶段的后期,人们开始了解他人的利益及因为多种利益而引起的相互冲突,但是在道德行为上仍然是以满足自己的个人利益为中心的。

第二个阶段是道德成规期(conventional)。这个阶段的构成特点是大多为青少年和成人,这个阶段的一个特点是人们越来越多地意识到了他人期望的重要性。人们已经清楚了信任和忠诚在人际关系中的重要性,而且已经开始把相互协议放在自我利益之前加以优先考虑。这个阶段的另一个特点是人类群体或社会道德规范的内部化。道德成规期的成熟期的特点是了解了周围的社会体系。在这个阶段发展完全的人都会坚信,道德行为可以强化社会体系。

第三个阶段是原则化(principled)阶段。通常在20~25岁之间,人们基本上都无法达到这个阶段,或许很多成年人毕生都无法达到这个阶段。之所以被称为原则化阶段,是因为这个阶段的特征是道德原则的建立,这些原则将会指导那些达到了这个阶段的人们的各种行为。当人们对在道德成规期阶段所接受的规范进行了苛刻的评价,并且总结出诸如自由的权利等普遍原则确实存在以后,才会形成这些道德原则。在本阶段的后半部分,人们更充分确立了道德的观点,其中心则是建立在以下两条信念之上的:无论何时,人们的行动都必须在自由选择的道德原则的指导下进行;每个人都应当被看作是自由、自治的个人。这些原则可能会与现有的法律有所抵触,当道德原则确实和法律发生冲突时,人们必须按照道德原则行事。

c. 情境因素

情境因素主要是指领导所处的组织结构和组织文化。组织的结构设计有助于管理者道德行为的产生。正式的规章制度可以降低模糊程度。职务说明书和明文规定的道德准则就是正式指导的例子。不断有研究表明,管理者的行为对下属的道德或不道德行为有着最重要的影响。人们密切关注管理者在做什么并以此作为他们可接受行为和期望的标准。一些绩效评估系统仅仅评估结果，另一些则既评估结果又评估手段。在仅根据结果来评价的地方，人们会不择手段地追求结果。与评估系统密切相关的是报酬的分配方式。奖赏或惩罚越依赖于特定的结果，管理者所感到的取得结果和降低道德标准的压力就越大。在不同的结构中，管理者在时间、竞争和成本等方面的压力也不同。压力越大，就越可能降低道德标准。

组织文化的内容和强度也会影响道德行为。最有可能产生高道德标准的组织文化是那种有较强的控制能力及风险和冲突承受能力的组织文化。处在这种文化中的管理者，具有进取心和创新精神，他们意识到不道德行为会被发现，并且对他们认为不现实或不符合个人意愿的需要或期望进行自由、公开地挑战。

从以上道德领导的影响因素可以看出，领导者的伦理行为也与领导者的个人需要和个人品质有关。那些容易产生幻想、感情不太成熟和过分关注个人权力的领导者往往会产生不道德的行为，在他们看来，其他人是没有价值的，从而将他人看作是为了个人利益所操纵的一个物体，这样的领导者使用权力就是为了剥削他人和提升自己的职业地位，而不是达到组织的目标。道德发展的水平和阶段是评价单个领导者或组织伦理行为的一个基础，与一个在较低发展阶段的领导者相比，处于很高发展阶段的领导者通常被认为更有道德。同时，由于领导者的伦理行为都发生在社会情境中，而领导者总是处于特定的组织中，因而道德领导也受组织结构和组织文化的影响。①

(2) 领导伦理的评判

因人们思想认识的不同，对领导行为进行伦理上的评判标准的不同而显得比较复杂。但总的说来，人们应从动机、手段、情境和结果上进行把握。

a. 动机方面的评判

动机是行为的出发点。对领导者行为进行动机评判是指通过对领导行为动机的识别，进一步判断其行为动机是不是道德的。动机是个体具有极大内隐性的内在心理活动，无法直接观察到，只能依据其行为进行判断，而行为又是受价值观影响的，价值观决定了一个人实际在追求什么，在选择做什么。领导者的价值观与领导的有效性存在正相关关系。评判领导者的行为是否符合伦理要求，只能依据效果去评判其动机的善恶，而按维特根斯坦的说法，动机和效果不能互相证明，只能凭良心了。正如康德特别强调的，一个人的行为之所以被称为善的，能够有道德上的价值，唯一的根据就是它是从善良意志出发的，一切不是从善良意志出发的行为，不论其效果如何，都不能认为是善的。

b. 手段方面的评判

在领导活动中，手段和目的应该是基本统一的，但在具体领导行为中也存在分离甚至相悖的情况，有时甚至是模糊的。马基雅维利甚至认为，为了目的可以不择手段，只有目的才能证明手段的合理性，有时过于在意手段的道德完整性很难达到所希望的目的，而一定程度上忽视道德的完整性反而容易实现领导目标，正是从这个意义上，马基雅维利才提

① 刘延平等：《组织领导学》，北京：清华大学出版社、北京交通大学出版社，2011 年版，第 99～101 页。

出实现政治目的不必拘泥于道德。现在比较一致的观点是不能用目的合理性来证明其手段也是合理的,因为对目的本身是否合理也很难准确把握,至于行为是否合理更是既无法确证也无法保证的。目的和手段是一个对立统一的有机整体,没有离开目的的纯手段,也没有离开手段的纯目的,无论目的还是手段违反了善良意志,都有损于领导行为整体的道德价值。

c. 情境方面的评判

情境是指领导所处的组织结构和组织文化,领导行为离不开情境的影响和制约,由此引发的道德问题便十分突出。领导情境纷繁复杂、千变万化,尤其情境中人的因素又很复杂,人是有欲望和情感的,其道德品质千差万别,善恶行为也多种多样,这些都需要领导者在坚持原则的前提下灵活处置,而无论原则性还是灵活性,在实际运用中都容易出现手段和目的相分离甚至相悖的情况,从而使领导者陷入道德困境。解决的办法就是审时度势,因势利导,趋利避害,从良好动机出发努力达到主观与客观在善的基础上的有机结合。

d. 结果方面的评判

领导活动的伦理价值在于领导行为的后果,它要求领导者必须对行为后果承担责任,并以后果的善补偿或抵消为此后果所使用手段的恶或可能产生的副作用。领导行为的结果主要体现在绩效测评体系上。绩效测评体系的设计本身就包含着道德伦理问题。学者达利专门探讨了这一问题,其理论核心是:在确定一个群体或个人的奖罚时,定量化的绩效度量方法使用得越多,它给管理对象带来的做出不道德行为的压力就越大,也就越有可能使其意欲调整的群体或个人的行为模式和思想扭曲、败坏,这种用标准来控制的制度将释放出大量的个人技巧,人们会使标准的结果最大化。然而,人们可能是以标准设置者不愿见到的方式做到这一点的,也可能是以破坏标准效度来做到这一点的。人们“编制数据”,而这些数据的含义与过去所想的不一样了。以上内容就是有名的“达利法则”。这样的事情在现实领导活动中普遍存在,一些人这么做不是因为不诚实,而是出于利己或利他等考虑,这样就使测评体系难免带有缺陷甚至欺骗性,领导者为此必须保持其道德上的高度警觉,否则就会因消息的失真、变形和扭曲而做出错误的决策或产生不道德的行为。

综上所述,领导行为之善恶,唯一的衡量依据就是是否从善良的意志出发。凡从利己动机和个人贪欲出发的领导者都不会有高尚的道德情操,自然也就不能形成良好的道德行为,甚至通过上行下效,而把人引向邪恶,亵渎道德的尊严。

7.2.4 建立我国领导伦理的机制

领导干部在新形势下要承担起自己的崇高使命和重大责任,就必须对自己所从事的工作,对手中的权力承担相应的责任,对自己在组织中所扮演的角色有一个正确的道德态度,并在此基础上处理好各方面关系。这就需要领导伦理机制的建立健全,以促使领导者遵循伦理道德,更好地为人民服务。关于领导伦理的机制,主要包括两个:一是领导伦理的监督机制,一是领导伦理的养成机制。因为伦理就是他律和自律的统一,而领导伦理也是一种领导他律和领导自律的统一。所以,从他律的角度,领导伦理就需要接受来自外在的监督;又从自律的角度,它就需要内化为自己的一种品格。

(1) 领导伦理的监督机制

党和国家领导人历来都非常重视干部的监督问题。刘少奇同志在 1957 年就讲过这个问题,他借用恩格斯的话说,要防止国家和国家机关由社会公仆变为社会主人,我们党、政府和经济机关的国家领导人本来是国家的公仆、政府的公仆,现在有些人已经变为主人,把人民群众当作仆人,自己还不自觉,这是错误的。这个问题,显然值得我们高度重视,这就提醒我们必须从机制上解决领导伦理的监督问题,促使领导伦理监督制度化,为领导伦理生长提供外部环境和动力,帮助领导者实现伦理的内化。

a. 立法与司法监督

全国人民代表大会以及各级地方的人民代表大会都在加强领导伦理的立法监督,并且根据制定的有关法律,我们的司法监督也加大了力度。国外在领导伦理的立法监督方面,做出了很多成绩,如韩国领导伦理方面的立法,包括韩国的国家公务员法、地方公务员法、韩国公职员伦理法、韩国公职人员伦理法实施令,以及韩国公务员服务规定,等等。可以说,领导伦理法规化已经在整个世界范围内形成了一种趋势。我们应当根据中国特色社会主义事业的建设对领导伦理建设的新要求,借鉴国外伦理立法的有益经验,同时吸收我国现存伦理文化的积极因素,积极稳妥地推进我国伦理的法律化进程。

b. 政党监督和行政监督

规范领导者的道德行为离不开党的方针政策特别是党的纪律,如中纪委和监察部制定的廉政准则以及相关的条规,中央制定的《中国共产党纪律处分条例》,国务院制定的《国家公务员行政纪律处分条例》,等等,这些对行政伦理和领导伦理的监督机制的完善是不可缺少的。

c. 舆论监督

舆论监督具有时效性强、辐射面广、透明度高和震慑力大等优势,尤其是互联网技术的发展,新兴媒体的崛起,更凸显了舆论监督的力量。对领导伦理实行舆论监督,是帮助领导干部认真遵循领导伦理不可缺少的一个环节,政府以及各级领导干部要把舆论监督作为自己的一面镜子,在舆论监督的帮助下,来更好地履行领导伦理,更好地完成领导职责。

d. 群众监督

将领导干部置于群众监督之下有着非常重大、不可替代的作用。社会团体及其人民群众可以直接向各级行政机关提出询问、要求、批评和建议;申诉、控告和检举国家行政机关及其工作人员的违法、违纪、伦理道德失范行为;通过报纸、刊物、广播、电视等新闻媒介揭露问题,形成强大的社会舆论监督力量。我们还要建立社会公众广泛参与的领导伦理道德评价机制,以最大程度地发挥群众的监督作用。

(2) 领导伦理的养成机制

如果说,领导伦理的监督机制是从他律的角度上帮助领导干部来更好履行自身的职责的话,那么,领导伦理的养成机制则是把领导伦理的要求内化为领导干部的一些内在素质。领导伦理的养成机制,主要是通过对领导干部实行伦理教育和加强伦理修养来完成的。所以在这个意义上我们可以说,加强对领导干部的教育和修养,是领导伦理养成的一个基本途径。

a. 领导伦理的教育

实际上，这些年来，中央对领导干部的伦理教育非常重视，以加强思想道德教育，牢固树立思想道德防线。行政伦理和领导伦理的建设，应该把它纳入党的思想政治建设的一个重要方面。我国古代的统治者和社会贤哲十分强调对官吏的道德教化，无论是董仲舒提出的"刑者，德之辅"，还是唐代律家倡导的"德礼为政教之本，刑罚为政教之用"或者康熙帝提出的"以德化民，以刑弼教"，其主旨无不在强调道德教化在综合治理中的主导地位。统治者意图通过突出道德教化来唤醒官员的良知和责任感，从而远恶近善，不去违法，达到防患于未然的目的。因此，应不断向领导者灌输先进的伦理道德观念，并把多种形式的道德教育和实践活动同法制教育、党规党风教育等紧密结合起来，将道德内化为领导者个人的心理品质。

b. 自觉加强伦理道德修养

在领导伦理教育的基础上，更加重视领导伦理的修养，因为只有通过不断的伦理修养，才能把这样一些伦理要求真正内化为领导干部自身的一个自觉要求。在进行行政伦理和领导伦理的修养这个过程当中，它的核心内容是通过伦理修养，树立正确的价值观、利益观、人生观。胡锦涛同志曾告诫领导干部要"常修为政之德，常思贪欲之害，常怀律己之心"。这既是对领导干部提出的道德要求，又是领导干部进行道德修养的方法。广大领导干部要通过自我约束、自我监督、自我管理和自我塑造，自觉在改革和建设的实践中，加强学习，进行党性锻炼，加强思想政治修养，锻炼意志品质，提高精神境界，保持高尚的道德情操，追求积极向上的生活情趣，真正养成共产党人的高风亮节。

【本章重点】

- 领导责任的内涵
- 领导责任的制度建设
- 我国的领导伦理思想
- 我国领导伦理机制的建立

【关键概念】

领导责任　主观责任　客观责任　问责制　领导伦理　领导道德　领导伦理机制

【复习思考题】

1. 什么是领导责任？新形势下领导责任的重要意义是什么？
2. 试分析领导伦理与领导道德的联系与区别。
3. 如何进一步完善我国领导责任制度。
4. 新时期应从哪些方面加强我国领导伦理建设？

【推荐阅读】

- 仵凤清、胡阿芹等：《领导学方法与艺术》，北京：机械工业出版社，2009 年版。

刘延平、杜英歌:《组织领导学》,北京:清华大学出版社,2011 年版。

彼得·诺斯豪斯:《领导学:理论与实践》,南京:江苏教育出版社,2002 年版。

加里·尤克尔:《组织领导学》,北京:中国人民大学出版社,2004 年版。

理查德·哈格斯、罗伯特·吉纳特、戈登·柯菲:《领导学》,北京:清华大学出版社,2004 年版。

第8章

领导决策与领导用人

毛泽东同志说："领导者的责任，归结起来主要的是出主意，用干部两件事。"出主意就是决策，用干部就是用人。领导决策的科学化、民主化是有效领导的保证；领导正确用人是实现领导决策目标的关键性的中介环节。领导决策体现了领导活动的科学化，领导用人体现了领导活动的艺术化。正是这种领导职责构成了有效的领导活动，并贯穿领导活动过程的始终。

8.1 领导决策

8.1.1 领导决策的含义与类型

决策是领导者履行职能职责的最重要行为，因为领导者的作用和地位在很大程度上通过决策得以体现，决策也是领导工作的核心和关键。所以，决策是否及时正确，将直接关系到整个领导工作的成败。

(1) 领导决策的含义

"决策"一词，早在我国先秦古籍中就已出现，如《韩非子》中有"智者决策于愚人"，《史记》、《三国志》、《资治通鉴》等典籍中也有关于我国古代决策思想的丰富记载。古人所称"运筹帷幄，决胜千里"，就是对决策活动的生动描述。现代意义上的"决策"由英语"Decision Making"一词翻译而来，对决策概念的理解也有狭义和广义之分。狭义的决策专指对行动方案的最终选择，即人们通常所说的"拍板"。广义的决策，则不仅是指抉择、拍板定案，还包括做出最终选择前的准备活动以及选择后的方案实施活动，如收集信息进行预测，进而确定目标，拟定备选方案，对多个方案进行选择，对拍板所选的方案加以实施，以及对实施情况进行追踪和评估等。诚如现代决策科学理论奠基人赫伯特·西蒙指出的那样，管理就是决策，一切的管理活动都可被当作决策。决策是一个过程，决策方案的最终选择，必须以选择前的各项工作为前提，是决策活动的全过程的结果。

从广义的角度来理解，所谓领导决策，是指领导者为了实现组织目标，制定、选择和实施行动方案的过程。为了进一步认识和把握领导决策的含义，我们可以从以下几个方面进行理解：

第一，领导决策具有明确的目的性。任何决策的出发点都是为了解决特定的问题，实现确定的目标，方案的设计、选择、实施的过程无不是围绕明确的目标进行的。可以说，领导决策就是为了实现领导目标，针对种种问题和困难而制定、选择和实施方案的过程，目的就是这一决策活动过程的源泉。如果目的模糊或者目标体系混乱，那就根本无法进行决策。

第二，领导决策离不开对未来趋势的预测。决策总是立足现实而面向未来的，是为未来要实现的目标而制订方案并进行选择和施行活动的过程，因此，领导决策必须对与实现目标有关的各种情况作出估计，对活动的发展趋势进行预测。建立在科学基础上的预测、分析和设计，是领导决策具有正确性和科学性的重要条件。

第三，领导决策的关键是选择。决策主体和客观情况的复杂性，决定了在决策活动中领导者往往要面临复杂的矛盾，面对多个难以取舍的行动方案。所以，领导者必须针对组织目标，依据有关原则和价值判断对若干方案作出比较和鉴别，从中选择最令人满意的行动方案，这是领导决策的关键，也就是说，决策的核心是选优。没有了选择就不会有决策，而不追求优化的选择也是没有意义的决策。

第四，领导决策是一个过程。不能把决策仅仅理解为领导者选定某个方案的一瞬间的行动，而应认识到，领导决策是从准备活动、选择方案、实施方案到再执行控制行动的前后相连的整个过程，经历这一完整的过程才有可能达成科学合理的决策。事实上，经过执行控制活动的反馈又会进入下一轮的决策。所以，决策是一个循环的过程，贯穿于领导活动的始终。

第五，领导决策依赖领导素质。尽管现代意义上的决策是科学化、理性化的活动，但是它仍然与主观因素密切相关。作为决策的主体，领导者的个人经验、直觉以及价值观等因素必然会介入决策过程中。因此，决策与其他领导行为相比更为依赖领导素质。应该说，任何一种领导素质都能影响到决策的科学性、合理性。政治道德素质、能力和知识水平在领导决策中起着极为关键的作用，它们直接决定了决策的质量与水平；而良好的身体和心理素质则是完成高质量决策的必要基础和前提条件。

总之，决策是领导的基本职能，决策贯穿于领导过程的始终，是最实质的领导。一切领导者，要实现领导目标，就必须对现实情况进行决策，离开决策，任何领导活动都无法展开，任何领导目标都不能实现。毛泽东同志指出，领导者的责任归结起来，主要是出主意、用干部两件事。领导决策就是出主意，领导者的职位越高，决策任务越重，做出的决策影响力也就越大。决策关系着工作的全局，其结果的好坏往往成为决定整个事业成败的关键因素。领导活动的经验与教训告诉我们，一个正确的决策是把全部领导活动引向成功的最重要条件，而失误的决策则会给群体或组织甚至整个社会造成重大损失。因此，领导者必须重视决策，敢于决策，擅于决策，以高度的责任感、使命感，努力提升自身素质，提高决策水平。

(2) 领导决策的类型

领导活动涉及社会生活的各个领域,领导决策需要解决的问题也非常广泛,这就决定了领导决策的多种类型。依据不同的标准可将领导决策划分为不同的类型。

a. 依据决策的影响程度不同,决策可分为战略决策和战术决策

战略决策又称宏观决策,是指关系到发展目标、发展方向和远景规划等重大问题的决策。战略决策具有宏观性、方向性和统揽性的特征,关系全局,涉及面广,影响深远。战术决策也称微观决策,是指在战略决策的指导下,为完成宏观战略任务而进行的具体、基础的决策,其特点是局部性、短期性和技术性,覆盖范围小,目标细化明确,可操作性强。任何组织任何领导者都会面临战略决策与战术决策,一般来说,战略决策由高层领导来做,而战术决策由中、低层领导来做。

b. 依据决策问题出现的机会多少的不同,决策可分为程序化决策和非程序化决策

程序化决策或称常规决策,是针对领导活动中那些重复出现的问题进行的决策。由于在日常工作中一些例行活动反复出现,有关这类活动的决策也是经常反复的,并且具有一定的结构,因此,可以建立一定的决策程序,当这类活动再次出现时,可以按照规范化的固定程序来解决问题,不必每次都做新的决策,也就是有章可循、照章办事。由于可以依据例行办法来处理程序化决策,领导者就无需在此类问题上花费很多的时间和精力。非程序化决策也叫非常规性决策,是指针对领导活动中首次出现的、偶然出现的或突发的新问题进行的无规矩可循、没有先例的决策。这类决策具有偶然性、突发性,难以量化,超出了既有的规则和程序,往往又涉及比较重要的活动,必须特殊问题特殊处理。因此,非程序化决策更多依赖领导者的经验和素质,而这也是衡量领导者领导水平的一个重要指标。

c. 依据决策后果确定程度的不同,决策可分为确定型决策、不确定型决策和风险型决策

确定型决策是在决策所面临的客观条件确定、各种方案的可能结果明确、决策者所依据的信息充分完备等条件下进行的决策。这类决策是最简单的,且每个方案都有确定的结果,领导者可以根据领导目标比较容易地选定方案。风险型决策是在决策所依据的客观条件不确定、未来趋势不十分明确的情况下进行的决策,也就是决策时只是掌握了部分情报资料。这类决策存在一定风险,但是又有关于环境、条件、可能结果等方面的一定概率可以作为依据。不确定型决策是指决策活动中领导者所能掌握的信息依据相当稀少,对各个方案的未来结果也无法预知,对决策无章可循。相比风险型决策,不确定型决策中不仅不能确定决策的客观环境,而且没有各种结果出现的概率作为依据,领导者对此毫无把握,这种情况下的决策更具风险性。

d. 依据决策主体的不同,决策可分为个人决策和集体决策

个人决策是指对决策方案的选择由一个人通常是最高首长来完成的决策。这种决策能够做到迅速拍板,权责明确,尤其在遇到突发问题时,最高首长的迅速决断有利于抓住机会,化解危机。个人决策的局限在于受领导者的经验、能力、性格和行为风格等主观因素的影响相对更多,从而容易因思虑不周造成决策上的缺陷。集体决策是指决策行为由两个以上的人组成的群体来完成。这种决策的优点是可以运用群体的智力资源,通过充

分研究讨论，集思广益，从而得出理性化的决策，但为此往往要进行复杂的组织工作如收集资料、安排会议，等等，并且需要花费较长的时间。

e. 依据决策目标多少的不同，决策可以分为单目标决策与多目标决策

单目标决策是指要达到的决策目标比较单一的决策行为，此类决策目标单一明确，实现目标的决策过程也就简单明了。多目标决策所追求的目标则是多项的，是一种谋求解决互相关联的多项问题的决策行为。现代决策活动更多的是多目标决策，在决策所追求的多个目标中，一般有一个为主要目标，居于主导地位，围绕此目标又存在其他次要目标或者附加目标。多目标决策涉及因素多，决策内容复杂，要求领导者对组织、人员、环境等多项社会因素进行综合分析。

f. 依据领导者决策模式的不同，决策可以分为经验决策和科学决策

经验决策是指领导者依靠过去的经验，凭借个人的智慧和对未来的直觉进行的决策活动。在经验决策过程中，决策者的社会经验、知识水平、主观判断和价值观等个人因素起到重大作用，使得决策感性成分多而理性成分相对较少。历史上的大多数决策都是经验决策，这也是由小生产时代生产方式落后、信息闭塞等因素所决定的。随着社会的不断发展和进步，社会环境变化迅速，决策活动也更加复杂化，经验决策所固有的个人主观随意性大、缺乏科学指导的缺陷越发凸显，因此决策活动由经验决策向科学决策进行转变。科学决策是指决策者运用科学理论和思维方法，建立科学的决策体制和科学的决策程序，采用科学预测和计算以及模拟实验等手段进行的现代决策活动。科学决策以严格的决策体制、严密的决策程序为基础，遵循决策规律，使用现代决策技术和方法进行科学分析与论证，并注重在决策过程中依靠专家智囊团的辅助，因而使决策活动更具有严谨性、客观性、可靠性、高效性。从经验决策向科学决策的转变，是 20 世纪社会科学的一项重大成果。

上述各种类型是领导决策常见的主要类型。除此以外，还有按照其他标准来区分的不少决策类型，如依据领导者层级不同划分为高层决策、中层决策和基层决策；依据组织性质与职能不同划分为经营决策、管理决策和业务决策；依据决策目标及变量能否用数量来表示划分为定性决策和定量决策；依据决策对象的不同划分为政治决策、经济决策、社会决策、文化决策、科技决策、军事决策，等等。

8.1.2　领导决策的程序与方法

(1) 领导决策程序

领导决策程序是指领导决策过程的逻辑顺序和基本步骤。对决策行为进行合理适当的阶段划分，便于领导者有计划、有步骤地推进决策活动，从而可以更好地避免决策的主观性和随意性，提高决策的准确性和科学性。一个完整的领导决策过程，其基本程序可概括为四大阶段，每一阶段中又包括一些小步骤，即：明确问题，确定目标；调查研究，设计方案；分析评估，选择方案；组织实施，反馈调整。

a. 明确问题，确定目标

问题是预期、要求与实际满足状态之间的差距，每个决策都以问题作为起点。领导决

策问题是为行政领导所认知并认为有必要采取措施加以解决的社会问题。领导工作的第一步就是要明确问题，也就是常说的“发现问题和提出问题”，这是领导决策的首要环节。任何领导决策问题都不是一种毫无联系的、静态的存在，而是与其他问题相联系并处于不断地变化和发展之中。

一般来说，明确问题要经过以下基本步骤：

第一，掌握问题信息。信息是发现问题的基础，是领导决策的依据。领导者应广泛和及时地掌握各方面的准确信息，尽可能摸清存在的问题，为决策活动的有效展开打下基础。

第二，分析问题症结。根据所掌握的问题信息，对问题产生的时间、地点和条件，问题的性质、结构等进行深入分析，以形成对问题的全方位认识，评估其在决策活动中的作用和影响。

第三，找出问题原因。依据已有的经验和知识，运用科学的方法和技术手段对问题产生的原因进行评估。这主要包括纵向分析和横向分析两种方式。纵向分析是从问题的表层入手，由表及里，由浅入深，层层分解进而得出问题的实质；横向分析是对同一层次的各种原因和相互关系进行分析、比较、综合，找出最主要的原因。

第四，概括提炼问题。在深入剖析的基础上对问题加以概括、提炼，形成对主要问题、重要问题、紧急问题的准确表述，并区分问题的大小主次，理清各个问题之间关系，为确定决策目标做出准备。

目标是在明确问题的基础上确立的。领导决策的目标是领导者通过决策实施所希望达到的状态。领导决策的目标具有如下特点：

第一，层次性。决策目标是由总目标、子目标、二级子目标等从总到分、自上而下组成的一个多层次的目标体系。总目标、分目标之间既相互联系，又相互制约，构成了一层层相互牵制的目标体系。

第二，多样性。领导决策内容的广泛性和复杂性决定了决策目标的多样性。从内容上看，有政治目标、经济目标、社会目标等各领域的目标；从范围和数量上看，有宏观目标和微观目标、单目标和多目标；从期限上看，有长期目标、中期目标、近期目标；从重要程度上看，有主要目标和次要目标。

第三，隶属性。层次化、多样化的目标并不是相互并列的，局部的、低层的、近期的目标要从属于整体的、高层次的、长期的决策目标。各种具体目标要隶属于总目标，受总目标节制，并根据总目标进行修改和调整。

确定目标是决策程序的一个重要阶段。目标不但规定了方案的方向，为判断方案提供了标准，而且又是检验决策实施结果的基本标准。为了避免“制订了正确的方案，解决了错误的问题”，确保目标的准确性，在确定目标阶段就必须要遵循一定的原则。其一，针对性。即目标必须具体问题具体分析，有的放矢，切中要害，并选择好突破口。其二，可操作性。即目标必须是在现有条件下通过一定的主观努力可以达到的。其三，系统性。从整体着眼，对目标进行层层分解，并将其系统地归纳、综合为一个有机的目标体系。其四，规范性。即目标必须要符合一定的社会法律、政治和道德规范，符合人们的价值观和信仰。其五，具体性。即目标的表达要准确清楚，含义单一，有明确的时限、范围和约束条件及具体指标。

确定目标阶段主要经过确定依据和建立体系两个环节。第一，确定依据。目标确立首先要有明确具体依据，主要包括三个方面内容：既定社会的政治、法律和道德行为准则和规范；前期已经界定出的问题；当前和将来的主客观条件。第二，建立体系。采用目标分析法，在空间上从上到下，由大到小，由宏观到微观，一直到个人的岗位目标；在时间上把长期目标分解为中期目标和近期目标，在此基础上，经过初步可行性论证之后，建立一个多层次、多序列的目标决策体系。

b. 调查研究，设计方案

在目标确定之后，就要围绕已定的决策目标展开系统的调查研究，收集有关目标的相关信息，在此基础上设计决策的备选方案。通过调查活动获取丰富的第一手材料，包括相关信息和各种具体的资料以及数据，充分利用这些材料展开分析研究，从多个角度寻找实现目标的可能途径，为最终行动方案的形成提供充分的依据。作为信息收集与整理的基础工作，调查研究是方案设计的关键环节，对于整个领导决策活动都是不可或缺的，几乎贯穿决策活动的始终。

领导决策方案指一个或一组解决问题、实现目标的行动准则，它具体规定实现决策目标的步骤、途径和方法。设计方案就是在明确决策目标的基础上，经过调查研究，运用适当的技术与方法，设计或者规划诸种实现决策目标的备选方案的行为或过程。设计方案是领导决策的中心环节，也是决策咨询系统参与最多的环节。决策方案的设计一般可分为轮廓设想和细部设计两个步骤。

轮廓设想是指从不同角度、途径出发，尽量大胆提出多种多样的方案设想。其主要内容有两个方面：一是为实现既定的决策目标，可大致提出多个决策方案；二是将各种方案的轮廓，如行动原则、指导方针、发展阶段等，大致勾画出来。轮廓设想阶段的主要要求是方案要尽可能多样化并具备整体上的完备性，各个方案之间相互排斥。轮廓设想阶段也是运用创造思维最多的一个阶段，它要求设计者要敢于打破常规，用新的思维方式和技术来进行创新。

细部设计是对轮廓设想阶段所产生的备选方案进行初步筛选，淘汰那些明显不可行的方案，留下一些较为可行的方案，并对其具体细节进行精心设计。淘汰阶段的主要工作是在重新进行决策目标分析的基础上，通过对可行性方案与目标的比较去掉那些偏离决策目标的方案。而细部设计则要对每一可行方案进行方案扩大，将决策方案根据决策对象的性质分解为一些更具体的规定，使其成为能够付诸实施的切实可行的方案以备选。

c. 分析评估，选择方案

分析评估，选择方案，是领导决策的关键步骤。这一阶段的具体工作是对拟定出的各种方案进行全面分析评估，最后由领导者选定最终方案。

分析评估过程就是运用科学原理、客观事实，通过科学的预测和严谨的论证，对各种备选方案的科学性与可行性进行分析与证明。这个步骤一般由领导者组织各方面的专家和咨询机构来进行，最后将评估结果交由领导者定夺。分析评估包括以下具体内容：一是目标评估，主要是对决策目标是否客观明确、是否具有价值等方面进行评价；二是法律政策评估，主要是对备选方案是否遵守法律法规乃至国际法准则，是否符合党和国家的政策等方面进行评估；三是价值评估，就是围绕得失利害关系对各备选方案综合衡量，分析预测方案实施后有可能带来的政治、经济影响及有形、无形、长期和短期的价值；四是可行性评估，主要是对决策方案实施的可能性进行评价，着重看备选方案是否符合客观形势发展的趋势，同时也要看是否符合现实条件。

在对备选方案全面分析评估的基础上，领导者就要选择方案了。选择方案是指在决策中枢系统中享有决策权的领导，依据其权力、经验和科学知识，在对各种备选方案进行比较权衡的基础上，选择出最优或最满意的方案。选择方案就是做出决断，就是“拍板”，等同于狭义层面的决策，是领导决策的关键环节，应引起领导者的高度重视。

尽管在方案的分析评估中各方面的专家都可以充分发挥辅助和咨询作用，向领导者献计献策，但是最终选择方案的工作只能由领导者完成。可以说，选择方案的环节是领导者的主观能动性对决策活动起直接和决定性作用的一个环节。那么，为了避免领导者仅凭主观经验就拍板定案，必须确定一个统一的选择标准，即确定一套进行优选的价值准则，包括：符合国家和社会的总体战略，能最大限度地实现决策目标；消耗的资源尽可能少，实现目标的风险尽可能低，实施方案的副作用尽量小。由于决策对象和内容的复杂多变，一项具体的决策方案往往很难同时满足上述标准，在实践中经常采用的方式是提出满意标准，遵循有限理性的原则，选择一种相对较优的方案。也可以综合各方案的长处，必要时以相对较优的方案作为基础，将其他方案的长处融汇其中，使它们有机结合，作为选定的决策方案。

d. 组织实施，反馈调整

决策方案确定下来后就要付诸实施，决策实施阶段是把决策方案的构想深化为具体工作、具体行动的过程。在实施的过程中，还要不断对决策进行修改和完善。决策方案的实施阶段一般又经历两个过程：

第一是典型试验。选定的决策方案在大幅度付诸实施之前，一般会先选择某些具有代表性和典型性意义的局部进行试验，以验证决策的可靠性，这就是典型试验的过程，通常被称为“试点”。通过典型试验建立一个决策实施的微观模型，积累经验，发现问题，广泛听取各方意见，及时修正原定的决策方案，为决策的全面实施做好充分的准备。在典型试验中要注意针对决策方案涉及的问题选择试验点，不能对试验点给予特殊照顾，应选取不同的“点”进行试验，并对各个试验点的情况以及试验点与非试验点进行比较。

第二是普遍实施。经过试点验证以后，就可进入决策方案的全面实施阶段了。这一阶段的活动需重点注意做好以下几点：一是做好宣传和动员工作，使群众了解和领会领导决策的内容和要求，统一认识，群策群力，为实现组织目标而共同努力；二是根据决策方案制订具体的实施计划，明确各部门的职责任务，安排工作进度，协调各方面关系，落实具体工作；三是做好指挥和监督，强调各部门的各自分工与整体协调，并组织相关人员对决策的实施情况进行监督。

决策的环境条件的变化和人的认识能力的局限性，使得决策方案不符合客观实际的情况经常发生，导致方案实施后偏离原定的决策目标，这就要求对决策执行的过程实施反馈性调整。具体来说，就是建立信息反馈系统，将实施活动中所出现的与决策目标不符合的各种问题和情况及时、准确地传递到决策中心，由决策者根据反馈的信息进行分析判断，对决策活动作出必要的调整，调整的方式或者为修正决策，或者为追踪决策。所谓修正决策是指决策方案实施过程中的实际情况与原决策在方向、途径上不完全一致，如果继续执行原方案将会产生不良后果，如果及时修正，还不至于引起整个决策的失败。故此，修正决策的任务是针对原有方案中不科学、不切实际的地方予以修正的。所谓追踪决策是指在决策实施过程中，出现了主观力量不能控制的新因素，改变了事物的发展方向，导致原有决策失误或无法继续执行，因而全面终止原方案，重新进行决策。其本质上是就原有决策问题在新的条件下所做的一次重新决策。区分修正决策与追踪决策的关键要看是否涉及对决策目标、方向的重大修改，是否对原来的问题重新进行决策。

(2) 领导决策方法

在领导实践的历史上，人类已经积累了很多有利于决策的方法。在此介绍以下几种比较典型的领导决策方法。

a. 头脑风暴法(Brainstorming Method)

头脑风暴法又称 BS 技术、脑力激荡法、专家会议决策法等，是由美国创造学家阿历克斯·奥斯本于 1939 年首次提出、1953 年正式发表的一种激发性思维的方法。头脑风暴法出自“头脑风暴”一词。英文“Brainstorming”原意为头脑起风暴，最早是精神病理学上的用语，指精神病患者思维紊乱、毫无逻辑的胡言乱语，现意为无限制地自由联想和讨论，进行创造性思维活动。头脑风暴法就是指依靠一定数量的专家的创造性思维来对决策对象未来的发展趋势及其状况做出集体判断的会议畅谈法。

头脑风暴法在实际应用中有两种形式，一种是直接头脑风暴法，即邀请专家开展集体讨论，鼓励专家进行思想交流，相互启发，以产生更好的、更多的创造性设想。另一种是质疑头脑风暴法，即召开两个会议，第一个会议主要产生设想和方案，第二个会议则是针对第一个会议提出的方案，采用质疑的方式进行可行性评价，以使其更趋完善。两个会议的参与者应各自分开，避免交叉。质疑头脑风暴法也是一种协作产生设想的方法，主要用于决策备选方案的评估。

在决策中采用头脑风暴法需注意的要点有：应引导与会者自由思考，畅述己见，多提建议与意见；应遵循无批评原则，对他人的任何发言和见解不作反驳和否定的判断，主持者也不得发表倾向性言论；与会人员不论职位大小、学术地位高低，都有同等的发言权，各种设想须全部记录下来；禁止会上私下交谈，以避免受他人影响，破坏个人的思考独立性。

头脑风暴法能够充分发挥人们在决策活动中的想象力与创造力，可以在短时间内汇集大量的决策建议，是产生新设想、新方案的催化剂，因而受到更多领导者的青睐，现在已经广泛应用于决策活动中的设计方案和分析评估等阶段。在运用时应注意到头脑风暴法的缺点，如参与人员过多，层次太杂，一旦涉及意见不能统一时往往会出现少数服从多数的现象，等等。另外，在会议中形成的一些决定可能不是经过深思熟虑的，头脑风暴也容易造成头脑发热。

b. 哥顿法

哥顿法是美国人哥顿于 1964 年提出的决策方法。哥顿法强调要暂时抛开所要处理的问题，通过讨论一些其他的问题，从类比中获得启发，得到解决原来问题的一些思路和方法。该方法与头脑风暴法相类似，它主要是通过会议形式，先由会议主持人把决策问题向会议成员作以笼统的介绍，根据主持人的引导，由会议成员海阔天空地讨论，但会议的根本目的是什么，真正需要研究的问题是什么，实际上只有主持人自己知道，其他与会者都不知晓。当会议进行到适当的时机时，决策者再把具体问题公布，使讨论进一步深化。做这样的会议安排的目的是为了避免思维受到约束，使大家能跳出框框思考，充分发挥群体智慧以达到方案创新。哥顿法有两个基本观点，一个是“变陌生为熟悉”，即运用熟悉的方法处理陌生的问题；二是“变熟悉为陌生”，即运用陌生的方法处理熟悉的问题，也就是抛开对事物性质原有的认识，在“零起点”上对事物进行重新认识，从而得出相应的结论。

c. 德尔菲法

德尔菲是古希腊的阿波罗神殿所在地，传说中太阳神阿波罗具有预见未来的能力，后人借用德尔菲来比喻高超的决策能力。20 世纪 50 年代，美国兰德公司与道格拉斯公司合作，研究发明了一种如何通过有控制的反馈更为可靠地收集专家意见的方法，将它命名为德尔菲法，又名专家意见法，主要是采用匿名通信的方式就决策对象向专家们提出问题，得到专家的答复后，将意见进行整理归纳，然后匿名反馈给专家，再次征询其意见和反馈。被征询的专家在互不知晓、彼此隔离的情况下不断交换意见，经过多次循环，最终得到一个比较一致的意见。

德尔菲法是为了克服专家会议法的缺点而产生的一种专家预测方法。在预测过程中，专家彼此互不相识、互不往来，这就避免了集体讨论存在的屈从于权威或盲目服从多数的缺陷，各位专家能真正充分地发表自己的意见。由于采用匿名或背靠背的方式，能够使每一位专家独立地做出自己的判断，不会受到其他因素的影响，因此这种方法具有广泛的代表性，其获得的结论更为可靠。另外，德尔菲法采用统计方法对专家意见进行汇总和处理，能够用定量方式表示预测的结果，因此最终的结论也具有较强的科学性。

d. 竞赛式决策制定法

竞赛式决策制定法，又称阶层分析程序法，它是由美国匹兹堡大学沙迪教授提倡，并于 20 世纪 80 年代在许多国家得到推广运用的。这种方法是将决策中的相关联的各种要素采取阶层结构的方式加以排列分析，这些因素可能是相互对立或排斥的，它们各自对决策方向产生着不同角度的牵制作用。竞赛式决策法便把这些因素及其所指的决策方案排列出来，进行相互比较或“优劣比赛”，从中选择出一种相对最优的决策方案。

e. 模拟决策法

模拟决策法是指人们为达到对某一事物的准确认识的目的，通过建立一个与所需要研究和领导的实际结构的系统、功能相类似的模型，即同态模型，然后运行这一模型，并对各种不同条件下的模拟运行结果进行分析评估和选择优化，从而为领导决策提供可靠依据。模拟主要是针对某些事物的结构和功能而言的，并不包括对事物各个细节的模拟。之所以采用模拟决策法，主要是因为一些复杂庞大的实际系统往往找不到有效的分析方法，而实地测试与研究需要花费大量费用和时间，一旦出错将会造成重大的损失。而模拟决策法能够弥补这一缺陷，它本身带有实验性质，容许出现错漏或失误，因而能够打消人们的顾虑，在模拟中对事物发展的各种可能趋势进行大胆的实验和探索。然后随着现代科技的发展，尤其是计算机技术在模拟实验中的运用，模拟决策法在诸多领域得到了广泛的应用，模拟实验的精密性、准确性和可靠性越来越高，成为现代领导决策的重要方法。

f. 方案前提分析法

方案前提分析法不直接探讨备选方案本身，而是注重对方案的前提假设进行分析。其依据是：任何方案都有几个前提假设作为依据，方案是否正确，关键在于这些前提假设是否能够成立。如前提假设成立则说明这个方案所选取的目标和途径大体上是正确的。

g. “决策树”法

“决策树”法是风险决策的一般性方法。决策树是决策过程的一种有序的概率的图解表示，它把决策的不同方案和可能产生的不同实施结果画成各个分支，形成一个树形，再逐步求出各个分支方案的有利条件与不利条件，进而选出损失最小而效益最大的方案。“决策树”法的优点在于：根据决策树所构造出来的决策过程的有序图示，领导者不但能统观决策过程的全局，而且能在此基础上对决策过程进行合理分析、计算和比较，得出结论，从而做出正确的决策。

h. 鱼缸法

鱼缸法是一种通过领导者宏观智能结构效应的发挥来进行决策的方法。运用这个方法时，所有决策人员围成一个圆圈，然后通过某个中心人物同其他成员之间的互动沟通来进行决策。因其形似鱼缸，故得名“鱼缸法”。这里所说的中心人物是指在某个特定时间发布信息的人。他既可以是确定的，也可以是不确定的，他坐在圈子的中间，而且只有他才可以讲话。他可以提出自己对所讨论问题的看法，或者附议别人已讲出的某项建议，并且提出问题的解决方案。这种做法不仅能够将所有会议参加者的注意力都集中在中心人物身上，而且还可避免插话的干扰和不切题的讨论。

8.1.3　领导决策的科学化与民主化

决策是领导工作的中心环节，是领导科学中的一项重要内容。决策科学化、民主化是有效领导的保证。江泽民同志曾经提出：“领导决策的科学化、民主化是实行民主集中制的重要环节，是社会主义民主政治建设的重要任务。领导机关和领导干部要认真听取群众意见，充分发挥各类专家和研究咨询机构的作用，加速建立一套民主的、科学的决策制度。”①作为领导，要想做出科学的决策必须要以正确的判断作为前提，而正确的判断则来源于对客观实际的周密的调查研究。同时，要充分发扬民主，鼓励大家畅所欲言，各抒己见，认真对待异议，集思广益，博采众长。这样做出的决策，才不会出现大的偏差。

(1) 领导决策的科学化

领导决策科学化，就是指领导者要坚持实事求是、一切从实际出发的原则，尊重客观规律，充分发挥主观能动性，运用科学的理论、方法和手段进行决策，正确处理决策主体与决策客体的关系，使主观的决策活动符合客观事物的实际，最终解决实际问题。领导决策的科学化具体体现在以下两个方面。

---

① 江泽民：《在纪念党的十一届三中全会召开 20 周年大会上的讲话》，《人民日报》，1998-12-19(1)。

a. 决策制度科学化

决策科学化，要求决策中要遵循反映决策规律的各项决策制度，充分发挥决策系统各个组织的作用，防止决策方式的主观随意性和独断性，避免一些复杂的、重大的决策的失误，从而实现决策制度的科学化。

b. 决策方法和决策手段的科学化

随着现代科学技术的发展，系统论、信息论和控制论在决策中得到广泛运用，提高了决策的速度和效率，更为科学决策提供了可能。对一些重大复杂的问题，可以利用电子计算机进行计算、推理和论证，运用系统分析和科学预测的方法对各种决策方案进行选择和评估，从中选定最佳方案。

(2) 领导决策的民主化

领导决策民主化，就是指领导者在决策过程中与社会公众保持密切联系，最大限度地让人民群众参与决策，使人民群众能够通过各种有效的信息渠道，充分表达对各种决策选择方案的意见和建议，达到决策体制符合民愿、决策目标体现民情、决策方式考虑民力、决策过程尊重民意和决策结果顺应民心，最终实现最广大人民群众的根本利益。决策民主化具体体现为。

a. 决策价值取向民主化

决策价值取向民主化是指以反映和实现人民群众的利益作为决策的根本宗旨。它要求在决策过程中深入人民群众，广泛听取人民群众的意见，了解人民群众就决策所要解决的重大问题的意向和愿望，作出符合最广大人民群众利益的抉择。决策能否保持正确性，就取决于决策主体能否始终以反映和实现人民群众利益作为决策的根本宗旨。

b. 决策社会参与机制民主化

人民群众对决策的广泛参与，是社会主义民主政治的基本要求。为了保证人民群众参与决策权利的实现，确保决策符合人民群众的利益，应通过法律形式赋予人民群众对重大决策信息的知情权和参与权。目前我国政府领导进行决策一般是保密的，应借鉴国际上通行的做法，建立、健全政府行政决策信息公开、行政决策听证等制度，进一步拓宽社会参与的渠道与方式，便于人民群众清楚地了解政府的决策信息、广泛参与决策的过程，有利于推进决策的民主化进程。

c. 决策制定程序和执行程序民主化

决策制定程序民主化就是要在决策过程中广开言路，集中广大人民群众的智慧，使决策成为人民群众的共识，要求决策制定的每一步程序、每一道环节、每一个方案都符合民主化的要求。决策执行程序民主化就是要把正确的决策变成人民群众的自觉行动，及时掌握决策执行中的反馈信息，不断用人民群众的实践来检验、补充、修正和完善决策，真正形成深入了解民情、充分反映民意、广泛集中人民群众智慧的决策机制，从而更好地为人民群众服务。

(3) 决策民主化与决策科学化的关系

a. 决策民主化是决策科学化的保证

作为领导者，最艰难、最浪费精力的并不是决策本身，而是如何推动大家去理解、补充和执行决策。决策的第一步是调查研究、拟订方案，一旦决策形成，就要发动群众实施决策。这一过程就是发动群众，依靠群众议论、讨论、集思广益的过程，也就是充分发扬民主的过程。凡是有关方向性、全局性、涉及面广、时间跨度较长的问题的决策，必须采用多种民主形式，才能保证决策的正确，并保证决策的实施与反馈的科学化。

b. 决策科学化是决策民主化的必要条件

只有深入调查研究，才能做到准确无误的决策。正确的决策来源于正确的判断，正确的判断来源于对实际情况的深入分析和对客观规律的遵循，只有这样才能做到决策的科学化、准确化和果断化。一个决策的谋划者和决断者，要善于取人之长，补己之短，化群众智慧为自己的智慧。只有这样才会有扎实的群众基础，才会受到群众的拥护和支持，从而推动决策工作的前进，进而使决策的过程更加民主化。

总之，决策科学化与民主化是辩证统一的关系，二者相辅相成，不可分割。决策科学化是领导决策应当达到的最终目的，而决策的民主化则是推动决策科学化的有力保障。科学决策必须以充分发扬民主为基础，同时决策中的科学程序、科学方法的运用也在不断推进着决策民主化的进程。而民主决策本身就包含着充分尊重科学的内容，使决策的科学化程度达到了一个新的、更高的水平。由此可见，科学化的程度与民主化的程度是紧密相关的。没有科学化的决策是错误的、没有价值的决策；没有民主化的决策则是封建式、专制式的决策，其科学性更是无从谈起。要想在领导活动中做出正确、科学的决策，就应把握好领导决策科学化与民主化的辩证关系，将两者充分有机地结合起来。

(4) 实现领导决策科学化民主化的途径

a. 提高领导者的素质

领导者是决策活动的主体，领导者的素质直接影响决策活动的成效。提高领导者的素质是实现决策的科学化和民主化的关键因素。因此，领导者必须全面提高自己的综合素质，包括提高政治思想素质和科学文化水平，要具备良好的身体与心理素质，并要善于总结、积累实践经验。此外，领导者还应注重培养自身的决策能力，包括理性思维能力、预测判断能力、宏观洞察能力和微观调节能力等。

b. 完善科学民主决策制度

决策的科学化和民主化，必须以科学、完备的决策制度为根本保证。邓小平同志说过，制度的问题带有根本性，还是制度可靠。一套完善的决策制度可以明确告诉领导者在决策活动中能做什么，不能做什么，以及由此引起的责任后果，对领导者具有普遍的约束力。只有通过制度建设对领导者的决策行为进行规范化，才能在最大限度上防止随意决策、盲目决策和失误决策，才能更好地落实领导决策科学化、民主化的要求。

推进领导决策科学化与民主化进程，应着力建设和完善如下决策制度：一是集体决策制度，本着集中各方面的智慧，充分发扬民主的精神，对领导、专家、群众参与决策的范围、程度、形式等做出明确规定，对决策权限予以明确界定，贯彻民主集中制原则，重大问题一定要由集体讨论和决定，少数服从多数；二是专家咨询论证制度，对重大工程项目、涉及群众切身利益的项目和专业性技术性较强的重大事项，都要提交专家进行技术咨询和决策评估，充分吸收专家的意见和建议，为决策提供充分的科学依据；三是决策公示和听证制度，除涉密决策之外，应当将决策全过程公开，听取群众的建议和接受社会的监督；四是决策责任制度，加强对决策活动的监督，按照“谁决策、谁负责”的原则，依照制度对决策失误的责任人进行严肃追究，力求将决策失误造成的损失降到最低。

8.2 领导用人

领导决策体现了领导活动的科学化，而领导用人则体现了领导活动的艺术化。领导用人，主要是指领导者在领导活动过程中，凭借自身职权，按照一定的隶属关系和人事管理权限，对下属加以选拔、使用和培养的一种组织行为过程。领导用人是领导工作的基本职能，是领导活动中的重要环节。“治国之道，在于用人”，“为政之本，在于任贤”。回顾历史，刘邦之所以能成为一代帝王，与他任用张良、萧何、韩信等人是直接相关的；刘备之所以能与曹操、孙权形成“三足鼎立”之势，与他任用诸葛亮、张飞、赵云、关羽这些文武奇才是分不开的；唐朝之所以能够开创“贞观之治”的大盛局面，与李世民任用房玄龄、杜如晦、魏征等贤臣良将是分不开的。可以说，一个领导者成就的大小往往取决于他用人水平的高低，能否真正正确有效地选才用人，是领导活动成败的关键。身为领导者不必样样精通、事必躬亲，但是一定要心胸宽广，善用人才。

8.2.1 领导用人的理论基础

领导用人作为领导活动的重要组成部分，是任何时代、任何文明中的领导者都必须面对的工作和思考的方面。与领导活动的其他方面不同的是，领导用人在实践中展现出明显而丰富的艺术化特征。这一点吸引了古今中外众多思想家和学者去研究探索领导者的用人之道。中国传统社会的用人思想就比较丰富，虽然没有发展成为系统化的理论，但是对其进行的考察、探究必将有助于当今领导者提高用人水平。现代西方激励理论的建立则为领导用人的科学化、系统性研究提供了理论基础。

(1) 中国传统社会的用人思想

a. “明君”应忙于求贤用才而不应沉溺于日常之事

《吕氏春秋·士节》中有“贤主劳于求贤，而逸于治事”，意思是说，高明的领导者应该把主要精力放在寻求贤人和用人上，而不应该放在具体的琐碎事物上。这一思想所描述的其实是领导与管理的区别，即领导偏重于决策和用人，领导通过指引和影响个体、群体或组织来实现所期望的目标，侧重于组织发展方向的宏观战略方面；而管理则侧重于执行决策，侧重于日常技术性、程序性的活动。虽然中国传统社会没有领导学和管理学的系统体系，没有对领导与管理进行明确的理论区分，但是这个古老的命题却直观地向我们揭示出了领导学和管理学各自不同的研究对象，同时也强调了选才、用才在领导活动中的重要性。

b. 人才与环境相协调

曹操《论吏士行能令》中有“治平尚德行，有事赏功能”，其大意为：当社会安定和谐发展时要崇尚德行，但在多事之秋则应该重用能建功立业的人。这一思想表明，用人应该视环境的变化而变化，人才应与环境相协调。在国家平稳发展、社会一片祥和时首先强调的是遵纪守法和良好的德行；而在社会动荡变革的年代，首要的任务是恢复社会秩序，能在复杂的环境中打开局面，这时起作用的人自然应该是能够建功立业的人。当然也不能对此有极端的理解，“有德之人”并不是一点才能都没有的人，“有能之人”也并非德行极差的人。这要求领导者在实际的社会生活当中需要用人时要审时度势，使人才与环境实现最佳的结合。

c. 人人皆可用，用人用其长

这一思想出自唐太宗李世民所著的《帝范·审官篇》中的一句话：“智者取其谋，愚者取其力，勇者取其威，怯者取其慎。”意思是说，对聪明的人要用其谋略，对愚钝的人要用其力气，对勇猛的人要用其威猛，对胆小的人要用其谨慎。这句话体现了一种极为重要的领导理念，即人人皆可用，用人用其长。人人可用是领导者用人的一种极高的境界，他要求领导者不要凭借主观臆断而将若干人才排除在用人的体系之外，而应认识到每个人都有自己独特的一些方面，只要善加利用就能使其成为优势。我们在这里对这种用人境界暂不赘述，稍后在领导用人境界这一节中作专门讨论。

(2) 西方的激励理论

激励就是刺激需要、引发行为、满足需要和实现目标的一个动力过程。它一般是指有机体在追求既定目标时的意愿程度，含有激发动机、鼓动行为和形成动力的意义。激励是个体和环境相互作用的结果，它是通过高水平的努力实现组织目标的意愿，而这种努力以能够满足个体的某些需要为条件。激励这个概念中包含三个极为重要的因素：努力、组织目标和需要。努力因素是强度目标，当一个人被激励时，他就会努力工作。但是高度的努力不一定能带来相应的工作绩效，除非努力指向有利于组织的方向。因此，我们不仅要考虑努力的强度，还必须考虑努力的质量。指向组织目标并且和组织目标保持一致的努力才是我们所追求的。①

西方有关领导用人激励的理论成就比较显著，其代表性人物的理论各自独成体系，有的曾轰动一时，有的时至今日仍有可借鉴之处。这里简要介绍其中具有代表性的一些激励理论。

a. 泰勒的以经济人假设为基础的激励理论

泰勒被誉为科学管理之父，他从对工人的工作进行作业研究和工时研究入手，最终建立了系统化的管理理论，即科学管理。在科学管理理论中，泰勒提出了著名的差别计件工资制，这种工资分配制度体现了泰勒对激励的认识和设想。他在激励理论上的贡献包括以下两点：

第一，人是经济人。人都是需要金钱作为物质利益和刺激的。企业主以“经济人”的

---

① 刘建军：《领导学原理——科学与艺术》(第 3 版)，上海：复旦大学出版社，2005 年版，第 271 页。

身份追求自身最高的利润，工人则以“经济人”的身份追求最大化的工资。

第二，将激励的法则与员工结合起来。要想将激励的法则与员工结合起来，就需要在领导和管理部门与员工之间建立良好的合作关系并实行奖励制度。泰勒特别强调任务和奖金这两个激励作用，他认为，任务和奖金构成了科学管理结构上的两个最重要的要素。也正是由于泰勒过于偏重技术和管理，强调高工资、低成本和物质刺激，而忽视了对于影响人的行为和生产效率的社会因素和心理因素，而直接导致了梅奥的社会人理论的产生。

b. 梅奥的社会人理论

乔治·埃尔顿·梅奥出生于澳大利亚的阿得雷德，先后在当地的圣彼得学院和阿得雷德大学接受教育，获逻辑和哲学硕士学位，后在昆士兰大学任教。1922 年移居美国，从事研究工作。1926 年进入哈佛大学工作，任工业研究教授，直至退休。在此期间，他进行了著名的霍桑试验，并在此基础上，于 1933 年在《工业文明的人类问题》一书中提出了人际关系论。其主要观点如下：

第一，人是社会人。与泰勒的观点相反，梅奥提出了“社会人”的论点。他认为，每个人都是独特的社会动物，只有使自己完全投入集体中，才能实现彻底的“自由”。人们的行为并不单纯出自金钱的动机，还有社会方面、心理方面的需要，即追求人与人之间的友情、安全感和受人尊敬等，而后者更为重要。因此，不能单纯地从着眼于技术和物质条件，而必须首先从社会心理方面考虑合理的组织与管理。

第二，组织中存在正式组织与非正式组织。霍桑试验的结果表明，企业中除了存在着为了目标明确规定各成员相互关系和职责范围的正式组织之外，还存在着非正式的组织。非正式组织的作用在于维护其成员的共同利益，使之免受个别内部成员的疏忽或外部人员的干涉所造成的损失，因此，非正式组织中有大家共同遵守的观念、价值判断、行为准则、道德规范以及自己的核心人物和领袖。

第三，新的领导能力在于提高员工的满足度。梅奥认为，基于“社会人”和“非正式组织”的观点，在决定组织效率的因素中，工作条件和工资报酬只是第二位的因素，置于首位的是士气。士气取决于员工的满意程度，而满意的程度又源自员工个人需要的满足和良好的人际关系。因此，领导能力在于有效的满足员工的需要，创造良好的人际关系，提高员工的满意程度，以提高士气进而提高工作效率。

c. 麦格雷戈的 X-Y 理论

麦格雷戈认为人的本性与人的行为是决定管理者或领导者行为模式的最重要的因素。管理者基于对人的本性的假定，按照不同的方式对人进行组织、领导和控制。麦格雷戈将人性的假定描述为两类，第一类假定称为 X 理论，它所代表的是“关于指挥和控制的传统观念”。其假定可概括为如下内容：

第一，人天生懒惰，他们总是尽可能地少做工作，在本性中他们反对变革和创新，缺乏理性，易于受骗。

第二，如果管理和领导人员不积极地干预，人们会对组织的需要采取消极的甚至是对抗的态度。因此，必须对他们进行说服、奖励、惩罚。领导者需要通过指挥和控制员工来把事情做好。

第三，作为管理人员要以利润为出发点，把生产性企业的各项要素——金钱、物资、设备、人员——组织起来。这是一个指挥员工、激励员工和控制员工的活动，矫正他们的行为，使之适合组织需要的过程。

第二类假定称为 Y 理论，其假定内容具体为：

第一，人并非是生性懒惰的，工作是一种满足的来源，工作中所耗费的体力与脑力实质上与玩或者休息所耗费的体力与脑力是一样的。

第二，外界控制与惩罚的威胁并非是导向组织目标的唯一手段。人只要作出承诺去完成一项工作，他就会自我控制和指挥。

第三，对任务所作的承诺与完成任务后所得的回报成正比。

第四，人们在特定的条件下都明白，人不仅要接受责任，而且要寻求责任。逃避责任、丧失进取心、强调安全感通常是后天经验的结果，并非是人的天性。

第五，一般人都具有相当高的解决问题的能力和想象力，只是一般人的智力潜能往往只有部分得以发挥，其余的都没有得到充分的利用而已。

可以看出，X 理论需要完全依赖对人的行为的外部控制，而 Y 理论则非常重视依靠自我控制的自我指挥。当然麦格雷戈的理论也具有其局限性，就其 Y 理论来说，它所坚持的所谓“心灵激励”本身就带有很强的理想性特征。X 理论和 Y 理论是统一价值杠杆上的两个不同终端。领导者对下属提出目标并进行管理是完全必要的，既要尊重下属，诱导他们自觉地工作，又要制定科学严谨的管理制度，对下属进行一定的纪律约束。

d. 马斯洛的需要层次理论与优势需要理论

需要层次理论是美国行为学家亚伯拉罕·马斯洛提出的。他在威斯康星大学获心理学博士学位，并留校任教五年后迁往纽约，在哥伦比亚大学和布鲁克林学院任教。他的主要著作有《人类动机理论》、《动机与人格》等。其中在《人类动机理论》一书中，他把人类的各种需要归纳为五大基本需要：生理需要、安全需要、爱的需要、尊重的需要和自我实现的需要。

以上五个层次的需要为领导者用人提供了一套基本的方法和程序。领导者必须对下属的需要层次有着十分清晰透彻的了解，从而有的放矢、分门别类地进行激励活动。当然，马斯洛的需要层次理论仅仅为领导者运用激励提供了一个基本的理论假定。在付诸实践时，这一理论衍生出来的另一优势需要理论指出，人在每一个时期，都有一种需要占主导地位，而其他需要则处于从属地位，这对领导者科学、灵活地实施激励具有特别重要的意义。

除了上述提到的几种理论外，还有赫兹伯格的保健理论（又称双因素理论），奥尔德弗的 ERG 理论，麦克利兰的需要理论，以及认识评价理论、目标设置理论、强化理论、公平理论和期望理论等。

8.2.2　领导用人的原则与标准

选才的目的在于用人，人才用得好，事情就会事半功倍；用得不好，就会降低工作效率，影响领导者和组织的形象。因此合理地使用人才，是领导者的必修课。

（1）领导用人原则

a. 量才任用，就职设人

量才任用、就职设人的原则，要求领导者就事择人，就能授权，使得组织内人一事相宜，做到人尽其才，事得其人。要做到这一点，一是要设计科学合理的职位，二是要掌握干部的类型，三是要对号入座，授以职权。领导者要做到这一点不仅需要对下属的能力了如指掌，从而将最合适的人派到最能够胜任的岗位上去，还需要采用职务分析的方法，将组织的人事管理工作纳入到以事业为中心、因能授权的科学轨道上去。

b. 扬长避短，各尽其能

俗话说：尺有所短，寸有所长。用人首先要用其所长。领导者应该十分清楚每个下属的特点和能力，知道他们的长处是什么，能做的最好的工作是什么。决不能用非所长，勉为其难。其次要容人之短。任何人有其长必有其短，在现实生活中，有的人不拘小节；有的人可能个性较强，不易相处；有的人爱挑毛病，等等。这一类的缺点或弱点只要不涉及原则的问题，就应该被容忍并给予一些帮助，不要因求全责备而埋没人才。

c. 明责授权，用人不疑

领导用人还要讲究明责授权、用人不疑的原则。对于经过充分的了解考察之后选拔出来的人才，领导者就要给予他们充分的信任。所谓充分信任，就是在他们的工作范围内授予一定的职权，做到有职、有权、有责，使其放手工作，充分发挥其聪明才智，努力去实现预定的目标。

一个人才一旦决定用了就必须做到充分放权、充分信任，不可半信半疑。试想，一个人一方面正在承担责任，另一方面又时时感到领导的怀疑，其心态如何？干劲如何？答案是不言而喻的。所以领导者一定要做到“用人不疑”，采取实事求是的态度，一切以事实为依据，在没有查证落实之前，不能轻易地怀疑自己所用的人。

d. 用养并重，举才荐贤

从领导学上来讲，人才不只是为领导做事，还需要领导的培养，不单是在物质上的“培养”，更重要的是在思想上、能力上的培养。人才的使用有一个才能的输入和输出的过程。《汉书·李寻传》中说：“马不伏枥，不可以趋道；士不素养，不可以经国。”这就是说，如同马要驯养才可以上路一样，有能力的人要有平时的培养才能为国家发挥出重大的作用。所以作为一名领导者要十分重视人才系统的输入，重视对人才的培养。除有计划地让他们进行系统的学习进修外，还要采取多种形式，在实践中进行培养和锻炼，不断完善和加强其适应飞跃发展的新形势的能力。否则，只注意用人，而忽略了人才的培养，那无异于竭泽而渔，每一个领导者都应该防止这种短视行为。

从历史的角度来讲，我们每一个人都处于历史的特定时代当中，人类社会的发展是永无止境的。所以优秀的领导者，不仅要善于发现人才、使用人才、培养人才，而且还要有推荐人才的美德，为社会、国家培养未来的接班人和栋梁。这就要求领导者在实际的工作当中，要随时随地注意发现人才，把高于自己的人才推荐到上级或其他领导岗位上去。特别是在由于年龄、身体等多种原因不能适应自己承担的工作时，要有勇气让胜过自己的中、青年干部及时来接班，并热情地鼓励、支持他们的工作。邓小平同志早在1980年就指出：

老干部要把选拔和培养中青年干部，作为第一位的庄严职责。别的工作做不好，各自要做自我批评，这项工作做不好，就要犯历史性的错误。由此可见举才之重。

(2) 领导用人标准

选取良臣贤将是每位领导的心愿。一个组织或单位的实力也是由拥有人才的数量和质量决定的，那么人才的科学标准是什么呢?

在古代，“人才”二字即“人之才”的意思。人才通常是指“有学问的人”、“德才兼备的人”或“具备某种特长的人”。人才是才能较高，以其创造性的劳动成果，对社会发展和人类进步做出进一步贡献的人。另外，人才还具有社会性、广泛性、层次性、专业性、进步性和动态性的特征。综合起来讲，人才的标准就是“德”、“识”、“才”、“学”、“体”。

“德”是指人才在工作、学习和生活中表现出来的意志、兴趣、情感、性格和专注力品格。优良的品德应表现为高度的责任心、吃苦耐劳的精神、坚韧不拔的毅力。

“识”是指人才从事工作所具备的专业知识和专业能力，即观察问题、分析问题和解决问题的能力，也就是所谓的真才实学。具有见识能力的人，能够入木三分地把握和认识事物的本质；能一针见血地抓住事物发展的关键环节；能得心应手地驾驭各种环境和条件；能在关键时刻坚定果断地拍板；能冲破习俗观念的束缚，大胆地另辟蹊径。

“才”是指一个人认识客观世界和改造客观世界的能力，包括记忆能力、观察能力、实际操作能力、组织管理能力、表达能力和想象能力。

“学”是指学问、知识，包括直接知识、间接知识、理论知识、经验知识等。人才的知识结构主要有两种：一种是由基础知识、专业知识和前沿知识组成的塔式结构；另一种是以专业知识为基点和骨干，以其他与之相邻、相近的知识为补充交织而成的网络式结构。

“体”是指身体素质。身体是事业之本，不管你的才能有多大，如果疾病缠身，缺乏旺盛的精力，那就无法适应现代社会的工作节奏，也无法发挥出自己的才能。

人才的德、识、才、学、体，五位一体，密不可分，相辅相成。其中，德居首位，是人才的灵魂，是其他四者之根本；识具有决定性作用；才是必备条件；学是智能方面的基础要素；体是人才成长的物质基础。当然，这五条标准只是总的要求，决不能将其绝对化、理想化，而要根据实际工作的特点加以具体地区别对待。同时，德与才的内容和标准，是随着社会发展的形式和任务变化而变化的。在不同的历史时期可能有不同层次、方面的人才需求，但是对人才的基本素质和能力的要求是不变的。

8.2.3　领导用人的境界

从本质上来讲，领导活动归根到底是动员下属、激励下属去实现组织目标的一种社会活动，所以能否合理地用人选才是体现领导水平高低的标志。在现实生活中，领导者用人的境界往往能够折射出一个人是否具有高超的领导艺术，但不管领导者在用人技巧、用人偏好方面有何区别，其领导境界在本质上都是相通的。具体来说，领导用人的境界可体现为以下几点。

(1) 让下属心甘情愿地接受组织目标

领导者在实现组织目标的过程中,首先是要采取各种措施和方法使下属主动地、心甘情愿地接受组织目标并为之奋斗,否则组织目标便不能得到很好的实现。所以领导者用人的境界首先在于他提出的组织目标能不能使下属乐意接受,能不能转化为下属共同认同的奋斗目标。总体来讲,无论什么样的领导者,他们都需要谋求下属的支持和认同,如果只是通过强制性的措施迫使下属完成工作目标,这已违背了领导学的基本原理。领导者的动员支持,既包括对下属群体的动员支持,也包括对个体的动员支持,所采用的动员方法是多种多样的,如目标激励、物质激励、荣誉激励、感情激励、许诺激励等,总而言之,就是通过各种动员性措施使下属乐意接受并为目标而奋斗。

(2) 超脱个人感情好恶、理性做事

领导者是无法完全避免个人情感对他的影响的,因为领导者也是生活在社会和群体中的人,领导者首先是有血有肉的人而后才是领导者,也具有普通人所具有的一些弱点和不足,这就注定了领导者在用人时难免受个人主观感情好恶的影响。但是从领导的特性上来讲,领导者是居于一种超脱性地位的控制者和组织者,在工作当中是不能带有个人偏好的,而应该洞察全局、控制感情,在最大的程度上超脱个人的情感。这样就出现了一个贯穿于领导活动始终的难以解决的矛盾,即领导者自身的个人属性与角色相要求的特性之间的矛盾冲突。这就要求领导者必须将个人感情控制在相对最狭小的范围与限度之内,尽量将其排除在工作之外,以一种冷静、客观的态度履行各种职责。

(3) 任用比自己更强的人为自己工作

中国古代的一代霸主刘邦在谈到自己之所以能够战胜比他强大的项羽时所作的分析是相当深刻的:“运筹帷幄之中,决胜千里之外,吾不如子房(张良)。镇国家,抚百姓,给饷馈,不绝粮道,吾不如萧何。连百万之众,战必胜,攻必取,吾不如韩信。三者皆人杰,吾能用之,此吾所以取天下者也。”可以说,刘邦王图霸业的建立是与他善用比自己更强的张良、萧何和韩信等人分不开的。我们知道,领导者不是万能的,领导者之所以能成为领导者,不在于他自己无所不知,无所不能,而在于他能够通过组织、协调以及使有限的资源通过一定的规则聚合在一起释放出更大的能量、效用。正是从这个角度来说,领导也是生产力的一个构成要素,是人类社会最为稀缺的一种资源。可见一个领导者境界的高低,关键在于他是否善用比他自己更强的人才来为他工作。

(4) 人人都可用,用人用其长

中国传统用人思想的“智者取其谋,愚者取其力,勇者取其威,怯者取其慎”,是一种很高的用人境界,即“人人都可用,用人用其长”。它要求领导者不要凭借主观臆断而将若干人排除在用人体系之外。那么如何将这一用人境界贯穿于领导实践当中呢?

a. 着眼长处

对一个装着半瓶水的瓶子,有的人看到后会说“这个瓶里有半瓶水”,有的人则会说

"这个瓶子一半是空的",前者看到了"有",后者看到了"空",心境大不一样。对一个人才是着眼长处,还是挑剔短处,其效果也会大不一样。

b. 短中取长

领导者在用人时,不仅对一般人要着眼长处,而且对短处明显的人也要努力短中取长。其实短处明显的人往往有一种自卑感。对这种人,领导者如果能做到短中取长,必定会使他们异常感激,对自己从事的工作投入百分之百的精力。

c. 避短用长

任何人都有长处和短处,就是对一个人们所说的一无是处的人,也有其可用之处。因此,领导者应该对所用之人的长处和短处有清楚的认识。扬长避短,把人才放到能充分发挥长处的位置上。这样才能使各种人才扬长避短,形成合理的人才结构。

综上所述,领导者只有依靠人才才能有效地促使组织目标的达成。用人并没有一定的规则和程序可循,这也正是体现领导艺术魅力的奥秘所在。

8.2.4　领导用人的心理误区

(1) 领导用人的心理误区

领导在用人过程中产生心理误区的原因是极其复杂的。领导者在大部分工作时间里都拥有理性的、合理的、优化的心理品质,但是也会有偏激、不足的时候。领导者常见的心理误区主要有以下几种。

a. "亲亲""避仇"心理

"亲亲"心理有两个层面的内涵。第一个层面就是在古代就已经存在的任人唯"亲"心理。它是指领导者在选才用人时,总是把自己的亲属和朋友作为首要人选的一种心里倾向。不能够从实际出发,以才能作为人才的标准来选拔人才,这样长期下去就会造成下属对领导的不满,从而影响领导者的形象,影响组织的发展。第二个层面是指领导者对那些以前有恩于自己的人在选才用人的问题上给予特殊的关爱和照顾,并以此作为回报的心理倾向。不能客观公正地选择使用人才,而是被自己的这种主观的不健康的心理倾向所驯服,所以领导者在工作当中应该极力防止自己的这种心理状况,时刻监督、审问自己是否犯了这样的主观错误。

"避仇"的意思是指领导者视那些曾经伤害过自己的人为自己的仇人,找各种理由、借口对他们进行无端地压制和打击,并以此进行报复,这种心理反映了领导者褊狭的性格特征。领导者在做这些事情的时候根本没意识到自己的错误所在,而是一味地沉浸在自己的这种因报复而得到的不健康的快乐当中。

b. 以己度人心理

这种心理误区是指领导者在选才用人时偏重于用那些在各方面都顺从自己意愿的人,不是从客观实际出发来考察人才,而是从自己的喜好入手,依自己的行事标准来选择人才。实际上这样做会在组织内形成一种不良的风气,会造就一大批阿谀奉承的小人,使他们做事专门按照领导的偏好、意愿行事,不从组织的发展、事情的实际状况出发,从不跟领导提出异议，假使领导做错了他们也假装不知道。这样长期下去，就会形成小人当道，人才走空的悲惨局面，严重影响组织的发展。

c. 嫉贤妒能心理

嫉贤妒能心理就是指领导者因害怕他人胜过自己，憎恨他人优于自己，故在工作当中将别人视为对自己的最大威胁，在选才用人时专挑那些各项能力比自己弱的人，以此来显示自己能力的“超群”，有时甚至会故意打压、打击那些能力强于自己的人，以使他们不能超越自己。这是一种极其恶劣的用人心理品质和可怕的用人心理误区，它是压制和毁灭人才的毒气和癌细胞，常常会使一些有真才实学的人被有意识地埋没掉。

d. 崇“名”洋“外”心理

“名”是指领导者在选才用人时过于注重在社会上有一定名望、名气的人，有的人是社会的“榜样”、“劳模”，有的人获得了这样那样的国家或社会授予的荣誉；有的大学生拥有名牌学校的毕业证等这些外在的东西。对于这样的人，领导者要坚持以才取人，坚决不能以“名气”取人，否则，领导者就会使自己陷入不利的境地，并且往往容易埋没人才。这是一种形而上学的观点，领导者一定要注意克服和避免。

洋“外”心理与崇“名”的心理本质一样，都是被外在包裹的假象所迷惑。指领导者总是对曾经留过学的人另眼相看，在用人的问题上往往对“海龟”给予格外地偏爱和照顾，盲目地认为只有“洋”人才才是真正的人才。

e. 论资排辈心理

论资排辈心理，这是指领导者总是以下属的年龄大小、资历深浅和辈分高低为首要条件进行选才用人的心理倾向。虽然年龄、经历、阅历与能力有一定的关系，但它们决不能画等号，“有志不在年高”就是警示领导者在工作当中应避免这种过时的、传统的心理误区。

f. 大包独揽心理

这种领导者在工作当中总是大权独揽，所有事情都是自己一个人说了算，不给下属一点自主的权力。这种心理来源于传统文化的影响，领导者害怕自己放权以后，自己就会丢掉权力、荣誉、尊严，因而不能做到真正的民主。拥有这些心理的领导者往往在组织内形成强权式的管理方式，把权力都集中在自己的手中。

与大包独揽心理相反的极端心理就是过分的“民主”心理，它是指领导者在选才用人时往往过分注重民意测验和民主测评的结果，进而完全丧失自身独立性的一种心理倾向，它是对民主精神的歪曲和极端化，是一种没有集中的绝对民主。

领导者产生以上各种心理误区的原因是极其复杂的，这些心理误区是多种不良因素长期混合作用的结果。领导者是人而不是神，心理、人格和道德对于具体领导者个体而言，都只是一个与普通人一样的中性概念，即领导者的职位级别状况并不一定与领导者的心理、人格、道德状况呈正比关系。别人容易产生的心理问题，领导者也同样会产生，某些方面恐怕更甚，也同样需要关心和帮助。所以，我们要正确地认识和看待领导者们的这些心理误区。

(2) 培养健康的领导用人心理品质

随着社会的发展，当代领导者的用人心理也会发生改变。对此我们一方面应实事求是地肯定其所取得的成绩;另一方面也不能过分地夸大当前领导者的用人水平。正确的态度是对领导者的用人水平实事求是地加以辩证的分析和判断。针对上文提到的领导者的用人心理误区,可通过以下途径帮助领导者克服。

a. 与时俱进,提高自身道德素质和修养

提高自身道德素质、修养可以从以下两方面做起:

第一,在理论上提高自己的文化理论水平。用人心理误区往往是与领导者较低的文化水平和理论水平联系在一起的。知识渊博的领导者,大都志向远大,高瞻远瞩,心胸宽广,品德高尚,在用人方面表现出更多健康的心理品质。因此,领导者应该通过努力,不断提高自己的文化和理论水平,掌握人事管理和人才培养方面的知识,树立正确的人才观和用人心理。

第二,在实践当中客观认识自己,避短就长。领导者没有通才,他不可能什么都懂,什么都会做,因此他必须要正确地认识自己,发现自己的不足之处要改正,对于自己的长处要在实践中加以完善地发挥。要了解自己,领导者可从自己的工作经历和切身体会中去认识自己,对自己历来工作的成败进行分析,就能看出自身的优势和劣势。此外,通过倾听他人对自己的评价,也会正确地认识自己。任何领导者都有其自身的长处和短处,关键是如何扬长避短,这就要求领导者善于从用人工作的实践中总结经验教训,经常进行自我剖析,不断调整自己的心理并使其优化,只有如此,才能将选才用人工作做好。

领导工作是需要经常与人打交道的工作。人的经历、阅历、品性、文化、职业、年龄、出身、所处环境的不同,就会出现素质、修养上的良莠区别。所以,领导者在日常工作当中经常会遇到与自己的思想、观点产生极大分歧的人,有时甚至会产生极大的不愉快,领导者在面对此类情况之时,千万不能感情用事,而要理智地控制自己的情绪,保持情绪的稳定。

b. 培养“尊重知识、尊重人才”的工作氛围

轻视知识、轻视人才的社会风气和社会心理环境,是领导者用人心理误区赖以产生和存在的基础。由于受封建传统的影响,中国历史上曾经一度把知识分子划为社会下九流的行列,科学技术被视为歪门邪道、雕虫小技。轻视知识、轻视人才的思想泛滥。有些领导者深受其害,没能及时转变观念,树立正确的“尊重知识、尊重人才”的思想观念,而这对于一个领导来说是至关重要的。所以领导者应当转变思想观念,培养“尊重知识、尊重人才”的工作氛围以谋求组织的长远发展。

c. 将人才选拔制度化

领导者在选拔、使用、培养人才方面无章可循、无法可依的现象是用人心理误区形成的一个重要基础。克服用人心理误区仅靠道德、自觉是不行的,必须要有必要的、有效的法律制度和组织纪律作保障。从制度上规范选才用人的程序和做法,防止领导者通过各种非正当途径随意安排人员,从而防止人才流失,提高人才待遇,保障人才权益,规范人才流动。

d. 完善考核监督机制

要想有效地克服领导者的用人心理误区,仅靠领导者自身的修养是不够的。因此,加强对领导者的培训教育,完善考核监督机制是培养健康的领导用人心理品质的重要外部条件。

第一,应加强对领导者的培训和教育。通过多种渠道和多种方式对各级、各类领导者

进行有针对性的培训，使他们通过不断更新的知识来学习和掌握领导者必须具备的知识和才能。培养他们科学的人才观念，回答和解决他们思想上人才价值的取向问题。在培训的具体形式上，要针对性地加强一些专门训练，让缺乏用人经验的领导者参与到特定的群体结构中从事领导用人实践活动，培养健康而有效的用人心理品质，全面提升领导者的用人能力和用人水平。

第二，要完善领导者选才用人的考核监督机制。对领导者的用人活动要严格要求、严格监督，健全对领导者自下而上的内部监督制度，制定切合实际的用人绩效考核办法，同时还要拓宽外部监督渠道，充分发挥下属的监督作用。

【本章重点】

- 领导决策的含义与类型
- 领导决策的程序与方法
- 领导用人的原则与标准
- 塑造健康的领导用人心理品质的基本途径

【关键概念】

领导决策　战略决策　战术决策　程序化决策　非程序化决策　确定型决策　不确定型决策　风险型决策　个人决策　集体决策　单目标决策　多目标决策　经验决策　科学决策　领导决策程序　头脑风暴法　哥顿法　德尔菲法　竞赛式决策制定法　模拟决策法　方案前提分析法　决策树法　鱼缸法

【复习思考题】

1. 如何认识领导决策的含义？领导决策主要有哪些类型？
2. 领导决策的基本程序分为哪几个阶段？
3. 领导决策主要采用哪些方法？各有什么特点？
4. 如何理解领导决策的科学化与民主化？怎样实现领导决策的科学化与民主化？
5. 领导用人应遵循什么原则？人才的科学标准是什么？
6. 领导用人应达到怎样的境界？
7. 领导者在用人方面存在哪些心理误区？如何克服？

【推荐阅读】

- 诺埃尔·蒂奇、沃伦·本尼斯:《决断:成功的领导者怎样做出伟大的决断》，姜文波译，北京:中国人民大学出版社，2008 年版。
- 金和:《非常领导智慧:选人·用人·管人》，北京:中国纺织出版社，2003 年版。
- 王立生:《执行·沟通·协调:领导用人的技巧》，北京:地震出版社，2005 年版。
- 迈克尔·尤西姆:《决策》，万鸣译，北京:中国青年出版社，2007 年版。

第 9 章

领导体制与领导结构

领导体制是领导活动的组织载体和制度框架，是领导活动的内在机制，它为一切领导活动的展开提供了必不可少的平台。对领导结构的认识从正式结构和非正式结构两个方面展开：正式结构是领导结构的主要形式，非正式结构则是对领导结构的必要补充。领导体制与领导结构共同构成领导组织理论的内容，是领导科学理论体系的重要组成部分，在领导活动中具有重要的地位和作用。

9.1　领导体制

9.1.1　领导体制的内容与作用

领导体制是指组织内部以领导权限划分为基础所设置的机构及其相互关系的制度和规范。领导体制是领导关系的制度化、系统化、规律化，对领导主体内部基本的相互关系、行为方式和实质程序都作出了权威规定，是领导实践的合法依据，是领导活动正常进行的制度保证，对领导活动具有长期性、全局性和根本性的影响。

(1) 领导体制的内容

领导体制的核心是对领导权限的划分，领导体制就是围绕领导权限的划分和实施而形成的制度安排，根据一定原则对领导权进行划分，从而建立起一套领导组织机构，并为之配备一系列与之相适应的组织与管理制度，以保证领导权力的有序运行和领导目标的实现。因此，领导体制的内容主要有四个方面：领导组织原则、领导机构、领导组织结构、领导制度。

a. 领导组织原则

领导体制中划分领导权限以及以此为基础设置组织机构遵循的一般原则有：

第一，目标性原则。设置领导组织机构首先要以领导体制的目标为依据，领导组织机构是否设置、如何设置，都要从目标角度去考虑，在分工上、层次上所做的安排，都应为实现领导体制的目标而服务。而是否有利于目标的实现和任务的完成，是衡量领导组织机构设置是否合理的最终指标。

第二，完整系统原则。领导组织机构必须是一个完整的体系，以保证机构的正常运转以及领导活动的顺利开展。这个体系应包括决策机构、执行机构、咨询机构、信息反馈机构、监督机构等。

第三，适应性原则。领导组织机构的设立，应做到因时、因地、因条件制宜，具有一定的弹性，可根据组织目标的要求和领导任务的需要对机构设置做出调整，如在企业领导活动中，就可以根据因市场环境变化带来的业务范围的改变来重新设计相应的业务部门。

第四，高效原则。领导组织机构的一个重要诉求是降低成本，提高效率。各级领导机构的设计应从整体协调的角度出发，将领导组织机构作为一个由若干部分有机结合起来的整体，在设计时注重各组成部分的合理排列和恰当配合，减少不必要的层次和环节，避免重复设置、多头领导，以防止机构臃肿、政出多门等官僚主义弊端。

第五，职权责利相结合原则。领导组织机构的设置，应注意领导者职位与权力相称，领导者应承担的责任与其所受的奖惩并行。这些都是领导者进行领导活动和实现有效领导的必要条件。

b. 领导机构

根据上述原则对领导权进行划分，在适当分工的基础上设置若干机构和部门来共同完成领导目标，可以说领导机构是领导体制的载体，是领导体制的最直观体现。现代领导机构的组成一般有五大部分：

一是决策机构。决策机构是领导系统的核心，没有决策机构的存在，领导系统就无法正常运转，领导二字亦无从谈起。一个领导系统只能有一个决策机构，否则将政出多门，给领导活动造成混乱。决策机构必须有完善的议事制度，以保证决策的科学性和高效能。

二是咨询机构。咨询机构由专业技术人员、资深专家组成，是决策机构的参谋部门，是决策中心的智囊团。咨询机构的任务是为决策机构提供有科学根据的预测研究，设计备选方案，纠正决策行为的偏差，帮助决策机构做出高水平的决策。在领导组织机构中大都设立了咨询机构，如调研室、政策研究室、顾问委员会等。

三是执行机构。执行机构是决策方案的落实部门，任务是准确、有效地执行决策机构的各种决定、指示和命令。可以说，每一个下属组织都是上级的执行机构。这就要求各级组织机构都要加强学习，以提高综合协调水平，提升组织的执行能力。

四是信息机构。信息机构一般由综合办公室、档案部门、情报部门、统计部门、图书资料部门等组成，其主要任务是收集、处理和传递可靠的信息资料以供领导进行决策，是决策中心的辅助部门。随着先进的信息技术和通信设备的广泛应用，信息收集和处理的速度和准确性获得大幅度提高。

五是监督机构。监督机构是对领导系统进行控制和督察的专门机构，监督机构的职责主要是对决策的制定和实施过程进行检查和督导，发现问题及时向决策层反馈，并可由组织委托对问题责任人进行查处。监督机构是领导体制的调节平衡部门，组织机构中的纪委、检查组、巡视员等都属监督机构的设置。

c. 领导组织结构

领导的组织结构是指领导机构内部各部门之间的相互关系和联系方式。它包括两种基本的相互关系：一是纵向的关系，是指垂直方向上的隶属关系；二是横向的关系，指平行的各部门之间的协作关系。因此，可以对应地将领导组织结构的形态概括为领导层次和领导幅度。领导层次就是领导的纵向结构，是指组织系统内部按照隶属关系划分的等级数量，即该组织系统设多少层级进行领导和管理。有多少等级层次，就有多少领导层次。领导幅度亦称领导控制跨度，是领导的横向结构，指一个领导者能直接有效地指挥下级的范围和幅度。现代领导工作，由于专业性强，涉及面广，工作量大，一个领导者能够直接有效地领导与指挥下属的人数是有一定限度的。一般原则是：下层领导跨度可以大些，上层则应该小些，呈金字塔式的领导层次。但是领导跨度究竟以多大为宜，至今仍没有一个统一的认识，应视工作性质、领导者与下属的素质和能力而定。一般认为，领导者能力相对较强，领导幅度相应的应该大一些，下属成熟度高或下属业务类同性或专业化程度高，则领导幅度可以适当大一些。另外，人际关系也被认为是影响领导幅度的重要因素，通常认为，上下级关系越复杂，领导幅度应该越小一些。这里应把握一条规律：领导层次与领导幅度呈反比例关系，领导层次越多，领导者直接领导的下属就越少，领导幅度越小；反之，领导层次越少，领导者直接领导的下属就越多，领导幅度越大。

作为领导机构内各组成部门之间的组合形式和联系方式，具体的领导组织结构具有多种多样的表现形式，其中较为常见的基本表现形式有直线式组织结构、职能式组织结构、混合式组织结构和矩阵式组织结构。

第一，直线式组织结构。又称层次制、分级制、金字塔式，是传统的领导组织结构。它是将各个机构之间的全部联系都置于一条垂直的领导权力线上，每一级都要直接接受更高级领导的管辖，同时它又对下一级拥有全权，信息只沿着垂直线自上而下传递。这种结构的领导类型是一长制，即首长对下属的全部工作实行全权领导。直线式组织结构的优点是系统内部上下、左右的关系一目了然，职责分明，行动迅速，有利于提高整体效率，它比较适用于简单的、低层的组织与重复性较高的工作。但面对复杂的、非标准的、综合性的工作，就显得不能完全适应。

第二，职能式组织结构。职能式结构，就是为了完成较为复杂的任务，完成一些特定管理功能而成立的某些专门性机构。完成这项功能的所有人员和部门都归该机构管辖，而这些机构的领导人，对其职能范围内的问题拥有全权。如国务院所属各部委、各部委的业务司局、各单位中的职能科室等。由于这些部门的工作人员熟悉具体情况，一般来说，在完成某项工作方面效率要比直线型组织机构效率高。它的缺点是割裂了上级对下属单位的统一领导过程而不利于协调各单位之间的活动，又因其完成的任务和职能都是阶段性和暂时性的，所以不利于解决各种综合性问题。

第三，混合式组织结构。这种组织结构是将直线式与职能式的优点进行有机融合而形成的一种组织结构形式。这种结构以直线式组织结构为基础，在每个层次又设立相应的职能部门，进行专业管理，并作为该级领导者的参谋，实行主管统一指挥与职能部门参谋、指导的有机结合。它既保持了直线式组织结构集中统一指挥的优点，又吸收了职能式组织结构专业管理的长处，具有任务明确、效率较高的明显优点。在我国政府部门和企业中，这种混合型组织结构模式比较常见。它的缺点是各部门之间缺乏信息交流而相互脱节，直线部门与参谋部门之间容易产生矛盾，增加了最高领导者协调工作的压力。

第四，矩阵式组织结构。这是一种在混合式组织结构基础上，按照数学上的矩型方阵原理建立起来的领导体制，又称“规划-目标”结构形式。它的特点是把按职能划分的部门同按项目划分的部门结合起来，在同一组织结构中，既有纵向职能部门，又有横向的按产品或工程项目划分的管理系统。基层工作人员在执行规划目标方面，接受专门项目的领导；在执行日常工作方面，接受职能部门的领导。通过纵横矩阵，形成一个灵巧简便的组织结构，把功能型组织和多个专项组织有机地结合在一起。这种组织结构的优点是，能在一个领导系统中平衡、协调地进行多个目标，并做到有分有合，随机应变，既能发挥纵向隶属的领导作用，又能发挥横向功能作用，因此能够激发组织中人员的积极性和创造性。但是实行双重领导更易产生矛盾，增加协调工作的难度，也对领导者的素养和管理水平提出了更高的要求。

d. 领导制度

领导制度是对领导者在领导活动中的行为进行规范的准则，领导制度有两种存在形式：一是通过立法部门的立法程序得以确立的法律法令、法规或条例；二是领导机构制定和颁布的政策、规章、条例守则等。领导制度内容涉及领导活动的方方面面，包括领导权限和职责的划分制度，主要是领导机构中各部门和各层级之间、组织与首长以及首长与工作人员之间责任、权力、利益关系的规定；包括领导机构运行和工作开展的制度，如领导决策制度、领导问责制度、政务公开制度、领导监督制度、信访接待制度等；还包括领导干部管理制度，这是领导体制中极为重要的内容，包括领导干部的录用、晋升、领导效能考评、领导干部的培训和管理、任期、责任追究、引咎辞职、罢免、弹劾等方面的制度。

(2) 领导体制的作用

领导体制的核心内容是用制度化的形式规定组织系统内的领导权限、领导机构、领导关系及领导方式。一个组织能否正常运转，主要取决于领导制度的优劣，邓小平同志在深刻总结我党的历史经验教训时指出：“我们过去发生的各种错误，固然与某些领导人的思想、作风有关，但是组织制度、工作制度方面的问题更重要。这些方面的制度好可以使坏人无法任意横行，制度不好可以使好人无法充分做好事，甚至会走向反面。”①邓小平同志的论述告诉我们，与领导者素质等个人因素相比，领导制度、组织制度等领导体制问题更为重要，这些问题可以给领导活动带来根本性、全局性和长期性的影响。

具体来说，领导体制的主要作用体现为以下几个方面。

a. 领导体制是领导者与被领导者之间建立关系、发生作用的桥梁与纽带

领导活动中最基本的因素是领导者与被领导者的相互影响和相互作用。事实上，任何领导活动都不外乎是领导者和被领导者的互动：一方面，领导者对被领导者的思想、行为施加影响，对他们进行引导、规范、激励和约束；另一方面，被领导者也通过选择、选举领导者以及响应、追随、监督领导者的方式对领导者的思想和行为产生直接或间接的影响。

① 《邓小平文选》第二卷，北京：人民出版社，1994 年版，第 333 页。

这个领导者与被领导者之间的双向互动过程是通过领导体制来进行的。只有借助领导体制，才能将每个成员组合编织到一起，形成层次分明、行动统一、目标明确的有机整体。也只有依靠领导体制，才能将领导者的意图、指示、任务和规划层层下达，并将执行情况通过体制的渠道层层上报，形成一个紧密相连、反馈及时的动作系统，构成领导活动的合力，保证组织目标的顺利实现。

b. 领导体制是领导活动正常进行的组织依托和制度保证

领导活动必须依赖领导体制。领导活动作为复杂的社会活动过程，必须建立一定的领导体制，把各级各类领导机关组织起来，形成一个有机的领导工作系统，才能保证领导活动的正常进行。领导体制作为领导活动中领导权限划分的制度体系，从根本上决定着领导活动的整体结构、组织形态和活动方式。领导体制的性质、类型决定了领导机构的格局，领导体制的变化导致领导机构的相应改革。领导体制是领导者代表组织同社会发生作用的合法性证明，领导者借助领导体制使其权威合法化，获得代表资格代表组织与外界交往，领导者在领导体制中的定位，是其进行有效领导的重要基础。依法建立并健全的用人制度、激励制度、绩效制度、考核制度和竞争制度是领导体制的重要组成部分，对领导活动或领导者的行为进行制约、引导和规范，是制约、监督领导活动的组织条件。总之，领导体制是保证领导活动正常进行和有效开展的组织依托，是实现领导职能、完成领导目标的制度保证。

c. 领导体制的健全与否直接影响领导活动的成败，关系着国家的前途和命运

领导体制作为根本性的领导制度和组织制度，作为领导活动主体的内在机制，从根本上决定着领导活动的成效。领导机构的设置是否健全，权责划分是否合理，领导层次与领导幅度的设计是否合适，干部管理制度是否有助于领导者才能的发挥，领导方法是否科学，都由领导体制影响和决定，而种种因素的综合作用必将决定着领导活动的效果。如果领导体制不健全，就容易滋生不负责任的官僚主义，进而产生消极腐败现象，严重腐蚀领导集体的生命力，最终危及社会的稳定、国家的发展和人民的安全。因此，建立、健全科学的领导体制，是关系国家前途命运的重大课题，是实现国家长治久安的根本途径。

9.1.2　领导体制的类型与演变

(1) 领导体制的类型

领导体制复杂多样，依据不同的标准可以将其分为不同的类型。而从组织机构的具体内容，尤其是组织各部门之间的权限与职责划分的角度来看，领导体制中的权力关系共有四种基本类型：集权制与分权制、一长制与委员会制、完整制与分离制、层次制与职能制。

a. 集权制与分权制

根据领导系统中纵向权力配置的集中与分散程度，可以把领导体制分为集权制与分权制两种类型。所谓集权制是指一切重大问题的决策权集中在上级领导机关或上级领导者，下级机关或下级领导者没有或很少有自主权，而只能按照上级机关的决定和指示办

事。所谓分权制是指下级机关或下级领导者在自己管辖的范围内,有独立自主的解决问题的权力,上级对下级在法定权限内决定处理的事情不得进行干涉。

集权制的优点是:层级节制,力量集中于上级机构,有利于政令统一,标准一致,指挥灵活方便,令行禁止;领导者能够统筹全局,兼顾各方利益,计谋长远,进行重点建设;易于统一调度和支配资源,特别是在系统资源有限的情况下,能够最大限度地集中组织系统的物力、人力和财力,从而完成在其他领导体制下办不到或办不好的大型项目。但是,集权制如果发挥得不好,则会有以下缺点:灵活性差,不易因地因时制宜、灵活机动地办理事情;不易调动下属的主动性、积极性和创造性,久而久之形成事事依赖上级的不负责任的作风和无所作为的思想,由此可能滋长上级领导机关和个人的独断专行,从而产生官僚主义;由于上级统驭严密,下级在工作时顾虑重重,行动迟缓,从而降低了工作效率。

分权制的优点是:下级领导机构和领导者可以在自己管辖的范围内独立自主地工作,因此能够充分发挥其主观能动性,集思广益,从实际出发,具体问题具体分析,因时因地制宜地发挥各自的个性及特长,适应客观环境变化,制定具有自身特色的方针和政策;下级主动、自主地工作,其才干容易发挥,不易出现上级独断专行现象;由于分权制的领导体制是按权分级、按级分工、分工负责的,因而相对于集权制的领导而言具有更大的弹性和灵活性,也就是具有更强的应变能力;同时上级也能因此而减轻不必要的负担,防止官僚主义、腐败行为的产生。分权制的缺点主要在于:难以坚持政令统一、标准一致,容易造成自立门户,各自为政、政令不一,各行其是,各方之间经常会发生矛盾和冲突;也容易导致地方主义、本位主义、分散主义倾向,甚至导致全局失控、有令不行、有禁不止,使国家和集体的利益受到损害。

集权与分权是一对矛盾,既对立又统一。正确处理集权与分权的关系,是领导体制中一个至关重要的问题。同时,对集权与分权关系的把握也是困难的,甚至是十分棘手的,要掌握合适的尺度,清楚哪些权力要集中于上级机关,哪些权力要分授给下级机关;集权应该集中到什么程度,分权应该分授到什么程度。这些并没有一个固定的模式,必须根据不同的任务和不同的环境条件进行具体分析。对此,一般需考虑以下原则:一是可能损失原则,如果下级采取的某种决策容易失误或决策后可能会造成严重损失或不良后果时,这种决策一般就应由上级来决定;二是责任范围原则,如果一项重大决策是必须由上级来承担法律责任的,就应由上级来决定;三是决策范围原则,凡是需要做出一致规定的行为,应由上级来决定;四是监督考核原则,凡属考核内容的工作,如监督某一领导层次的工作,应当由上级来决定;五是业务性质原则,各地、各部门业务性质相同的工作,一般应由上级来决定,业务性质不同的或具有强烈地方性特点的工作,应由下级自行决定;六是地域规模原则,凡是大规模的发展计划和战略规划工作,应由上级来决定,与上述情况相反的,则由下级来决定。

b. 一长制与委员会制

一长制与委员会制,又称独任制与合议制,是根据领导机关中决策核心的人数来划分的。

一长制就是一个组织的领导机构中,法定的最高决策权完全集中在最高领导者一人手中,由他个人对有关上级和监督机关负责,用下级服从上级而不是少数服从多数的原则解决问题。一长制主要包括三个方面的规定性：一是行政首长对于本单位、本部门乃至本层级的领导和决策具有最高的领导权和最终的决策权，负有主要的或全部的行政责任；二是一长制建立在一定的民主讨论基础之上，它要受制于各种民主化的规则，这也是充分发挥领导集体成员积极性的有效保障；三是一长制的运作是以分工负责的方式展开的，这种分工包括纵向和横向两个方面，即自上而下的逐层逐级的权责分工和同一层级各单位部门之间的权责分工，尽管最终的决策权力掌握在行政首长手中。这三个规定性是由现代领导活动的特点及其展开的过程决定的。委员会制是指在一个系统或者单位的领导机关内部，法定的最高决策权力由两位以上负责人共同行使的领导体制。

一长制的优点是：权力集中，责任分明，行动迅速，指挥灵敏，意见冲突较少，效率较高，易于考核优劣。同时，它还可以有效地防止推诿和扯皮，消除或减少不负责任的现象。一长制的缺点在于：受领导者个人的知识、能力、精力的限制，领导者在处事时难免有考虑欠周之处，即便在现代领导体制中有智囊团协助领导者进行决策，但是领导者拥有决策权和否决权，这就限制咨询机构发挥作用；一长制的主要负责人如选择不当，就可能造成独断专行、滥用权力的弊端，尤其是如果决策出现失误，就会因为权力集中而产生严重后果。

委员会制的优点是：能够集思广益，减少决策中的失误，集中各个渠道的信息和意见从而做出正确的决策；各个委员代表着系统内部不同的利益群体，有利于系统内部的协调；各委员之间分工合作，可以减轻主要负责人的工作负担；决策由各委员合议做出，也可以避免个人滥用职权。委员会制的缺点是：参与决策的人数较多，容易导致权力分散，责任不明确，名为集体负责，实为无人负责；行动迟缓，效率较低，难于考核优劣，结果常常是议而不决，决而不行，坐失良机，贻误工作。

由此可见，一长制与委员会制这两种领导体制虽各有利弊，但是并无绝对的优劣之分。不论采取哪种体制，其关键都是在社会事务的处理过程中要根据不同的领导者类别和不同的环境情势加以灵活具体运用，只要运用得当就会取得较好的效果。一般地说，凡是事务性的、执行性的、技术性的、纪律性的、突发性的、速决性的领导活动，如军事指挥、行政事务、技术业务等机关的领导活动，宜采用一长制，这样可以收到迅速果断、效率高的效果。凡是立法性的、政策性的、方针性的、战略性的、长远性的、规划性的、顾问性的、协调性的和综合平衡性的领导活动，均宜采用委员会制，以便对领导活动进行慎重处理，反复酝酿，充分讨论，由集体作出决定，才能反映各方面的利益和要求，避免个人专断现象的出现。

应该看到，领导体制发展到今天，一长制和委员会制这两种体制正以各种方式相互联系和相互渗透着。一长制的主要负责人越来越重视咨询参谋机构的作用，常常把重大问题交给现代智囊团拟制决策方案，或交给专门委员会进行处理，以保证决策的科学性。委员会制则逐步在根据集体领导和个人分工负责相结合的原则，向减少委员人数，减少副职、虚职方面努力，向责任主体明确化的方向发展，以提高办事效率。有的委员会常常在对某项问题经协商达成一致以后，交与负有直接和完全责任的委员去作决定，以便明确责任，便于检查和考核。

c. 完整制与分离制

按同一层级的各单位接受上级机关的指挥、控制方式和程度的不同，可以将领导体制划分为完整制与分离制。

完整制是指属于同一个领导层级的各机关，或者一个机关中的各个构成单位，所接受的上级指挥、控制和监督完全集中于一位行政首长或者是一个上级机关的制度。完整制也称一体制、集约制、一元统属制，俗称一元化领导。完整制的优点是：力量集中，有利于统筹规划全局，有利于消除各单位之间的矛盾和权力冲突；责任分明，减少相互推诿、扯皮，避免工作重复和减少"内耗"；能够防止政出多门、各自为政，有利于加强各单位之间的合作，提高工作效率。其缺点是：由于权力高度集中，容易造成组织内部少数人的独断专行，滥用权力；使下级失去自主精神，不能反映广大群众的意志和要求；压制下属各单位在贯彻执行政策上的主动性、积极性和创造性，使下级养成对上级的依赖性等，导致行动迟缓，效率低下；权力一旦使用不当，则会产生严重的后果。

分离制是指同一层级的各类机关或同一机关的各组成单位，根据其不同职能，在权力机构上分属两个或两个以上的领导机关或领导者来领导、指挥和控制，且彼此之间独立并互相制约。分离制又称独立制、多元统属制。我们通常所说的"条块分离"式领导，就是这种分离制的领导体制。分离制的优点是：权力设置分散，适于防止专断与滥用权力，有利于发现和培养人才。此外，在分离制的情况下，即使上级领导机关不健全、不称职或决策失误，也不至于对全局产生重大的影响。分离制若发挥得不好，其缺点和后果也是十分突出的，例如各独立单位之间各自为政，造成权力冲突，工作重复，内耗严重，并造成人力、物力、财力的浪费。

完整制和分离制是一个矛盾的两个方面，是矛盾的对立统一体，它们各有利弊，不可能截然分开。有效的领导体制应当是完整制与分离制的有机统一。因此，领导者必须不断研究新情况，解决新问题，在体制结构上表现出动态性管理，才能通过有机地结合更好的发挥完整制、分离制两种形态的优势，尽量降低两者的负效应。

如何处理好完整制与分离制的关系问题，是我国领导体制改革中所遇到的最重要也最艰难的问题之一。由于历史的复杂原因，我国的领导体制存在权力过于集中的弊端。所以，目前体制改革的一个主要内容，就是合理、适度分权，扩大地方、部门的自主权，使领导体制充满活力。在推进改革的过程中，我们应对完整制与分离制的关系有一个正确的认识，做到因时制宜，因地制宜，科学地统权，科学地分权，做到统分相宜，统分相长，在不同的环境条件下，根据不同的任务做出谨慎而适宜的安排。

d. 层次制与职能制

按领导系统内部各机构的职权性质和范围的不同，可以将领导体制划分为层次制与职能制。

层次制，又称层级制、分级制、直线制或系统制，是指领导系统在纵向上划分为若干层级，每一个下属层级对上一个层级负责，从指挥中心到基层形成一个金字塔式的指挥系统，即形成直接指挥、监督和控制的渠道，各层级的领导业务内容大体相同，只是管辖的范围与规模随层级的降低而逐渐缩小。层次制是一种传统的领导体制和组织形式，从指挥中心到最基层形成一个形如连续台阶的指挥系统。行政系统中的国务院和省、县、乡(镇)各级人民政府以及军队系统中的军、师、团、营、连等建制就是典型的层次制。层次制的优点在于：指挥统一，权力集中，层级分明，整齐划一；各级领导者业务性质大体相同，干部升迁或调动，均能很快胜任；并且由于这种体制强领导者调掌握与熟悉各方面业务，因而也有利于培养具有统筹安排、综合平衡能力的“通才”。层次制的缺点主要在于：领导者管辖的事务过多，往往事无巨细，事必躬亲，容易陷在事务堆里不能自拔，有可能滥用权力，草率处理事务；尤其是在大型的组织系统中，由于中间层次太多，容易导致信息梗阻，指挥不灵，严重影响工作效能。

职能制，又称分职制、功能制或机能制，是指在同一领导层次内平行地设置若干部门，辅助领导机关实施领导。各个部门的职能范围都以本领导机关的整个组织系统为对象，只是工作的性质与内容不同。国务院设的各部、委、办，省政府设的各厅、局，以及部队军部设的司令部、政治部、后勤部等都是典型的职能制。职能制的优点是：分工精细，各部门领导者都可以各司其职，各负其责，从而摆脱繁琐的事务，易于提高工作效率；而且领导者在业务上很容易熟悉，也有利于培养精通各门业务的专家和提高干部的专业化水平。职能制的缺点是：因分工过于精细易造成机构臃肿，人浮于事；部门林立，政出多门，容易造成割据状态，加剧本位主义，互设关卡，互相扯皮，使领导者的协调任务增多；专业性强，只能依附于特定的组织中才能存在，各部门只熟悉自身业务，不了解全局业务，容易违反经济原则和效率原则。

层次制作为一种传统的领导方式和领导体制，仅适用于领导场合较小及上下级关系比较单纯的组织或单位，现今只有军队还比较单纯地沿用这种领导体制。随着现代经济、科技、社会高度地综合协调发展，政府机关、企事业单位组织的规模不断增大已经成为不可避免的现实，这就使职能制得到迅速的发展。在实际工作中，层级制与职能制必须配合使用，扬长避短，彼此相长。现代大型组织中大都是将层级制和职能制两种制度结合使用的。如何实现两者的科学混合，做到充分发挥层次制和职能制各自的优点，以提高领导的效用，是领导体制和组织机构改革中需要认真研究的问题。我们可以参考以下原则来处置两者的关系：一是目标原则，该原则以有助于目标的实现为首要前提，根据目标和任务来设置层级和职能部门；二是效率原则，对组织系统层级和职能部门做出的设置和调整，有利于提高组织工作和行动的效率；三是工作任务原则，即根据目标系统的具体任务设立机构的层级和部门，待任务完成后可以取消这些机构；四是利民便民原则，组织系统层级和职能部门的设置与调整，要从民众的利益出发，为民着想，方便民众。

(2) 领导体制的演变

人类社会的领导体制经历了一个漫长的发展过程。在原始社会，氏族议事会、部落议事会、部落联盟议事会构成了原始社会的领导系统，这种领导体制是建立在原始公有制经济基础和没有阶级存在的社会基础之上的，它适应了当时社会的生产力发展水平，适应了社会对简单协作劳动的领导和军事指挥的要求，实际上这是一种自然组合和习俗规约的自然式集体领导体制。随着社会生产力的发展和社会分工的逐步成熟，一个职业化的领导管理阶层开始出现，正是这种职业化领导管理阶层的出现，才促使领导活动在体制性的结构中进行。从近代到现代，西方领导体制的发展大致经历了以下五个发展阶段：家长制领导体制、“硬专家”领导体制、“软专家”领导体制、专家集团领导体制、多极领导体制。

a. 家长制领导体制

家长制领导是流传于封建社会几千年的领导体制，近代社会的家长制领导体制是从中世纪封建社会演化而来的。在工业革命以前，企业组织规模小，生产力水平低下，企业组织的所有者往往就是管理者，这种领导者实行的就是家长制领导，即决策与生产全凭"家长"的经验进行。这种领导体制的本质特征就是领导者凭借自己的地位、权力和经验，从事领导和管理。由于当时的生产规模不大，这种领导方式尚可适应，并起到过一定的积极作用，因而它一直延续到19世纪中叶。

b. "硬专家"领导体制

工业革命之后，随着企业经营规模的扩大和劳动生产率的提高，很多企业所有者因不懂领导与管理的法则，而难以维持企业组织的快速发展，更难于适应日益激烈的竞争。1841年，因企业老板缺乏领导和管理现代企业的能力，在美国一条连接马萨诸塞和纽约的西部铁路上，两列客车相撞，造成巨大的人员伤亡。这一情况迫使铁路公司进行改革，建立起各级责任制，选拔有管理才能的人担任领导。由于公司的资本大多是一个老板投入的，所以他仍是公司的所有者，但新的管理体制将他排除在企业业务管理之外，老板只拿红利。这样，财产所有权与经营管理权就实现了分离，财产所有者不参加企业领导，领导企业的是专门拿薪水的经理人员。这些经理人员通常由一些生产技术高超、才能出众、具有专业知识的人担任，也称"硬专家"领导。"硬专家"成为领导者，经理制随之兴起，并很快得到推广，显现了巨大的优越性。经理制的出现是企业经营规模扩大的必然结果，它推动了近代资本主义企业的发展，是组织领导体制的一大进步，是企业领导、管理体制的一大进步，是领导体制进入一个新的时代的起点。

c. "软专家"领导体制

"软专家"指的是精通管理专业的专门管理人才。从20世纪20年代以后，由于生产社会化的程度越来越高，企业内部生产规模不断扩大以及现代科学技术与生产的进一步结合，企业分工越来越专门化，组织的规模越来越大，经营管理的作用日益增大，任务越来越重，复杂性越来越强，使得只精通某一门专业技术的"硬专家"越来越不适应企业领导的要求。"硬专家"们通晓技术和业务，有较强的逻辑思维能力，这些对从事领导工作是有利的。但是他们往往熟悉物而不了解人，虽对本领域的技术或业务精通，但不擅长运筹和谋划，缺乏全面的知识和才能，这就容易造成被业务、任务牵着走的被动局面。因此，企业迫切需要有专门管理知识和管理经验的职业"软专家"来担任领导者。于是，以经营管理为专长的职业"软专家"就应运而生了，它使领导从管理中逐步独立出来，真正意义的领导就是在这个阶段诞生的，这种领导体制极大地促进了社会生产力的进步和经济的发展。

20世纪70年代前后出现的科学技术与生产日益结合的趋势，要求企业领导人既懂管理又懂技术，单纯的"软专家"也不能完全适应现代企业的要求了，于是"双学位"式的管理人才开始兴起，并由此逐渐过渡到"软专家"集团领导的阶段。

d. 专家集团领导体制

第二次世界大战后，随着现代生产和科学技术的高度分化和高度综合，随着现代社会的加速发展和急剧变化，随着"大企业"、"大工程"、"大科学"的兴起，领导和管理的规模和复杂性急剧增大，特别是组织战略决策的重要性日益突出，单靠职业"软专家"个人的领导已经不够了。同时因为信息量的增大，个人的领导也已无能为力。于是，在西方大企业的最高层首先出现了集体领导的趋势，出现了专家集团领导。一方面，重大问题的决策，都经过集体讨论作出决定，取代了过去的个人负责决策与经营的传统方式；另一方面，领导者越来越注意吸收各类专家，特别是一些职业"软专家"参与领导决策，这也是一股新兴的潮流。一些大单位不仅吸收专家个人参与，还聘请了各类专家组成各种形式的"智囊团"、"思想库"，它作为专家集团领导在智力上的一种延伸，为领导活动提供各种决策信息和依据。"智囊团"作为领导的参谋而参加决策，但并不代替领导作决定。这种"谋"、"断"分离的新的领导方式，使领导的决策更臻于科学化。专家集团式的领导体制的根本点是群体领导，目的是发挥集体智慧，弥补个人领导能力的不足，提高领导水平。实施集团化领导的方式是多种多样的，可以是少数服从多数的集体领导办法，也可以在充分讨论的基础上，由企业全权负责的领导人对各种意见权衡利弊后做出决策；还可以采取主要领导人拥有否决权的方式；等等。

e. 多极领导体制

无论是家长制领导、"硬专家"领导、"软专家"领导还是专家集团领导，从领导体制中决策与管理的结构上看，它们大都属于决策与管理相融合的集权制领导体制，本质上都是采用直线参谋制，事无巨细，都由经理负责处理，权力过于集中。随着市场变化速度的加快和市场竞争的日趋激烈，大型组织越来越走向集团化，集权制的领导体制已经不适应客观形势的发展，不适应各种问题纷至沓来的管理现实。这在客观上就要求在必要的集中领导下，扩大分散领导的权力。在 20 世纪 20 年代到 30 年代，一些国家开始寻求新的领导途径，如美国一些大企业率先开创了集中领导、分散管理的"事业部制"，也就是多极领导体制。这种领导体制的主要特点是：经营决策与具体管理分开，使总经理等公司一级的高层可以摆脱日常事务，集中精力研究和制定各种经营方针、政策，日常生产、销售等具体管理活动则由事业部独立自主地承担。这标志着领导职能从管理职能中全面分离出来，这样的模式既增加了决策的及时性、科学性，又提高了管理的效率。多极领导体制是领导体制发展中的重大变革，是领导科学理论与实践相结合的重大成果。

9.1.3　我国领导体制的改革

(1) 我国党政领导体制的历史沿革

纵观历史，社会主义行政领导体制的模式有巴黎公社政权形式、苏维埃政权形式及原南斯拉夫的社区自治形式等。我国的人民代表大会制是社会主义领导体制的一种，与上述几种制度模式相比，它具有鲜明的时代特征和国情特点，符合我国领导体制的历史发展规律。新中国建立以来，领导体制的发展大致经历了四个阶段。

a. 1949～1956 年，是领导体制的创建阶段

从新中国成立到 1956 年，是从分散的根据地政权到建立起全国统一的中央集权的领导体制阶段。1949 年中华人民共和国成立以后，推翻了旧中国专制、独裁、反动、腐败的官僚体制，建立了工人阶级领导的、以工农联盟为基础的、人民民主专政的各级人民政府

及有关的人民政权机关和国家机器，基本确立了社会主义政治制度，逐步形成了集中统一的社会主义经济、政治体制。在1954年召开的第一届全国人民代表大会第一次会议通过的《中华人民共和国宪法》规定：全国人民代表大会是最高国家权力机关，是行使立法权的唯一机关，全国人民代表大会常务委员会是它的常设机关。会议明确了国务院作为国家最高行政机关，统一领导全国地方各级行政机关的工作。

b. 1956～1966年，是领导体制的探索和调整阶段

这一阶段主要想解决的是中央和地方的关系问题。1956年党的八大提出对领导体制作出相应调整与转变的任务，试图在巩固中央统一领导的前提下，适当扩大地方权力，给地方更多的自主性，但是，始终没有找到中央和地方权力划分的适度点。因此，中央与地方的关系依然实行的是中央集权制，称作中央集中统一领导下的分散或分级管理。中央集权过多、地方权力过小的状况，没有得到根本性的改变。

c. 1966～1978年，是领导体制的混乱阶段

"文革"十年动乱，使新中国建立以来形成的领导体制被彻底打乱。"革命委员会"居于核心地位，实行一元化领导，党政领导机关受到冲击，陷入瘫痪、半瘫痪状态。国家最高领导权实际上只集中在几个人手中。各地方政府、部门到基层单位都纷纷建立"革命委员会"，掌握了党务、行政、司法权力。这一时期的领导体制达到高度集权的顶点，领导体制陷于极为混乱和畸形的状态。

d. 1978年至今，是领导体制的改革发展与完善阶段

党的十一届三中全会以来，我们党致力于对"文革"时期畸形的领导体制进行彻底纠正，进入了系统的领导体制改革和完善阶段。1980年8月18日，邓小平同志在中央政治局扩大会议上发表了《党和国家领导制度改革》的讲话，创造性地提出了中国共产党领导体制的重要改革构想，为新时期党和国家领导体制的改革确立了正确的方向。1987年党的十三大对政治体制改革中的"实行党政分开"问题做了详尽的阐释，使得党政领导体制开始转向制度化。1992年初春，邓小平同志视察南方谈话的公开发表，引起了新时期思想解放的又一次高潮。此后相继召开的党的十四大、十五大、十六大进一步为改革和完善党政领导体制指明了方向。十四大提出坚持和健全集体领导制度，实行民主基础上的集中和集中指导下的民主相结合，强调要"加强制度建设"；十五大把"依法治国，建设社会主义法治国家"作为执政党的执政方略，以此作为领导体制改革的突破口；十六大进一步强调加强和改进党的建设，要把思想建设、组织建设和作风建设有机结合起来，把制度建设贯穿其中。党政领导体制从此进入了以制度建设为重点的改革新时期。在党的十六届四中全会上通过的《中共中央关于加强党的执政能力建设的决定》，是对马克思主义党建理论的创新和发展。该《决定》指出改革发展和完善党的领导体制是加强党的执政能力建设的一个重要方面，从改革和完善党的领导方式与执政方式、建设社会主义政治文明的高度，对党政关系的调整改革和规范运行提出了明确的思路和要求。2007年召开的党的十七大，坚持了十六大中对领导体制改革的方向，明确指出要按照科学执政、民主执政、依法执政的要求，改进领导班子的思想作风，提高领导干部的执政本领，改善领导方式和执政方式，健全领导体制，为我国党政领导体制的优化提供了保障。

经过改革开放三十年的不懈努力，我们党在改革和完善党和国家领导体制方面取得

了显著的成绩。突出的成果有:改革党政关系,取消了党与政府重叠的“对口部”,并通过宪法和组织法予以杜绝;建立离退休制度,逐步废除干部领导职务终身制,实行干部任期制,并在宪法上明确规定了任期限制;不断完善人大会议制度,探索人大常委会专职常委制度,加强民主法制建设;自 1982 年开始相继进行的多次政府机构改革和行政体制改革,减少机构臃肿和冗员问题,不断从组织管理上调整政府与市场、政府与社会的关系;进行干部人事制度改革,建立和完善了公务员制度;探索和建立健全对领导干部的监督制度,遏制腐败;等等。随着领导体制改革的深入,我们党将充分发挥总揽全局、协调各方的领导核心作用,进一步理顺各级党委和政府、人大、政协以及各种社会组织之间的关系,使党政领导体制逐步走向完善。

(2) 我国领导体制的本质特征

我国领导体制主要具有以下几方面的本质特征。

a. 人民群众是国家的主人

我国是工人阶级领导的,以工农联盟为基础的人民民主专政的社会主义国家,国家的一切权力用于人民。人民群众是国家的主人,这是我国领导体制的基础。人民群众的主人翁地位,不仅体现为人民对一切社会财富的支配权力,更为重要的体现是人民群众拥有参与国家和社会的领导和管理的权利。我国各级领导机构的设置,各种规章制度的制定,都以体现广大人民群众的利益为宗旨,以便在组织制度上保证和支持人民群众的当家做主。各级领导机关和领导者的权力都是人民赋予的,应体现人民的意志。领导工作的实质是为人民服务,领导者本质上是人民的公仆。人民群众的主人翁地位,在领导体制的设置上有两方面的表现,一方面是坚持和完善人民代表大会制度。人民行使国家权力的机关是全国人民代表大会和地方各级人民代表大会。完善人民代表大会制度,保证各级人民代表大会都由民主选举产生,对人民负责,受人民监督,保证国家的立法、决策、执行以及监督工作能够体现人民的意志和维护人民的利益。另一方面是扩大基层民主,完善基层政权,实施民主管理,保证人民群众真正享有知情权、选举权、参与权、监督权等各项民主权利,通过各种形式有效管理基层地方政权及各项社会事业。

b. 中国共产党是领导核心

在我国的领导体制中,中国共产党起着核心领导的作用,是领导社会主义事业建设的核心力量,这是在长期的中国革命和建设事业中形成的,是中国人民的历史抉择。中国共产党是中国人民利益和意志的忠实代表,没有中国共产党的领导,就没有社会主义伟大事业。党的领导核心地位与人民群众的主人地位不是矛盾的,而是一致的。中国共产党没有自己的特殊利益,党的全部利益就是最广大人民群众的根本利益。共产党执政就是领导和支持人民当家做主,最广泛地动员和组织人民群众依法管理国家和社会事务,管理经济和文化事业,维护和实现人民群众的根本利益。党的领导通过政治领导、思想领导和组织领导来实现,主要体现为:经过法定程序支持人大履行国家权力机关的职能,使党的主张成为国家意志;推荐党员干部成为国家政权机关的领导人员,并对他们进行监督;支持政府依法行政,并对各级政府组织进行严格的监督和制约。完善党对政府的领导,需要着重努力的方向是要加强党的执政能力建设,不断提高党驾驭社会主义市场经济的能力,发展社会主义民主政治的能力，建设社会主义先进文化的能力，构建社会主义和谐社会的能力，以及应对国际局势和处理国际事务的能力。

c. 民主集中制是基本原则

民主集中制是中国共产党的根本组织原则和领导制度。我们党及其所领导的国家机关都实行民主集中制。所谓民主集中制，就是在民主基础上的集中和集中指导下的民主相结合的制度，它是马克思主义认识论和群众路线在党的生活和组织建设中的运用。民主与集中是辩证统一的关系，民主是集中的前提和基础，集中是民主的指导和结果。对我国社会主义国家机构来说，民主集中制主要表现为全国人民代表大会和地方各级人民代表大会都由民主选举产生，对人民负责，受人民监督；国家行政、审判、检察机关都由人民代表大会选举产生，对人民代表大会负责，受人民代表大会监督；中央和地方国家机构职权的划分，遵循在中央统一领导和国家法制统一的前提下充分发挥地方积极性和主动性的原则。运用民主集中制原则，就可以很好地处理人民与人民代表大会的关系、中央与地方的关系、上级与下级的关系、多数和少数的关系等各种领导关系和复杂矛盾。在新的历史条件下坚持和完善民主集中制是党和国家生活的内在要求。坚持民主集中制，必须把坚持党的领导同发扬人民民主、严格依法办事、尊重客观规律有机统一起来，进一步完善党和国家的领导制度和工作制度，防止和克服违反民主集中制原则的个人独断专行和软弱涣散现象的出现。

(3) 我国领导体制的主要弊端

我国旧有的领导体制是在新中国诞生和社会主义制度初步建立的时代背景下确立起来的，为革命胜利和社会主义改造的成功发挥了重要作用。我国进入社会主义市场经济建设时期之后，随着改革开放的不断深入，领导体制与改革和经济社会发展不相适宜的某些缺陷和弊端就逐步暴露出来，突出表现在以下几个方面。

a. 领导权力过分集中

领导权力过分集中是我国领导体制最突出的弊端，其他问题的长期存在都不同程度的与权力过分集中相联系。邓小平同志曾指出：权力过分集中，是我国领导体制存在问题的"一个总病根"。可以说，我国原有的领导体制就是一种权力过分集中的政治体制。

领导权力的过分集中表现在领导体制的两个向度上。一个是在横向结构上，领导权过分集中于党委领导机关，在党委领导机关和领导部门中，又过于集中在为数很少的几个主要负责人身上，尤其是党委书记这个"一把手"身上。邓小平同志指出："不适当地、不加分析地把一切权力集中于党委，党委的权力又往往集中于几个书记，特别是集中于第一书记，什么事都要第一书记挂帅、拍板。党的一元化领导，往往因此变成了个人领导。全国各地都不同程度上存在这个问题。权力过分集中于个人或少数人手里，多数办事的人无权决定，少数有权的人负担过重，必然造成官僚主义，必然要犯各种错误，必然要损害各级党和政府的民主生活、集体领导、民主集中制、个人分工负责制等。这种现象，同我国历史上封建专制主义的影响有关，也同共产国际实行的各国党的工作中领导者个人高度集权的传统有关。”①另一个是在中央与地方的纵向结构上，权力过分集中于中央，地方自主权很小，权力下放不足，使基层单位缺乏工作上的主动性和创造力；而且各级党政部门又将很多本应属于社会群体的权力机关化，成为党政机关的附属，削弱了这些组织的职能，也加重了自身的领导负担。对此邓小平同志指出：“我们的各级领导机关，都管了很多不该管、管不好、管不了的事，这些事只要有一定的规章，放在下面，放在企业、事业、社会单位，让他们真正按民主集中制自行处理，本来可以很好办，但是统统拿到党政领导机关、拿到中央部门来，就很难办。谁也没有这样的神通，能够办这么繁重而生疏的事情。”②邓小平同志也指出了这种体制的危害性：“权力过分集中，妨碍社会主义民主制度和党的民主集中制的实行，妨碍社会主义建设的发展，妨碍集体智慧的发挥，容易造成个人专断，破坏集体领导，也是在新的条件下产生官僚主义的一个重要原因。”③权力过分集中的领导体制，导致在党和国家的政治生活中严重缺少党员、人民的参与和监督，使人民当家做主的根本原则失去制度化、法律化的有力保障，家长制和“一言堂”作风极易导致对权力的滥用，不利于科学和民主决策，从而容易造成决策失误；权力过分集中于各级党政部门，使得各级政府成为企业的行政领导，政企不分，企业缺乏经营活力；权力的集中还造成政府机构的臃肿和工作效率的低下。

b. 组织机构设置不科学

组织机构设置的不科学，是我国领导体制中存在的又一弊端。具体表现为以下五点。第一，机构设置不合理，即组织机构的层次和管理幅度的设置不科学。我国的行政管理系统在横向上部门林立，机构臃肿、重叠，在纵向上层次繁多，因而上传下达运转迟缓，信息回路容易失真，而为了统一思想和行动就必须多开会，多批公文，从而导致办事手续繁杂，公文旅行，互相扯皮，各自为政，彼此设卡，领导活动效率低下。第二，机构分工过细，职责范围划分不清。这是机构臃肿的必然伴随物。领导者要么管得过宽，越俎代庖；要么严重失职，该管的没有管；要么互相掣肘，好管的事都想管，难管的事都不管，形成管理重复或管理盲区。尤其是在组织机构中长期以来存在的政企不分、政事不分，导致以党代政，以行政手段代替经济手段管理经济活动，从而违背了经济活动的规律，造成经济工作中的主观主义和官僚主义，严重地制约了市场经济的发展。第三，指挥系统不精干，副职过多。这就造成在领导决策活动中难以决断，往往出现议而不决或决而不行的现象，对领导工作的推进造成延误和影响。第四，临时机构过多，管理不规范。临时机构是为了在某个时期内完成某项为一个常设机构所不能完成的任务而设置的，如临时性的委员会、领导小组、工作组或办公室，等等。当临时机构完成任务以后，一般应随之撤销。但不少临时机构由于人员不好安排，只得继续保留，从而影响了常设机构的作用的发挥，增加了机构的部门和层次，并且造成机构人员超编。第五，组织机构不健全，功能缺位。只重视决策机构、执行机构的设置和建设，而对于参谋机构、信息机构、监督机构不重视，致使这些机构都不够健全和完善，影响了决策的民主化和科学化，影响了工作效率的提高。

---

① 《邓小平文选》第二卷，北京：人民出版社，1994年版，第329页。

② 《邓小平文选》第二卷，北京：人民出版社，1994年版，第328页。

③ 《邓小平文选》第二卷，北京：人民出版社，1994年版，第321页。

c. 领导制度建设不完善

领导制度建设上的滞后，相应领导法规的欠缺是我国领导体制的另一个明显问题，并成为影响我国社会发展进步的最大障碍。一方面，完备的责任制度和行政法规体系没有建立健全。对领导机构的职权界限与范围界定缺乏明确规定，导致某些领导活动无规可依，程序混乱；一些工作领域和工作环节缺少制度规范，甚至出现制度盲区；有些规章制度则缺乏稳定性，改来改去，使人无法遵循；整个体制依然存在集权化的倾向，存在党政一体化、政经一体化、政资一体化、政事一体化的问题，导致政企不分，政资不分，政事不分；政务公开制度尚不健全，缺乏政务公开方面的立法，缺乏硬性措施强制权力执行者公开权力的运作过程，致使执行不够深入，实施效果不理想；权力监督的制度与法规还存在不少疏漏和缺失，造成法律对部分权力的制约存在空档，导致权力滥用和腐败现象发生。另一方面，领导干部管理制度建设还不完善，尤其是缺少系统完备的法律规范。有法不依、执法不严的情况也比较突出。因此我们必须认识到，领导制度建设的任务仍然繁重，要彻底革除弊端是一个很长的历史过程。

(4) 我国领导体制改革的原则

我国领导体制改革的总体目标是在坚持四项基本原则的前提下，继续深化政治体制、经济体制和社会管理体制改革，不断扩大社会主义民主，逐步健全社会主义法制，适应社会主义市场经济体制和构建和谐社会的需要，健全和完善有利于增强党和国家的活力，发挥社会主义制度的特点和优势，充分调动人民群众的积极性和创造性，维护国家统一、民族团结和社会稳定，促进经济发展和社会全面进步的领导体制。

对领导体制的改革本质上是在社会主义经济基础之上，是对上层建筑自身的发展与完善。领导体制改革是一项宏大的系统工程，为了使这项工作能够在合理性和科学性的基础上有组织、有秩序地逐步深入，在改革过程中必须坚持以下原则。

a. 坚持“四项基本原则”

社会主义道路，人民民主专政，共产党的领导和马列主义、毛泽东思想是我们必须坚持的“四项基本原则”。在长期的历史实践中，我们深刻认识到，“四项基本原则”是我国的立国之本，也是进行领导体制改革的基础和必须坚持的首要原则。我国的领导体制改革是要改革我们党和国家现行领导的具体制度中不适应社会发展的部分，并不是要从根本上改变我国的社会主义性质。只有坚持“四项基本原则”，社会才会稳定，民主才会实现发展，改革与建设才会走向胜利，国家才会实现繁荣富强。如果在改革的道路上放弃了“四项基本原则”，不加分析地盲目照搬西方领导体制上的一些做法，偏离我国基本的政治制度，我们的事业就会失败。所以，要改革领导体制，就必须毫不动摇地坚持“四项基本原则”，离开了这个原则，改革就不可能成功。

b. 与经济发展相适应的原则

与社会主义市场经济的发展相适应，就要求在当前的领导体制改革中，政府必须从生产经营活动中退出来，作为经营秩序的维护者，从社会公正的角度调节经营活动当事人的行为。政府的主要作用是用宏观调控职能来规范和引导市场：通过制定发展战略、规划和产业政策来促进经济结构的调整；通过制定规范市场行为的法律和法规反对不正当竞争等市场失范行为；通过金融政策、财政政策引导市场投资趋向；对市场走势进行预报。此外，还需加强社会公共事业管理职能，向公众提供市场无法提供或不愿提供的公共产品，如环境保护、社会保障、基础设施、国民教育、科技开发、维持社会公共秩序等。在市场自身独自完成资源配置、市场自主调节商品价格方面，政府给予支持但并不完全放弃对市场的干预，在事关国计民生的重大经济问题上，政府要进行一定程度的干预。

c. 积极稳妥的原则

国家的稳定、社会的安定是各项事业发展的保障。领导体制改革触及政治上层建筑，一着不慎就有可能全盘皆输，引起社会的不稳，因此就要求领导体制改革必须要有领导、有步骤、有秩序地进行。所谓有领导，就是改革要在党的统一领导下进行，离开了统一的领导，就把握不住改革的方向，领导体制改革就会改变性质；所谓有步骤，就是改革部署必须周密考虑统一安排，改革措施分轻重缓急逐步实施；所谓有秩序，就是在时机和方式上，既大胆又慎重，做到及时总结经验，稳步推进。

d. 人民民主的原则

人民是国家和社会的主人。党对国家生活的领导，最本质的内容就是组织和支持人民当家做主。人民群众的主人翁地位要求在领导体制的改革中，对各级领导机构的设置，各种规章制度的制定，都要以体现广大人民群众的利益和意志为宗旨，保证人民群众能通过各种有效形式参与管理国家和社会事务，特别是管理基层地方政权和各项企业事业的权力，保证全体人民充分享受政治民主、领导民主。如果改革不能赋予领导者在与人民群众的关系上新的内容，领导者高高在上，颐指气使，那么这种改革就很难获得群众的认可，也不可能真正成功。

e. 着重加强制度建设的原则

领导体制是相对稳定的领导权限划分和组织结构设置的一整套制度体系。规范化、制度化水平是领导体制文明程度的标志。同时，制度更带有根本性、全局性、稳定性和长期性，必须从改革和完善党的领导方式和执政方式上解决不适应、不符合的问题，加强党的领导制度的科学化、制度化、规范化、程序化建设，坚持把领导制度的实体性规定与程序性规定统一起来，尤其要加强程序性建设，尽量减少制度执行的弹性空间，增强制度的刚性和权威，并坚持用系统的观点来指导党的领导制度建设和实践。

(5) 我国领导体制改革的方向

领导体制的变迁，很大程度上是社会变迁的结果。因此，社会变迁的趋势，决定着领导体制变迁的趋势。自十一届三中全会以来，我们党提出了改革党和国家领导体制的问题。根据已经取得的宝贵经验和对领导体制的现代化要求，领导体制改革还需要在以下几个具体方向上继续努力。

a. 科学划分领导权限，适当下放权力

领导权限划分是领导体制的核心问题。科学划分领导权限包括党政权限的划分，党和人大、政协机关的权限划分，国家行政机关横向和纵向的权限划分，中央和地方党政机关的权限划分，政府和企业、事业以及其他社会组织之间的权限划分等。

在横向领导层级中，要改革职责不明、互相扯皮的现象，合理分权，使各方面的工作真正做到有职、有权、有责，真正实现多方面的互相配合、监督、协调、制约和促进，以使领导活动有条不紊地进行；在纵向领导层级中，改革权力过分集中的领导体制，应适当下放权力，合理配置各层级的职权范围，以调动各方面的积极性，包括实行政企分开，依法赋予和保障企业经营自主权；在当前还要特别重视按照行政许可法的规定，进一步深化行政审批制度改革。下放权力的总原则是：凡是适宜下面处理的事情都交由下面决策和执行。其中，尤其要划清中央和地方的职权界限，以便在保证全国政令统一的前提下，做到地方的事情由地方管，避免中央包揽一切。当然，在下放权力的同时，必须做到加强监督。

党的十六届三中全会通过的《中共中央关于完善社会主义市场经济体制若干问题的决定》中，明确提出合理划分中央和地方经济社会事务管理责权的改革任务。按照中央统一领导、充分发挥地方主动性和积极性的原则，明确中央和地方对经济调节、市场监管、社会管理和公共服务方面的管理责权。属于全国性和跨省（自治区、直辖市）的事务，由中央管理，以保证国家法制统一、政令统一和市场统一；属于面向本行政区域的地方性事务，由地方管理，以提高工作效率、降低管理成本、增强行政活力；属于中央和地方共同管理的事务，要区别不同情况，明确各自的管理范围，分清主次责任。根据经济社会事务管理责权的划分，逐步理顺中央和地方在财税、金融、投资和社会保障等领域的分工和职责。

b. 党政关系的科学化、规范化

党政关系的科学化、规范化，是坚持有中国特色的社会主义政治制度的大问题。要解决这个问题，应从“分”与“合”两个方面入手。“分”包括三个方面：一是党政职能分开，党要实行总的领导并确保国家立法、司法和行政机关积极、独立、协调地工作，国家政权机关的职能是对国家和社会生活事务的领导与管理；二是党政作用方式分开，国家政权机关主要运用有约束力和强制性的法律或行政手段管理国家事务、调节社会关系，而党组织对社会的作用方式一般以其吸引力、感召力和凝聚力为纽带，靠政治指导、思想引导和组织参与来实现；三是党政组织形式分开，党组织本身不表现为某种国家权力实体，应使其向非政权化方向转变，改变党政对口设置机构、重复分工的状况。“合”包括两个方面：一是组织上的“合”，即党组织的优秀成员经法律程序进入国家机关、掌握国家权力，从组织上保证党在政治上思想上的领导；二是职能上的“合”，即合理配置党和国家机关的政治权力，依法界定党的领导权限，实现二者在职能目标、方向一致基础上的协同效应。无论是“分”还是“合”，都必须以宪法和法律规范党与政的行为，从制度上保证党和国家政治生活的民主化、经济管理的民主化和整个社会生活的民主化。

党的十六大报告和十六届四中全会通过的《中共中央关于加强党的执政能力建设的决定》中，从改革和完善党的领导方式与执政方式、建设社会主义政治文明的高度方面，对党政关系的调整改革和规范运行提出了明确的思路和要求。党的十六大报告指出：“党的领导主要是政治、思想和组织领导，通过制定大政方针，提出立法建议，推荐重要干部，进行思想宣传，发挥党组织和党员的作用，坚持依法执政，实施党对国家和社会的领导。党委在同级各种组织中发挥领导核心作用，集中精力抓好大事，支持各方独立负责、步调一致地开展工作。进一步改革和完善党的工作机构和工作机制。按照党总揽全局、协调各方的原则，规范党委与人大、政府、政协以及人民团体的关系，支持人大依法履行国家权力机关的职能，经过法定程序，使党的主张成为国家意志，使党组织推荐的人选成为国家政权机关的领导人员，并对他们进行监督；支持政府履行法定职能，依法行政；支持政协围绕团结和民主两大主题履行职能。加强对工会、共青团和妇联等人民团体的领导，支持他们依照法律和各自章程开展工作，更好地成为党联系广大人民群众的桥梁和纽带。”

c. 组织机构设置合理化

组织机构是实现领导职能的组织实体，只有机构设置合理，领导工作才能完整有序地进行。领导系统中组织机构的设置除了符合职能目标明确、机构体系完备的要求外，还要遵循“精简”、“统一”、“效能”的原则。所谓“精简”，即根据领导工作的需要，建立起精干有力的领导班子和组织机构，克服机构臃肿、人浮于事的弊端。所谓“统一”，即领导系统指挥统一，组织机构目标一致、职责清晰、有机配合、运转协调，克服机构重叠、职责交叉的弊端。所谓“效能”，即领导系统中组织机构设置得当，运转灵敏高效；组织成员适应岗位需要，充分履行职责，工作效果良好；各种资源配置合理，节约运行成本，克服组织运转不畅、工作效率低下的弊端。

针对我国机构设置方面存在的问题，党的十六大报告指出，要“按照精简、统一、效能的原则和决策、执行、监督相协调的要求，继续推进政府机构改革，科学规范部门职能，合理设置机构，优化人员结构，实现机构和编制的法定化，切实解决层次过多、职能交叉、机构臃肿、权责脱节和多重多头执法等问题”。党的十六届三中全会通过的《关于完善社会主义市场经济体制若干问题的决定》指出，要“进一步调整各级政府机构设置，理顺职能分工，实现政府职责、机构和编制的法定化”。党的十六届四中全会通过的《关于加强党的执政能力建设的决定》指出，要“规范党政机构设置，完善党委常委会的组成结构，适当扩大党政领导成员交叉任职，减少领导职数，切实解决分工重叠问题，撤并党委和政府职能相同或相近的工作部门。规范各类领导小组和协调机构，一般不设实体性办事机构”；要“减少地方党委副书记职数，实行常委分工负责，充分发挥集体领导作用。逐步加大党委、人大、政府、政协之间的干部交流。优化人大、政协领导班子结构，逐步减少人大、政协领导职数”。

d. 制度建设规范化

领导体制中的制度建设包括十分丰富的内容，从宏观上看，包括中央与地方关系的制度，党政关系的制度，政企关系的制度，领导干部任用与管理的制度，党政机关的组织制度和工作制度，基层民主制度；从微观上看，包括领导权力的运行监督制度，领导班子建设制度，现代企业制度，基层组织制度，领导机构设置制度，各种具体的领导工作制度等。领导体制改革的制度化也属于制度建设的范畴。

党和国家高度重视领导体制中的制度建设。党的十六大报告从贯彻“三个代表”重要思想、建设全面小康社会的高度，提出了要坚持和完善社会主义民主制度，包括人民代表大会制度、共产党领导的多党合作和政治协商制度、民族区域自治制度、基层民主制度、公开办事制度；要改革和完善领导决策制度和干部人事制度；要坚持和完善公有制为主体、多种所有制经济共同发展的基本经济制度，深化国有资产管理体制改革以及完善保护私人财产的法律制度。党的十六届三中全会从完善社会主义市场经济体制的角度，非常鲜明地提出了制度变革的任务，明确提出要建立健全现代产权制度完善公司法人治理结构，建立信用监督和失信惩戒制度，健全完善经济法律制度和社会保障制度。党的十六届四中全会从改革和完善党的领导方式和执政方式、提高党的执政能力的角度，着重提出了党的领导制度和干部人事制度改革的目标任务，提出要加强对权力运行的制约和监督，拓宽和健全监督渠道，认真贯彻党内监督条例，进一步加强党内监督；建立和完善巡视制度，加强和改进对领导班子特别是主要领导干部的监督。此外，还提出要建立健全领导干部个人重大事项报告制度、述职述廉制度、民主评议制度、谈话诫勉制度和经济责任审计制度，依法实行质询制、问责制、罢免制；要继续推行和完善民主推荐、民主测评、差额考察、任前公示、公开选拔、竞争上岗、全委会投票表决和党政领导干部辞职、交流、任职回避制度、政绩考核评价等制度，健全公务员制度，完善党内选举制度。党的十六届六中全会从构建社会主义和谐社会的角度，提出了加强制度建设，保障社会公平正义的任务和要求，包括完善民主权利保障制度，巩固人民当家做主的政治地位；完善法律制度，夯实社会和谐的法治基础；完善司法体制机制，加强社会和谐的司法保障；完善公共财政制度，逐步实现基本公共服务均等化；完善收入分配制度，规范收入分配秩序；完善社会保障制度，保障群众基本生活。党的十六大以来，中共中央还发布了一系列关于干部人事制度方面的条例和规章。除了党中央的文件，国家也从法治建设的高度特别重视领导制度的改革与完善。全国人大制定颁布了《行政许可法》、《公务员法》等国家基本法律，国务院也颁布了《依法行政纲要》。上述这些制度有的本身就是领导体制中重要的制度内容，有的是与领导制度密切相关的体制机制的内容，相信这些内容都会对今后领导体制中的制度建设起着非常重要的指导作用。

9.2 领导结构

领导活动依附于什么样的结构而展开，是领导科学研究的一个重要方面。从结构功能主义的角度出发，任何社会活动都是在特定的结构中展开的，各要素之间相互影响、相互制约，按一定的规则结合在一起，每个要素和各个步骤都具有特定的功能，其功能的发挥过程也就是该社会活动的运行过程。作为人类重要活动之一的领导活动，其内在结构和运行过程也符合功能主义的此项论断。在领导活动的形成与发展过程中，逐渐形成了被各种群体所认可和接受的规则，这些规则经过历史实践的沉淀，以不同的表现形式成为支撑领导活动的结构性力量。各种要素在这一系列规则的指导下协力合作，共同维持领导活动的有序进行。领导结构的延续与复制，不断明确着人们在领导活动中的角色意识。因此，领导活动在稳固的结构性力量的基础上得以有序地延续下去。

所谓结构是指由一系列规范所固定下来的人与人之间的关系及行为模式。从制度经济学的角度来看，以秩序规约社会活动的制度可以分为两种：显性制度和隐性制度。

所谓显性制度是指由具备社会政治合法性的权威性社会主体在民意的基础上设立和制定，并自上而下强加和推行的制度。显性制度配有奖惩措施，这些措施以各种正式的方式作用于社会成员并依靠法律的作用来确保实施。显性制度对社会成员有规范性的影响，当显性制度与社会成员约定俗成的心理规则、传统习惯相一致时，其规范作用就会更加明显。

所谓隐性制度是从人类的经验中演化而来的，它是人们约定俗成的习惯、传统和潜意识的沉淀，曾在人类历史的一定时期发挥着重要作用，随着历史发展，这些共同认可的规则仍在各种群体中发挥作用，并成为群体成员活动规则不可或缺的组成部分。例如礼仪、习俗和商业惯例。社会成员如果违反这些内在规则，通常会受到共同体其他成员的排斥或者非正式惩罚。

可见，显性制度和隐性制度是根据规则的起源不同而区分的。制度在人类社会中发挥的作用包括规范人们的行为，促使关系与行为模式朝着有序化、连续性的方向发展，同时降低人们交流与合作的交易成本。如大量的内在规则根据经验不断演化并影响着人们的相互交往。人们长期保留这些内在规则，是因为人们发现它们起作用并有益于人类自身，当这些内在规则得到群体的认可和遵守之后，人们相互之间的交流与合作就变得更加容易。但随着历史的发展，内在规则也应为人们所扬弃，以使之更加符合组织的发展和时代的要求。同时，显性制度能否与隐性制度相匹配，也是决定两种制度有效性能否发挥的关键。

对领导活动的结构性分析，有助于加深对领导活动有序化的认识。因为任何组织中的领导活动都不是无序的，它必然依赖一种结构来维持它的秩序化状态，领导者的权威性也必须借助结构性的规则体系加以强化，领导活动在显性与隐性制度结构的共同作用下维系组织的平衡并追求组织目标的实现。但是，如果将领导结构的分析推至极限，也会带来很大弊端，因为这一功能主义的分析带有很大的保守性，它将阻碍其他变革性因素以及人类的情感创造因素在领导结构中的发展，这势必对领导活动造成不利影响。领导活动是一项在正式制度框架下对理性和情感有较高要求的行动，它一方面要依靠显性制度的力量维持领导活动的规则性，另一方面，它要借助隐性制度来平衡领导者、追随者以及内外部环境的关系。同时如何在显性制度的框架下激发成员的智慧，并促进领导体系的良性变革，就成为超越领导结构、对领导活动进行动态研究的关键所在。因此，与显性制度和隐性制度相适应的领导结构分为两种：一是正式结构，二是非正式结构。①

9.2.1　领导活动中的正式结构

领导活动中的正式结构，从总体上表现为一种以等级权力体系为载体的科层结构。科层制是现代官僚制的核心特征，正是科层结构使现代领导活动拥有了强大的合法性基础。

科层制是由德国思想家马克斯·韦伯在建构其权威结构理论和对社会组织进行类型学分析的过程中提出的，是韦伯分析现代法理型统治的理论基础之一。韦伯认为，尽管社会组织在不同发展时期具有不同的性质和特质，但是权威和控制是各类社会组织都不可或缺的要素之一。他指出，任何一种组织都是以某种形式的权威作为基础的，权威能消除

① 刘建军：《领导学原理——科学与艺术》（第 3 版），上海：复旦大学出版社，2007 年版，第 112～114 页。

混乱、带来秩序，没有权威的组织是无法实现组织目标的。由此，韦伯提出了三种权威类型发，即个人魅力型权威、传统型权威和法理型权威以及与之相适应的三种组织形式，即神秘化的组织、传统的组织和合理化-合法化组织。其中，神秘化的组织领导活动的展开依赖的是领导者的超凡魅力；传统的组织领导活动的展开依赖的是先例和惯例；而在合理化-合法化组织中，领导活动的结构则是由组织内部的各种规则构筑而成的。

作为与现代法理型统治相适应的领导结构，科层制具有如下特点：一是有明确的职能，二是建立有明确的权力等级制度，三是有关于职权和职责的法规和规章，四是按正式规则发生公务关系，五是任职资格要通过考核和任命，六是组织管理的非人格化。

科层制在现代社会组织中所起的作用主要有三方面：一是科层制为现代组织提供了现代权威；二是科层制中权威的承载者一般是通过对现代知识的掌握和先进管理能力的具备作为组织成员认同的文化心理基础的，也就是说，职位权威所必须包容的不仅仅是权力，还有使权力能够发挥绩效的知识储备和能力支撑；三是科层制为组织内部提供了制度化的权力-义务体系和防范越轨的制度化规范，使组织活动能够获得最大程度的效率，能够保证对人实行最合理的控制，能够实现最优的精确性、稳定性、纪律性和可靠性。

实践证明，科层制是最符合工具理性的制度表达形式，它依靠形式法规确定每个机构的管辖范围，规定机构内的权力分布，把每个职位和责任联系起来并为履行职责建立规则秩序。它代表了一种理想的、高效的组织形式，用以取代传统的独断政权。它的层级组织形式与专业化管理使高效地完成大规模的复杂任务成为可能，因此，科层制意味着组织方式的理性和效率，是极权主义统治滥用权力的取代物。科层制已经成为普遍性的制度力量，是一种全球性的体制，为现代领导活动提供了最为重要的正式结构，是任何现代组织进行有效管理的制度基石。当然，科层结构仅仅是领导活动的正式结构，而领导活动还必须依赖对非正式资源的开发，在非正式结构中，通过交流、协商等途径达到鼓励和激励下属的目的。

9.2.2 领导活动中的非正式结构

非正式组织作为领导学和管理学中的一个重要概念，自梅奥的“霍桑”试验之后进入了人们的视野，使得对组织内部人际关系的研究开始成为人们研究领导学和管理学所关注的重要内容。按照梅奥的发现，组织的力量尽管能显著地影响个体的行为，但组织中由人际交往关系而产生的群体规范或标准、群体情感及安全感却往往是影响个体行为的决定性因素，组织中的非正式组织的客观存在对组织目标的实现有着极为重要的影响。根据这一理论，任何一个组织中，都既存在着在正式结构中展开的领导活动，也存在着在非正式结构中展开的领导活动。客观地说，非正式结构都是随着正式结构的建立而自然形成的。当正式结构在强化着领导者的职位权力的时候，有效的人际关系的沟通以及由此带来的追随者的满足感能够极大地促进领导目标的实现。

(1) 非正式结构的内涵

非正式结构是一种依靠非体制性的规则建立起来的情感或利益交往的空间，它依靠伦理、传统、感情的力量，为领导活动提供一套非体制性的行为关系模式的规定，是“只可意会不可言传”的规范体系，也称“软性规则或规范”，包括人际关系、社会资源和网络。非正式结构具有非明确性、非目标性、非统一性、非原则性、非法定性、非制度性、非规范性、非程序性、非严格性、非等级性、非稳定性等特点。此外，非正式结构与正式结构作为领导活动中的一种共生共存的现象，还具有不以人的意志为转移的特点。而就非正式结构的存在方式而言，有水平集团(由同级共属关系的成员构成)、垂直集团(由层级隶属关系的成员构成)、混合集团(由等级部属不同的成员构成)等，因而非正式结构又具有自由、松散、随意、灵活、多变等特点。

领导活动中的非正式结构强调领导者与下属如何在沟通的过程中达成理解，为实现共享目标提供保障。领导者依靠伦理、传统和感情的力量，创造象征性符号，并向下属转达这一象征性符号，使其成为组织文化的重要组成部分。非正式结构并不是经过权威力量加以确认的一种结构，但它可以为领导活动提供一整套的规则，虽然这一规则并没有明确的体制性的规定，但它是建立在约定俗成的基础上并已经为人们所接受的一种隐性制度，对领导活动的开展和领导目标的实现发挥着重要影响。

(2) 非正式结构的功能

从非正式结构的实际研究结果来看，一般说来，非正式结构的功能就是指它对正式结构所具有的功能。对于领导活动中的正式结构而言，非正式结构实际上有着正、反两个方面的功能。从它的正面功能来看，由于非正式结构往往都是组织成员感情结合的产物，因而，它具有以下功能：一是弥补领导者与被领导者二元结构带来的差异，协调组织成员之间的关系，消除组织成员之间的分歧，促进组织成员之间的协作，从而有利于领导活动的和谐和稳定；二是增强组织成员的组织归属感，缓解组织成员的心理压力，调节组织成员的工作情绪，满足组织成员的更多需要，激发组织成员的工作士气，从而有利于领导目标的实现；三是为领导者在执行特殊工作任务时提供制度安排外的途径。从它的负面功能来看，由于非正式结构常常都是组织成员利益维护的产物，因而，它可能产生以下影响：一是扰乱组织的正常秩序，造成组织的重大分裂，制造组织的派别矛盾，从而影响组织的和谐和稳定；二是破坏组织的正式规则，妨碍组织意志的贯彻，干扰组织的正常活动，从而影响领导目标的实现和制约组织的发展。因此，在实际的领导活动中，要防止和消除非正式结构的反面功能所产生的影响，就必须积极促进和发挥它的正面功能所具有的作用。

(3) 沟通式领导与非正式结构

领导活动实际上是一种激发下属积极性、将组织目标转化为领导活动目标的艺术，因此，它必须要依赖正式结构之外的感情空间才能有效地激发下属的动力。“领导者-下属”这一二元结构对于领导来说显然有着不利影响，领导者与下属的互动，才是领导活动的核心。沟通理论为我们认识这一沟通过程提供了富有价值的创见。领导活动实际上是通过沟通改变他人的态度和行为以实现共同目标并满足其需要的过程。沟通式领导成为克服正式结构僵硬性的有效力量。

a. 沟通的内涵

所谓沟通是指信息凭借一定符号载体，在个人或群体间从发送者到接受者进行传递，并获取理解的过程。所以，沟通的核心在于对信息的准确理解。领导者在传达领导意图和施政纲领时，必须借助有效的语言、感情符号，使下属确切理解其用意。因此，沟通是领导活动中最为生动和最难把握的要素之一。

b. 沟通的类型

以沟通所采用的工具和方式为标准，可将沟通分为语言沟通和非语言沟通。非语言沟通对领导活动的顺利进行亦有十分重要的影响，身体语言、副语言和物体的操纵都是非语言沟通的重要控制变量。

以沟通所存在的空间为标准，可将沟通分为正式沟通与非正式沟通。在正式结构中的沟通叫作正式沟通，即指在显性制度的框架下为完成组织目标所进行的沟通。具体可分为下向沟通、上向沟通、横向沟通、体制内沟通、体制外沟通等形式。从实践中不难发现，领导者与下属的正式沟通在组织中的作用是比较有限的，因此非正式沟通对领导者与下属的信息交流而言就非常有价值。

在非正式结构中进行的沟通，我们称之为非正式沟通。非正式沟通的沟通对象、方式、时间、场合等都是未经制度规定的，在多数情况下是根据需要由领导者与被领导者双方灵活把握。这种沟通所依赖的途径，超出了各种制度、体制的边界，主要依托于组织内部的非正式社会关系。因此，它是领导者掌握组织内部各种信息的有效途径，能够有效消除领导者与下属之间的心理距离，使两者更容易融为一体，为领导活动的顺利开展提供有效动力。

9.2.3 领导活动中正式结构与非正式结构的关系

正式结构与非正式结构既有相容的一面，又有相悖的一面。正式结构为领导活动提供了刚性的规则和法理性的权威，非正式结构为领导目标的顺利实现提供了必不可少的情感空间和沟通机制。如果仅仅把领导活动限制于正式结构的框架中，往往会造成有效情感动力和组织活力的缺乏，组织目标的实现过程常常过于机械化，成员的创造力没有施展的感情空间；如果领导活动仅依赖非正式结构，那么必然带来组织的无序化，领导权威将大大受损，使体制性的规则形同虚设，沦为一种仪式化的象征。因此，如何使领导活动中的正式结构与非正式结构有机结合，使它们成为领导目标实现的建设性力量，就成为衡量领导艺术水平的重要变量。

(1) 支撑正式结构与非正式结构的体系基础截然不同

正式结构建立在刚性的显性制度的基础上，领导活动在正式结构中运转，着眼点在于追求效率、秩序和统一；而非正式结构建立在成员情感融和、交流以及利益空间的基础上，因此，领导活动在非正式结构中进行，既能受益于良好的沟通交流机制和融洽的感情空间下成员的创造性思维，也可能出现非正式结构成为领导活动的障碍、领导活动效率受损的负面情况。在对它们具体把握时需要领导者根据实际情况审时度势，妥善处理。

(2) 非正式结构是隐藏于正式结构背后的一种隐性结构

非正式结构并不是依靠硬性的规范建立起来的，不对组织成员的行为有强制性的指导和规定，并不具备正式结构的体制性特点。由于领导活动并不总拘泥于正式结构，因此，非正式结构就成为一种补充或支撑性力量，为领导目标的实现、领导活动的开展提供了更为广阔的空间。

(3) 非正式结构具有双面作用

非正式结构一方面，它可以成为领导活动有效展开的催化剂，极大地促进领导者-下属的感情交流；另一方面，若处理不当，也会成为腐蚀领导权威和制度基础的消极力量。就其积极作用来说，非正式结构提供的情感交流机制可以起到鼓舞士气、凝聚人心、促进良性组织文化形成的作用；就其消极作用来说，非正式结构又有扰乱组织正常秩序，破坏组织的正式规则，强化派系性，打击成员积极性的负面效应，不利于科学的领导活动的展开和持续。

(4) 非正式结构应当在正式结构的框架下开展，其展开空间应当受到显性制度的监督和约束

非正式结构的扩展性特点与正式结构的静态性、规范性形成鲜明的对照，因此，应当使非正式结构在正式结构可以容纳的空间内扩展，这需要领导者对其作出良性、科学的引导，使之发挥出更大的积极作用。

【本章重点】

- 领导体制的内容与作用
- 领导体制的类型与演变
- 我国领导体制的本质特征
- 我国领导体制的弊端及其改革方向
- 领导活动中的正式结构与非正式机构及其相互关系

【关键概念】

领导体制　集权制　分权制　一长制　委员会制　完整制　分离制　层次制　职能制　家长制领导体制　“硬专家”领导体制　“软专家”领导体制　专家集团领导体制　多极领导体制　民主集中制　领导体制改革　领导结构　正式结构　非正式结构　沟通

【复习思考题】

1. 如何认识领导体制，其内容主要有哪些方面？领导体制在领导活动中起着什么样的作用？

2. 领导体制有哪些类型？它们各自的优缺点是什么？

3. 西方领导体制的演变经历了哪些阶段？各有什么特点？
4. 我国领导体制的本质特征是什么？存在哪些弊端？
5. 我国党政领导体制应如何进行改革和完善？
6. 领导活动中的正式结构主要指什么？领导活动中的非正式结构具有哪些功能？
7. 如何认识领导活动中正式结构与非正式结构的关系？

【推荐阅读】

《邓小平文选》第二卷，北京：人民出版社，1994 年版。

《十七大报告》，北京：人民出版社，2007 年版。

《中共中央关于加强党的执政能力建设的决定》，北京：人民出版社，2004 年版。

第 10 章

领导方法与领导艺术

领导方法是领导者在领导活动中所采用的各种手段、办法和对策的总和，它具有服务性、工具性、多变性、系统性等特点。领导方法在领导活动中有着重要的作用，它是领导工作的行动指南，是实现领导目标的重要保证，是衡量领导素质的基本标准。领导方法主要包含领导思维方法和领导工作方法，领导者要善于结合使用这两类方法，更好地推进领导工作。领导艺术是领导者对领导方法创造性地使用和升华，是领导者特殊个性的完美体现。熟练掌握和灵活运用领导团队艺术、授权艺术、表达艺术、协调艺术、用人艺术等可以增强领导者的影响力，激发下属的工作主动性和积极性，更好的实现领导目标。

10.1　领导方法

10.1.1　领导方法的含义与特征

(1) 领导方法的含义

在人类的社会生产与生活过程中，人们需要调动人的能动性和各种资源，采取各种各样的思想和行为方式、途径、手段与对策去实现特定的目标，这些不同的方式或手段就是方法。方法是达成目标的工具，正如列宁曾说："在探索的认识中，方法也就是工具，是主观方面的某种手段，主观方面通过这个手段和客体发生联系。"①方法也是领导科学的重要组成内容，是领导活动中不可或缺的工具。在领导工作中，领导主体在解决不同的管理问题时需要用到各种不同的领导方法。所谓领导方法就是领导主体在领导理论的指导下，在特定的管理环境中，为实践领导职能、实现领导目标而采取的各种方式、办法、手段、措施和对策的总和。这一定义表明：第一，领导方法以实现领导目标为直接指向，而且领导方法的内容是丰富多彩的，是综合性的工具组合；第二，领导方法是领导主体尽其职能

① 《列宁全集》第 38 卷，北京：人民出版社，1959 年版，第 236 页。

的行为方式。因此，了解、掌握和正确运用领导方法对指导领导工作、实现领导目标有着非常重要的价值。

(2) 领导方法的特征

a. 服务性

领导方法的服务性是指选择和运用领导方法有明确的服务取向。目的决定手段，手段从属于、服务于目的，离开目的的方法也就失去了存在的现实依据。领导目标与领导方法是相对应的概念，领导目标的性质决定了领导方法的选择和运用，也内在地规定了领导方法具有很强的目的服务性。没有目的的方法是不存在的，为方法而方法的“无的放矢”没有任何意义。领导方法是实现领导目标不可或缺的条件和工具，任何领导方法的选择和运用都直接指向领导目标的实现。领导者在履行领导职能时会选择不同的领导方法，而其共同的目的都在于保证组织目标的顺利实现。

b. 工具性

方法是连接主体和客体、目的和结果的中介和桥梁。领导方法的工具性意味着领导方法具有很强的工具价值，是领导者完成任务的中介。领导目标、领导决策的最终实现需要调动组织成员的积极性和能动性，整合组织中的各种能量、物质和信息资源。领导者的主要任务就是将这些被作用对象很好地连接在一起，保证领导目标的顺利完成。领导方法是领导者完成资源整合与能量凝聚必须使用的连接工具，通过使用适当的领导方法，领导者才能和被领导者产生联系，真正影响和改变被领导者的思想和行为，形成预期的组织行动。

c. 多变性

领导方法的多变性表现在两个方面。在广义层面，首先，从社会的角度而言，领导方法的产生与发展是一个动态的变化过程，在不同的社会环境、社会制度与不同的生产方式、领导体制下会产生不同的领导方法，而且这些领导方法会跟随社会实践的发展而不断发展变化，跟随新的情境而创新、留存或者淘汰；其次，从领导科学的角度而言，在不同的领导科学发展阶段产生出不同的领导哲学和领导理论，在不同的领导理论指导下会形成不同的领导方法，例如，领导特质理论、行为理论、权变理论等对领导方法形成了不同的理论认识，这样，在原则的意义上领导方法的多变性是有规律可循的，这就有利于领导方法的科学化。在狭义层面，领导方法的产生与运用与一定的条件相关，会受到领导者、被领导者与领导情境等因素的影响与制约，这就意味着领导方法没有一成不变、现成的模式可以套用，而需要领导者“随时而变，因俗而动”，在不同的时空条件下，因人、因时、因地地随变化而变化。狭义层面的多变性意味着领导方法没有固定的模式可以套用。领导方法既有规律可循，又无固定模式，说明领导方法既有科学的成分，又有艺术的内涵。

d. 系统性

领导方法的系统性表现为领导方法的多层次化和多样化。领导工作本身是一个非常复杂的系统，贯穿于领导工作各个环节的领导方法也就相应的表现为一个系统的方法体系。领导方法的系统体系大致可以划分为三个层次，即领导哲学方法、领导基本方法与领导具体方法。其中，领导哲学方法处于核心地位，是对基本方法与具体方法的抽象，对领导者的领导思维与行为有着根本性的影响。领导基本方法是对领导工作一般规律的反映，同时受到领导哲学方法的制约。领导具体方法是领导基本方法的外在体现，它更多表现为技术、方式等。对领导者而言，这三个层次的方法体系在领导活动中主要表现为领导思维方法和领导工作方法。此外，领导方法的系统性还意味着，任何一级领导的领导方法都不是单一的，而是多种方法的综合。每一个层次的领导方法，无论是形式还是内容，都包含有各种各样的方法。在多数情况下，单一的领导方法无法达成预期目的，需要多种方法的联合使用，领导方法的系统性有利于形成多样化的领导方法链，这样更容易满足领导工作的系统要求。

此外，领导方法还表现出实践性、目的性、时效性、创新性等特点。

(3) 领导方法的分类

关于领导方法的类型，从不同的角度可以有多种不同的分类方法，这些分类有助于我们从多方面来认识与理解领导方法。

如上所述，领导方法的系统性表现为多层次性，每个层次的方法的地位与作用都不相同。据此，我们可以将领导方法分为领导哲学方法、领导基本方法与领导具体方法。领导哲学方法是实现领导方法科学化的方法论基础，领导基本方法是具有一般性、普遍性的领导方法，领导具体方法是认识与解决具体问题时应用的工作方式与方法。

从时间上，可以将领导方法分为传统的领导方法和现代的领导方法。传统的领导方法主要适应农业社会的需要，现代领导方法更多是为了满足工业社会的要求。另外，在目标实现的时间计划上，还有战略性领导方法与策略性领导方法之分，战略性领导方法是着眼于全局、整体与长远目标的方法，策略性领导方法是着眼于局部的、短期目标的方法。

从基本功能上，可以将领导方法分为思维方法和工作方法。思维方法是领导者认识问题、分析问题和解决问题的逻辑方法，它体现了领导者的价值观与世界观。工作方法是领导者为履行领导职能而实施的、具体的领导方法，它既是领导工作的一般规律的体现，也是领导者思想的外在表现。

从适用范围上，可以将领导方法分为政治领导方法、行政领导方法、经济领导方法、军事领导方法等。这种分类方法是基于不同的实践领域，由于特殊性的环境而形成的更具有针对性与适应性的方法。这种分类既表明领导方法的特殊性，又说明领导方法需要进行适应性的创新与变革。

在组织层次意义上，不同层次的领导人员使用的方法呈现出层次的差异性，具体可分为高层领导方法、中层领导方法与基层领导方法。其中，高层领导方法主要是着眼于社会宏观环境与组织整体状态而进行宏观领导决策方面的方法；中层领导方法侧重组织内部的工作环境，是着眼于上下层次之间的沟通、交流、协调的方法；基层领导方法主要表现为具体的执行方法与操作方法。

从规范程度上，可以将领导方法分为约束性领导方法与诱导性领导方法。其中，约束性领导方法是以领导者为中心的领导方法，强调运用明确的规章制度或者领导者的职位权威规范约束被领导者的行为，促使被领导者在规范的范围内进行活动，实现领导者的领导作用。诱导性领导方法是以被领导者为中心的领导方法，强调以某种形式的激励吸引或诱导被领导者积极自觉地跟随领导者行动，实现领导目标。这两种方法可以相互补充，配合使用。

(4) 领导方法的作用与功能

每一个组织都需要管理,任何管理活动都离不开领导,领导工作的有效进行需要相应的领导方法。换言之,任何领导工作都离不开领导方法,正确的领导方法是领导者感知环境、认识社会、管理组织、完成目标的重要条件。因此,正确的领导方法对组织与组织管理、领导者与领导工作具有极其重要的作用和意义。

a. 领导方法是有效完成领导目标的根本保证

制订计划、确定目标与完成任务是领导者的核心工作,这些工作的实现必然需要正确的领导方法。领导方法作为实现目标的工具、手段和途径,连结着主体与客体,发挥着重要的中介作用,我们经常运用毛泽东同志的语言来形容领导方法发挥的“船或桥”的重要作用。毛泽东同志曾指出:“我们不但要提出任务,而且要解决完成任务的方法问题。我们的任务是过河,但是没有桥或没有船就不能过。不解决桥和船的问题,过河就是一句空话。不解决方法问题,任务也只是瞎说一顿。”①任何任务的实现都需要正确的方法,把“过河”比作领导目标,那么“桥或船”就是领导方法。目标任务的实现过程,就是领导者在组织实施中一系列方法交错实施并发生作用的过程。反之,如果领导方法不正确,就无法真正保证领导工作的有效进行,从而导致管理受挫,组织失败,无法实现预期目标。或者是因为领导方法不正确导致领导工作南辕北辙,组织资源严重浪费,领导目标亦无法实现。

b. 领导方法是领导者主体素质的衡量方式

在领导活动中,领导者的综合能力、领导水平能够在领导方法的选择与运用过程中表现出来。因此,领导方法可以用来衡量领导者的主体素质与能力。“工欲善其事,必先利其器”,领导方法是认识事物、解决问题的工具。领导者在领导活动中要履行调研、预见、决策、用人、协调和激励等职责,需要熟练掌握并形成有自身特色的一整套领导方法,但是在实际的领导工作过程中,受既有的思维定式和外在环境的制约,领导者在领导方法的选取与应用方面经常表现出一定的差异性。主体素质较高的领导者可以准确找到恰当的方法使各种问题迎刃而解,而主体素质较差的领导者可能无法在特定情境中找到和使用正确的领导方法,结果可能导致任务的失败或问题的延缓解决。因此,可以说,在一定意义上领导者的主体素质决定了领导者能否及时准确地找到适当的领导方法。换言之,我们可以用能否找到恰当的领导方法来评判领导者的自身素养和领导水平的高下,这也就意味着,要想提高领导方法的选择水平和运用水平,需要强化、提升领导者的主体素质,只有这样,才能更好地提升领导者领导工作的科学化水平,有效地实施领导,提高工作效率。

c. 领导方法是领导工作的行动指南

领导工作的核心人物是领导者,领导者的思维方法和工作方法指引着领导工作的进程与方向,因此,领导方法是领导工作的行动指南,正确的领导方法可以指引领导工作向正确的方向进行。领导者的思维方法决定了领导者在面临问题时“怎么想”,进而影响和决定了组织的计划、决策和制度的安排与运用。领导者的工作方法决定了领导者在领导

---

① 《毛泽东选集》第一卷,北京:人民出版社,1991年版,第125页。

活动中"如何做",进而影响着物质、人员、资本等组织资源的配置与运用。领导者"怎么想"与"如何做"会直接影响被领导者的思想和行为:正确的、恰当的领导方法产生正面的、积极的效应,引导被领导者自觉主动地服从领导权威,听从领导指令;错误的领导方法则会引发被领导者的抱怨与反抗,导致被领导者被动服从或者消极应对领导命令。

此外,领导工作常常处于变幻莫测的社会环境中,环境的复杂性与不确定性经常给领导工作带来各种困难与挑战,领导工作经常面临着各种各样的新事物、新情况、新问题。面对各种变动与新异的状况,正确的领导方法可以帮助领导者更好地认识和研究它们。在少犯错误或者不犯错误的情况下推动组织工作,是领导者解决新问题,总结新情况,开创新局面的有力武器。

10.1.2　领导思维方法

领导者是组织整体的指挥者和组织者,他们的思维方法会对组织的结构、行为、决策、资源配置产生重要的影响。掌握科学的思维方法有利于领导者做出正确的决策,科学地解决问题,创造性地工作并完成任务。反之,失当的思维方法会导致领导活动的失败。因此,领导者需要尽己所能掌握各种现代的领导思维方法。以下简要介绍几种典型的现代领导思维方法。

(1) 系统思维方法

系统思维方法是现代科学思维的基本方法,也是人类掌握的最科学的思维方法,它是以系统论为基础,把客观对象作为各种要素的联系的动态整体来加以思考的方法。系统论认为任何事物都是作为系统而存在的,因此需要以系统的思考方式去观察和认识所有的客观事物。在《第五项修炼》一书中,彼得·圣吉倡导建立学习型组织,他认为建立学习型组织需要进行五项修炼,即自我超越、改善心智模式、建立共同愿景、团队学习和系统思考。其中,对系统思考的修炼是五项修炼的核心内容,建立学习型组织是最重要的修炼,系统思考强化其他每一项修炼,并不断地提醒人们,融合整体能得到超越各部分之和的效力。而作为学习型组织的设计者,领导者更加需要以系统思考的方式推动领导工作的进程。

所谓系统是指由若干要素按照一定结构方式结合而成的具有特定功能的统一整体。领导工作本身就是一个系统,领导活动过程就是一项复杂的系统过程,一个优秀的领导者需要灵活掌握和运用系统思维方法去实施与完成领导工作。掌握和运用系统思维方法要求坚持一些基本的原则:第一,整体性原则,即领导者应该认识到组织系统是一个有机整体,领导者需要着眼于全局,从组织整体的角度出发,研究和解决面临的各种管理问题,注重整体效应,强调全局利益,不能为了小系统的利益而损害组织系统的整体利益;第二,层次性原则,即领导者要明确组织系统的层次分化,明确各个层级的职能、权力与责任,使其各司其职、各负其责;第三,结构性原则,即领导者必须认识到组织系统是由各部门、各机构有机排列组合而形成的,组织的整体效能取决于各个部门的结构性安排;第四,相关性原则,领导者必须认识到组织系统内部的各个小系统都处于相互联系、相互作用和相互影响的关系状态,因此,领导者需要以联系的、发展的观点看待和妥善处理系统各个部门之间的关系。

系统思维方法的四项基本原则强调了系统中的要素、结构、功能、关系、环境的相互联系与相互作用，这意味着领导者可以从这些基本的方面来理解和认识组织系统的整体状态。这样，系统思维方法就可以引申出两种基本的思维方法即系统分析方法和系统综合方法。系统分析方法指领导者在进行领导活动的过程中，将工作的客观对象的整体分解为若干组成部分，然后再逐个研究认识各个组成部分在系统整体中的性质与功能。系统分析可以细化为层次分析、结构分析和动态分析三个方面。层次分析侧重系统的纵向高低分化，界定不同层次的问题、性质及范围；结构分析侧重系统的横向联结关系，发现构成要素的问题、性质与功能；动态分析侧重系统的动态发展变化与趋势。系统综合方法是系统分析方法的逆向方法，指领导者将各种要素或者组成部分连接起来，形成对系统的整体性认识的方法。系统综合方法强调对系统的结构、要素、功能、层次的全面整体性考察，可以弥补系统分析方法的不足。在应用系统思维方法时，领导者需要将系统分析和系统综合两种方法结合起来使用。

（2）战略思维方法

战略是军事用语，主要指筹划战争全局的方略，后来逐渐应用在其他领域，一般意义而言，战略是指导全局性行动的方针、策略和计划。所谓战略思维方法主要指思维主体对全局的、长远的、根本性的重大问题进行分析、综合、判断、预见和决策的思维方法。卓越的领导者必须具备战略思维，善于运用战略思维方法，预测事物的发展趋势，着眼全局，制订组织的长远规划和目标，指导具体的领导工作。

战略思维方法具有全局性、前瞻性、开放性、创造性、综合性等特征。其中全局性意味着战略思维方法要求领导者能够全方位地考察问题，既要注意事物内部要素的联系，又要注意事物外部的相关联系；既要注意事物的空间维度，又要注意事物的时间维度，也就如古人所说“自古不谋万世者，不足谋一时；不谋全局者，不足谋一域”。前瞻性主要指战略思维方法是对事物发展过程的方向性把握，它立足现实面向未来，是对事物未来发展趋势的长期性掌握，这需要领导者科学预测事物的发展变化趋势，这既是战略思维的核心价值所在，也是最难以把握的地方。开放性主要指领导者的战略思维需要具有宏观的视野，面向全国、面向世界、面向未来。创造性意味着领导者的战略思维是一个面临新矛盾与新问题，提出新思想与新办法的创新过程。综合性主要指领导者进行战略思维时需要考虑环境、组织、资源、时空条件等诸多因素，进而形成合理的战略目标、策略与战术。在认识战略思维方法的基本特征的基础上，运用战略思维方法有一些需要遵循的基本原则，如目的性原则、长远性原则、全局性原则与关键性原则等。目的性原则要求战略思维一切以组织整体的战略目标为归依；长远性原则是对战略思维的时间过程的要求；全局性原则体现出战略思维要平衡整体与个体、全局与局部的关系；关键性原则指战略思维的关键在于按照“二八原则”集中精神抓关键，抓重点，抓主要矛盾。

运用战略思维方法，关键在于领导者本人，因此具有较大的主观性，体现出领导者的艺术性。但是，我们还是可以从中发现战略思维方法运用过程的一般程序与步骤。第一，战略预测。战略预测是在对组织内外环境、历史与现实条件分析的基础上，对未来发展趋势的预见性把握。战略预测是战略思维的第一步，也是制订战略方案的前提与基础。战略预测可以运用外推法、内推法与反推法。外推法是指以现在和过去的情况来预测未来的发展。在分析形势、把握趋势的过程中往往使用这种方法。内推法是指所预测的结果与前提具有演绎性关系，结果已经包含在前提之中，但又是人类所没有认识到的。把握系统的发展周期，了解反馈的延滞对于战略预见具有重要意义。反推法是指先设定一个未来目标，然后探求从这种目标到现状是否存在着可行的途径和实现条件。第二，制订战略方案。战略方法主要包含战略目标、战略计划与战略措施。制订战略方案是战略思维方法运用的直接结果，是指导领导活动的行动纲领。其中，战略目标是预期的最终状态，战略计划是目标的细化，战略措施是可操作性的方式和手段。第三，实施战略方案。战略思维形成的战略目标、计划、任务是主观的成果，将它们付诸实践就是战略实施。战略实施是检验战略思维成效的唯一途径，是主观见之于客观的过程。实施战略方案包括执行、反馈与修正等环节。如果战略预测有误，或者事物发生重要变化，就要根据实际情况（信息反馈）及时修改战略目标和计划等，有时甚至要放弃整个战略。

(3) 辩证思维方法

所谓辩证思维，是指将辩证法特别是唯物辩证法应用于思维过程和思维方式的一种总体性思维方式，其主要的特征是采用普遍事物普遍联系的观点、发展变化的观点和对立统一的观点。这种思维方法以变化发展的视角认识事物，注重从矛盾性、发展性、过程性方面考察对象，从多样性、统一性方面把握对象。辩证思维被认为是最高层次的哲学思维模式，是一种根本的、科学的思维方式，辩证思维方法是人们正确认识世界的中介，也是人们正确地进行理性思维的方法。

现代社会条件下的领导工作具有很强的实践性、综合性与科学性，它要求领导者具有较强的辩证思维能力与科学决策能力。在领导的管理活动和决策活动过程中无不隐含着辩证思维，辩证思维作为一种科学思维方式有助于领导者科学理性地认识世界，解决领导工作中的实际问题。因此，掌握辩证思维方法既是现代社会条件下领导者必须具备的一种能力，也是时代的发展、领导工作的实践对领导者提出的内在要求。

领导者要想熟练掌握并运用辩证思维方法，首先就需要学习辩证思维方法。辩证思维方法是建立在辩证法基础上的一整套分析和研究问题的方法，它本身是由一系列既相互区别又相互联系的方法组成的，其中主要有：分析与综合、归纳与演绎、抽象与具体、逻辑与历史的统一等。第一，分析与综合。分析与综合的方法是最基本和最主要的方法，它是从事物所包含的矛盾的两方面把握事物本质的思维方法。分析侧重把事物的整体或过程分解为不同的组成部分、方面、特性等，进而分别加以研究，从中找出事物的本质的一种思维方法和思维过程；综合则把分解开来的各个要素结合起来，组成一个整体的思维方法和思维过程；分析是综合的前提和基础，综合是分析的完成和指导，分析和综合的统一是矛盾分析法在思维领域中的具体运用。领导者运用分析与综合的方法，既要注意在综合指导下的深入分析，又要注意在分析基础上的有机综合。第二，归纳与演绎。归纳与演绎是最基本的辩证思维方法，是方向相反的思维方式。归纳强调从个别事例概括出一般结论，即从个别事实中概括出一般原理；演绎则注重从一般结论到特殊和个别的思维运动，即从一般原理推论出个别结论。演绎是前提,归纳是基础,在实际的思维过程中,应该注意两者的结合与互为补充。第三,抽象与具体。抽象与具体是较高级形式的辩证思维方法。抽象是指思维对客观事物的某种属性或本质的反映,即对感性的抽象;具体是指思维的、理性的具体,是思维对事物多种属性、本质的综合。人对事物的认识经历了从感性具体到抽象,再从抽象到理性具体的思维过程,后者是辩证思维的重点,也是人们认识事物的必然过程。第四,逻辑与历史的统一。历史是指客观事物的发展过程;逻辑是指历史过程在思维中反映的次序和进程。逻辑和历史的统一,是指认识的逻辑进程应与客观发展的进程相一致,历史决定逻辑,逻辑是对历史的概括、总结与修正,这种概括必然要舍去历史中许多细枝末节及偶然因素,才能以理论形态把握历史及其规律。逻辑和历史相统一的方法是科学研究所采用的重要方法。对于领导者而言,逻辑与历史的统一意味着领导者在领导工作中应该实事求是、客观科学地追求思想与现实的一致性。

(4) 创新思维方法

创新是现代管理的活力之源,只有善于创新的领导者才具有更强大的创造力,才能更好地实现领导目标,因此,创新思维方法是领导者必须具备的思维方法之一。所谓创新思维,简言之就是开动脑筋想点子、用智谋。它是一种具有开创意义的思维活动,即开拓认识新领域、新成果的思维活动,其表现为发明新技术、形成新观念、提出新方案、做出新决策、创造新理论等。①创新思维具有三个最基本的特点:第一是突破性,即创新思维主要突破思维主体的思维惯性;第二是求异性,即创新思维要在思路选择、思考技巧或者思维结论等方面是首创的、与众不同的;第三是发散性,即创新思维要强调多维度的发散思维,它要靠我们的联想、想象、灵感、直觉等提供解决问题的方法,而且在解决任何问题时都不是仅仅想一个方法,而是设想很多很多的方法。

从一般意义上讲,创新思维表现为一个具体的思维过程,包含若干思维阶段和环节:准备阶段、酝酿阶段、明朗阶段与验证阶段。准备阶段是发现问题,产生创新动机的初始阶段。酝酿阶段是思维主体的构思行动过程,在问题明确后,思维主体需要进行收集资料、整理信心、构思解决方案、反复试验等活动。这一阶段更多表现为思维主体的内在心理活动,是知识、智慧、思想、直觉等共同发生作用的过程。明朗阶段是在经历前面长时间的准备与思考后,思维主体突然灵光闪现,发现问题答案的阶段,这是创新思维过程中最引人入胜的阶段。验证阶段是思维主体以适当的形式将创新思维的成果表达出来、指导工作实践、验证思维成果的过程。这几个阶段相互联系,相互影响,前一阶段为后一阶段做准备,在整个创新思维活动过程中,各种思维方式和方法综合交互作用,最终产生创新思维成果。

不可否认的是,在创新思维方法的运用过程中,思维主体的内在主体性与创造力是根本的因素。领导者作为思维主体,必然存在个体差异,每个人的知识、素养、智慧等都不尽相同,因此领导者运用创新思维方法表现出的创造力也必然不同,同时也就会形成不同的创新思维方法。我们在此介绍几种常见的创新思维方法。第一,组合创新思维法。组合

① 楚明锟:《现代管理与创新思维》,开封:河南大学出版社,1999年版,第35页。

法是将两种或两种以上的学说、技术、产品的一部分或全部进行适当叠加或组合,用以形成新学说、新技术、新产品的创新方法。组合法可以表现为同类组合、异类组合、重组组合、共享与补代组合、概念组合等具体形式。第二,逆向创新思维法。逆向创新思维法也称反向思维,就是“倒过来想”,指改变常规思维,反其道而行之的思考方式。逆向思维是指当我们面对新事物、新问题的时候,不采用人们通常思考问题的思路,而是沿着事物的相反方向,背道而驰,用反向探求的思维方式去思考问题,从而提出创新的思想。第三,联想创新思维法。联想创新思维是指通过一个或一类事物联想到相连、相关或可能相连、相关的另一个或另一类事物,使两个或两类看上去不相关联的事物建立联系,从而达到创新目的的方法。联想思维具体表现为对比联想、飞跃联想、连锁联想、接近联想、相似联想等形式。第四,类比创新思维法。类比创新思维是指根据两个或两类事物具有某些相似或相同的属性,从而推出其中一个或一类事物可能具有另一个或另一类事物已经具有的其他属性的思维方法。类比思维法具体表现为直接类比、仿生类比、因果类比、对称类比等形式。第五,发散创新思维法。发散创新思维法是创新思维方法的核心,发散思维法就是从一点向四面八方联想开去的思维方法,即围绕一个中心问题,进行多方面、多角度、多层次、多途径的思考和联想,以探求问题的答案。

10.1.3 领导工作方法

(1) 激励的工作方法

激励是领导的重要职能之一,也是一种有效的领导方法。研究表明,一个人在现实中表现出来的能力仅仅占一个人全部能力的30%,还有70%的个体潜能未能发挥出来,而激励是领导者发掘和利用个体潜能的一个有效方法。行为科学家指出,激励是通过某种方式引发行为,并促进行为以积极的状态表现出来的一种手段。作为一种领导工作方法,激励指组织领导者基于一定的目标,采取一系列有计划的措施和手段刺激被领导者,激发被领导者的动机或期望,引导他们向既定目标积极行动的领导行为方法。激励是一个行为过程,包括需要、动机、目标、行为与反馈等内容,这意味着领导者运用激励的工作方法时必须发现下属的需要与动机,引导下属设置行动目标,满足下属的需要并强化反馈控制。

“激励涉及需要、需求、紧张、不安、期待。在行为背后有一种趋向行为的推力或拉力。这意味着在个人与周围环境的关系中存在着某种不平衡或不满意的情况。他认定目标,并感到有从事某些将会达到那些目标的行为的需要。”①这说明激励是激发人的积极性与创造性的有效方法,激励可以有效地激发下属的工作热情和工作绩效,激励水平越高,下属为完成目标所付出的努力程度也会越高,目标完成得也会越好,工作绩效也会越大。因此,领导者需要善用激励的领导方法。

---

① 〔美〕弗莱蒙特·E.卡斯特、詹姆斯·E.罗森茨韦克:《组织与管理:系统方法与权变方法》,傅严、李柱流译,北京:中国社会科学出版社,2000年版,第346页。

领导者在运用激励方法时如果能遵循一些基本的原则就可以取得更好的激励效果，例如，坚持物质激励与精神激励相结合的原则、长远利益与当前利益相结合的原则、公平公正与实事求是的原则、注重法纪和讲求实效的原则等。在坚持这些基本原则的基础上，领导者可以采用的具体的激励方法主要有以下几种。

a. 目标激励法

目标激励法主要指领导者通过设定适当的目标，激发下属的工作动机，达到调动人的积极性的工作方法。人的一切行动都需要一定的指向性，都渴望获得成功和报酬。目标能够形成组织对组织成员的心理吸引，是成员工作的"外在诱因"。因此，领导者可以通过设置合理的目标来激发下属的工作动机。一般而言，合理的目标设定需要注意目标的价值性、挑战性与可行性。这就需要在设定目标时，注意与下属的需要和动机联系起来，注重下属对目标设置的参与程度，并且能够形成目标体系，实现以目标为中心的领导和管理。

b. 物质激励法

物质激励法主要指通过满足下属个体的物质需求来调动其工作积极性的领导方法。物质激励法因为能够与成员的现实需求更好地结合，因此更加能够激发下属的工作热情，所以是一种最基本的也是较为有效的激励方法。每个人都有自身的物质需求与经济利益，尽管物质激励不是万能的方法，但是传统的排斥物质激励的方法亦不足取。领导者应该正视员工的切身利益，合理配置并有效地利用组织的物质资源，激发下属员工的积极性，让他们完成工作任务。

c. 精神激励法

精神激励法是一种内在激励的方法，它主要以非物质的形式满足下属员工的精神需求与心理需要，从而调动下属的心理动机与良好工作行为的方法。这些非物质的形式主要有表扬、奖状、勋章、荣誉、情感、尊重等。与物质激励法相比较而言，精神激励法是一种需要展现领导者智慧与艺术的更高境界的领导方法。不过在一般情况下，将两种方法结合使用能够获得更好的激励效果。

在实际的领导工作中，精神激励法有多种具体的激励形式：第一，情感激励法，即领导者有意识地了解下属的感情需求，关心下属的精神生活与心理健康，努力在组织中形成关心、关爱、信任、融洽的工作氛围，将更多的情感移入下属心里。第二，领导行为激励法。领导者的言行会直接影响下属的心理与工作状态，领导者需要随时注意自己的言行，身先士卒、率先垂范、勤奋努力，以实际行动获得下属的心理认同，激发下属的良好行为。第三，榜样激励法。榜样的力量是无穷的，好的榜样具有强大的感召力与引导力。领导者应该有意识地将品格高尚、工作勤奋、爱岗敬业的下属树立为榜样，使他们成为其他员工行动的参照标准，这样有利于引导下属行为朝向组织目标的正确轨道进行。第四，荣誉激励法。荣誉既是对下属工作成绩的精神褒奖，又是激发下属向更高目标奋进的内在动力，荣誉激励是一种本质的、持久的内在的精神力量，会对下属员工产生强大的激励动力。领导者需要结合业绩、晋升、评优评先等工作，以表扬、奖励等方式将荣誉传递给每一个员工，影响员工的心理状态与行为动机，达到良好的激励效果。

d. 强化激励法

强化激励法主要是通过奖励和惩罚的方式对下属进行有效激励的方法。其中，通过奖励的方式进行激励是一种正强化激励，通过惩罚的方式进行激励是一种负强化激励。如果下属的行为符合组织需要，有利于组织管理与组织目标的实现，领导者就应该对其给予肯定与表彰，促使其保持和发扬这种行为，否则就需要给予否定和批判，消除这种不当行为及其影响。在这个过程中，领导者应该坚持一个基本的强化原则即奖励要公平公正，惩罚要合理得当，只有这样才能真正达到激励目的，否则就可能在组织中造成消极影响。因此，强化激励法需要领导者既能够制定科学的奖惩标准，又能够智慧地应用奖惩艺术。

除了上述激励方法之外，领导者在具体的领导活动中可以应用的激励方法还有很多，例如期望激励法、参与激励法、危机激励法、产权激励法、逆反激励法等，因此，领导者在工作实践中需要随时注意总结经验，形成具有自我风格的激励方法，并使之得到得心应手、游刃有余地运用与发挥。

(2) 沟通的方法

任何人都需要沟通。沟通是人们彼此获得互知互信的桥梁，它既是一种交流的方式，也是一种交流的艺术。对于领导者而言，沟通是一种交流信息、获得认可的工作方法，是一种基本的领导活动，也是一种必需的工作机制。从这个意义上说，沟通是指领导者为了实现领导目标而与上下左右互通信息、交换情况以求得思想认识上的统一和行动上相互呼应配合的内务性保障活动。①

沟通作为一门艺术，是领导者个性化和创造性的展现，但是沟通在本质上还是一种领导工作方法，在领导活动过程中承担着特殊的人际功能和组织功能。领导主体要想获得下属或部门的认同，实现其领导权威，就必须掌握和运用沟通的方法和艺术，才能增进上下级之间的感情，形成和谐的组织环境，加深彼此的心理认同与理解，增强组织凝聚力和行动力，增强下属对组织目标的高度认同。因此，领导者需要了解沟通的内容和基本的方式、方法，这样才能更好地实施领导工作。

首先，沟通是一种信息交流过程。按照美国传播学者克劳德·香农的观点，沟通是一个过程，它包括七个组成部分，即发讯者、编码、信道、译码、收讯者、反馈和噪音。其中，编码是发讯者把自己传播的思想、观点、资料等信息编译成可以被理解的符号形式；而译码则是收讯者按照一定的方法对接收的信息进行解释翻译；信道是信息沟通的传递渠道，如信件、电子邮件、电话、网络等；反馈则是对信息沟通效果的检验；噪音是干扰和扭曲信息沟通的因素，在沟通过程中的任何地方都有可能存在噪音或障碍。

其次，沟通包含丰富的内容和多种具体方式。沟通的主要内容有目标任务的沟通、思想的沟通、感情的沟通和信息的沟通等。这些内容的沟通目的主要在于消除各种矛盾和误解，协调领导者与被领导者的心理认识和行为。沟通的具体形式主要有：正式沟通和非正式沟通，上行沟通、下行沟通和平行沟通，单向沟通和双向沟通，口头沟通和书面沟通，语言沟通和非语言沟通。在具体应用时，领导者应该最大可能地使用直接、双向、面对面

---

① 邱霈恩：《新世纪领导学》，北京：经济科学出版社，2000 年版，第 784 页。

的沟通，以降低沟通的噪音和障碍，增强沟通的有效性。

最后，沟通还有一些经常使用的沟通方法。尽管不同的领导者会形成不同的沟通方法，但是在领导者与被领导者之间，最经常使用的沟通方法主要有逐一沟通、座谈沟通和重点沟通等。逐一沟通是领导者与下属每一个人的单独沟通，以深入了解每个人的思想、观点、看法和立场，征求每个人的意见和想法，形成综合性的结论；座谈沟通是领导者与多个下属一起交流、会谈的方法，这样领导者可以同时获得更多下属的看法，无论座谈结果是一致还是截然相反都会有益于领导的工作；重点沟通是领导者选择重点人员进行谈话交流，获得他们的认可和支持，推动领导工作的顺利进行。

此外，就艺术性而言，沟通更多表现的是领导者的个性化和创造性。非凡的沟通艺术能够树立领导的良好形象，克服沟通障碍，达到更好的沟通目的和效果。在一般意义上，有一些基本的方法需要领导者掌握，如善于倾听、常用微笑、善用肢体语言、坦诚无私等。

(3) 调查研究的方法

调查研究是领导工作的基本方法之一，是领导者运用一定的方法和途径，观察了解领导工作的具体环境，获取各种相关资料信息，并在此基础上，对各种资料信息进行科学的深度分析与加工，发现其中蕴含的本质性规定，以此指导领导工作的方法。调查研究包括两个层面的内容，即调查和研究，调查是收集感性资料与信息，研究是对材料进行去粗取精、去伪存真、由此及彼、由表及里的理性加工。没有调查就不知道全面的状况，没有研究就无法发现事情的本质。

调查研究对领导工作具有重要意义。调查研究是一切领导工作的前提和基础。一般情况下，一个领导者履职的首要任务就是进行调查研究，迅速掌握情况，发现问题。只有在调查研究的基础上，领导者才能够进行诸如制定组织决策、设定工作计划、调配物质资源等后续领导工作。同时，也只有通过对客观事物的深入调查和研究，领导者才能找到事物发展变化的本质规律，才能找到解决问题的根本方法。因此，任何领导者都必须重视调查研究的工作方法。

调查研究的方法包括调查的方法和研究的方法两类。调查的方法有会议调查法、实地观察法、民意测验法、访谈调查法、统计调查法、问卷调查法、专题调查法、网络调查法、普遍调查法、典型调查法、抽样调查法等。研究的方法有定性分析法、定量分析法、统计分析法、比较分析法、矛盾分析法、历史分析法、系统分析法、回归分析法等。下面主要介绍几种常用的调查方法和研究方法。

a. 调查的方法

第一，会议调查法。会议调查法是领导者常用的调查方法，主要是召集了解具体情况的相关人员，以座谈或讨论的形式，就某个问题进行意见交流，进而获得相关信息的方法。会议调查法简便易行，时间短、效率高，获得的材料也比较详细、全面、可靠。

第二，实地观察法。实地观察法是指调查者有目的、有计划地运用自己的感觉器官或者借助科学的工具和手段，直接考察正在发生的经济或社会现象。实地观察法能让调查者直接感知客观对象，获得大量生动的、具体的感性认识和第一手资料。

第三，典型调查法。典型调查法是指调查者通过对个别典型事例的分析，对事物总体情况求得一般性了解的工作方法。典型调查一般选取具有代表性的事例，以便能够反映事物的本质特征。

第四，抽样调查法。抽样调查法是指调查者从研究对象的总体中抽取一定数量的个体进行调查，获取调查资料，并以其结果推断总体情况的工作方法。抽样调查有较高的科学性和准确性，是有效实用的调查方法。

第五，网络调查法。网络调查法是指通过互联网进行调查，收集资料的方法。在现代社会中，网络调查已成为一种被广泛应用的调查方法。

第六，民意测验法。民意测验法是通过访谈、电话或书面问卷的方式充分了解群众对某个问题的态度和意见，进而获取相关资料的方法。这是一种充分体现民主精神的调查方法。

b. 研究的方法

第一，定性定量研究方法。定性研究方法侧重对研究对象“质”的把握，重点在认识研究对象的性质和基本特征，以此区别于其他事物。定量研究则侧重对研究对象“量”的测定，重点在确定研究对象的规模、程度、范围等方面的数量关系。两种方法结合使用能够更全面地认识研究对象。

第二，比较研究法。这是一种按照一定的标准对两个或者两个以上的研究对象进行对比，以此认识事物本质的研究方法。它可以是对研究对象自身进行的纵向历史的比较，也可以是与同类事物进行的横向现状的比较。

第三，统计分析法。这是一种利用统计学原理与技巧对统计数据进行数理分析，进而找出变量关系的数学方法。只要各种统计数据是客观真实的，统计分析的结果就可以客观科学地反映各种变量之间的关系。

(4) 时间与会议管理的方法

a. 时间管理法

时间对任何人来说都是非常宝贵的，对领导者尤为如此。领导者的时间效能不仅决定着领导者个体的工作绩效，更会在很大程度上影响组织的整体效能，因此，任何一个优秀的领导者都必须树立科学的时间观念，合理管理自己的时间。时间管理的重要功能在于提醒和指引领导者有效利用时间，告诉领导者如何安排时间，决定什么事情该做，什么事情不该做。时间管理的方法主要有以下几种：

第一，ABC 时间管理法。这是西方管理学家莱金提出的时间管理方法。这种方法要求领导者将需要完成的工作，依据轻重缓急分为 A、B、C 三类，安排各类工作的优先顺序，其中 A 类是当日必须完成的重要的工作，B 类是次要的工作，C 类是一般性的工作，然后严格按照工作顺序逐项完成。这种管理方法对各项工作进行了合理的分类与排序，突出了关键性的工作，有利于领导者将有限的时间分配在重要的工作上，达到事半功倍的效果。

第二，坐标法。坐标法指将工作按照轻重缓急的标准进行归类，进而引导领导者把有限的时间花在重要的、必须做的任务上，而不是那些并非必须要做的事情之上的一种时间管理方法。以“轻-重”为横坐标，“缓-急”为纵坐标，可以建立一个时间管理坐标体系，把各项事务放入这个坐标体系，大致可以分为四个类别：重要且紧急、重要不紧急、紧急不重要、不重要不紧急。根据这样的分类，领导者可以合理地配置自己的时间，对于重要且紧急的工作要马上执行，对于重要不紧急的工作要着手制订工作计划，对于紧急但不重要的工作可以交由下属完成，对于不重要不紧急的工作可以搁置一旁。

第三，时间记录统计法。这种方法是从有效时间管理的反面出发的、避免浪费时间的有效方法。记录统计法是指领导者如实客观地记录自己的时间消费，然后统计分析工作时间消耗的真实情况，找出浪费时间的因素，并采取措施消除浪费时间的因素，进而重新制订工作时间表的时间管理方法。

b. 会议管理法

会议管理与时间管理都是领导者常用的日常工作方法，会议是有组织、有目的的召集人们商议事情的活动，会议是解决问题的手段之一，是推进领导工作的一种重要方法。领导者经常利用会议的形式进行信息沟通、安排工作、咨询决策等领导活动。据统计，一个领导者每周大约43%的时间都在会议桌旁工作。因此，领导者应该掌握和驾驭管理会议的方法和艺术。

会议管理一般有三个主要环节：会前准备、会中控制和会后跟踪。

首先，会前准备。会前准备是提前计划、准备好与会议相关的一切工作。具体而言表现为"5W1H"①：

Why——为什么开会，即目的、理由、要求；

What——开什么会，即内容、议题；

When——什么时候开会，即开会时间从何时到何时；

Who——哪些人开会，即与会人员；

Where——在什么地方开会，即开会地点；

How——怎样开，即方法、步骤、程序、手段。

其次，会中控制。会中控制主要是有效控制会议的议题和进程，确保会议上的讨论与议题一致，解决矛盾和分歧，控制会议时间，按时开始，准时结束，总结议题成果，确认行动。此外，还有有效控制会议成员的行为，鼓励积极发言和思想交锋，避免会议冷场与意见压制。

最后，会后跟踪。会后跟踪意味着会议结束后要将会议内容整理成会议纪要并督促会议纪要的落实。根据会议纪要的内容检查会议决定的落实情况，使会议做到议而有决、决而有行、行必有果。

10.2 领导艺术

领导工作是一门科学，也是一门艺术。领导者不仅要学习和掌握领导科学的原理与方法，而且要掌握和运用领导艺术，才能够更好地履行领导职责，完成领导任务。领导艺

① 苏保忠:《领导科学与艺术》，北京：清华大学出版社，2009年版，第195页。

术贯穿领导工作的整个活动过程,是领导者提升领导绩效的重要手段之一,牢牢掌握和驾驭领导艺术的要领具有重要价值。这就要求领导者正确认识领导艺术的本质和特征,了解领导艺术的内容和表现形式,把握提升领导艺术水平的方法与途径。

10.2.1　领导艺术的含义与特征

(1) 领导艺术的含义

关于领导艺术的基本含义,学界没有统一的权威说法,就一般意义而言,领导艺术是指领导者在一定的知识、经验和能力的基础上,运用各种领导条件和方法实施领导工作所表现出来的领导技能和技巧。这样的含义表明领导艺术至少具有四个方面的内容。第一,领导艺术是由领导者自身素质决定的。领导艺术是领导者智慧、学识、经验、品格、胆识和才能的综合反映,是领导者内在主观性的外在表达。具有较高的知识水平、丰富经验且能力出众的领导者能够显示出更高超的领导艺术水平。这也意味着我们可以从领导艺术水平的高低来衡量领导者的综合素养。第二,领导艺术是一种有效达成目标的创造性领导技巧。领导实践活动是检验领导艺术的唯一标准,无法实现目标的领导活动不能看作是领导艺术而只能视为失败的表演。有效达成目标的技巧才是高超的领导艺术。第三,领导艺术是在领导工作中形成的。领导工作纷繁复杂,领导环境变幻莫测,领导艺术正是领导者在这样的工作条件下,随机应变、因地制宜,在不断学习理论和总结经验的基础上形成的领导技巧,因此,领导艺术不纯粹是领导者个人的主观臆造,而是遵循一般发展规律形成的。第四,领导艺术是体现领导美感的技巧。领导艺术之所以被称为艺术,是因为领导艺术是领导者个性化和艺术化的突出表现,具有很强的艺术美感和审美价值。领导艺术至少会表现出优美和崇高两种审美价值。优美是指领导者运用一定方法或手段的精湛和高超,以及创造性地解决问题的能力和透露出的领导者的个人魅力与素质。崇高是指领导者以高超的领导艺术体现出的“真善美”的社会实际价值。

(2) 领导艺术的特征

每一个领导者与其他领导者相比都有自身的特殊性,这就意味着每一个领导者都会形成特殊性的领导艺术特点,也可以说,领导艺术是多样化且多变的领导技能。但是我们依然可以通过比较总结出一些一致性的共同特征来加深对领导艺术内涵的认识。

a. 创造性与美妙性

创造性是领导艺术的生命和灵魂。创造性意味着领导艺术是非模式化和非常规化的技巧。所谓领导艺术的创造性主要表现在创造性的主体、创造性的产品和创造性的过程三个方面。现代化的社会环境具有十分鲜明的复杂性和不确定性的特点,在这样的环境中,领导者会面临不断变化的新问题、新挑战和新情况。要想成功解决和处理这些问题,就需要有创造性的领导者,能够超越陈腐的观念和理论的束缚,突破一般性的思维,提出创新的观念、方法和范式。领导者的创造性不是对成功领导者的模仿和照搬,而是发挥主体特质所形成的适应自身独特性的领导风格和领导艺术。创造性的产品一般表现出独创性、有效性和实用性的特点，人们往往根据创造性的产品认识到领导者高超的领导艺术，从而对其刮目相看、心悦诚服。如毛泽东、邓小平等领导人就是因为能够提出引领性的创新思想和理论而受到人们的信服和尊崇的。领导艺术渗透在领导工作的各个方面，因此，领导过程包含着领导艺术的创造性过程，领导艺术的创造性表现为领导者在工作实践中不断地创造新事物的过程。

艺术的真正价值在于创造，领导艺术的创造性既体现出艺术的审美情趣，又给人以巧妙的感觉。领导艺术中的自由创造总是能够给人以艺术的美感，引起人们心中的钦佩和认同。高超的领导技巧和对客观规律的成功运用，体现着领导者个性的发挥和运用领导艺术所特有的“巧”与“妙”。这些都说明领导艺术作为一种艺术所蕴含的美妙性特征。

b. 经验性与实践性

领导艺术来源于领导者的阅历、知识和经验。尽管领导艺术包含有理性的成分，但是它不是只需按照逻辑规则和逻辑顺序就能够推论形成的。领导艺术是领导者的个性化表现，既然是个性的，就必然有领导者个体的经验痕迹，是领导者个人的直接经验和间接经验的积累、提炼和升华，形成带有鲜明个人经验色彩的领导艺术。正是因为包含有太多领导者的个人经验，领导艺术才被人们披上了神秘的外衣，被认为是“只可意会，不可言传”、无法学习的、纯粹经验性的东西，这种看法正好说明领导艺术具有较强的经验性特征。

经验是经过多次实践总结而形成的结果，领导艺术的经验性特征说明领导艺术在更深层次上来源于领导者工作实践的总结，而不是来源于理论或概念等抽象的东西。因此，领导艺术同时具有很强的实践性。实践是检验领导艺术真伪好坏的唯一标准。高超的领导艺术在领导实践活动中表现和发展，形成实践成果，并且受到实践的检验和修正。

c. 随机性与多样性

领导权变理论认为，领导艺术是领导者灵活运用领导活动中的各种变量因素，以适应各种新的领导情境的技巧，它揭示的是领导艺术的随机性特征。所谓随机就是随意机变的意思，领导艺术的随机性主要指领导者不拘泥于成规、善于以高度的灵活性应对多变的状况。领导艺术可以说是“流动的艺术”，卓越的领导者不会墨守成规、生搬硬套，而是可以随时、随地、随机地灵活变通，巧妙地应对各种复杂多变的环境，创造性地解决各种问题。随机应变正体现了领导者对领导艺术的“运用之妙，在乎一心”。

领导艺术的随机性意味着领导者在不同的时间、地点、条件下对不同的下级或者处理同类问题时的技巧会有所不同。而且，不同的领导者在主体素养、知识、经验和理论水平等方面都存在差异，因此也会表现出不同的领导艺术。因此，主体的差异性和客体的多变性决定了领导艺术是丰富多彩、多种多样的处理技巧，并呈现出多样性特征。

d. 形象性与综合性

高超的领导艺术是塑造领导者良好的个人形象和组织形象的绝佳途径。领导特质理论认为，领导艺术是领导者个性品质的体现与张扬，是一个领导者不同于其他领导者的风格之所在。因此，领导艺术具有形象性的特征。领导形象包括人格形象和视听形象。人格形象是领导者内在精神和特质的展示，是通过长期的修身养性而呈现出的一种与众不同的优雅气质与品格。视听形象是人格形象的外在表现形式，是人们能够看到或者听到的领导的外在形象。领导艺术作为一种领导技能，本身就是对领导视听形象的塑造，领导的语言艺术、沟通艺术、协调艺术等都是领导形象的组成部分，成为人们对领导形象评判的重要内容。此外，有效的领导艺术还体现着领导者的风度、气质、品格等内在的精神素养。风度翩翩、气质不凡、品位不俗、品格高尚的领导形象使领导者具有更强大的人格魅力与非权力影响力。

就领导个体层面而言，领导艺术的形象性同时也表明领导艺术是对领导者广博的知识、丰富的经验、复合的能力的综合运用，这也推论出领导艺术的综合性特征。这种综合性特征模糊了各种领导艺术之间的界限，突出了领导者运用领导艺术时的直觉与自发，是领导者长期自我修炼的直接结果。领导艺术的综合性也意味着领导者应该努力学习、刻苦训练、提高自身素质和工作能力，进而形成更为超群的领导艺术，成功地完成各项领导工作。

(3) 相关概念的辨析

a. 领导艺术与领导科学

领导科学是对领导活动规律性的认识，是系统化、理论化的逻辑体系。领导艺术是领导者创造性完成任务时所运用的各种高超技巧。领导科学与领导艺术两者关系密切，既有联系又有区别，钱学森曾讲："领导干部真正运用的不是领导科学，而是领导科学的艺术。"这句话很好地说明了两者关系的实质，领导者只有坚持领导科学与领导艺术的统一才能更好地完成领导任务。

在联系方面，一是领导科学依赖领导艺术。领导科学不是偶然形成的，是从大量的非规范性的领导实践和领导艺术中总结形成的规范化、模式化的理论体系。离开对领导实践和领导艺术的研究，就无从发现领导活动的规律性的东西，也就无法形成领导科学。理论化的领导科学在指导领导实践活动时无法解决所有的非规范化的问题，需要运用领导艺术解决。二是领导艺术需要领导科学的指导。领导艺术是对领导科学的创造性地运用，因此它需要有科学的理论知识做基础。如果没有理论知识，单凭经验和运气办事，领导者不可能实现科学的领导，更谈不上领导艺术。因此，可以说丰富多彩的领导艺术丰富了领导科学的内涵，并且其中科学性的东西被逐步抽象为领导科学的内容。领导科学为领导艺术提供了理论的指引，也升华并发展了领导者的领导艺术水平。

在区别方面，首先，两者产生的时间不同。领导艺术是伴随领导活动的产生而产生的，领导科学是到了一定的发展阶段才产生的。一般认为领导科学产生于20世纪30年代，是根据社会发展的需要而产生的新兴学科。其次，两者的表现形式不同。领导艺术是非程序化、非模式化的领导技能，大多表现为领导经验，能够给人以艺术的美感；领导科学则是以领导活动作为研究对象的，具有明确的研究范畴、体系，形成了规范化、模式化的理论内容。所以，两者一个是多变的，一个是稳定的；一个是多样的，一个是统一的。最后，两者的着眼点不同。领导艺术侧重领导活动中的领导个体，体现领导者的个体素质、能力和水平；领导科学则着眼于领导活动的过程，强调领导活动过程中各个要素之间的相互联系与作用，进而发现其中的规律。

b. 领导艺术与领导方法

在领导活动中，领导艺术与领导方法密切相关。领导方法是领导科学的组成部分，它来自对领导艺术的经验总结，领导艺术是领导方法的创造性运用。领导艺术生动直观，领导方法指导性强。从广义角度而言，两者可以等同，领导艺术也就是领导方法。而在狭义层面，领导艺术是领导者创造性地运用领导方法的特殊才能，两者之间是特殊性与普遍性的关系。领导方法通过领导艺术得以展现，是领导艺术的归纳和总结，领导艺术以领导方法为基本前提，是领导方法的具体运用。

如从狭义层面来区别领导艺术与领导方法，两者是存在一定的差异的。首先，领导方法有确定的规范，它可以遵循特定的程序处理问题；领导艺术则充满了不确定性，它更多体现了领导者的灵活性与机动性。其次，领导方法有固定程序，形成了一定的方法论体系，一个方法可以在不同的领导工作或者领导环境条件下重复使用；领导艺术则相反，它特别强调不同环境下的权宜机变。因此，在不同的时间、地点和条件下，领导者需要采用不同的领导艺术。最后，领导方法是普遍性的东西，每一个领导者都可以通过学习训练来掌握领导方法；而领导艺术除了需要领导者的努力学习与实践外，还需要领导者的主体悟性。

从领导方法与领导艺术的区别与联系出发，领导者要培养和提升自己的领导艺术，首先就要学习和掌握各种领导方法，其次还要善于动脑、勤奋实践，强化自我修炼，开启心灵悟性，这样才能实现从方法到艺术的质的飞跃。

c. 领导艺术与领导权术

权术就是权变之术，是指领导者通权达变、灵活处理各种问题的手段和策略。在封建社会，权术逐渐引申为依仗权势而玩弄的计谋和手段，成为一个贬义词。领导权术古已有之，而领导艺术则是民主社会领导科学的重要内容。

领导艺术与领导权术的共同点在于两者都为领导者所用，都是领导者为了达到一定目标而采用的方式，而且两者都有明确的目标指向，既不存在无目标的领导艺术，也不存在无目的的权术。但是两者也存在着根本的区别，这对认识领导艺术与领导权术的关系有着极为重要的意义。第一，领导艺术与领导权术的性质不同。领导艺术体现了真善美的艺术美感，追求领导绩效的提高。领导权力是领导艺术的实现手段而不是目的。领导艺术的根本目的在于实现组织的公共利益。而领导权术则更多包含了假恶丑的内容，权力就是领导权术的根本目的。领导者运用权术的直接目的是为了获取和保持权力的一己私利。第二，领导艺术与领导权术的手段不同。领导者运用领导艺术主要为了组织的公共利益着想，它强调公开透明、正当合法，符合组织制度规范和监督。领导权术则更多是暗箱操作，而且为达目的往往可以不择手段。第三，领导艺术与领导权术的效果不同。尽管两者都可以达成目标，但是领导艺术的传播和使用更具有正面效果，而且为人们提供了解决问题的长效技巧。领导权术则更多是阴谋诡计，这决定了领导权术的效果是短暂的，终究会被人们识破，而且会带来更多的负面效应，遭到人们的反对甚至唾骂。

领导艺术对领导者和领导工作来说有着重要意义。毛泽东同志曾倡导领导干部要“学会弹钢琴”和“学好弹钢琴”，“学会”是对一种领导方法的掌握与运用，而“学好”则更体现了领导者领导艺术的造诣水平。领导方法与领导艺术紧密相连，影响着领导决策、领导绩效与领导目标等领导工作。一般而言，领导艺术与领导绩效成正相关，领导艺术高超，领导绩效就高；领导艺术低劣，领导绩效就低，甚至成为负值。因此，领导艺术关系整个领导工作能否成功高效地完成，值得每一个领导者重视和研究。

10.2.2 领导艺术的内容与形式

领导艺术是一个广泛的范畴，包含了多种多样的内容，而且还会随着领导实践的发展越来越丰富、越趋多样化。因此，在任何特定的标准下，对领导艺术的内容或形式进行分类和统计都不是十分不明智的。以下仅仅选择几种比较重要的领导艺术重点介绍。

(1) 团队艺术

团队是现代社会实现组织高效能的组织方式和工作方式，所谓团队就是指认同共同价值的人员为了追求共同的目标而协同合作，有机组成的行动共同体。一个成功的团队需要有确定的目标、协作的人员、明确的定位、明确的权限、具体的计划等。团队对组织有着重要的作用，成功的团队可以使组织保持强大的生命力和战斗力，“除非团队赢，否则都等于输。在现代的企业、机关等组织里，领导的作用更多地体现在团体上，领导的成败与团队的成败紧密相连。在一个失败的团体中，不可能有一个成功的领导”①。所以，优秀的领导者都非常重视建设和培养自己的团队。

一只狮子领导一群绵羊，可以战胜一只绵羊领导的一群狮子。创造一个成功的团队必有一个卓越的领导者，其卓越性主要表现在创造团队过程中体现出的非凡的领导艺术。具体而言，领导者创造成功的团队需要重点着力于团队文化建设和团队管理两方面。

a. 建设团队文化

所谓团队文化是指团队成员共同秉持和遵循的思想、精神和价值观。团队文化决定着团队的精神和合作意识，引导和塑造着团队成员的价值观和行动，是建立可靠、真诚的组织工作关系的价值基础。因此，领导者创建团队首先必须重视团队文化的建设。团队文化的建设可以是领导者从上而下建设，也可以是成员从下而上形成，其中成员参与形成的团队文化更能获得成员的心理认同。领导者是团队的精神领袖，是团队文化建设的关键，他需要营造和谐的团队环境，鼓励成员在交流沟通的过程中形成共享的价值观念，然后细化为具体内容，融入团队学习与行动过程中，使之逐渐成为团队精神或理念，进而内化为成员的自觉行为。

b. 管理团队

领导者管理团队的领导艺术主要表现在三个方面。首先，确定团队目标。领导者需要有能力描绘团队的发展远景和未来蓝图，给成员提供具有挑战性的团队目标，激发全体成员为了共同的理想目标而奋斗。其次，创设合作关系。团队成员存在着性格差异，每个人都有不同的思维、个性和需求，领导者需要在尊重成员个性的基础上，善于发现成员之间的共同点，并且将多元化个性特征融入团队整体，使成员之间相互了解和认可，在团队工作中建立互助互信的合作关系。最后，领导者的自我管理。领导者是团队的精神领袖，

① 〔美〕戴尔·卡耐基:《卡耐基的领导艺术》，杨松陵译，呼伦贝尔：内蒙古文化出版社，2002 年版，第 137 页。

是团队成功的关键，因此，领导者必须超越自我，改变教条刻板的心智模式，提升自我魅力和工作魄力，以极高的工作热情感染下属，以极强的工作自律约束下属，敢于作出大胆的决定，勇于承担风险和责任，与团队成员共进退，形成被下属信赖和支持的领导特色。

(2) 授权艺术

授权是指领导者将自己拥有的一部分权力和责任委授给下属行使，使下属在一定的监督机制下自主完成工作的领导技能。现代组织环境复杂多变，任何一个领导者都不可能掌握实现组织目标需要的所有知识和技能，而必须依靠下属才能完成组织目标，这就意味着授权是领导者开展领导工作的一个有效的途径。对于领导者而言，授权是一种方法，更是一种艺术，成功的授权可以减轻领导者的工作负担，使其能够摆脱琐碎的小事，而集中精力进行组织战略层面的思考，有助于提升领导绩效，促进领导任务的完成；对于下属而言，合理的授权可以激发下属的自主性和积极性，是下属参与组织管理的重要方式和途径，有助于增强下属对组织和领导者的心理认同和自我效能感，进而增强下属的工作责任心。通过授权，领导者与被领导者形成了一种新的联系，这种联系强化了组织的结构和组织力量，增强了组织的凝聚力和战斗力。

授权有多种方式，从而形成多种授权类型。按照授权内容可以将授权分为一般授权和特定授权。一般授权是广泛事物的授权，主要包括柔性授权、模糊授权和懒惰授权。柔性授权没有具体的工作指派，只有一个大致的轮廓，被授权者有较大自由随机应变地做处理；模糊授权与柔性授权相似，领导者明确目标和工作任务后，由被授权者自主行动；懒惰授权是领导者把不愿做的或者不知道如何处理的事务完全交由被授权者处理。特定授权又称为刚性授权，即领导者对所授的权力、责任、目标都有明确的规定，被授权者需要严格遵照执行，不得失职，不得有任何逾越。另外，按照授权形式可以将授权分为正式授权和非正式授权、书面授权和口头授权。正式授权是按照正式文件如命令、通知等进行的授权，非正式授权则是正式规定之外的授权。书面授权是通过下达文件的方式进行的授权，口头授权则是领导者通过口头语言进行的授权。

领导者授权不是随心所欲、任意而为的，而是需要遵循一定的授权原则。第一，合理不越级原则。领导者应该根据合理的程序或者途径进行正当的授权，明确授权的目标和任务，这是授权的基本原则。合理的授权应该是在领导者职权范围内的授权，除非有特殊情况发生，领导者只能授权给自己的直接下属，而不能有越级授权，否则会造成组织部门和层级之间的矛盾和问题。第二，因事量能原则。这是领导者选择被授权人的基本标准，选择被授权人是一种领导艺术，没有可以遵循的程序或规章，但是一般情况下，领导者择人授权需要衡量下属的工作能力和工作任务的匹配程度。所授予的工作任务应该不超过被授权人的工作能力限度，使其既能够胜任工作，不会疲劳，又有一定的挑战性，能够产生激励效果。因此，成功的授权需要领导者对被领导者的能力、性格、专长、情绪和品德等各方面条件有比较深入的认识。第三，权责统一原则。领导者在授权给下属时，需要明确授予权力的大小与范围，同时必须使被授权者承担一定的责任。尽管授权以后，领导者也不能推卸责任，但是只有明确被授权者应该承担相应的责任，才能做到有权有责、权责相符。这一方面可以使被授权者有权力开展工作，另一方面又可以避免权力被滥用，使被授权者认真对待所授权力。这样既可以发挥下属的积极性和主动性,又可以防止争功诿过的问题。第四,信任不放任原则。领导者授权给下属要"用人不疑,疑人不用",在上下级之间建立相互信任的关系。授予下属一定的权责后,领导者需要给予下属更多的自主空间,用领导者对下属的充分信任激发下属的自信心和责任感。给下属提供帮助、创造工作条件,以支持下属的工作,而不是对下属时时担心、事事苛责、处处掣肘。同时,充分信任也不是放任自流,授权后,领导者要及时给予下属适当的控制和监督、检查与指导。在下属遇到困难时应该给予帮助,在下属出现工作失误时应该给予宽容和指导,在下属的行动背离组织目标时应该给予及时纠正,在下属出现权力滥用时应该注意改正或者收回权力。

授权是一个复杂的过程,授权者首先需要考察被授权者,确定授权对象;然后向被授权者"授权明责",放手支持被授权者的积极工作,在工作过程中尽量减少对他们的干扰;接着是对被授权者的工作进程给予监督和检查,及时更正错误;最后是评价并反馈被授权者的工作成效。在这个过程中,授权者既克服阻碍授权的障碍,又要防止发生影响授权的情况,有效克服障碍和防止不当情况的产生集中体现了领导者的高超领导艺术。

授权过程中存在的障碍主要有三。第一,领导者不愿授权。领导者高高在上,极度自信又不信任下属,支配欲和控制欲较强,或者担心自己被下属架空,丢失权力,因而不愿意授权。第二,被领导者不愿受权。被领导者不敢承担责任,或者没有足够的自信和能力,害怕无法完成工作任务而不敢接受领导者的授权。第三,组织原因。组织规章制度对授权规定过于严苛,授权的手续过于繁琐,或者因权责配置不平衡等原因造成授权失败。

授权过程中需要防止的情况主要有:第一,防止反向授权,即下属将自己职权范围内的工作、矛盾和问题推给上级,让上级为自己工作,使领导者成为反向授权的牺牲品;第二,防止放弃职权,领导者授权后依然需要保留必要的权力,并且必然承担责任,而不是放弃职权,把一切权力与责任都推给被授权者;第三,防止授权失控,即下级不听命于上级,甚至侵犯上级的职权,使领导者对被授权者没有了约束力。这就需要领导者在授权的过程中要时刻掌控监督权和控制权。

(3) 表达艺术

领导者的一切活动都依赖于有效的表达,具备高超的表达艺术是优秀领导者的必备能力之一。所谓表达艺术是指领导者使用语言或非语言的表达方式,针对不同的情境,进行有效交流与沟通的技巧。领导者的表达艺术主要包括语言表达艺术和非语言表达艺术。语言表达艺术既是一种信息沟通的方式,更是一种领导力量的表达。"震天下者必震之于声,导人心者必导之于言",非凡的语言艺术是领导者能力与修养的展示,有助于树立领导者的权威形象和事业的成功。非语言艺术主要是肢体语言艺术,肢体语言又称身体语言,是指通过头、眼、手、身等人体部位的协调活动传达思想的一种沟通方式。肢体语言能够强化领导者的领导力和号召力,达到"此处无声胜有声"的领导效果。言辞和肢体语言的结合使用是领导者表达艺术的完整体现,往往能够增加领导者的影响力,增强领导工作的有效性。

领导者运用语言艺术时要遵循基本的原则,即逻辑实证原则、鼓动激励原则和生动幽默原则,切忌生硬、晦涩、失实。掌握语言艺术不是一朝一夕的事情,这要求领导者付出不懈的努力。在具体的运用过程中，领导者应该坚持语言艺术的几个要点。第一，言之有理。“事实胜于雄辩”，领导者讲话要以理服人，强调实事求是。第二，言之有物。领导者讲话要力戒空洞无物和单调乏味，要善于运用生动鲜活的事例或故事来表明自己的思想和看法。第三，言之有序。领导者的语言要有清晰的思路和顺序，避免杂乱无章，逻辑混乱。第四，言之有情。领导者的语言越是饱含深情，就越是能够感动和吸引下属。第五，言之有文。有文采的语言表现出更强的感染力和吸引力，也更容易引起人们的兴趣和关注。

肢体语言是领导者需要重视的另一种表达艺术。美国心理学家的一项心理学研究表明：在一次面对面的交流中，一条信息所产生的全部影响力中有7%来自于语言，38%来自于声音，剩下的55%则全部来自于无声的肢体语言。这就意味着，人际间的信息交流有一半以上是通过肢体动作传递的。更重要的问题在于，这些肢体语言都是下意识的动作，因此更能够表达交流双方内心真实的想法而很少有欺骗性。换言之，在领导工作中的一颦一笑，一举一动都是领导者内心真实的表达。肢体语言既可以表达领导者的思想，从而影响别人，也会在无意中出卖领导者的内心世界。因此，领导者更应该了解肢体语言并尽力控制肢体语言的表达。肢体语言的内容非常丰富，领导者需要了解和掌握一些常用的肢体语言表达技巧。一是眼神。眼神是肢体语言中最重要的途径，眼神沟通就是用眼睛接触。领导者应该避免用游离不定的眼神或者严肃的眼神长时间注视下属，而应该在交流过程中，多给予下属积极的和鼓励的眼神。二是微笑。微笑是表示赞赏、鼓励和理解的最好方式。领导者的微笑是对下属最好的赞美和表扬。三是握手。深厚有力的握手可以表达领导者的坚定与热情。四是沉默。策略性的沉默是表示领导者权力和威严的方式。五是面部表情。领导者可以通过丰富的面部表情来表达自己的不同想法。

(4) 用人艺术

人力资源对组织的重要意义毋庸多言，没有“人”，组织就没有存在的价值和可能，领导者的工作核心就是如何更好地用人。用人是一门艺术。领导者能否实现领导目标，获得领导活动的成功，在很大程度上取决于他是否掌握了高超的用人艺术。所谓用人艺术主要指领导者在学习和掌握用人方法的基础上，根据特定情况灵活运用人才的技巧。用人艺术的直接目的是巧妙地调动下属尤其是核心成员的工作热情和工作积极性。

不同的领导者有不同的用人观念，不同的用人观念会产生不同的用人艺术，“一流之人，能识一流之善。二流之人，能识二流之美”。因此，领导者应该首先建立现代化的先进用人理念，即先成为“伯乐”，然后才能表现出更高超的用人艺术。例如，以人为本的观念、全面发展的观念、开放的观念等都是领导者应该具备的基本的用人理念。

在人力资源管理过程中，选才、用才、育才和留才是其中最重要的内容，也是领导者运用和表现领导用人艺术的四个主要方面。第一，选才要选准。选才是用才的前提，只有选得准确才能用得有效。选才要以德才素质统一为基本标准，不拘泥于学历、职称、身份和资历等外在的附件。第二，用才要用好。用才是领导用人艺术的核心内容。只有合理用才才能获得组织所需要的贡献，同时人们也希望自己的价值在工作中得到发挥和认可。因此，如果人才使用得当，就会充分调动人才的积极性，发挥他们的聪明才智。反之，就会抑制人才。因此用人就要实现人尽其才，才尽其用，人成其事。一般而言，用人要坚持四项原则：一是用人之长、避人之短，二是用人不疑、疑人不用，三是用当其才、适才适位，四是用当其时、注重实效。第三，育才要育成。所谓授人以鱼不如授人以渔，培育人才是持续性使用人才的保障，为每一个成员提供培训提高的机会，使员工成长为具有高度工作能力的人。成员的不断进步是组织持续成长的基础，也是领导绩效不断提高的资源保证。第四，留才要留住。留住人才是一切工作的基本条件，人员流动太快，不利于组织的顺利运转和领导工作的顺利推进，还会增加组织人力资源的成本。因此能留住人才也是领导用人艺术的重要体现。留住人才的一般策略主要有用成功的事业留人、用温馨的环境留人、用先进的制度留人、用良好的待遇留人、用诚挚的感情留人等。

不同的领导用人艺术表现为不同的领导用人境界，领导用人境界的高低能够折射出一个领导者是否具有高超的领导艺术。具体而言，高层次的领导用人境界主要表现为以下几点：一是领导者有能力创设有诱惑性的远景目标并被下属接受；二是领导者可以有效地使组织目标转化为个人目标；三是领导者可以建立令人脱颖而出的用人机制；四是领导者可以选用比自己更强的人为自己工作；五是领导者能够让每一位下属感到自己是最重要的。①优秀的领导者必然会努力超越自我，提升自己的领导用人艺术水平，提高自己的领导用人境界。

(5) 协调艺术

组织必须时刻保持平衡的状态才能保证组织目标的顺利实现，协调就是领导者调节组织关系使上下级之间、部门之间、人员之间达到和谐一致而采取的领导活动，领导者在这种领导活动中表现出来的各种协调技巧和技能就是领导的协调艺术。马克思说："一切规模较大的直接社会劳动或共同劳动，都或多或少地需要指挥，以协调个人的活动，并执行生产总体运动——不同于这一总体的独立器官的运动——所产生的各种一般职能。一个单独的提琴手自己指挥自己，一个乐队就需要一个乐队指挥。"领导者相当于乐队指挥，他需要艺术地协调每一个组织成员的行为，使之形成组织合力，最大限度地促进组织的稳定发展。因此，领导者掌握领导协调艺术是有重要意义。

领导者需要协调的关系有很多种，最基本的关系包括上行协调、平行协调和下行协调。因此，领导者的协调艺术也主要表现为上行协调的艺术、平行协调的艺术和下行协调的艺术。

a. 上行协调的艺术

上行协调的艺术是领导者处理与上级关系的艺术。对于上级来说，领导者本身也是被领导者，每一个领导者都希望与上级形成良好的关系。正确处理与上级的关系需要注意工作性原则和服从原则。上下级之间的关系是建立在工作的基础上的，那种认为上下级是依附关系的观念是错误的。因此，领导者应该摒弃个人情感而以工作为中心建立与上级的关系。组织的结构设置同时又决定了这种工作关系体现为一种权力层级关系，下级服从上级是组织运作的基本要求。因此，下级必须执行来自上级的命令和任务。在这

① 苏保忠：《领导科学与艺术》，北京：清华大学出版社，2009 年版，第 195 页。

样的原则下，协调与上级的关系需要注意：

第一，主动而又适度。下级开展工作需要上级的认可和支持，因此下级领导者应该积极主动地接近上级领导，及时汇报工作，让上级领导了解自身的工作进程和工作困难，取得上级的理解和信任。但是这种主动接近要正当适度，尊重而不恭维、亲近而不庸俗。在与上级领导者的交往过程中，应该注意充分尊重上级领导，维护上级的威信，但是这种尊重是同为组织成员的平等关系上的合理尊重，而不是降低人格的尊重，否则会适得其反。应该依靠正直的人格和勤奋的工作赢得上级的认可和好感而不是依靠其他庸俗的关系。

第二，服从而不盲从。在组织原则下，下级领导必须服从上级领导，创造性地执行上级领导指派的工作和任务。尽职尽责、保质保量地完成各项工作，尤其是关键时刻和困难时期更应该勇于承担责任，尽力为上级分忧。但是当上级领导出现决策失误或者工作错误时，下级领导需要及时提出自己的意见或建议，而不是盲目地服从。

第三，理解而不怨恨。在与上级领导相处的时候，下级领导应该学会换位思考。下级领导应该体谅上级领导的工作难处和苦衷，毕竟“金无足赤，人无完人”，上级领导也会出现各种错误。这时候，下级领导更应该理解和支持上级。尤其在上下级发生矛盾或受到上级领导批评时，下级更应该谦虚谨慎，冷静处理，消除矛盾和分歧，实现和衷共济。

b. 平行协调的艺术

平行协调的艺术就是协调处理同级之间关系的艺术。同级之间行动目标一致，没有隶属关系，处理问题时必须共同协商，合作解决。所以在协调同级关系时，应该做到以下几点：

第一，相互尊重、分工协作。每一个部门或者领导者都是组织整体的组成部分，彼此之间有共同的利益和统一的目标，在组织活动过程中需要彼此相互尊重、相互支持，把解决问题作为首要目的，各司其职、各司其责，相互理解、共同协商、分工合作、优势互补，防止出现扯皮或推诿现象。

第二，相互信任、真诚平等。同事之间需要建立相互信任的深厚感情，没有相互的信任就不会产生组织合力，其他一切也就无从谈起，因此，守信是立身处事之本。与同级之间的日常交往，需要注意两点：一是平等，彼此没有高低贵贱之分；二是真诚，诚实坦率、以真心换真心，只有这样才能建立起和谐亲密的同事关系。反之，弄虚作假、尔虞我诈，搞阴谋诡计等必然会严重破坏同事关系。

第三，相互学习、宽容谦让。同级之间，每个人都有优点和长处，在解决具体问题时也各有专长，因此，领导者在处理同级关系时需要谦虚认真，积极向同级领导请教学习，弥补不足。彼此之间应该以组织大局为重，有群体意识，优势互补、相互学习，不可以擅权倾轧、恃才傲物。尤其是在发现同级同事发生失误时，应该宽容谅解、积极帮扶，而不是落井下石、严厉苛责。

c. 下行协调的艺术

下行协调的艺术就是领导者处理与下级关系的艺术。领导者的下行协调艺术水平的高低直接影响着下级成员的工作积极性、主动性和创造性。公平、公正、民主、信任是协调好下级关系必须坚持的基本原则，在此原则基础上，领导者还需要注意以下几点：

第一，包容大度。领导者要有博大的胸襟和包容的情怀。每一个下属都有其自身的优点和不足，对于优点要很好地利用发扬，而对于缺点则要包容，也就是常说的用人所长、容人所短。所谓包容就是要能够容人、容错。容人就是容忍下属的抱怨与反对，尤其对那些经常顶撞领导、满腹意见的人。容错就是容忍下属的错误，不要吹毛求疵、挑短捡差。包容还表现在领导者要广开言路，认真听取各种意见，尤其是反对的声音。这是领导者应该具备的基本品质。

第二，刚柔相济。刚柔相济指领导者应该做到原则性与灵活性的统一。领导者对下属的包容也不是无底限的容忍，而是坚持原则性的包容，对于下属的细微失误，领导者可以灵活变通，适时纠正；对于下属的原则性、根本性错误，领导者则必须立即指明并改正，对违反制度者严厉惩戒，毫不手软。领导者的"柔"还表现在领导者要关心、关爱和尊重下属，与下属打成一片，成为交心的朋友，给下属以情感的关怀，同时给下属提供自我发展的机会。

10.2.3　领导艺术水平的提升

(1) 学习理论知识，提升自我

"天才论"认为领导者是天生的，不承认后天培养的重要价值；"实践论"认为领导者的才能是在实践经验中形成的，否认理论学习的重要性。先天素质的作用固然不可忽视，后天的工作实践也很重要，但不能因此否认后天学习的重要价值。法国管理学家亨利·法约尔在《工业管理与一般管理》一书中提出，领导者的各种管理能力、领导能力可以通过后天学习和学校教育获得。可以肯定地说，后天的努力学习，尤其是理论知识的学习是提升领导者领导艺术的重要途径。

现代社会越来越复杂，变化也越来越快，领导者不可能单依靠先天禀赋或纯粹的经验就能够实现领导工作的顺利进行，领导艺术的提升依赖于领导者能够熟练掌握理论知识，在深刻把握领导规律或者领导理论的基础上，才能充分发挥和展现领导艺术水平。可以说，理论知识是领导艺术的智慧源泉，理论知识学习是提升领导艺术的必经途径。

学习理论知识，提升自我，最重要的是树立终身学习的理念，终身学习就是要"活到老、学到老"，抓紧时间，一刻也不放松学习。首先，学习内容要有开放性。从单纯的业务学习转向综合学习，不仅仅学习与领导有关的业务知识，还要学习其他相关的科学知识。通过综合性学习把领导者培养成为一个"复合型领导"，能够"运筹帷幄之中，决胜千里之外"。其次，学习态度要有主动性。从被动学习转向主动学习，只有克服思想上的懒惰性，才能实现行动上的积极性；只有在思想上重视学习，才能够在行动上积极学习。领导者必须克服学习的懒惰性，放弃任何不愿学习的借口，抓紧一切时间学习。最后，学习过程要有系统性。从松散的学习转向系统的学习，无论是学历教育还是自学，都需要克服学习上的粗放性，避免零碎松散的学习，需要认真规划学习内容，并与工作和兴趣有机结合，形成系统性的知识体系。

(2) 参与领导实践，磨炼自我

领导者提高领导艺术离不开参加领导工作的实践，参与领导实践依然是提升领导艺术的直接的和根本的途径。所谓“纸上得来终觉浅，绝知此事要躬行”，只有参加领导工作，有亲身的经历和感受，才能真正体会和领悟领导艺术，才能将学习掌握的领导理论运用于工作实践，检验理论的正确性。尤其关键的是，领导者通过领导实践将理论知识与实践相结合，可以创造出新的属于领导者自己所有的东西，这些新的东西就是形成领导者领导艺术的基本内容和材料。

在领导实践中形成的经验，既有直接经验又有间接经验，直接经验是亲身体验而得的，间接经验是借鉴学习而获的，两种途径都有利于领导艺术的形成和提高。首先是获取直接经验。领导者深入基层，到工作第一线，亲身操作，与员工的直接交流沟通等，都是对领导者的考验，也是领导者获取直接经验的最好途径，只有在工作实践中才能碰撞出智慧的火花。因此，领导者需要勇于亲身实践，时刻准备接受实战的考验，这样才能真正磨炼自己，提高领导艺术水平。其次是借鉴间接经验。“他山之石，可以攻玉”，学习他人的领导经验，然后根据自己的特点，大胆改革创新，形成具有自己特色的领导艺术也是提升领导艺术的有效方式。借鉴间接经验既要学习他人的成功经验，为我所用，也要学习他人的失败教训，少走弯路。

(3) 加强道德修养，完善自我

加强自身的道德修养也是提高领导艺术的重要途径。道德修养是指领导者透过言谈举止表现出来的德行和品质，是领导个体性格、情趣、精神、意志等特质的综合体现，反映了领导者的价值观、道德情操和精神境界。领导的本质在于协调下属完成任务，实现目标，这需要领导者不仅具备职位权力，更需要具有领导影响力，这个领导影响力不是职位带来的，而更多是由领导者自身的道德修养生成的。道德修养是关系的调和剂，高尚的道德情操、正直的品格、崇高的道德品质、大公无私的品行、坚定不移的意志等都会在无形中形成一种精神力量，形成一种强有力的精神感召力和号召力，能够吸引下属、凝聚人心，一致行动，实现目标。

领导艺术的本质在于其内含“真善美”的艺术美感，这种艺术美感既体现在优美的表现形式、精湛的技巧上，也体现在实际的价值和意义方面。可以说，领导艺术有一种精神的成分，它蕴含了领导者个体的品质、意志、情操和德行。从这个意义上讲，加强领导者的道德修养是提升领导者领导艺术的重要途径。加强道德修养要从三个方面着手：首先要“学”，加强学习以修身正己，提高自身的文化修养和品行修养，树立正确的人生观和价值观；其次要“行”，以实际行动践行正确的人生观和价值观，时刻注意自己的言行举止，时刻警惕、注意纠正错误的言行；最后要“思”，即反思自我，“吾日三省吾身”，注意检视自我的外在与内心是否统一、是否言行一致。

(4) 反思工作经验，超越自我

反思也是提升领导艺术的重要途径，反思工作经验就是自我检查、自我总结。总结一段工作时间内的各种经验和教训，把感性的、零散的东西系统化、理性化，从而总结出规律性的东西，可以在事实上避免同样的错误再次出现，进而提升领导者的工作能力和工作技巧。每一个人都会形成自己对周遭世界和环境的固化的观点、思想和思维方式，这是存在于每一个人内心的心智模式，领导者也不例外。反思、检查和总结的真实目的就在于让领导者养成勤于思考、精于思考的行为习惯，反思自身心智模式的缺点和不足，检查自身工作行为的错误和缺陷，总结正反两方面的经验教训。在这样的反思过程中，领导者可以不断超越自我，提升自己的领导能力，形成具有自我特色的领导艺术。

领导者可以通过一些基本的方法进行自我反思、检查和总结。第一，自我评价，即领导者要对自己的领导艺术进行自我分析、自我评定，找出其中的优缺点，然后有针对性的改进提高。第二，自我校正，即领导者要加强自我检查，警惕并校正自己的不良意识和不良行为。第三，反躬自问，这是领导者的自我比较，即领导者要经常对自己发问，想想以前、现在和未来的工作都是什么样，该怎么样，为什么这么办等。第四，比较提高，领导者要经常将自己的领导艺术与其他人进行比较，不断发现彼此的长处与不足，克服自己的弱点，发扬自己的优点，从而获得应有的进步。

【本章重点】

- 领导方法的特征
- 领导思维方法
- 相关概念辨析
- 领导授权艺术

【关键概念】

领导方法　领导艺术　系统思维　战略思维　辩证思维　创新思维　授权艺术　协调艺术　领导权术

【复习思考题】

1. 简述领导艺术与领导方法的关系。
2. 你认为领导艺术失败有哪些原因和表现？
3. 浅谈领导艺术、领导方法与领导科学的关系。
4. 浅谈如何进行时间管理。
5. 如何提升领导者的领导艺术水平？

【推荐阅读】

- 楚明锟：《现代管理与创新思维》，开封：河南大学出版社，1999年版。
- 朱立言：《领导科学与领导艺术》，北京：中国人事出版社，2008年版。

第11章

领导文化与领导力

领导文化属于领导学中“形而上”的范畴，是领导者在领导实践过程中积淀和传承的领导精神、领导理念、领导意识、领导态度、领导价值观、领导原则、领导习惯和领导行为模式的总和。领导文化具有规范领导行为、凝聚公众力量等作用。领导力是领导者凭借自身人格魅力等内外素质的综合作用，通过对组织或个人的号召和影响，实现组织目标的能力。领导力包括领导者的感召力、决断力、驾驭力、执行力等，它源于领导素质，受到领导文化的“软”影响。领导力是领导者能力的主要衡量标准，在领导实践中，培养和提升领导力十分重要。

11.1 领导文化

11.1.1 领导文化的含义与特征

(1) 领导文化的含义

领导文化是文化的特殊形式。爱德华·泰勒在《原始文化》中把文化定义为：文化就其广泛的民族意志意义来讲，是知识、信仰、艺术、道德、法律、风俗，以及任何人作为社会成员而获得的所有能力和习惯的复合的总体。由此可见，文化是一个社会的全部生活方式，包括物质生活方式和精神生活方式，进而分为精神文化和物质文化。物质文化是人类物质生产过程中创造出来的全部物质产品，以及创造物品的手段、方法和工艺等，其显著特征在于其以有形的方式表现出来。精神文化是一种成规体系，是人类在长期实践过程中形成的，区别于他物、他群体的思想、观念、态度、理想、道德、价值观和行为体系。本章所说的文化，主要是指精神文化。

领导文化是文化的一般性质在领导领域的特殊表现。对于领导文化的内涵，国内外学者的回答和界定各不相同。概括起来主要有如下四种基本界定：

一是从学科规律性定义出发，借鉴其他学科定义的规律性，认为领导文化是领导者在领导过程中形成的，对领导活动的过程、本质、价值规范以及方式方法等方面的提炼总结和综合反映，在领导者从事领导活动过程中起到内在驱动和精神导向作用。

二是从阶级性角度出发，认为领导文化是与领导活动紧密联系，并由领导本质决定的一种文化，它涉及领导权力的来源、领导权力的运作方式、领导方法论和价值观等，是泛文化在领导活动中的一种特殊反映，是领导者从事领导活动的精神导向，在不同的阶级的领导集团中会有不同的领导文化。

三是从社会动力学角度出发，认为领导文化是深刻反映社会发展和领导实践的文化，是对领导实践活动成果的凝结，是对社会现象的根本态度和行为价值取向的规范。从内容上看，领导文化体现了领导实践活动的价值体系和社会发展方式，领导文化是支配领导行为的价值基础，其显著特征在于它所具有的社会价值性。

四是从学习性角度出发，认为领导文化是领导成员在领导活动中产生的并反映领导实践的观念意识，这种意识可以通过后天习得并具有社会传递性。领导文化是领导成员普遍认可的价值观念，是领导过程中领导成员心理的积淀，是领导成员共同信守的行为模式和态度作风。

很明显，这几种从不同角度对领导文化内涵的认识，各有侧重，我们更趋于对以上几种观点的综合，即领导文化是指领导者在领导实践过程中积淀的领导精神、领导理念、领导意识、领导态度、领导价值观、领导原则、领导习惯和领导行为模式的总和，它既具有可以通过后天努力而习得的规律性特征，又有根据当前所处的特殊环境而产生新文化因素的非规律性特征。也就是说，领导文化既有独立性，又有时代性。其独立性在于对那些极具价值和生命力的成分的积极传承，其时代性在于能根据时代的要求不断创新。具体而言，领导文化有以下几层含义：

第一，领导文化属于领导领域的主观意识范畴，是以符号表示的非物质文化。如前所述，文化包括了物质文化、精神文化和制度文化，但是，领导文化却没有物质形态的表现形式，那些介乎物质形态与观念形态之间的领导制度或体制也应该与领导文化区分开来。虽然特定的领导制度或体制是领导文化的某种反映，但是，这只是一个间接的过程，需要一定的转换，因此，领导制度本身并不是领导文化。

第二，领导文化主要是指被特定领导体系中各领导成员普遍接受的价值观念、广泛流传的态度作风和共同信守的行为模式。领导文化虽然是领导活动的精神产品，但是，有关领导实践的精神产品并不都是严格意义上的领导文化。那些仅仅被人们总结出来却束之高阁，对领导活动没有实际指导意义的领导理论不能称之为领导文化。例如，在某些比较极端的领导集团中，尽管集团领导者也讲“一切为大众服务，领导就是公仆”，但是，他的领导目的却是“以领导之权谋求私利”。在这样以权谋私的价值观推动下所讲的“一切为大众服务，领导就是公仆”只是一句口号、一纸空文，当然不能称为领导文化。

第三，领导文化是领导成员的一种空间上广泛、时间上持久的主观取向。领导文化作为特定领导体系中各领导成员普遍接受的价值观念、广泛流传的态度作风和共同信守的行为模式，它不是孤立的、个别的，也不是偶然的、暂时的，而是相对普遍的、广泛的，是相对稳定的、长期的；它是特定领导体系内领导成员的主观取向的积淀物和集合体，是相对固定、前后相继的取向模式的聚集。可以说领导文化是客观领导实践在领导成员心理上的积淀。

第四，并非体现在领导成员身上的所有的文化现象都可视为领导文化。领导成员在进行领导活动时会受到价值观念等的影响，必然会体现一定的领导文化。但是，领导成员在从事与领导活动无关的活动时所体现出来的文化现象并不属于领导文化。例如领导成员到医院就医时，他对于生老病死的认知、观念、态度等就不属于领导文化的范畴。

第五，领导文化与行政文化、政治文化既有联系，又有区别。领导文化与行政文化、政治文化密切相关，存在交叉。行政文化与政治文化和领导文化交叉重叠就是行政领导文化和政治领导文化。但领导文化又不等同于行政文化和政治文化，领导活动贯穿人类社会的始终。自从有了人类社会，就存在着领导活动，也存在着领导文化。而行政活动、政治活动则是随着国家的产生而产生，随着国家的消亡而消失的。从时间上讲，行政文化、政治文化仅仅存在于国家诞生之后至国家消亡之前这段时间，比领导文化存在的时间要短。同时，那些非领导活动领域的行政文化、政治文化也不属于领导文化。同样，那些行政、政治领域之外的领导文化也不属于行政文化、政治文化。

第六，管理文化与领导文化密切相关，二者存在着一种包含关系，管理文化包含领导文化。就管理层次而言，管理可以分为基层管理和高层管理，领导在一定意义上就是高层次管理，也就是说管理在某种意义上包含了领导，这就决定了这种文化间的包含关系。也就是说，基层管理文化不属于领导文化，而高层管理文化属于领导文化。

（2）领导文化的特征

作为文化的一种特殊类型，领导文化与物质文化、制度文化相区别，具有不同于其他诸文化的独特性。具体而言，主要体现为以下几个方面。

a. 积淀性

自从人类社会产生，便有了领导活动，领导是对社会实践活动的领导，是社会生活的组成部分，因此，领导文化必然会受到整个社会文化的影响。在某一时期、时代或特定的社会、国家，由于地理环境、历史背景、生活状况和民族性格等的不同，社会文化也各不相同，而且这些各具特色社会文化具有一种沿袭性，领导文化正是在这种沿袭中不断积淀并表现出来各自的特色。任何具体的领导文化，都是对先前领导文化的某种继承和扬弃，并具有向其他类型的文化渗透、演变和转移的可能性。只要存在人类活动，领导文化就会不间断地延续下去，而优秀的领导文化将历经时光淘洗而积淀，并最终得到人们的继承、弘扬和发展。

b. 认同性

一方面，领导文化要得到领导者的认同，唯此才能有效指引领导者从事领导活动，达到领导目的。另一方面，领导文化也要得到被领导者和社会的认同，缺乏被领导者和社会的认同领导文化，随着社会的发展，必将逐一被淘汰，只有那些符合被领导者期望和得到社会认同的领导文化才能传承和发展下去。同时我们也应认识到，领导文化虽然要得到普遍认同，但领导文化并非僵化不变的，而是发展变化着的"活"文化。这种变化可能是滞后的，也可能是前瞻的。滞后的变化往往是被动的，有时甚至因其难以适应社会变革而成为历史前进道路上的阻力；前瞻的变化则往往是主动的，一般是对社会发展趋势的合理判断和自觉适应,能对社会发展和进步起到积极的引导和促进作用。

c. 政治性

在领导实践中形成的领导文化,往往与政治密切相关,体现出政治性特点。一方面,随着国家的产生而形成的行政领导文化、政治领导文化直接与政治相关;另一方面,即使非政治、非行政领域的领导文化,如企事业组织的领导文化,甚至公益机构的领导文化,也会受到具体的社会制度体系的影响,带有浓厚的政治色彩。处在某个职位上的领导者,在行使领导职权的过程中,也必须具有敏锐的政治意识和政治嗅觉,保持清醒的政治头脑,要能从政治的高度处理各种社会问题。

11.1.2 领导文化的内容和作用

(1) 领导文化的内容

领导文化的内容主要包括主观性领导文化和规范性领导文化。主观性领导文化是对领导者的情感、态度等主观层面产生影响的文化,它是领导价值观、领导意识、领导道德和领导思想所组成的复合体。规范性领导文化则是对领导者的具体领导行为与观念产生规范性影响的领导文化,主要包括领导传统、领导习惯和领导原则,等等。

a. 主观性领导文化

作为领导文化的有机组成,主观性领导文化和客观性领导文化处在一种相互作用的循环过程中。一般来说,特定组织中的领导者在领导活动中反复表现的领导行为一旦稳定下来,就构成了领导行为模式,进而形成领导习惯和领导原则延续下来。这些领导习惯、领导原则中的某些主观性成分,在领导实践中最终会上升为具有普遍意义的主观性领导文化,对领导活动产生持久的影响力。主观性领导文化的形成,会对领导者的领导活动产生指导性作用,并在新条件、新时期构造出新的领导原则和领导规范。因此,主观性领导文化和规范性领导文化是在互相作用、互相影响中发展的。

主观性领导文化包括以下几个方面:

第一,领导价值观。价值观就是人们对客观事物的意义的评价和总的看法,是社会存在和人们的社会实践在人们头脑中的积淀和反映,属于意识形态的范畴。相应的,领导价值观就是促使领导活动发生的领导意识、价值取向、价值定位、利益目标和群体价值倾向的观念性动力整体。如果说领导是整个社会生活的核心,那么领导价值观就是社会生活核心的核心。因为有什么样的领导价值观就会有什么样的领导者或领导活动,就会产生相应的领导结果;社会系统及其组成部分、社会资源和利益的分配与再分配以及每个社会人的命运在紧要时刻都取决于领导价值观。领导价值观是领导活动的标准、尺度和最终依据。现实中的领导结果也往往是领导价值观的最终体现,领导问题在大多数情况下也可以在领导价值观上找到原因和症结所在。确切地说,领导价值观属于领导哲学的范畴,领导者的价值观是领导者具体的精神意志和思想观点,在具体内容上包含了人类非常丰富的精神文化,承载了人类几千年来不变的渴望、意愿和寄托。

第二,领导信念。领导信念是公众对领导体系中的领导机构和领导活动的信念。一方面，它是对领导规范、领导行为的信念，这种信念对确定领导行为原则和标准起着重要作用；另一方面，它又是对领导目标的信念，是对领导机构和领导者所有预期目标的期望。领导信念是实现高效领导、顺利完成领导任务的内在动力。在组织的领导机构中，所有领导者共同一致的信念是领导活动高效率的保障。可以说，领导信念是领导活动的灵魂，坚持什么样的领导信念以及信念的坚定性如何，直接关系到领导体系的功能发挥和领导活动的成效。

第三，领导精神。精神是哲学概念，指人脑对客观物质世界的反映，是人的意识、思维行动和心理状态。人们在社会生活实践过程中，会产生各种认识、观念和思想，制定出理论、路线、方针和政策等，这些都属于精神的范畴。当代优秀的领导者在科学民主化领导体制规范下，在积极的领导实践过程中，会逐渐形成优秀的思想精华，包括先进的价值观念、职业道德、职业理想和行为准则等，这些思想精华会转化成无形的精神力量。这种精神力量反映在领导者身上，就构成了领导精神。领导精神指导领导活动，实实在在地影响着领导者与被领导者之间的关系，并深刻影响着领导结果和领导效能。

第四，领导道德。领导道德是领导者在领导活动中应遵循的调节领导者与被领导者，以及领导者之间关系的道德准则和规范。一般情况下，领导道德是在领导信念和领导价值观的基础上形成的。领导道德主要体现在领导者的个人修养和具体行为中，体现在领导者对基本道德范畴的认识、观念和态度中。领导道德通过职业道德、个人信念和社会舆论等形式影响领导者行为。领导道德的形成还会受到法律法规的调节，并在领导体系内受到所在组织的领导目标、行为宗旨和规章制度的影响和制约。

第五，领导理想。领导理想是领导者对组织发展和领导活动所要实现目标的期望。通常认为领导理想包括领导者对组织的长远目标、领导活动的规范状态、组织在社会中意义的实现等方面的追求。与一般的领导活动的目标相比，领导理想是一个组织根本性的期望，而领导目标只是具体领导活动中所要达到的阶段性目的，领导理想是通过一个个具体的领导目标的实现而达成的。合理的领导理想，可以激发领导者积极参与领导活动的动机，促使领导者产生实现领导理想的内在需求，进而对领导者产生强烈的激励作用。

b. 规范性领导文化

规范性领导文化是主观性领导文化形成的重要来源。规范性领导文化可以是在领导活动过程中自然形成的，也可以是人们对领导活动的总结。它不具有强制性，但是，它却能得到大多数领导者的自觉接受和遵守。规范性领导文化可以概括为以下两个方面：

第一，领导传统。领导传统是在长期的领导实践中沿袭下来的道德、习惯、观念和规则等。它是特定组织在领导实践中积累而成的稳定因素，体现在领导者的思维方式和行为方式上。领导传统一经形成，成为领导活动的支柱，便具有了一定的权威性和独立性。领导传统在不同时期和不同组织中，发挥着不同的功能和效应，成为影响和调节特定领导活动的超稳定系统，并表现出一种内控自制的历史惯性。领导传统对领导活动的影响，主要是通过一些传统的思想、道德、价值观、活动方式和行为习惯来影响领导者的具体行为。作为领导活动的经验积累，领导传统有些是优秀的，但也有些是糟粕，因此，要合理地继承领导传统，取其精华，弃其糟粕。

第二，领导习惯。领导习惯是在领导实践中由于不断重复形成的，并演变为一种需要的行为方式。领导习惯是领导传统在领导行为方面的具体体现。领导习惯包括稳定的领导行为方式和领导行为风格。在一个组织中，一些经常性的活动往往是有效的，因此就会演变成一种习惯，这种习惯会带给人们一种满足感，也会对领导活动产生某种功效，人们会对此作出积极的评价，并在接下来的领导活动中予以接受和模仿。同领导传统一样，领导习惯也有优劣之分。良好的领导习惯可以产生良好的领导者行为方式和领导作风。不良的领导习惯，如独断专行的家长式领导作风等，只会降低领导活动的效率，阻碍领导目标的实现。领导习惯具有很强的稳定性，领导者一旦形成某种领导习惯，无论好坏，都不会轻易改变。因此，要努力将科学的领导方式、方法自觉运用到领导活动中去，培养和形成良好的领导习惯。

(2) 领导文化的作用

领导文化作用的发挥主要体现在领导活动的过程中。领导者在特定的文化环境中的领导行为，很大程度上会受到领导文化的影响和制约。同时，领导活动中也会形成带有领导者个人色彩的领导文化。领导文化在领导活动过程中，主要发挥以下几种作用：

第一，规范作用。无规矩，不成方圆。一切事物都必须遵循一定的制度和规范，才能获得长期稳定的发展，而领导文化产生于领导活动，受领导活动自身规律的制约和影响。但是，领导文化一旦产生和形成，便具有了相对的独立性，并成为对领导活动具有规范作用的领导意识和价值观念。领导文化是领导成员普遍认可的价值观念，是成员们共同信守的行为模式，是在领导成员间广泛流传的态度作风，因此，领导文化实际上就成了指导和规范领导行为的价值理念，如果有人背离它，这个人就会遭到众人的非议和排斥。但是，与法律制度硬性约束规范不同，领导文化的约束规范是软性的。这就要求领导者对先进的领导文化要有深刻的认知和内化，并以此指导自己的领导活动。

第二，凝聚作用。一个组织的价值观一旦被组织成员认同和接受，达成了共识，就会汇聚成一股黏合力量，把组织中各方面的成员团结起来，产生巨大的凝聚力和向心力。领导文化是领导者和被领导者共同创造的精神产品，这些精神产品包括领导精神、领导价值观、领导道德、领导行为准则等能起到凝聚人心的作用。另外，领导文化的凝聚功能还会表现为排他性。组织内部的强大凝聚力导致组织成员对组织表现出很强的依赖性，对组织外部的异体会表现出强烈的竞争性和敏感性，甚至引发强烈的排斥行为。

第三，导向作用。领导文化能对组织中每个成员的价值取向起着导向作用，使组织成员的个人目标与组织的整体目标趋于一致。同时，领导者在领导活动中，也会受到其价值取向和观念的指导和影响。当领导者面对某一社会问题时，他对该问题的认识是有个人倾向性的，会表现出某种态度，这种态度由领导者的情感、意向、认知等因素构成，这三个因素之间是相互联系、相互协调的关系。领导态度对领导活动具有指导作用，这体现在当领导者认为某种行为是好的时候，就会产生情感上的喜好，会更倾向于采取这种行为方式。也正是因为领导文化对领导活动具有导向作用，我们才必须更加注重总结和弘扬优秀的领导文化，抛弃落后的、恶劣的领导文化。

第四，激励作用。以优秀的领导文化为组织的精神目标和支柱，可以激励组织成员团结进取，自信自强。现代社会的价值观强调尊重人的自由和全面发展，以开放式、民主式的领导文化来领导和影响员工，会极大地调动员工的参与热情和积极主动性，实现员工的自我控制和自我发展，使组织行为趋向合理，提高工作效率，节约领导成本。

第五，示范作用。领导即为带领和引导。领导者在领导活动中处于主体和支配地位，这决定了领导的举止言行需要起到表率和示范作用。领导不是靠物质器物或权力权威来强行指挥的，不是靠法律法规发号施令的，更不是强权统治，而是需要通过领导文化进行示范、指导、引领的。良好的领导文化会对被领导者产生积极的示范作用，具有优良品德的领导者不但能得到下属的拥戴和赞许，还能起到影响下属、构建优良组织氛围的作用。相反，不良的领导文化只能起到负面的作用。如果领导者的官本位思想很重，就会造成上下级之间的沟通困难，从而阻碍组织的发展。

11.1.3 领导文化的变迁

(1) 领导文化变迁的过程

随着社会的政治、经济、文化的不断进步和发展，领导文化也会发生一系列的变化。由此形成了具有不同时期特征的领导文化，这是对人类领导活动的经验总结和对领导本质的认识过程。总体来说，我们可以将领导文化划分为四个阶段：图腾崇拜领导文化阶段、专制统治领导文化阶段、经验领导文化阶段和科学领导文化阶段。

a. 图腾崇拜领导文化阶段

图腾崇拜现象发端于氏族公社时期，是自然崇拜和祖先崇拜相结合的一种宗教形式，这种宗教形式在各个民族的原始宗教中普遍存在，也对各民族宗教和意识形态产生了巨大影响。图腾崇拜大多表现为对某种动物的崇拜，这是因为原始人大多认为本族人源于某种特定的物种，认为自身与某种动物或植物有着亲缘关系，并由此产生图腾信仰。例如，"天命玄鸟，降而生商"，玄鸟便成为了商族的图腾。这些象征某种神秘精神的图腾往往出现在族徽、旗帜和柱子上，有的也会被画在衣物和人身上，成为氏族的神圣标志。

图腾标志在原始社会中起着重要的作用，它是最早的社会组织的标志和象征。它具有团结群体、维系社会组织、密切血缘关系和相互区分群体的功能。自从有了人类活动，就有了领导现象，即使在原始社会，人类的活动也需要有履行领导职能的领袖来指导生产和生活。但是，在原始社会，由于生产力极端低下，人类根本无法控制和支配自己的命运，于是就产生了号称能够"知天通神"的祭司和巫觋等一类人。这些人用符咒、卡筮和祷祀等方法来听取神意、慰藉人生和指导民众。他们在这个过程中也大量借用图腾象征的神秘力量，以得到他人的信赖和服从。久而久之，这种神权政治和迷信行为就成了人类最早的"领导活动"，这一时期也可称为领导活动的无意识期。这种领导文化是以图腾崇拜为其最重要的文化特点的，因此，我们称之为图腾领导文化阶段。

b. 专制统治领导文化阶段

在人类历史上，专制统治文化与政治上的集权和独裁密不可分。随着原始社会的结束，阶级社会产生，此时人与人之间的关系也发生了根本性变化。在奴隶社会和封建社会，领导者权力集中，人与人之间的身份依赖性很强，又极重尊卑等级，"普天之下，莫非王土;率土之滨,莫非王臣”,整个社会和国家都是统治者的私人财产,其余皆为奴才和奴隶,一切都是统治者的附庸。在这一社会阶段里,人们非常看重一个人的身份、地位、人际关系、社会背景,一个人的地位权势和裙带关系往往远胜于自身的品德和能力,人们的家族观念、人情观念远远超过公共利益和集体利益。同时,社会的制度、文化、伦理、礼仪等也被统治阶级所控制,占人口绝大多数的普通百姓只能附庸于上层统治阶级,始终没有自己独立的文化和价值追求。官僚也只对皇帝或君主负责,统治者无论在政治、经济上,还是思想、文化上都占据绝对的统治地位。这一阶段的显著特征是阶级矛盾极为尖锐,是专制领导与集权统治为主体的领导文化阶段。

c. 经验领导文化阶段

历史证明,统治和独裁必然会遭到反抗,无论是奴隶社会还是封建社会,每隔一段时间都会因民众的反抗而引发朝代的更迭,这就迫使统治者不得不调整或改变统治手法,重视对领导方法的研究和经验的总结,这是一个被迫的过程。还有一种可能是,历史上会出现一些杰出的人才,他们能认清和顺应历史潮流,具有前瞻的眼光和开明的态度,能够比较客观而系统地总结出许多有价值的领导经验,这是一个自觉和积极的过程。

在经验领导文化阶段,领导者普遍依靠经验来调整和选择自己的领导方式,在客观上总结了领导者对人类领导历史与传统文化的精髓,为科学领导文化阶段的产生奠定了一定的基础。

d. 科学领导文化阶段

20 世纪 40 年代以来,系统论、控制论、信息论、运筹学、系统分析等新学科的长足发展,为领导者解决复杂问题提供了基础理论和数学理论工具,也为领导工作向定量化发展提供了条件。有了这些基础,领导工作才真正作为一门科学向世人展示出来。这个阶段的领导文化的最大特点就是科学性,它以现代科学技术与理论为基础,形成了真正成熟的领导文化。

(2) 现代西方领导文化

现代西方领导文化是以西方文明为基础建立起来的。它以市场经济、民主政治和现代社会结构为支点,是适应现代社会发展的领导文化,对我国来说具有借鉴意义。

市场经济是西方现代领导文化的经济基础。市场原则强调社会生产要以社会需求为限,要在市场的引导下进行社会化生产,而市场本身又具有复杂化、突变性和多元化特征,这就要求社会结构的重新构建,终结传统社会的权力独占局面。在市场经济条件下,物权所有权明确,个人的财产权、人身权和自由权有了法制的保障;优胜劣汰的市场使得人们更加积极主动地投身于市场竞争以期立于不败之地;市场的资源优化配置功能迫使人们努力获取先进的生产方式和方法,以得到更多的社会优质资源。这些都要求领导者必须有长远的眼光和出众的才干,并有行之有效的领导策略。

民主政治是现代领导文化的政治基础。首先,民主政治奉行多数人统治,强调“主权在民”,强调要凭借公共权力,建立秩序,解决冲突,实现平等、自由和人民主权。领导者必须由民众选举产生,具有服务民众的意识。显然,这比传统的、家长式的治理作风更符合现代社会的发展需要。其次,民主政治强调分权制衡,这使得权力对社会的制约方式发生了改变,传统权力的绝对统治和垂直治理方式也得到根本改变。最后,民主政治进一步规范了权力的运作方式,极大地加强了领导活动的规范性,随意性的领导活动得以遏制。

现代化的社会结构具有二元分化的特征,国家与社会之间、个人领域与公共领域之间、政府与市场之间都存在高度的分化。这就使得公共权力在干预公众生活、领导社会前进的过程中不能肆意对被领导者横加指挥和命令,而要更多的照顾到民意。这样,权力的运行就有了限度,权利的获取就有了保障。可以说,领导的规范化和制度化已经成为当代西方领导文化最具特色之处,这也是西方国家得以长期持久发展的主要原因,是我们研究学习和借鉴西方领导文化的关键所在。

11.1.4 领导文化的现代化

(1) 文化现代化的含义

现代化是指人类社会从传统农业就会向工业社会转变的历史过程,是人类社会脱离以石器、青铜器、铁器为物质技术手段,以手工劳动为生存基础,自给自足的农业社会,进入以大工业为技术基础,以社会化和市场化为经济结构支撑的工业社会。这一过程涉及全球的经济、文化、政治、思想、社会、心理等各个层面的巨大变迁,是一个综合的系统工程。

文化现代化是对传统文化继承、批判与创新的过程。文化创新已经成为当今人类存在与发展的根基和动力源泉,是现代化建设的重要任务。文化现代化也是对人类知识的更新和现代化,是人的生存和发展境遇的现代化,是人的理想价值、意义系统的不断更新和重建的过程。但是,和物质财富的创造相比,文化的现代化过程显得更为艰难和更加复杂,需要人们积极的关注和坚持不懈的努力。

文化现代化的任务多样。在实践过程中,文化创新的关键是把握文化发展的规律,找到文化变革中的主要矛盾,理清文化变革中存在问题的根源所在,要把文化创新及其实现放在首要位置。所谓文化创新就是人们在改革和现代化建设过程中的创造性活动。其任务首先在于理清和清除现代化过程中亟待超越的各种障碍,包括对影响人的素质和创造力发展的某些文化价值观念和思想方法的纠正和创新,也包括对文化知识基础和文化根底的改善和增进,还包括对人的精神心理状态、文化素养和创造力的提升,等等。

(2) 领导文化现代化的具体内容

现代化涉及政治、经济、文化等各个方面,是一个整体性工程,为了适应整个社会的现代化要求,领导文化也必须实现现代化。同时,现代化又是一个革命性进程,为了和这种不断深化的现代化进程保持同步,领导文化的现代化也要不断地深化和发展。具体来说,领导文化的现代化有以下几个方面的内容。

a. 从"统治指挥"或"被动接受"的领导观转变为"参与式"或"互动式"的领导观

科学管理理论认为,人是"经济人",人的活动是以经济利益为导向的,人本性懒惰,厌恶工作;绝大多数人没有雄心壮志,怕负责任;激励只在生理和安全需要层次上起作用;绝大多数人只有极少的创造力。由于员工不喜欢工作,因此必须采取强制措施或惩罚办法,迫使他们实现组织目标。在这种理论的影响下,领导者会认为领导就是控制,就是统御,就是强调上级对下级的压制,这就形成了一种依靠权力治人的领导观。与此相类似,我国法家学说立足于人性本恶,提出“道之以政,齐之以刑”的观点,强调严刑峻法的作用。在这种思想的影响下,我国传统社会也存在一种重视霸道刑政的领导观。

西方现代管理科学中的行为学派与科学管理理论的认识不同,该学派认为人不是“经济人”,而是“社会人”,并由此提出了Y理论。Y理论认为,人并不厌恶工作,如果给予适当的机会,人们就会喜欢工作,并渴望发挥其才能;多数人愿意对工作负责,并寻求发挥能力的机会;对能力的限制和惩罚不是使人去为组织目标而努力的唯一办法;激励在需要的各个层次上都起作用;想象力和创造力是人类广泛具有的。因此,人是“自动人”。在这种理论的影响下,领导者认为领导是一种“引导”,是被领导者的“自觉接受”,是下级对上级领导的心悦诚服,进而形成了一种以德服人的领导观。与此相类似,我国传统的儒家思想立足人性本善,主张“道之以德,齐之以礼”。在这种思想的影响下,我国传统社会也存在一种王道仁政的领导观。

上述两种领导观念各执一端,或重力,或重德,但是若只强调二者之一,就不能实现高效领导。Z理论将二者加以整合和调整,形成合理有效的新的领导观,该理论认为,一切组织的成功都离不开信任、敏感与亲密,因此主张以坦白、开放、沟通作为基本原则来实行“民主管理”。在这种理论的影响下,领导者认为领导活动是一种“互相影响”,是“上下级互动”。强调领导活动的双向性,上下级之间既要令行禁止,也要心悦诚服。

实现领导文化的现代化,就是要把领导者“统治指挥”、被领导者“被动接受”的领导观念,经过转型、创新使之成为上下级之间的“互相影响”的领导观。

b. 从传统权力型、个人魅力型转变为现代法理型

领导权力的合法性是领导者被下属认同的基础。在政治体系中,政治领导人通常会通过各种途径,找到其权力的合法性来源,以此确立领导者的权力权威。从根本上说,合法性不仅仅来源于传统权力或正式的法令法规,还来自于对集体价值观的认同和合法性假设。合法性在本质上是主观的、道德的和心理的东西,具有合法性的领导其实是一种精神力量,其实质是一种文化的权利义务关系。单纯使用物质力量从事领导活动,就是一种以物质条件为基础的强制行为,必然会导致领导合法性的缺失,也会导致领导失败。

领导权力的合法性可以分为神圣传统型、个人魅力型和现代法理型三种。神圣传统型领导的合法性来源于传统的、习惯的或世袭的权力,这些领导者担当的往往都是统治者角色,其权力来源于一种天然的被动认同。个人魅力型领导的合法性建立在具有杰出天赋的人物出现的基础上,这些历史英雄被认为以某种神秘的力量来领导民众和社会,担当着先知或领袖的角色,受到被领导者的崇拜和认同。现代法理型领导的合法性建立在法律至上的原则基础之上,任何权力都必须来自于法律的授予,其合法性基础是完全理性的,领导者的权力就是用来实现和完善现代民主和法制。

传统型领导合法性具有愚民特征和世袭性质,背离了现代的民主精神;个人魅力型领导也只适用于革命时期而不适用建设和发展时期,所谓的杰出人物的领导魅力也会随时间的推移发生变化,不具备恒久性和制度性的合法基础。而现代法理型领导是一种建立

在权力在民、尊重法律、人的理性之上的，它强调法律权威大于个人权威、职位权力大于个人权力，符合时代要求。实现领导文化的现代化，就是要从传统型领导合法性、魅力型领导合法性向现代法理型领导合法性转变。

c. 从家长式领导意识转变为民主式领导意识

“民主”一词源于希腊字“demos”，意为人民，指在一定的阶级范围内，按照平等和少数服从多数的原则来共同管理国家事务的国家制度。在这种体制下，人民拥有超越立法者和政府的最高主权。在中国，“民主”一词最早见于《尚书》中的“天惟时求民主”，意思为“上天适时为民求主”。可见，这里的“民主”是“民之主”，也就是圣贤之人。“民主”就有了为民做主之意，后来，封建官员以“当官就是为民做主”为自律信条，出现了“当官不为民做主，不如回家卖红薯”的清官意识。其实，人们很容易区分专制与民主之间的对立，但人民做主与为民做主很容易被混淆，由于历史原因，这种混淆在中国表现得尤其明显。

由于历史的局限性和人性的弱点，所谓的圣贤其实并不存在，它们只能存在于人们的假想之中。因此，没有人民当家做主，没有民主监督制度，所谓的为民做主最终都会造成做民之主的客观现实。

实现领导文化的现代化，就是要从为民做主的家长式领导意识转变为领导和支持民众当家做主的民主式领导意识。

d. 从执行政策、发号施令的领导行为模式转变为主动寻求民主参与的领导行为模式

传统理论认为领导活动是领导者对被领导者的一种意志输出，是领导“发政施仁”的过程。实际上，领导系统应包括输入和输出两个过程，进而保持系统自身的生存和稳定。

输出是领导者以某种方式施加影响的过程，多以权威性的政策、法令和决定形式出现。输入则是民众要求进入决策议程的过程。这既可能表现出对既有政策的支持，以使政策得以延续，也可能是对领导活动的反对，通过选举、投票、抗议等形式给领导系统施压，迫使其调整或改变相关政策。

民主原则已成为现代社会发展的基本原则之一，民主参与已经成为民众的基本诉求。随着民众参政议政的意识的提高和热情的高涨，仅仅把领导当作一种政策输出的过程已经得不到民众的认同，只有不断开通和拓宽输入渠道，才能确保领导权力的合法性。另外，仅将领导看作是一种政策输出实际上是把民众置于完全消极被动的地位，这就导致领导活动难以满足民众的实际需要和内心期望。因此，实现领导文化的现代化，还要从把领导看作是政策输出过程的领导意识转变为注重输出和输入的领导思维模式。

11.2 领导力

11.2.1 领导力的含义和内容

(1) 领导力的含义

从 20 世纪 50 年代开始,对领导力的研究开始系统化,并逐步超越所有与组织相关的论题,成为学者研究的重点和焦点。实际上,无论组织规模如何,复杂程度如何,有效的领导力都是组织成功的关键因素之一。美国人力资源研究学者曾经做过一个调查,要求被调查者列出他们认为最紧迫的、与人有关的问题。在 312 名被调查者中,有 216 名认为领导力最为重要。

但对于什么是领导力,中外学者有着各不相同的看法。管理学大师彼得·德鲁克认为,领导力就是组织远景。美国学者爱兰·凯瑟认为,领导力是为人们创造的一个渠道从而使得事情得以发生巨变。美国著名领导力研究专家巴里和詹姆斯认为,领导就是要带领其他人走到他们从未走过的地方,而所谓的领导力则是指一种能够激发团队成员的热情与想象力,引导团队成员全力以赴去完成组织成长目标的能力。我国学者连玉明认为,任何人都是既影响别人又被别人影响的,其中影响别人行为的行为,即谓之"领导",影响别人行为的能力,则谓之"领导力"。领导的实质是影响,领导力的本质是影响力。

由此可见,在对领导力内涵的认识上,不同学者有着不同的考察角度。但有一点是他们的共识:领导力是一个保持组织可持续发展和卓越成长的重要驱动力。自从有了人类活动,领导活动便随之产生,其中就存在着领导力。无论组织内外因素如何变化,无论领导力的内涵有何变化,领导力设定目标并激励人们去完成目的的本质亘古未变。当今社会的复杂化程度越来越高,领导者的工作也日益繁杂,领导者不但要有健康的体魄,有大局意识、创新意识和进取精神,有较强的专业技术能力,有丰富的工作经验,更重要的还要有亲和力、洞察力和较强的感召力,要能胜任各种不同的角色,能在各种不同的场合展现自己的风采,能够用自身魅力去影响他人。哈佛大学管理学专家约翰·奎许说:"一位真正被大家尊重、敬爱的领导者,除了具备专业的管理能力之外,还要懂得重人性、用真心、用诚意善待组织成员,并建立一种荣辱与共、互相提携的领导者与组织成员的关系。"这才是时代所需要的真正具有领导力的领导者。领导者必须具备符合时代要求的特点,具有解决时代问题的领导素质,才能站在领导时代前列,有效履行领导职能,实施科学领导。

领导力不同于领导者权力。当前所说的领导者权力大都指的是法定性权力,即职位领导权,权力的拥有主要是因为担任某个具有法定权力的职务,这种领导权随职务的开始而开始,一旦领导者离职,权力也就随之消失。因而,这种权力具有法定性和强制性特征。除了权力性领导之外,还有非权力性领导。非权力性领导的领导权力不是来自于外部的规定或法律的赋予，而是领导者通过自身良好的综合素质和行为确立领导权威，从情感上和士气上影响下属，使得组织成员能够团结在自己周围的一种人格魅力。这种人格魅力来自于领导者的道德品质、能力素质、工作作风、专业技能、业务实绩以及榜样行为等，这种影响力广泛而自然，大多数情况下比权力性领导的影响力显得更大更深刻。这种影响力没有职位权力那样法定的约束力，但在实际工作中却能发挥权力性领导力所不能发挥的约束作用。这也是必须重视非权力性领导力的重要原因。

领导力是一种影响力。在大多数情况下，成功的领导者所依靠的不是法定权力，不是领导者对财物的控制力，而是依靠领导者的人格魅力来影响、鼓舞、激励、感化和领导组织成员。从这一意义上说，领导力就是一种个人影响力。领导就是领导者以身作则影响他人，成功的领导不是“管住人，管好事”，而是“影响人，办好事”。研究表明，成功的领导者不需要运用职位权力去强制性要求组织成员做什么或不做什么，下属会在领导影响力的感召下，积极主动、自觉自愿地按照领导者的意图行动，成员之间的摩擦和矛盾也不需要领导者依职权解决，成员依靠自我调节便能解决问题。这些都是领导者的个人魅力和影响力的展现。这就给了我们一个启示，在培养领导者的模式上，要更加注重其个人魅力的培养，培养其成为别人真心喜欢和信服的领导者，而不是仅注重职位的设置和以职位权力的方式使下属唯命是从。

领导力是一种号召力。号召力是领导者通过自身的言行，辅之以必要的基本职权的手段，对其他成员进行感召和号令的能力。号召力源于领导者的才能、素质、威信和科学管理手段，号召力的前提是领导者让人信服，人们相信领导者是正确的，按领导者的号召行事就能取得成功。影响力是领导者不用明确要求下属干什么、如何干，组织成员就会按领导者的意愿自觉去干；号召力是领导者对要干什么和如何干做出明确要求，组织成员积极地按要求去干。二者都是领导力的重要组成部分。

综上所述，我们将领导力定义为：领导力就是领导者凭借自身的人格魅力等内外素质的综合作用，在特定条件下，通过对组织或个人的号召和影响，共同完成组织任务，实现组织目标的一种能力。领导力内生于领导活动并作用于领导资源配置过程，体现领导功能和领导规律，是通过领导机制实现的多种力量的总和。它是由诸种相互关联的力量构成的力量体系，并最终以影响力和号召力的形式表现出来。

(2) 领导力的内容

领导力主要包括领导前瞻力、领导决断力、领导驾驭力、领导执行力等。

a. 领导前瞻力

领导前瞻力就是在充满不确定因素的环境中，领导者要能够看清组织的发展方向和路径，有远见地规划团队的长远策略，正确地预测未来，从而实现团队目标的能力。这是领导者最原始、最基本的领导力量。前瞻力的形成主要与领导者和领导团队的领导理念、领导者的知识水平、组织所处的宏观环境的发展趋势以及领导活动的自身特点有关。

b. 领导决断力

领导决断力是领导者针对领导活动中的各种复杂问题和突发事件进行快速有效决策的能力，是对事物发生发展方向的分析、判断及处理的能力。它主要体现为掌握并利用各种决策理论、方法和工作，具有较强的分析能力、应变能力、情感控制力及大局观念，具备快速和准确评价决策收益的能力。组织发展需要领导做出策略决断，如危机、培训、变革、人事、撤退等诸多决断。可以说，领导决断是一个完整的程序、完整的系统。任何组织走上飞速发展的轨道，都需要领导者在关键时刻做对决断，做好决断。

c. 领导驾驭力

领导驾驭力是领导者驾驭一支团队所必须具备的能力。它是领导者有效控制组织的发展方向、实施战略的过程，是使组织中各个环节、各种因素围绕一定目标而行动的能力。如果说驾驭是指如何去做，那么驾驭力便意味着如何拥有这样的能力。驾驭和驾驭力是相辅相成的，驾驭一支团队需要优秀的驾驭力，而驾驭力又是从驾驭团队的过程中慢慢累积而成的。如果说驾驭是实践，那么驾驭力就是理论和经验。领导驾驭力外在表现为行动控制，领导者通过驾驭力使被领导者的行为符合领导者的期望与要求。

d. 领导执行力

领导执行力是领导者有效利用现有组织资源，贯彻组织战略意图，高效达成组织目标的能力，是把组织战略、规划转化成为效益、成果的关键。领导者要拥有很强的领导执行力，就要让员工抱有梦想，而且还要拥抱它、实践它；要深入到员工中间，向他们传递活力和乐观精神；要以坦诚的精神、透明度和声望，建立别人对自己的信赖感；要坚持不懈地提升自己的团队，把同员工的每一次邂逅都作为评估、指导和帮助他们树立自信心的机会；要有勇气，敢于做出不受欢迎的决定，说出得罪人的话；要以好奇心、甚至怀疑精神来监督和推进业务，要保证自己提出的问题能带来员工们的实际行动；要敢于承担风险、勤奋学习，成为表率；还要懂得激励，能运用各种激励手段激发成员的热情。

11.2.2　领导力的特征与提升原则

(1) 领导力的基本特征

当一个人对别人能够施加影响并能得到对方的认可和追随的时候，他就具有了领导力，成为了显性或隐性的领导者。要影响别人的思维或行动，前提是有受人崇敬的人格魅力，有比别人更深刻、更丰富的思想。领导力是一个带有根本性、战略性的范畴，其实质是影响人们积极主动地为实现组织目标而自觉努力的艺术或过程。概括起来说，领导力具有以下几个方面的特征。

a. 战略远见

没有远见的领导力，从本质上讲就不是领导力。正确把握大方向，找到适合组织发展的途径是领导者最大的责任。如果不比别人看得远，不具有远见卓识，就缺乏领导他人的资源。远见卓识是领导力与生俱来的本质特征。领导执行力正是对战略远见的贯彻。有些人并非没有执行能力，而是没有准确定位前进方向的素质，当人们为何去何从不知所措时，有远见卓识的领导者的作用便得以显现。作为领导者，必须要有过人的远见，要有灵活的头脑，有敏锐的洞察力、准确的判断力和对事情发展的预断力，要比普通人看得准、看得透、看得远。领导者的任务就是要给下属指明方向、选择道路、明确得失。当人们徘徊不前时，领导者应走到队伍的前列，引领人们前行。

现代社会是一个全方位开放的社会，在这样一种境况中，更加急需领导者提高认清问题本质、抓住主要矛盾的能力，努力透过复杂的表象，抓住本质，把握正确方向，因势利导，高瞻远瞩，做出正确的战策决策。在决策过程中，领导者不能只着眼于当前，急功近利，而应该视野开阔，目标远大，有战略眼光和战略意识，从战略上思考问题，把近期工作和远大目标紧密结合，既能步步为营，又能预见未来。

b. 影响与征服

从人类智慧产生以来，那些能够成为领导的人，并不是最强壮的人，而是那些人际关系最好的，或者说是联系面最广的人。领导的人际关系有两个层面：一是在最短时间内，与组织内其他成员建立信任关系。没有这一层人际关系的领导就像流沙上的城堡，随时都可能坍塌；二是在与其他成员建立了这种信任关系之后，要有能力对他们施加影响。否则，就不是领导的人际关系。个人魅力产生于领导者的高尚道德、健全人格和优良工作作风等因素，个人魅力会产生巨大的影响力，会使人产生敬爱感，博得组织成员的敬重，从而建立良好的人际关系。强烈的领导力就是通过人际关系影响和征服其他人，这不仅仅包括下级，而且包括身边所有的人。实践证明，一个人一旦遇到一位充满人格魅力的领导者，就会心悦诚服地为他和他的组织自觉地积极工作、努力拼搏。从领导实绩上来看，领导者的魅力和影响力的作用要远远大于职位权力，与其做一位实权在手的管理人员，远不如做一位魅力型领导者更能提升组织绩效。

c. 重视他人

随着社会成员受教育的程度越来越高，以人为本的理念早已深入人心，人们更加强调个性地来主宰自己的命运，希望获得重视的需求也就越来越强。如果领导者不能够认清社会现实，依然把下属看作是被动的、执行命令的“工具”，不重视他人，就会产生离心力，这种领导力一定是有缺陷的。

领导者应该通过影响力领导人们工作，而有些管理者往往只是驱使下属工作，用制度和权力进行管理和控制。但实际上，重视他人是一种以非常低调的方式表现出来的非常高级的领导力。这要求领导者在理念、精神层面上有所革新和改观。在当代生活中，让别人感到你对他的重视，是一种非常有效的沟通手段。假如领导者以重视他人的方式去实践自己的领导力，那么，组织目标的实现必然会受到很大促进。当前，依然有不少组织的法定领导人颐指气使、把员工都当作佣人，从某种程度上看，这并不是个别现象。其实，这些做法和这些领导者的初衷正相悖，因为他们的领导力已大受其损。

d. 积极沟通

领导力源于良好的个人品质。有良好品质的人即使才干稍弱，也会让人信赖，成为领导者的概率要大于那些才干出众而品质低劣的人。但是，单靠良好的个人品质也不足以成为领导人物，这些优良品质还必须和较强的人际沟通能力结合起来才能发挥作用。

领导力的实现要通过号召与影响，而号召与影响的基础就是领导者良好的人际关系。领导者要建立良好的人际关系，让别人对自己有全面认知，就要学会与别人积极沟通并调动别人的积极性。沟通的过程不只是一个传达自己观点和意见的过程，而是一种双方互动的过程，是一种双向的心灵互通和相互认同。领导者可以利用这一过程，散发出自己的人格魅力，对他人产生影响力和吸引力。在大多数情况下，人们追随的未必是某个宏伟计划，也未必是自己的人生梦想，而是能鼓舞他们、给他们带来工作激情的领导人物。领导者的鼓舞力直接来自于其人格魅力和沟通能力。

可以说，积极沟通是准确传递领导思想、领导决策，提高领导效率，化解内部矛盾的必然途径；是将领导过程中出现的复杂问题从表象过渡到实现的主要手段；是激励员工，形成积极健康的组织文化的必然要求。

(2) 提升领导力的原则

领导力是领导艺术的集中体现，是领导者实现有效领导的先决条件。领导力是一种影响力，这种影响力主要来自于领导者自身的魅力，领导者通过自身建设来提升领导力应坚持以下原则。

a. 重视组织愿景的规划

组织愿景是指建立在组织员工共同价值观基础之上的对组织未来发展的共同愿望。它表现为组织成员共同认可、接受并内化为自身追求的组织使命、任务、目标以及价值信念体系，能够产生众人一体的感觉，使组织孕育无限的生机和创造力。

为了让大家凝聚在一起，优秀的领导者会与下属分享组织的愿景，会让下属参与组织愿景的规划，这不仅可以充分激发下属的参与感和积极性，还可以让整个团队保持激昂的斗志和坚定的方向，让所有人拥有相同的努力目标。这使组织拥有一种能够实现共同愿望的能力，组织的发展就拥有了无穷的原动力。

有人认为，领导者的工作就是全身心投入对组织结构的设计、组织运行的控制和人员的管理上。的确，在组织的某些阶段，依赖于自上而下的指挥、组织和监管的模式可以提高生产效率，但这种模式使组织成员变成了工作机器，限制甚至扼杀了下属和组织的创新能力，也容易使组织丧失前进的动力和目标，会大大降低下属的归属感和对组织未来的认同感。所以，为组织制定一个振奋人心的、明确的、可实现的愿景，对于组织的长远发展来说，具有重要意义。组织愿景受到组织成员的共同关切和认同，是组织成员所共同持有的意象，创造出了众人一体的感觉，这使下属内心有一种归属感、任务感和事业使命感。对处于成长阶段的组织而言，其精力会更多地放在求生存等方面，但领导者也要认识到愿景具有凝聚人心和指引方向的重要作用；对于已经发展、壮大的组织而言，拥有一个美好的愿景，将是使组织从优秀迈向卓越的必然要求。

b. 树立坚定的组织信念

信念是一种精神状态，是情感、理性、意志的融合和统一。组织信念是对组织内部环境的观念概括，反映组织在领导哲学、利润、人才开发、顾客等各个方面的内容，是组织一切政策和措施的根基，是组织行为的内驱力，是组织品格、组织信仰和组织价值观体系。

与人需要正确的价值观指导一样，每个组织也同样需要拥有正确的、符合组织发展战略的价值观来指引组织的发展。组织价值观是组织对其内外环境的总体评价和总体看法，是以组织为主体的价值取向，这种价值取向能得到组织内部绝大多数人的共同认可，是组织在追求经营成功的过程中，所推崇和信奉的基本行为准则。它能够引导组织内部的所有成员达到一种共识，也能够影响组织行为，是组织判断是非对错的根本法则。拥有正确的价值观是成功的组织能够保持长盛不衰的根本原因。

领导者应当把坚持正确的组织信念放在工作的第一位，不能为了追求某些利益、指标或成绩而放弃了最基本的组织价值观。从长远来看，坚守正确的信念可以给组织带来可持续发展的机会和持续壮大的结果；而如果把精力重点放在追求短期利益和数字指标上，即便获得了一时的发展，也可能导致组织发展方向产生重大偏差，使组织很快丧失继续发展的能力。同时，组织信念或价值观也必须通过相应途径在下属身上体现出来。因为任何组织的发展最终还是由该组织的所有下属推动的。因此，无论是对于组织还是个人，坚定的信念、正确的价值观在任何时候都是不可或缺的。

c. 重视人才

在人类社会发展进程中，人才是社会进步、人民幸福、国家昌盛的重要推动力量。当今世界多极化、经济全球化深入发展，科技进步日新月异，知识经济方兴未艾，加快人才发展是在激烈的国际竞争中赢得主动的重大战略选择。可以说当今世界的主流经济模式是人才密集型和智力密集型的经济。对于当前的组织领导者来说，人才甚至比组织战略本身更为重要。只有有了杰出的人才，组织才能在市场竞争中有所作为，领导者才能体现其作为领导者应有的价值。如果组织中没有人才的支持，即使有远大的共同愿景，设计出了宏伟的蓝图，制定了引人注目的组织战略，最终都无法取得成功。

因此，领导者应注重和把握“以人为本”的发展理念，要不遗余力地发掘人才、使用人才，努力将符合组织发展要求的优秀人才吸引过来为本组织服务。一般情况下，组织要获得持久发展的动力，领导者就必须十分重视人才的作用，要将自己将近一半的精力投入到人才的发现和培养中去。好的领导者也会十分重视下属的成长，为人才提供大量的学习和接受培训的机会，并给予人才最大的提升和发展空间。

然而，直到今天依然有不少领导者的人才观念十分落后，在他们看来，组织成员是组织这台“大机器”运行中的零件或机器式的劳动力。他们会认为下属能够胜任固定工作即可，不需要知识更新，不需要快速成长，因此，他们不愿意花金钱和精力培训员工，也不愿为他们提供上升的空间和机会，害怕他们成长起来以后就会离开组织，为别的组织做了“嫁衣”，这是领导者短视的一种体现。这种不重视员工成长的做法，只会让下属因得不到重视和没有成长空间而对组织失去信心，成为下属选择离开组织的重要原因。

总之，领导者只有重视人才、拥有人才，才能实践宏伟的战略，实现组织的既定目标。否则，再完美的规划设计，再远大的宏伟目标，都会随着组织的衰败而灰飞烟灭。

d. 淡化命令，重视授权

得到领导授权是越来越多下属的共同期望，下属越来越需要更多的自由空间，放权的领导方式已经成为最为聪明的领导方式。领导授权就是在组织系统内部，领导者将自己的部分职务权力通过恰当的方式，有效地授予下级人员或职能机构，以便下级人员能够在上级的监督下自主地行动和处理事务，为下级圆满完成任务创造客观条件。可以说，做好科学的授权是实现领导目标、完成既定任务的需要；能够提升被领导者的能力，充分调动他们的积极性、主动性与创造性，最大程度地释放他们的潜力，增强他们的责任心，有助于下属的提高和发展；能够改善上下级的关系，营造出和谐相处、团结合作、奋发向上的组织气氛，进而改善和提高整个组织的效能。

当今社会，每个人都拥有丰富的信息，人人都拥有决策和选择的权利。将选择权、行动权、决策权部分甚至全部地下放给下属，这样的领导方式将成为未来领导者实施领导活动的主流方式。因为当一个组织聚集了一批人才之后，如果仅把这些人才当作工具来使用，用命令式的方法领导他们，就会降低这些下属的工作满足感，会使下属认为自己不受重视而失去工作动力，会造成下属不能在工作中成长，也会浪费人才。同时，不能有效授权的领导者因习惯于对权力的独自掌控，习惯于指挥他人，这种“手握大权、命令指挥”的领导方式不仅会导致领导者的压力过大，也会使下属产生惰性，整个团队对外部变化的应对能力和效率也会大幅降低。因此，和命令式的领导方式相比，懂得“授权”的领导方式更加有效。

11.2.3　领导力的培养和提升

领导力并不是与生俱来的，也不是伴随着职权产生的，而是领导者经过不懈努力，逐步培养、积累和增进的。因此，领导者应重视对领导力的培养和提升。

(1) 影响领导力培养与提升的因素

a. 思维僵化

思维僵化实际上就是思维方式的固定化，就是思维方式静止、单一、封闭。在思想上表现为不能随着客观情况的变化而发展，被习惯势力和主观偏见束缚，墨守成规；在思维上表现为形而上学、单一演绎和教条主义；在行动上表现为以既定经验、典型标准为行为准则，不能结合实际探索新方法，不能以实际情况发现新问题，解决新问题。领导者缺乏问题意识、不深入思考问题、因传统权力造成的怠惰习惯都会导致思维僵化现象的产生。思维僵化会导致依条框行事现象的增多，使领导者失去创新意识和创新能力，制约了领导力的开发。

b. 道德失范

道德失范是社会缺乏一个统一明确的道德规范体系，由不同道德观、价值观相互冲突所造成的道德混乱和无序现象，领导者行为因此丧失判断是非善恶的标准，偏离了政治道德、社会道德准则的要求。领导者道德失范表现为精神上空虚、物质上追求奢华、政治上没有信念、社交上庸俗化的倾向。道德失范的领导者非但起不到表率的作用，还会受到民众的质疑甚至唾骂，这必然造成其身后无追随者，领导力显然也荡然无存。

c. 言行失体

和普通人相比，领导者对自己的言行应有更高的要求。领导者居于领导岗位，其言行会在一定程度上影响别人，如果领导者在语言上言而无信、言而失真，在行动上衣饰不整、办事拖拉、气傲面冷，其在他人心中的形象就必受影响，也会造成领导者与其他成员之间沟通困难，会使其领导力受到制约和损伤。为了克服言行失体，领导者一方面要加强文化素质修养，另一方面要积极提升领导者的道德品质。

d. 用人失察

用人失察是领导者在用人上的重大失误，这种错误会对领导力造成很大的影响。因此，领导者在用人上，一要坚持德才兼备、以德为先的原则；二要坚持能力唯上、政绩优先的原则；三要坚持注重实效、群众公认的原则。但有些领导者在选人时不能做到德才兼备，而是或重才或重德，或德才均不重视；不能做到量才适用，造成职位与能力不匹配，或大材小用或小材大用；不能做到任人唯贤、注重公平，而是关照裙带关系，"任人唯亲"。产生这种用人失察的原因一方面是因为传统的"官本位"思想，另一方面是固定化的认知模式限制了领导者的视野。

e. 协调失衡

协调失衡是领导系统内的各种关系尤其是人际关系出现了冲突和矛盾。如上下级关系不协调，组织内外部沟通不协调及组织与环境不协调，等等。协调失衡的原因有很多，包括领导角色的定位偏差，利益分配不均，个人认知的差异化，工作方法的不一致，没有畅通的沟通渠道，等等。协调失衡会造成领导职能不健全、领导效能低、领导目标难以实现等问题，使领导者的领导力受到制约。

f. 决策失误

决策是领导最重要的职能之一，决策正确与否直接决定领导活动的成败。决策失误一般表现在两个方面：一是过于激进，二是过于保守。过于激进或保守的决策都可能因不能适应实际情况造成组织的巨大损伤。产生错误决策的原因有：决策者知识水平不高，没有较高的决策能力；决策者过于武断，没有听取合理建议；决策者受到经验主义影响，思想僵化。决策失误不仅会给组织带来有形的损失，还可能导致组织人心不齐、思想混乱等心理伤害，会严重影响组织信心，带来成员的不满情绪。由此可见，错误的决策是领导力弱化的重要原因。

g. 权力滥用

职权是领导者的法定权力，领导者可以运用职权指挥下属，完成组织目标。可以说，正确地运用职权，指挥和带领成员共同努力创造价值，是领导者的重要工作，也是实现组织目标的基础。但是有些领导者滥用手中的权力，一味地仅靠这种"硬权力"，甚至利用这种权力做出违背大多数人利益的事情，这只能导致领导力的降低或完全丧失。传统的"官本位"思想、不健全的领导监督制约制度都是产生这种权力滥用的原因。领导者只有依靠并正确使用合法权力，做到做事一视同仁、按章办事，做人低调谦和、积极进取，才会有领导影响力。

h. 眼界狭窄

有远见是领导者的基本素质之一，领导的眼界越高，组织的发展前景越好。眼界和领导意识一样，不是天生的，需要后来的培养和开拓。有些领导者因知识匮乏，不善于独立思考，不重视学习，接触社会面窄等原因，眼界不够开阔甚至十分狭窄。这也必然导致领导者思维僵化、意识狭隘，制约领导力的产生。

(2) 培养与提升领导力的途径

美国管理大师杰克·韦尔奇说过：在这个竞争求存的知识经济时代，要想获得成功只有不断地提升自己的能力，增强自身的综合素质，不断地提高自己的领导力。一个组织尤其是企业要想获得持久的成功，就必须重视领导力，以适应社会变革，保持竞争优势。随着全球经济与文化的全方位、多元化的发展，领导力成为了组织获得竞争优势的重要来源，领导力的培养与提升也成了一个重要的课题。自 20 世纪 80 年代以来，随着学者们的不断深入研究和拓展，领导力培养与提升的途径日趋多元化。主要有以下几个方面。

a. 培养领导者的个人特质

一个领导者要想超过他人，拥有一种令人难以抗拒的影响力，就要具有独特的个性魅力和气质。为此，要从以下几个方面努力培养和塑造：

第一，要有自我认知的素质。和人们要经常体检以了解自己的身体状况一样，领导者也要定期参加“领导能力水平测试”和“领导特质改进测试”，弄清楚自己能力的大小和提升程度，明确自己的优点和长处，找到自己的缺点与不足，并以此为依据制订出行之有效的改进和增强能力的计划。但凡优秀的领导者都知道组织目标的完成需要其无私的奉献和卓绝的努力，他们会十分诚恳地请他人指出自己在工作中的缺陷所在，会十分了解自己领导能力的实际情况。因此，自我认知的领导者特质蕴含了厚实的领导力。

第二，要有言行一致的特质。成功的领导者会十分自信，并借这种自信带给别人信心，从而影响士气；他们的行事风格是言行一致、立场坚定，以百分之百的值得信赖为行为准则。要获得组织成员的支持和合作，除了权力以外，还要有组织成员彼此之间的信任关系。在现实生活中，依然存在着不少言行不一致的领导者，他们说的虽然很有道理，但做的却完全是另外一回事。这样一来，领导者就会信誉扫地，完全失信于下属。失去下属信任的领导者是没有领导力可言的。

第三，要有引起他人注意的特质。领导者要能够引起他人的注意、崇拜和向往，让他们的追随者对他产生归属感和依附感。培养领导者引起他人注意的特质要从以下几个方面着手。一是活力和忍耐力。活力和忍耐力有助于获得难能可贵的知识和经验。活力是产生个人魅力不可缺少的因素。领导者有时需要长时间连续工作，这需要领导者的忍耐力。二是当机立断。做出决定的能力对领导者来说非常重要。领导者需要及时做出正确的决策，犹豫不决便会丧失机会，使整个组织陷于被动。三是要循循善诱。要能通过各种途径了解组织成员，包括理解别人的观点，换位思考，能考虑到别人的利益和有关情况。领导者如果不能循循善诱，其身上的其他优点和特点的发挥就会受到限制。四是责任心。责任心是领导者应有的基本品质。领导者的责任心对追随者影响很大。反复无常、不负责任的领导者很少能取得成功。

第四，要有高瞻远瞩、开拓进取的特质。能挺身站在高处，看清前进的方向，具有远见卓识，是成功领导者的特质之一。领导者一般要比常人更愿意面对未来世界，更擅长结合实际，制订长期策略和计划，唤起组织成员携手共进、勇往直前，甚至反败为胜。成功的领导者并不都是预测高手，但他们却懂得利用各种资源和方法，去研究和判断事物发展的潮流和方向，并对他们要去完成的目标充满信心。他们目标明确，意志坚定，这也是他们能脱颖而出的原因所在。

领导者只有不断地实现自我超越，才有可能不断超越别人。培育个人特质是领导者获得领导力的一个重要保障。

b. 培养下属的自我领导能力

自我领导，就是自己领导自己，即下属有了自我控制的能力，以一种负责任的方式来迎接挑战。自我领导强调员工完全可以根据自身情况确定奋斗的方向和目标，确定自己前进的步骤和策略。自我领导还强调员工进行自我奖励和惩罚。自我领导者在工作中善于发现激励因素，善于“享受”工作带来的“回报”。自我领导的员工会以组织目标为中心，进行自我提示、自我检查、自我奖惩，能从工作任务的实现过程中产生成就感和愉悦感，把完成组织目标当成一种回报。

领导者最终的领导目标是下属的自我领导。如果领导者通过和下属的共同努力，使下属在工作上实现自我管理和自我领导，那么领导者就具有超强领导力。培养下属自我领导能力有以下几种方法：

一是示范。示范被认为是一种积极的、建设性的学习方法，是一种通过观察领导者并模仿他们而发展下属自我领导能力的过程。领导示范的前提是领导者要有道德吸引力，能得到下属的认同并激发下属学习的欲望。同时，领导者要给下属实现自我领导提供机会和动力。

二是制定目标。领导者要指导下属制订自我目标，让下属用目标实现自我激励。在指导下属制定目标时，要给下属提供可效仿的模式，要允许下属充分参与，要让下属承担起自我领导的重任。同时，制订的目标必须明确，有可操作性，并且和组织的整体目标协调一致。

三是奖惩。奖励和惩罚都是领导者培养下属进行自我领导的有效策略。对下属进行奖励时，除要注重物质奖励和外在奖励外，还要注重精神和自我奖励。对下属进行惩罚时，要注意技巧，把握时机，既要让下属懂得他被期望做什么，又不能因惩罚使之丧失信心。

四是创造自我领导的组织文化。组织文化是一个互相联系并被广泛接受的有关思想行为的定式系统。领导者要努力建构、促进和巩固下属自我领导的思维定式，以自我领导哲学、价值和信念转化为实际行动，通过将自我领导定式融入到组织中，激发下属的自我领导意识，进而实现自我领导。

c. 提升领导效能

领导效能是领导者实现高效领导、完成组织目标的能力。一个低效的领导者不但会增加自己的工作压力，也会给下属造成低能的印象，进一步降低领导者对下属的影响力。可以说较高的领导效能是领导者形成领导力的成因之一。提升领导效能，主要应从以下几个方面入手：

第一，着力提升领导者的控制能力。如果没有有效控制，领导者就无法从事管理工作，组织就无法在正常轨道上运行，即使是相对完美的决策和计划，也会因无法执行变成空谈。因此，控制能力对领导者来说是一项重要工作。领导者要想取得卓越的成效，就必须致力于有效地控制全局。为了增强领导者的控制力，领导者要坚持领导控制全局的原则，能灵活运用经济、法律、精神或行政等控制手段，熟练掌握引导控制、权力控制、自有调控等有效控制方法。

第二，重点提高领导者的决策能力。决策是领导者为了解决实际问题，依据现实条件，对未来的行动方案进行设计、评估、选择的过程。西蒙认为，管理就是决策，可见决策在领导活动中的重要意义。可以说，领导的成败和能否做出正确决策直接相关，所以，决策能力是领导力开发的重点之一。为了提高领导决策能力，领导者要掌握德尔菲法、决策树法、矩阵法等科学决策的方法；要按科学决策的程序办事；要有正确及时处理突发事件的能力。

第三，大力提高领导者的“领人”力。领导就是要带领别人完成目标，其要义就在于“带领”。能否领好人是领导者领导力高低的衡量尺度。为了提高领导者的领人力，领导者要愿意育人，把培养教育下属作为领导者的重要工作来抓；领导者要能识人，有辨别人才的能力，能识别出潜在人才；领导者要会选人，掌握科学的选拔人才方法，具有宽阔的选人视野；领导要敢用人，知人善任，对和自己意见不一致的人才，也能以广博的胸怀用之。

第四，提高领导者的协调能力。一般情况下，组织的人际关系都比较复杂，处理不好就会造成组织氛围紧张、人心涣散，影响组织的凝聚力和战斗力。因此，协调人际关系和工作关系是领导工作主要内容之一。只有那些把上下左右关系“玩得转”，在其他成员面前“吃得开”，各种工作关系“摆得平”、“理得顺”的领导者，才能够赢得上级的认可，同级的肯定，下级的拥戴。

第五，提高领导者的心理调适能力。在社会变革过程中，领导者需要及时调节心理以适应变革。领导者的心理调适力是其应变能力、社会认知能力、心理平衡能力的综合体现。运用合理的心理调适方法自觉进行心理调节以保持良好心态，是领导者做好工作的前提。要想不断增强心理调适能力，领导者就要能正确看待心理失调，克服恐惧心理，采取必要措施，增强自信心；就要加强领导者的自我心理卫生保健，建立自我防卫体系；就要防止和克服过度紧张等不良心理反应，控制不良情绪，加强自我心理调控。

第六，提升领导者的语言表达能力。领导者的语言表达能力是领导力最为直接的体现。领导者所能取得的业绩的大小，一定程度上取决于领导者的语言表达力的高低。因此，领导者要注重对自己语言表达能力的培养和提升，主要掌握以下原则：一是表达方式和内容合适，做到内容贴切、话语真实、方式简明；二是表达得体并有礼貌，选择的表达方式和语汇要切实对象和身份，符合语言环境，态度要谦虚，神情要文雅；三是要表达准确，用词和发音要准确，要避免使用有歧义的表达方式；四是要通俗而简洁，表达要平易自然，语句要凝练。

第七，致力于提高领导者的创新能力。创新是社会发展的原动力，创新能力也是领导力的激发点。领导创新能力包括发现新问题的洞察力，拓展思路的探索力，已有经验的借鉴力，远见卓识的预见力和探求新知的思考力。领导者提高创新能力需要培养主动好奇、自信心、独立性、想象力、严密性、变通性等个性特质；需要掌握发散思维、聚合思维等科学的创新思维方法；需要掌握还原法、列举法和演绎法等创新技法；需要经常进行创新思维训练。

第八，不断提升领导者的学习力。领导力不是与生俱来的，而是通过学习和实践产生的。可以说，领导力的核心是学习力。领导学习力是指领导者具备的有效学习的能力，领导者带领其他成员不断寻求解决问题的新方法，进行变革创新的能力，已经成为一种新的领导理念。要提升领导者的学习力，领导者就要保持旺盛的学习热情，并积极创造浓厚的学习氛围；要善于在实际工作中总结、提高、创新；要不断提高自身的文化知识层次和调整知识结构。

【本章重点】

- 领导文化的含义与特征
- 领导文化的内容
- 领导文化的现代化
- 领导力的特征与内容
- 领导力形成的基础
- 领导力的培养与提升

【关键概念】

领导文化　主观性领导文化　规范性领导文化　领导文化现代化　行政文化　政治文化　领导力　领导执行力

【复习思考题】

1. 如何理解领导文化的内涵？
2. 领导文化有哪些现实意义？
3. 什么是领导力？领导力形成的基础是什么？
4. 你身边发现有领导力的领导者了么？怎样理解领导力是一种影响力？
5. 领导者可以通过哪些途径进行领导力开发？

【推荐阅读】

- 孙健:《领导科学》,天津:南开大学出版社,2008 年版。
- 史蒂芬·迪夫:《影响力》,常桦译,延边:延边人民出版社,2003 年版。
- 贺善侃:《解读和谐社会领导力》,上海:上海人民出版社,2009 年版。
- 亚特·宏恩:《领导力:平衡工作关系与目标》,季晶晶译,北京:经济管理出版社,2001 年版。
- 王乐夫:《领导学:理论、实践与方法》,广州:中山大学出版社,2006 年版。
- 朱立言:《领导科学与领导艺术》,北京:中国人事出版社,2008 年版。

第 12 章

领导绩效与测评

领导绩效是领导能力和管理水平在实践中的综合反映，是衡量和检验领导活动成效的重要指标。任何领导活动都希望以最小的成本获取最好的领导绩效。改善和提升领导绩效需要对领导绩效的真实情况有准确的了解。准确认识领导绩效首先需要以科学、合理的方法对领导绩效进行客观、全面的测评。在认识领导绩效真实状态的同时，需要认真分析影响领导绩效的各种因素，进而找到提升和改善领导绩效的各种途径，最终提高领导绩效，保证领导工作的高效运行和组织目标的有效实现。

12.1　领导绩效概述

12.1.1　领导绩效的含义与特征

(1) 领导绩效的含义

无论哪个领域的管理活动，绩效都是其所追求的目标，可以说，对管理活动的科学研究就是源自于人类对绩效的追求。领导工作是管理活动中的基本工作，领导绩效是管理绩效的重要内容。从广义层面理解，管理绩效是绩效在管理活动中的具体表现。因此，要想了解领导绩效的含义，首先需要了解绩效的基本内涵，因为从管理活动的一般意义上而言，领导绩效是由绩效衍生出来的，或者说是绩效的一个具体形态。只有先明确了绩效的一般内涵，才能更准确地揭示和把握领导绩效的含义。

a. 绩效

“绩效”这一概念出现较早，在中国古代的选官制度中就已经出现“绩效”二字。如《后汉书・郑孔荀列传》中就有“原其绩效，足享高爵”的记载，即考察官员的绩效优势以看其是否足以担任高的官职。而《旧唐书・夏侯孜传》中也提到“录其绩效，擢处钧衡”，也就是说，把一个官吏的绩效记录存档，根据其具体情况以提拔到合适的官位。换言之，一个官员的工作绩效是这个官员得到提拔的重要依据。

在《现代汉语词典》中，绩效是指“成绩、成效”。“成绩”是指“工作或学习的收获”，它强调对工作或学习结果的主观评价；而“成效”则是指“功效、效果”，它强调工作或学习所造成的客观后果和影响。因此，“绩效”就是二者的综合，是指“工作或学习的收获和效果”。显然，这里的绩效含义重点关注的是活动结果。在英文中，“performance”（即绩效）一词的原意是“履行”、“执行”、“表现”、“行为”、“完成”，引申为“作为”、“成就”、“成果”或“业绩”，这里的绩效含义更加的偏向行动过程。由此可见，单纯从语言学的角度看，绩效表现为一个综合复杂的语义范畴。“绩效”一词在中文和英文语境中的含义基本一致，即都包含有成绩和成效（效益）的意思，是指一定的组织及其成员在组织活动过程中所获得的结果和贡献。它是组织结构及组织成员知识、能力、技能等各种因素的综合反映，是一个动态呈现的综合体系，是一切管理活动的出发点和归宿。

绩效概念在不同的活动领域又表现出不同的含义。在管理活动领域，用在经济管理活动方面，是指社会经济管理活动的结果和成效；用在人力资源管理方面，是指主体行为或者结果中的投入产出比；用在公共部门管理中来衡量政府活动的效果，则是一个包含经济、效用、服务、公平等多元目标在内的综合概念。

b. 领导绩效

对于领导绩效的含义，我国学术界尚无统一的定论，大家仁者见仁，智者见智。有学者从领导行为的结果出发，认为“领导绩效是指领导者实施领导活动所取得的成绩与效果，或领导行为的作用所产生的客观结果。它是领导素质、领导决策、领导用人、领导思想政治工作和领导艺术等方面的综合体现”①。有学者从预期目标出发来衡量领导绩效，认为“领导绩效的具体含义，是指领导活动中的投入与产出之比，即消耗与效果之间的比例，也指在完成和实现既定目标时所取得的成就的程度。作为一个完整的领导绩效的定义，主要看领导行为是否能实现领导目标，同时也要看在领导活动中所付出的实际代价和费用”②。还有学者认为“所谓领导绩效，是领导者实施领导活动的行为能力、工作状态和结果的总和，即领导者进行领导活动的效率、效果、能力、成绩、业绩的通称。有学者也把它称为领导效能。它是对领导者的领导活动进行全面、正确评价的一项综合指标”③。从对领导效能的含义看，有学者认为“所谓领导效能就是指领导者在实施领导过程中的行为能力、工作状态和工作结果，即实现领导目标的领导能力和所获得的领导效率与领导效益的系统综合”④。还有学者认为“领导效能是评价领导活动有效性的基本维度，它是指组织中的领导者实施领导活动的目标和现实绩效之间的接近程度，它反映为领导活动进行的状态和结果”⑤。综合以上定义，我们至少会发现三个共同点：第一，基本上都强调领导绩

① 胡悌云：《领导科学通览》，北京：人民出版社，1992 年版，第 570 页。

② 李永林：《领导科学教程》，太原：山西人民出版社，1992 年版，第 309 页。

③ 黄强：《领导科学》，北京：高等教育出版社，1992 年版，第 305 页。

④ 刘建军：《领导学原理——科学与艺术》，上海：复旦大学出版社，2001 年版，第 302 页。

⑤ 苏保忠：《领导科学与艺术》，北京：清华大学出版社，2009 年版，第 212 页。

效的主体是领导者与领导工作的统一；第二，都强调了领导绩效的综合性、系统性；第三，都把效果、效益、效率看作领导绩效的主要内容，只是在具体内容方面有的强调目标完成程度，有的强调活动有效性，有的强调工作过程或者领导能力。在总结了各种领导绩效的定义后，我们认为领导绩效是领导者在领导工作过程中的领导能力、工作业绩、管理效益的综合体现，是综合运用各种手段以最少的成本投入对预期组织目标的完成程度。完成程度越高，效果越好，领导绩效就越高，反之领导绩效就越低。

领导工作是一项极为特殊、复杂的社会活动。它涉及方方面面的因素，受多种多样条件的制约，由此决定了领导绩效是一个高度综合性的复杂体系。在这样的内涵认识中，领导绩效首先是一个动态的过程，而不仅仅是静态的结果，结果是衡量领导绩效的重要内容，但不是唯一的内容，领导绩效表现在领导工作的开始与结束；领导绩效包含综合的内容，而不仅仅以目标完成为唯一标准，还要包括产品质量、领导影响力、员工满意度等各种方面的考量。领导绩效不仅是对领导工作的衡量，而且包含对领导者的评价，它既是领导者履行职能、完成领导任务的活动过程，又是领导者的领导能力和水平在领导活动中集中表现的结晶；既是领导者实施领导、实现组织目标的质量、数量指标的体现，又是领导者实施领导所产生的客观价值——对组织、对社会的贡献的实际体现。

(2) 领导绩效的基本特征

领导绩效不同于其他一般管理工作绩效，它是有以下五个方面的特征。

a. 目标性

领导活动具有明确的目的性。领导绩效是领导目标的现实化，是领导目标的集中体现。目标因素是构成领导绩效的首要因素。领导活动的目标是否明确，是否科学，是否可行，能否为组织及其成员所认同，是能否实现和提高领导绩效的基本前提。正确合理的领导目标，不仅可以指引航向、凝聚人心、振奋精神，而且可以提高绩效。没有正确的领导目标，就不可能有好的领导绩效。如果目标错了，效率再高，也只能产生负效应。例如，一个工人在一定时间内生产的产品质量好、数量多，则可以肯定他的劳动效率高。可是，这些产品不适合市场需求，无法转化为现实的价值，甚至由于产品压库，使得生产难以继续，工厂濒临倒闭，这对于一个厂长来说，就没有什么领导绩效可言，获得的只是负效果。

b. 基础性

领导绩效是组织生存和发展的基础。领导绩效是领导者能力和水平的综合体现，反映了组织目标实现的程度。任何组织都有一定的使命和功能，其绩效正是组织功能发挥程度的表现，因此，任何组织都必须以其绩效作为存在的依据，没有绩效就意味着组织失去了存在下去的基础。组织不仅必须具有一定的绩效，而且必须不断扩大与提高绩效，这样，组织才能在激烈的竞争中生存和发展。

c. 系统性

领导绩效的形成是主客观多种因素共同作用的结果，其中，既有领导者个人的因素，也有上级领导的支持，同级兄弟单位和部门的配合，下属的拥护；既有领导班子的团结努力，也有前任领导的工作基础以及自然环境资源等诸方面的因素。因此，领导绩效具有鲜明的系统性，必须从整体上系统地对它进行分析、理解和评价。

d. 继承性

从表面上看，领导绩效是某一领导者在特定的时期和客观条件下进行领导工作所取得的实际效果，但实际上，这些领导绩效的取得，是在前人或前任已进行的工作或已创造的条件的基础上取得的。而且，某一领导群体或某一领导个体，在某一特定的时间和空间里所取得的领导绩效，又会为后任领导群体或领导个体取得领导绩效提供条件。可以说，任何领导绩效的创造，都离不开前人的工作基础和积累，并且任何领导者的工作绩效，在客观上又都不可避免地为后任的工作提供一定的基础。社会的发展、组织的壮大正是这样不断积累的结果。而这种发展就表现为领导绩效的历史连续性、继承性的特征。一个具有较高素质的领导者，应当能够正确认识自己领导绩效的历史继承性、连续性，应该谦虚谨慎，客观评价和学习前任领导者，热情培育和扶持后继者，以创造更好的领导绩效。

e. 客观性

领导绩效主要是指领导者进行的活动所产生的结果，这种结果的产生和存在是不以人们的主观意志为转移的。虽然一项领导活动是否具有绩效性要经过一定的考核和评估，而这种考评具有一定的价值取向性，但领导活动所产生的结果是任何人都无法改变的，不管它的绩效高低。领导绩效的客观性要求领导者必须具有高度的责任感，勤政廉政，兢兢业业，认认真真做好领导工作。任何领导活动都会对组织和社会的发展、对个人的命运前途产生重要的客观影响。

12.1.2 领导绩效的构成要素与分类

(1) 领导绩效的构成要素

a. 领导目标

计划是管理的基本职能。设定目标是计划工作的核心内容。目标是所有管理活动的前提条件。领导目标是领导活动要达到的预期目的，是构成领导绩效的核心内容，是实现领导绩效的出发点和归宿。领导目标正确与否是决定能否取得领导绩效的关键，领导目标的实现程度是衡量领导绩效的客观尺度。因此，衡量领导绩效，主要看领导目标的实现程度。离开了领导目标，就谈不上领导绩效。

b. 领导素质

领导素质是领导者进行领导工作需要具备的各项胜任条件，是领导人员自身所具有的知识、能力、经验、性格等基本条件，是领导者实现领导目标、提高领导绩效的基本保证。没有良好的领导素质作保证，领导者在具体的工作过程中就可能没有能力解决各种各样的管理问题，也就无法保证较高的领导绩效与目标的实现。

c. 领导效率

效率就是工作量与时间之比，以最少的时间办更多的事情，效率就高。领导效率是指领导者或领导集团在单位时间内完成工作任务的数量和质量，是已经实现的领导任务或目标与所花费的时间之比，即完成一定数量和质量的领导任务或目标的速度。领导效率可以直接以数量分析方法反映出领导工作的速度、节奏和频率，还可以评估领导者的领导实践能力发挥的程度，从而看出在领导条件和环境大体相同的情况下，由于领导者的自身能力、工作态度、素养等方面的差距而产生的不同的工作效率。

d. 领导效果

效果是指行为产生的有效的结果或成果，是指实践中的客观后果。效果是动机的体现，又是检验动机的标准。领导效果是指领导者实施领导活动所产生的有效结果或成果。它是对领导活动中实际成绩的直接反映，是高效、低效或无效领导的显著标志。一般地说，效果是一个广为应用的概念，如果说领导活动是领导者的实践行为，那么，体现这种作为物质运动过程的实践结果即为效果，这种效果与实践的目的是紧密相连的。所以，领导效果通常被认为是领导者的工作实绩，由于领导工作的层次不同、部门不同、行业不同，表现领导效果的方式、内容和程度也是不尽相同的，但最根本的是看其物质成果和精神成果。因此，衡量领导效果要统筹考量领导者所处的地位、部门、行业等具体内容，从而进行综合性的、有比较的整体分析。

e. 领导效益

效益是指投入与产出之比。领导效益是指领导活动投入与领导活动结果之比，即领导工作的最终成果及其对社会的影响，是领导绩效最本质的内容。领导效益是通过领导活动所产生的直接或间接的经济价值、政治价值、科学价值、社会价值反映出来的，因而，它包括经济效益、政治效益、文化效益、社会效益等综合性指标。也就是说，领导效益和领导效果不同，它不仅表现为领导活动的最终成果，而且表现为领导工作创造的客观价值，表现为对社会经济、政治、文化生活所产生的一系列作用、影响及其程度。所以，领导效益是一个动态的、社会的、历史的概念。

领导绩效的各要素之间相互联系、相互制约、相互促进。领导绩效作为领导者在领导实践中表现或发挥出来的实践能力的结晶，是以领导目标、领导效率、领导效果和领导效益为根本依据的。当然，实现预定目标的程度是衡量领导绩效最重要的指标。虽然如士气和工作满意感等其他评价领导绩效的标准也很重要，但就领导学的原理来看，领导绩效必须限定在领导任务或实现目标的范围内，这是由以下原因所决定的：一是工作群体与组织的基本目标是完成上级组织赋予的或者群体组织成员自己制定的任务；二是群体或组织达到预期目标的程度决定了群体或组织的成功与失败。

(2) 领导绩效的类型

从不同的分类角度，根据不同的分类标准，可以将领导绩效分为不同的类型，这种分类研究有助于对领导绩效的深入分析。

根据领导绩效的性质不同，可以将领导绩效分为正绩效和负绩效。如果领导者进行的领导工作与组织的整体目标一致，有利于组织目标的更好实现，那么这种领导绩效就是正绩效；反之，如果领导者没有认清组织目标的根本性质与核心要求，或者因为其他原因无法使领导活动与组织目标向着同一方向前进，以至于阻碍了组织目标的实现，那么这种领导绩效就表现为负绩效。通常意义上的领导绩效指领导正绩效，而领导负绩效则被认为是领导无能。

根据领导绩效的范围不同，我们可以将领导绩效分为集体的领导绩效和个体的领导绩效。集体的领导绩效主要是衡量一个组织中核心领导集体成员的共同绩效，主要揭示领导集体之间的团队合作、协调沟通、团体协作与组织目标实现之间的关系。个体的领导绩效专注于领导个体的领导工作与组织目标实现之间的关系。

根据领导绩效的存在形式不同，可以将领导绩效分为潜在的领导绩效与显性的领导绩效。潜在领导绩效指在领导绩效中处于潜伏状态，没有转化为实际绩效的功能部分。如在领导活动过程中，有一些领导工作由于领导环境的改变、领导战略或方式的改变等，其价值没有适时表现出来，而是蕴藏在组织内部，在以后的管理过程中才会逐步显露出来。在领导个体方面，领导能力与素质的训练或培养也有助于提高领导的潜在绩效。我们通常所说的领导绩效主要是显现出来的领导绩效部分，这是变为现实的可以衡量的或者可以感受得到的绩效成果。

12.1.3 领导绩效的基本内容与作用

(1) 领导绩效的基本内容

领导绩效是一个综合指标，它包含许多具体的内容。从不同的角度、按不同的标准，可以划分为不同的绩效类别。从一般意义上看，领导绩效大致包括决策与执行绩效、人事绩效、时间绩效、组织的整体贡献绩效等，以此表现领导绩效的工作能力、工作态度与工作业绩。

a. 决策与执行绩效

赫伯特·西蒙提出"管理就是决策"，领导者从事管理的主要工作内容就是针对管理过程中的各种问题，做出相应的决策并指导实施。决策与执行绩效就是指领导者制定决策、处理事务的能力、效率和效益，主要包括决策尤其是战略决策的制定能力与执行能力。领导者是领导活动的组织者和发动者，在组织中发挥着指挥、计划、组织、协调、沟通的重要作用，领导者决策和执行的绩效将直接决定领导活动的成效。因此，领导者办事的效果如何，关系到整个组织的前途和命运。这也是当今几乎所有的组织系统把领导者的决策和执行绩效放在首要地位的原因所在。

b. 人事绩效

人事绩效是指领导者选配、组织、使用有关人员的能力和效果。领导行为与目标之间的间接性是领导活动不同于其他社会活动的最为重要的特征。因此，人员的调配与使用就显得尤为重要。"为政之要，贵在得人"，领导者的核心工作就在于发现人才、选拔人才、培养人才、使用人才。人员的选配和使用，不仅仅关系到每个成员的主动性、积极性、创造性的发挥，也关系到整个组织的整体贡献。所以，领导者的用人情况也是考察领导绩效的一个重要指标。人事绩效的评价可以从两个方面进行：一方面在于是否知人善任，做到用当其才，用当其时，其中最重要的一点在于领导者是否能够发现并培训适合自己的接班人；另一方面在于下属实际工作中的能力与其潜在能力相比发挥的程度，从这个意义上讲，领导工作的重要内容就在于为下属创设丰富多彩的工作环境，增进沟通，强化激励，挖掘下属的潜在能力。

c. 时间管理绩效

时间管理绩效是衡量领导者管理、利用时间的尺度。时间是一种不可再生资源，具有不可逆转、不可储存的一维性。人类的一切劳动成果都是在一定的时间内完成的，领导活动也不例外。时间对于领导者是无比珍贵的，领导者必须学会使用和节约时间，实现时间价值的最大化，使领导者利用时间的绩效发挥到极致，这对于领导者和整个组织来说都是至关重要的。时间管理绩效，不仅会影响到领导的职能活动，而且最终还会影响到组织的整体贡献。因此，领导者必须形成时间观念，必须重视时间管理，将日常工作内容如开会、谈判、现场管理、调查谈话、阅读文件等活动进行合理安排，同时预留适当的时间用于对组织整体发展的战略思考。

d. 组织的整体贡献绩效

组织的整体贡献绩效是指在领导者领导组织成员完成组织目标的过程中的贡献程度以及组织目标的实现程度。它是领导者与被领导者追求的共同目标，但是对于领导者来说具有更重要的价值与意义。在很大程度上，组织的整体贡献绩效的高低决定着领导绩效的高低，乃至领导工作的成败。在任何一级领导组织内部，都存在个体与组织的关系，都存在分工与合作。因此，领导者的领导绩效不仅反映在个人所负责的部门工作和单个领域中，而且最终要通过整体贡献的大小体现出来。也就是说，领导者的用人效能、办事效能和时间效能，最终都会在组织的整体贡献效能中体现出来。

(2) 领导绩效的作用

a. 控制作用

领导活动贯穿管理过程中的计划、组织、指挥、协调、激励、控制等各项职能活动，因此领导绩效也表现在领导者对各项职能活动的管理过程中。从这个意义上说，领导绩效与领导活动一样都是管理活动的出发点与归宿。这样，我们就可以用领导绩效控制领导者的各项活动，衡量领导者的各项工作和任务的完成情况，发现各项工作的不足与缺失，进而纠正偏差，使领导工作始终与组织目标的实现方向保持一致，确保管理的良好进行与组织的有序运转。

b. 识别作用

个体的领导者在领导素质、领导能力、领导水平等方面都存在差异，这些方面的差异会在领导绩效方面得到综合体现，换言之，领导绩效可以为正确识别领导者提供更为客观的科学依据。通过领导绩效可以区分领导者在各个方面的差异，了解领导者的工作胜任程度，发现领导者的长处与缺点。这样，一方面有助于对领导者的进一步培养与训练，或者增强领导者工作与职位安排的合理性与针对性；另一方面也为提拔、任免、奖惩不同层次的领导者提供依据，避免人事任免的主观随意性。

c. 激励作用

领导绩效是对领导者及其领导工作的衡量。领导者的知识水平、能力修养、方式方法、人格魅力等是千差万别的，领导绩效也会有很大的差异，这种差别除了可以识别领导者外，领导绩效的结果也会对领导者产生激励效应。对于领导绩效比较好、业绩比较突出的领导者而言，较高的领导绩效会产生很好的正强化，进而促使领导者更加努力，将领导绩效保持在更高水平；对于领导绩效结果比较差的领导者而言，较差的领导绩效会产生强烈的负强化，形成无形的心理压力，促使领导者反思自身的落后与不足，努力改正，提升领导能力与水平，改进与提高领导绩效。

d. 规范作用

领导者是组织中的核心角色，是实现组织目标的关键人物。在组织管理过程中，领导者必须时刻思考在有限的组织资源与组织目标之间，如何用更少的组织资源实现组织目标，使组织行动更加有效与有力，这就需要实现尽可能高的领导绩效。领导绩效成为组织良好运转的标尺，只有更高的领导绩效才能更好地保证组织目标的顺利实现。这样，领导绩效就在无形中规范着领导人员的思维与行动，领导绩效水平促使领导者树立更为明确的绩效观念，时刻保持清醒的头脑，规范自己的行为，时刻注意消除对领导绩效的消极影响，确保各项组织任务的完成。

12.2 领导绩效测评

12.2.1 领导绩效测评的含义、类型与作用

(1) 领导绩效测评的含义

领导绩效是一切领导活动的出发点与归宿，是反映领导能力与领导工作成效的一项综合性指标。因此，把握领导绩效是实现领导目标、完成领导工作、提高领导水平的重要途径，这就需要对领导绩效进行全面、客观、公正的测量与评价。正如美国著名公共管理学者罗森布罗姆所说，如果你不能评估某项活动，你就无法管理它；更为正确的是，你评估什么你就得到什么。因此，领导绩效测评是进行组织管理、实现科学领导的重要内容与需要。从词义上看，“测评”一词包含有检测、测量、测试、测定并评价的意思。首先是“测”，“测”是指运用相应的具体技术手段和方法对测评对象的实际发展情况进行客观描述。其次是“评”，“评”是指依据一定的标准以及对测定对象的客观描述而对其价值做出确认。“测”与“评”既相对独立又相互联系，即两者相辅相成，互相作用，不可分割，共同构成了测评的一个完整过程。可以说，测量是领导绩效测评工作中最基本的一环，没有测量，评价就失去了客观依据。而没有评价，测量也就成了没有任何实际价值的无目的活动。

基于对测评的分析和认识，我们认为所谓领导绩效测评是指为实现预期目标，测评者运用多种方法对领导者在实施领导活动过程中的行为能力、工作状态和工作效果进行综合测定和评价的活动，具有三个主要特征。一是领导绩效测评是以预期的绩效目标为前提和依据的。衡量领导绩效最重要的指标是实现预定目标的程度，也就是说，如果没有设定预期的绩效目标，领导绩效测评也就无从谈起。此外，预期的绩效目标也是绩效测评的标准和测评指标体系设计的基本依据。二是领导绩效测评是多元价值标准的综合应用。

这意味着，对领导绩效进行测评应该坚持科学、公正、民主等基本价值。在测评过程中，主要表现为对领导者的素质、作风、行为特点等方面的综合评价中。三是领导绩效测评是一个动态过程。领导绩效测评是一套复杂、动态的测评制度体系，包括确定绩效测评目标、构建绩效测评标准和指标体系、搜集和整理绩效信息等一整套操作流程。

(2) 领导绩效测评的类型

从不同的角度、不同的层次、不同的方式方法对领导绩效进行测评，就形成了不同的领导绩效测评的类型。

a. 以测评主体为标准，可以分为上级测评、自我测评、群众测评和专家测评

上级测评就是由被测评者的上级领导或部门进行的绩效测评。在首长负责制领导体制下，上级对下级的绩效测评是上级领导的重要职责与重要的工作内容。自我测评即测评对象自己对自己进行的测评。自我测评既体现了组织民主，又体现了对测评对象的信任，还可以将自我测评与其他形式的测评结果进行比较，有利于测评对象的自我认知与自我改进。群众测评是由领导者的下属对其进行的测评，群众测评既是下属的权利体现，又可以获得更全面的测评结果。专家测评是从组织外部聘请测评专家对领导者进行的测评。这样的测评比较上述内部测评而言，具有更好的绩效测评的客观性。

以上这种分类侧重于由谁来做出测评，不同的测评人形成不同的测评类型。不同类型的测评又为掌握领导绩效提供了多角度的认识与评价，有利于对领导绩效的全面综合认识，因此在领导绩效测评中，在条件允许的情况下，结合不同类型的测评主体进行综合的绩效测评，可以达到更好的测评效果。

b. 以测评性质为标准，可以分为定性测评和定量测评

定性测评侧重于“质”，即测评者凭借自身的知识、经验对测评对象进行观察与认识，进而做出定性的评价，这是一种传统的测评方法。这种测评尽管简单易行，测评成本较低，但是主观性很强，其准确度和可信度也就会受到质疑，而且这种测评经常使测评流于形式，评价结果抽象而笼统。定量测评侧重于“量”，即测评者通过对测评对象进行量的测量，获取数据，进而通过对测量数据的科学分析获得对测评对象的最后评价。这种方法虽然科学客观，但是过于机械，测评程序复杂，操作难度较大，适用范围有限。

因此，在领导绩效测评中，应将定性测评与定量测评有机结合，既有数量分析，又形成定性判断，从而形成对测评对象的真实、全面的“描述”。

c. 以测评时间为标准，可以分为定期测评和不定期测评

定期测评是在一定期限内对测评对象进行的测评。一般而言，按照自然时间划出测评阶段，有日常测评、半年测评、年终测评等，按照职务时间还有届期测评。其中，年终测评和届期测评相对重要一些。相对而言，级别较低的领导者，测评期限常常较短，级别较高的领导者，测评期限较长。不定期测评主要是临时性测评，如为了突发性的工作需要，了解某方面的工作成效或者某种临时性的目的、针对性的问题，经常会选择不定期测评。

d. 以测评内容为标准，可以分为专项测评和综合测评

专项测评是基于对某项领导工作的认识或者特定的工作需要而对领导活动进行的测评，这种测评要求有详细深入的测评结果。综合测评则是对领导工作的全面整体的测评，

年终测评、届期测评等一般都需要进行综合测评。综合测评可以分为若干分项，在不同的时间段分别进行测评，最后进行综合总结，这样既能够达到专项测评的详细深入，又能够实现综合测评的全面综合。

此外，还有其他的测评类型，如按照不同的标准可以分为绝对标准测评和相对标准测评；按照测评的方式方法可以分为面试测评与笔试测评、直接测评与间接测评、个别测评与集体测评等。①

（3）领导绩效测评的作用

对领导绩效进行测评，从而全面掌握领导者个体和领导工作的能力水平与进展程度，这对于组织管理和领导者都有重要的意义。

a. 有助于考察领导者的领导水平，激励领导者自我完善与提高

领导绩效是考察、识别领导者的重要依据。领导者是组织的"头脑"，他的领导智慧与指挥才能直接反映在领导绩效中。通过对领导绩效的测评，可以对领导者形成比较全面、客观、综合的理性认识，解析领导者自身的优点与不足，激励领导者加深自我认识，加强自我反思，促使领导者勤奋努力，强化学习，丰富自身的知识，提升自己的能力与素养。同时，对领导绩效的测评结果可以帮助组织制订领导者的整体培养与训练计划，有组织、有计划地通过各种形式提升领导者的工作能力与指挥水平。

b. 有助于改进领导工作，深化对领导工作规律性的认识

领导工作主要是为了完成组织的任务，领导工作的成功与否直接影响着组织目标的实现程度。因此，领导工作的许多重要内容如计划、决策、指挥、协调等都是以领导绩效为出发点和最终归宿的。领导绩效是衡量领导工作成功与否的综合尺度。测评领导绩效就成为推动领导工作的重要动力，领导绩效的最终结果既促使领导者对自身的不断改进，也促进了领导工作的进一步改进，而且有助于领导者对领导工作的规律性认识，提高领导工作的科学化水平。

c. 有助于评析组织的整体绩效，促进管理水平的提高

领导绩效是组织整体绩效的核心组成部分，对领导绩效的测评在很大程度上就是对组织绩效的测评，因此从一定意义上讲，领导绩效测评结果揭示了组织绩效的真实水平与整体水平。当我们认识到组织绩效的真实状态与整体情况后，就可以有的放矢、扬长避短，改进组织系统中的不足与缺陷，尤其可以改善组织在领导体制、机制以及领导权力配置方面的不足，降低不必要的组织成本，提高组织系统的管理科学化水平。

12.2.2　领导绩效测评的原则、程序与指标构建

（1）领导绩效测评的原则

领导工作是一项科学性与艺术性相结合的工作。很多时候，领导工作是一项包含着

---

①　孙奎贞：《领导科学教程新编》，北京：中国人民公安大学出版社，2002年版，第313页。

超强勇气的开创性行为，其有效性会受到很多因素的影响。因此，要对领导绩效进行纯粹客观的测评是一项非常复杂的系统工程，这就要求我们在运用科学的理论和方法进行领导绩效测评时，还需要遵循一些重要的测评原则，以保证测评效果的正确性。

a. 规范原则

坚持规范原则就意味着在进行领导绩效测评的时候，需要有适应性的领导目标考核体系，健全的测评制度与章程以及科学合理的测评方法。首先，影响领导绩效的因素很多，测评不可能将所有因素全部包含，而只能选择关键部分进行测评。建立领导目标考核体系的目的在于，以领导任务和领导目标为绩效测评的核心内容与测评标准，进而形成可操作的测评指标体系，对领导者的领导绩效进行测评。这样就形成了对测评者与测评对象的双重规范，测评者有了进行测评的客观尺度，被测评者也有了接受测评的行动向标。所谓“适应性”就意味着对不同层级的领导绩效进行测评应当形成适当的目标体系，不同类别、不同级别应当有不同的标准，否则就会导致测评活动的混乱和测评结果的不准确。其次，测评制度规范了领导绩效测评的目的、范围、对象、要求、程序和期限等。健全的测评制度与章程是进行领导绩效测评的制度依据，是领导绩效测评活动常规化的制度保证，缺乏严格健全的领导绩效测评制度意味着增加了领导绩效测评活动的随意性，导致测评主管部门或者主管领导可以随意进行或者取消相应的绩效测评。最后，科学合理的测评方法是测评效果的技术性保证，无论定量的方法还是定性的方法，都从技术层面规定了测评活动的规范化、科学性与可操作性，其最终目的都是达到良好的测评效果，形成准确的测评结果。

b. 功绩原则

尽管领导绩效测评的内容很丰富，但是应该坚持以领导的实际工作业绩与组织贡献度为主要内容，坚持功绩原则，以此评价领导者的履职情况与德才素质。坚持功绩原则有助于加强测评工作的客观性与可操作性，有的工作成绩是看得见、摸得着的，其具体的工作内容、数量、质量、效率、效果都有比较明确的管理活动记录，形成了比较客观实际的数据、材料等，这些材料真实地表现了领导实际的工作绩效，有助于客观地进行绩效评价。坚持功绩原则的绩效测评可以引导领导者将自身注意力放在正确的发展方向上，有利于激励领导者在领导工作和管理活动中更加注重效率、效益的结合。改变“不求有功，但求无过”的消极观念，积极谋求工作业绩的提升。

c. 客观原则

领导绩效测评是对领导绩效实际状态的主观认识，是一种主观识别客观的活动。主观认识与客观存在之间必然存在相当的差距，要尽量缩短主观与客观之间的差距，如实反映领导绩效的实际状况，就必须坚持客观原则，以实事求是的态度对领导绩效进行测评，避免测评活动中极端化和倾向性偏差，保证测评结果的真实性。而要坚持客观原则，就要做到以下几点。首先，要求有公正的测评人员。测评人员需要具有为人正直、实事求是的基本品格，不臆造、不徇私。在测评中有一些测评人员的失误应当注意避免，如：以测评人为标准进行测评产生自我对比误差；受第一印象影响产生的晕轮效应导致测评误差；不同测评人对测评尺度的不同把握造成的分化差异导致的测评误差等，这就要求对测评人员进行严格的选择与培训。其次，尽量减少影响测评客观性的因素。采用统一的标准、规范的制度和科学的测评方法，避免因为测评指标、方法的不合理造成测评结果不能真实反映领导者工作绩效的全部状况。最后，要求保证测评所用的相关数据、资料是全面、真实的，这是坚持客观原则的基础条件。只有在掌握真实、全面的第一手材料的基础上，才能得出客观正确的测评结果。所谓材料的“全面、真实”意味着材料的收集要包括正面和负面的所有材料，要筛选、解析、剔除材料中的水分，要对材料进行归纳整理，去伪存真、去粗存精，形成正式的真实的测评材料。

d. 民主原则

领导活动的实际成效究竟如何，下属或者一般员工最有切身体会，他们的评价价值也最重要。因此，在领导绩效测评活动中，应该在测评过程和测评方式上，动员下属和一般员工参与和监督领导绩效测评，这就是在领导绩效测评中的民主原则。民主原则强调领导绩效测评“走群众路线”，听取下属群众的意见，让组织中的最了解情况、最有发言权的下属和一般员工参与测评。这样至少可以达到两方面的效果：一是促进组织成员对组织活动的积极参与，培养员工的团队精神与权利意识；二是促使组织领导增强对组织及成员的责任感和服务意识，改善领导者与被领导者的关系，融洽组织氛围。

民主原则包含三个方面的基本内容，即民主参与、民主公开与民主监督。首先是民主参与，即组织员工参与对领导者的民主评议和绩效测评。领导活动涉及组织的所有活动，影响组织中的所有员工，因此，尽管领导工作有较强的专业性，但是下属或一般员工对领导者的评价依然是衡量领导者绩效的重要参照系，它可以更为真实、客观的认识领导者的成绩与不足、贡献与错误，衡量领导者的业务水平、工作作风和道德品质等。其次是民主公开，即在领导绩效测评过程中，要将测评的所有事项如对象、时间、内容、程序、标准等公之于众，便于组织成员了解、参与和监督。在测评结束后，对测评结果应该及时公布，以便于成员掌握情况、便于领导者及时总结认识自身的优缺点并积极改进。最后是民主监督，测评过程中不可避免地受主观成分和人为因素的影响，甚至可能发生暗箱操作、徇私舞弊等不良状况，因此，应该发挥组织成员、群众对领导绩效测评工作的民主监督。民主监督主要包括对测评主体、测评过程和测评结果的监督，如测评主体是否正直、正当，测评过程是否科学、合理，测评结果是否客观、公正、符合实际等。民主监督既可以促使测评工作的顺利进行，又可以促进组织成员对组织和领导者的认同与支持。

（2）领导绩效测评的程序

领导绩效测评是一项复杂的系统性工程，必须遵循一套完整、科学的顺序和步骤，使之有组织、有计划、有步骤地进行，以确保其科学性。科学的领导绩效测评程序对保障领导绩效测评活动的顺利进行以及获得准确的测评结果有着重要意义。一是它规范了测评主体的行为，有利于控制测评权力的运行，可以有效防止对测评权力的滥用，确保测评行为的公正及准确。二是它通过对测评行为方式的恰当选择，测评步骤的合理安排，以及测评时效的严格要求，可以有力地保证测评活动的效率。三是它有效地保护了被测评者的合法及合理的权益。因此，领导绩效考评的程序应该依据有关的科学原理，并结合领导绩效测评的活动实践开展领导绩效测评活动。总体来看，领导绩效测评程序一般分为准备、实施、结束三个阶段。

a. 准备阶段

测评准备包括思想准备、组织准备和测评方案准备三个方面。它们是考评工作的基础和起点，也是考评工作得以顺利进行和卓有成效的前提。

第一，思想准备。搞好领导绩效测评与测评对象的理解、支持和配合有很大关系。如果被测评者思想上有顾虑，产生了对抗情绪，不能很好地配合，那么，测评工作就难以顺利进行，其客观性和公正性也就难以保证。此外，有些下属和公众也有可能因思想顾虑等原因对领导绩效测评心存顾虑，甚至不愿去参与考评。观念是行动的先导，思想意识是人们行为的逻辑起点。要想使领导绩效考评真正成为一项科学化与制度化的活动，并取得成功，首先必须依赖于对这项工作的重要意义的充分认识和把握。所以，在正式开展测评活动之前，我们应当进行一定的舆论准备和深入的宣传动员，通过舆论和宣传让相关人员明白测评的必要性与重要性，端正观念，打消顾虑，使之对测评工作形成充分、正确的认识。与此同时，为了得到多方面的理解、配合和监督，还要把测评中将要运用的具体方法、手段、标准，时间安排以及测评的具体内容等公布于众。

第二，组织准备。组织准备工作就是要将考评工作的机构、组织方式、人员配备、工作纪律等确定下来，必要时需要对有关工作人员进行理论上与方法上的短期培训。领导绩效测评需要依靠专门的测评理论和技术手段，因此，事先必须做好精心的组织准备。具体来说，领导绩效考评必须做好以下两项准备工作。一是要建立测评组织。测评工作的载体是测评组织，一个高效运转的测评组织是测评活动顺利进行的保证。根据领导绩效测评工作的特点和实际需要，测评组织应当在工作上具有相对独立性，这样才能排除各种干扰，保证测评过程及结果的客观公正。二是要配备合格的测评人员。测评人员应具有较高的素质要求，这是由领导测评的内容、目的和方法决定的。可以说，具有较高的政策水平和较强业务能力的测评人员是测评工作能够成功的重要保障之一。具体来说，就是要求测人员为人正派，办事公道，坚持原则，还能够熟练掌握和运用各种现代测评技术和手段。

第三，测评方案准备。测评方案准备就是对领导绩效测评的依据和目的、对象范围、具体内容、指标、标准、程序、方法、时间安排等进行计划和设计。即根据测评客体的具体情况，以及测评所要达到的不同目的，确定测评的具体内容和指标体系以及采取的不同方法等。测评方案的计划要力求做到全面、具体、可行，便于操作。首先，要注意测评指标。测评指标是根据绩效的内容而设计的，是领导绩效测评内容的载体和工具。测评人员设计的测评指标一定要明确而具体，具有较强的可操作性和针对性，并尽可能量化。为了充分保证测评的客观公正性和有效性，测评主体应该不断总结实践经验，在深入调查研究的基础上，制定出科学合理、具有针对性的领导绩效测评的内容和指标体系。其次，比较关键和重要的是测评标准。它在很大程度上决定着测评的结果，因此，测评标准要力求做到具体、明确、量化、统一，含义清楚，便于理解和操作。最后，对时间、方法、程序等的安排都要合理、可行、适中。

b. 实施阶段

实施测评阶段是整个领导绩效测评工作中最重要的阶段，其主要任务是利用各种调查手段，全面系统地收集领导活动的各种信息资料，并在此基础上进行认真的审核查验、系统地整理分类、统计分析，运用相应的测评方法，对领导绩效进行测评，做出测评结论。绩效测评的过程实际上就是一个收集信息、分析信息、做出判断、得出结论的过程。具体来讲，实施阶段可以分为测量评议和综合评价两个环节。

第一，测量评议。测量评议属于测评过程中的客观环节，其主要任务是运用具体的测量技术和手段测量测评对象的实际情况，并对其在领导活动中表现出的领导效能做出客观的描述。领导绩效的测量结果是对领导者做出评价的依据和基础，其客观性和真实性的程度如何在很大程度上决定着评测结果的公正性和准确性。为了保证测评结果的客观性和真实性，可以从以下几方面入手：

一是测评的态度要端正。测评工作既十分重要、复杂，又敏感、困难。测评者如果缺乏实事求是、认真负责的态度和精神，畏难、怕得罪人、或者主观臆断、将自己的个人好恶渗透于测评工作中，就很容易使测评工作流于形式，“轰轰烈烈走形式，认认真真走过场”，这样，就失去了绩效测评的初衷，不仅劳民伤财，而且会丧失人心。具体而言，测评者要全面把握信息，不能随意取舍。在分析研究过程中要多维度进行，既要避免片面性，只顾一点，不及其他，也要防止眉毛胡子一把抓，不分主次和重点。此外，在实施测评的过程中，测评者既要认真地按照事先所确定的测评方案有条不紊地进行，又要灵活机动，善于随机应变，妥善处理测评过程中所出现的意外情况，决不能死搬硬套，僵化守旧。

二是测评的方法要科学。从性质上来分类，测评方法可分为定性和定量两种。定性的分析方法主要是对事物“质”的方面的分析，它更侧重于对事物性质的描述，主观成分较多，缺少相应的数据依据。因此，为了使测量评议的结果更真实、客观、准确，在测量评议阶段，除了定性的分析方法之外，还应采用定量的分析方法，主要是建立数学模型，通过数理统计的方法获得数据，从而最大程度地保证测量结果的真实性、客观性和准确性。可以说，科学的测量方法是保证测量结果的全面性和科学性的关键环节。

三是在测量方式上要综合运用各种方法。要想实现对测评对象全面、立体的考察，就要在测量方式上注意多种方法的综合应用。我们可以综合应用以下几种方法。首先，自我测评。自我测评是测评工作中的一个非常重要的基础环节之一，它是指被测评者依据测评标准对各项测评项目逐一进行的自我测量。由于自己对自我的认识要比其他人深刻和全面，所以，这种方法的优点就在于它可以从其他角度获得别人无法得到的信息。但其缺点也是显而易见的，即自我测评较易出现评价过分偏高或偏低的现象，这主要是由于被测评者多少都会受到自身价值观以及防卫心理等因素的影响和干扰。这一问题可以通过加强实事求是精神的引导和提前设计好特定的自我测评问卷来解决。其次，民主测评。这是从更广泛的角度对领导者进行的全面考察，其目的在于从被领导者和其他领导者的视角，对被测评者从绩效表现等多个角度和多个层次进行充分的评价，保证测评结果做到实事求是。最后，组织测评。组织测评是指负责测评工作的组织和人员在被测者自我测评以及民主测评的基础上，以全面深入和客观慎重的态度，对被测者做出的有组织、有计划的检测和考察。这是测量评议的最后阶段，其测量结果是对被测者进行评价的主要依据。

四是测评的资料要真实可靠。真实性是领导绩效测评的生命。在测评的过程中，要尽可能地保证测评的基础数据和资料的真实准确，要认真审核、复查、验证，以确保测评结果的真实可靠。此外，所采用的测评基础数据、指标口径、评估方法、测评标准要前后一致，测评所得出的结论必须经得住实践和时间的检验。

五是测评过程要实施必要的监督。为了保证领导绩效测评的客观公正进行，并取得预期效果，有必要对测评过程实施全面的监督。一方面，测评过程要公开、透明，把它置于广大公众的监督之下；另一方面，应有必要的机构或人员进行全过程、全方位的跟踪监督，以防止任何一个环节的疏漏与失误。

第二，综合评价。综合评价是指依据一定的标准以及领导者的客观实际对领导者做出最终的评价和结论。它是整个测评工作的中心环节，目的就在于对领导者的绩效做出一定的评价。公正性和准确性是对综合评价阶段总的要求。要想达到这一目标，就必须做到以下几点。首先，要坚持以对被测者绩效的测量结果为评价依据。测量结果综合反映了被测者的实际情况，以测量结果为评价依据，可以最大程度地保证评价结论的公正性和准确性。其次，要以事先确定的测评标准为评价尺度。同样的测量结果会因为采用了不同的衡量标准而得出不同的结论。因此，为保证其公正性，就要严格执行统一的标准，决不能因人因事而异，随意放宽或收紧标准。最后，评价结论要确定，测评者要本着客观、慎重、全面、负责的精神，对被测评者的各方面表现做出全面、概括、准确的书面评语，评语要尽量简明扼要，概念清楚，不能有歧义。

c. 结束阶段

结束阶段包括以下几个环节：

第一，测评结果反馈与复核修正。测评者把最终的测评结论反馈给被测者本人，并认真听取其反馈意见。这样做的原因在于领导绩效测评的最终结果应当有利于领导绩效的改善。首先，测评结果可以产生正面的激励作用。在测评中，必然会发现被测评者的优点和长处，将测评结果反馈给领导者，对领导者成绩的肯定可以激励其再接再厉，不断开拓前进，以取得更大成绩。这是其正面意义。其次，测评结果可以使被测者受到鞭策。对领导者在工作过程中暴露的缺点与不足及时反馈，可以及时引起他的警醒，帮助他调整方向，改进工作方法，起到一定的鞭策作用。最后，测评结果的反馈增强了测评的透明度和公开性，在体现了民主性原则的同时，也有利于测评工作的顺利开展。此外，为了尽量避免可能发生的误评，确保测评的有效度，复核修正也是一道必不可少的程序。如果被测评者的反馈结果与测评结论有不同意见，那么，就要针对存有异议的部分及时组织复核，在深入调查与了解之后，维持或者修正原有的测评结论。领导绩效测评的准确性和科学性，通过这一环节可以进一步增强。

第二，测评总结。在领导绩效测评工作结束之后，要对此次的整个测评工作进行及时、全面、系统、客观地回顾总结，其目的在于吸取经验和教训，为以后的测评提供有价值的参考和借鉴，使领导绩效测评工作的水平和质量得到不断改进与完善。

第三，测评结果公布与资料存档。为了便于得到民众监督，测评者要根据初步结论和复核修正的结果，最终确定被测评者的绩效，然后将之公布于众。资料存档就是将整个测评工作中最后形成的书面或电子资料经过适当的技术处理后，分类归档，妥为保存，为以后的测评工作提供参考，使领导绩效测评工作形成日益完善而科学的系统。

(3) 领导绩效测评的指标体系构建

测评领导绩效需要构建测评指标，它是测评内容的具体化和操作化。一个指标基本上反映了领导绩效的一个方面，由多个指标相互依存、相互补充组成的有机整体就形成了领导绩效测评的指标体系。

领导绩效包含的内容非常复杂，因此对领导绩效进行完全科学、纯粹理性的测评几乎是不可能的。按照管理学中的“二八原理”，工作任务的80%主要依赖20%的工作行为完成，因此，我们只能够也只需要抽取关键行为和本质特征，以此为依据进行关键绩效指标的设定，就可以测评领导绩效的真实状态。

设定关键绩效指标应该遵循SMART原则：S(Specific)——明确性，指绩效指标应该切中特定工作目标，用具体的语言清楚地说明要达成的行为标准；M(Measurable)——可衡量性，指绩效指标是数量化或者行为化的，验证这些绩效指标的数据或者信息是可以获得的；A(Attainable)——可实现性，指绩效指标在付出努力的情况下可以实现，避免设立过高或过低的目标；R(Relevant)——相关性，指绩效指标是实实在在的，可以证明和观察；T(Time-bound)——时限性，注重绩效指标的特定期限，完成工作目标的时间限制。

一般而言，领导绩效包括的决策与执行、人事、时间管理等方面主要是表现了领导者的工作能力、工作态度与工作业绩三个主要的内容，结合这三方面内容，领导绩效的考核重点应是领导的品质、行为和结果。以此为依据，我们可以将测评指标分为德、能、勤、绩、廉五个一级指标。这也符合我国政府对行政领导绩效测评的要求和标准。其中，“德”主要指领导者的道德品质，可以具体化为职业道德、社会道德、政治品德等细化指标；“能”主要指领导者的综合工作能力与素质，这是产生领导行为的基础条件，可以具体化为业务能力、决策能力、学习能力、创新能力、协调能力、时间管理能力等细化指标；“勤”主要指领导者的工作作风与态度，基本上表现在日常领导工作中，可以具体化为出勤率、责任心、事业心、工作努力程度等细化指标；“绩”主要指领导者的工作实效，可以具体化为工作质量、工作数量、工作效果、工作效益、目标实现程度等细化指标；“廉”主要指领导者的廉洁程度，可以具体化为成员满意度、自律程度等细化指标。同时，需要给予这些指标不同的权重，按照功绩原则，“绩”应该是指标体系中最重要的，其权重系数也应该最大。然后按照测量数值和权重计算测评结果，进而可以将测评结果分为若干等级，以此表明领导绩效的差异。

当然，测评主体不同，指标设定与指标体系的构建也有很大的弹性与差异，但是无论如何，设定指标体系的关键都是指标描述的清晰化和质量标准的具体化，这样便于确定领导绩效的量化尺度，以更好地进行领导绩效测评。

12.2.3 领导绩效测评的方法

要想保证领导绩效测评的过程及结果的公正、客观和准确，除了要遵循一定的测评原则和标准外，还应该采用比较科学、适当的领导绩效测评方法或者手段。在长期实践中，我们逐渐形成了一些基本的考评方法，如平时测评和定期测评相结合，定性测评与定量测评相结合,组织测评与民主测评相结合等。为了适应新形势下出现的新的领导绩效测评需求,我们根据国内的具体测评方法发展的实际,并借鉴国外的先进理念和成功经验,摸索总结出了一系列较为全面合理、便于操作和实践的领导绩效测评考核方法。

(1) 目标对照法

目标对照法是指依照领导活动预先制定的目标体系及其完成情况评价领导工作绩效的方法。几乎所有领导者进行领导活动都是为了追求并希望达到一定的目标,因此,目标的正确与否和实现程度的高低既是领导绩效测评的重要内容,也是其基本的方法。可以说,目标对照法实际上是测评工作中最基本的要求,其他各种测评方法虽然在形式和做法上与之有一定区别,但在其本质上也都是以不同方式、从不同角度去做目标对照,各种方法之中都渗透着目标对照法。从这个意义上来讲,它是领导绩效测评的最基本的方法。

从目标对照法的定义可以看出,目标对照法的具体内容包括两个方面,即领导预定目标的正确性和领导目标的完成程度。具体来说可分为三个步骤。首先是目标的确定。目标对照法以目标为依据测评领导者,所以必须先要建立起一个目标体系,这是目标测评法有效开展的基础和前提。目标可以被分为若干个不同的层次,既包括组织目标与领导个人目标、全局性目标与局部性目标,也包括长远性目标与操作性目标。不同目标之间既要相互联系,又要明确分工,以形成有机的目标体系。此外,为了避免标准的含糊不清,目标要尽可能明确、具体、清晰,不要过于笼统和抽象。也就是说,目标要量化为一组次级指标体系,总目标与次级指标体系之间应有同构关系。同构的意思是,目标与次级指标之间确有内在关联,据此可以证明,达到次级指标中所列的数量水平,即是达到目的。其次是目标的测量。主要是指测定目标的正确性,以及运用具体技术和手段测量目标的实现程度。最后是分析比较。如果测量的目标实现度高,证明领导绩效好;反之,测量目标实现程度低,则说明领导绩效差。

采用目标对照法需要注意的是,在与目标的对照中,要考虑到客观环境因素对领导活动的影响与制约。在领导活动中,确实有些条件不是领导者完全能够控制的,客观环境因素的影响和制约在某些时候会对预定目标的实现产生较大影响。例如,能力平庸或较差的领导者有可能因为较为有利的外部环境而取得较大成绩,而一些能力较强的领导者却有可能因为某些难以预测和预防的外部环境变化而成绩平平。所以,在运用目标对照法时,要全面考量,不要忽视客观环境的影响因素。

(2) 民意测验法

民意测验法是一种在现代社会广泛采用的了解民意民情的测评方法,它是指采取投票、对话、问卷等方式对民众就领导者的绩效进行调查,并做出评价的方法。被领导者对领导者及其绩效最有发言权,最了解,感受也最深。利用民意测验法,一方面可以比较准确地考评领导者的绩效;另一方面,可以将领导者及其活动置于被领导者的监督之下,既有利于激发领导者的事业心、进取心与责任心,又有利于调动被领导者的主动性、积极性,增强其主人翁责任感。其主要方法如下。

a. 投票法

投票法就是按照优秀、良好、较好、一般、较差、差等几个等级由测评者对被测评者的绩效进行投票表决。这种方法的民众参与范围比较有弹性，可大可小。既可以在组织中的全体人员中进行，也可以在部分人员中进行。这种方法的优点在于比较简便易行，快速高效，省时省力，成本较低。其缺点是投票者之间容易相互影响，使测评的结果难以准确。此外，考评的内容较为简单，信息含量少，难以真正了解被测评者的详细情况，一般只用于对领导者的综合评价。

b. 对话法

对话法就是测评者选择熟悉情况的人员进行谈话或开小型座谈会，以面对面的对话方式直接了解领导绩效的方法。对话法需要注意三个基本要素，即人员要素、情景要素与对话方式。在人员要素方面，包括测评人员与谈话人员，测评人员需要提前准备问题提纲，而且应该事先进行对话预演，考虑到各种可能出现的状况，掌控对话局面。在谈话人员方面，最重要的是对谈话人员的选择，既要做到比较大范围的人员选择，体现谈话范围的全面性，又要在关键的直接的人员群体中选取，做到人员选择的有效性。同时按照与被测评人员工作距离的远近可以在不同层次的人员群体中选择相应的谈话人员，体现人员选择的层次性。在情景要素和对话方式方面，对话情景的设置非常重要，适宜的对话情景有利于对话的顺利开展，因为测评对象是领导者，因此谈话人员可能基于各种原因不愿说出真正的想法或看法，因此，应该根据所选人员的总体情况设置相应的谈话情景，一般而言可以分为个别谈话和座谈会两种形式。比较而言，个别谈话有更好的保密性，容易获得真实情况但是可能存在个体偏见，而座谈会收集的信息资料可能更为广泛与全面但是可能会给与会人员带来相互的影响以及较大的思想压力。最后在完成谈话后，需要整理相关谈话内容与资料，评估谈话效果。

总体而言，对话法的优点是直观、灵活、快捷、反馈及时；缺点是要求测评者具备较高的综合素质，尤其要掌握基本的访谈技术技巧，并具有敏锐的洞察力，而且适用范围有限，费时费力，成本高。

c. 问卷法

问卷法是一种量化测评方法，主要是指考评者根据考评内容与考评标准设置考评指标，设计考评问卷，然后由被调查人员填写，最后依据测评问卷数据来分析评价领导者的方法。问卷方法是民意测验方法中有效性与全面性比较高的一种考评方法，这种方法的评价结果的真实性与客观性也最高，因此在实践工作中经常被使用。

问卷法可以分为三个基本过程，即制定与发放问卷、填写与回收问卷、整理与分析问卷。在这三个基本过程中，问卷的设计与填写是重要环节，因为填写问卷的回答者的态度属于主观范畴，难以把握，因此问卷法是否有效只能依赖于问卷设计是否具有科学性。问卷设计的科学性有几点基本要求：首先，问卷的形式要规范完整，需要有前言、问题与结语；其次，问题设定要明确、清晰、具体、简明、客观，比较好的问题设定有助于问卷目的的实现，问卷设计好以后应该进行试测评并进一步修改；最后，确定问卷内容。

问卷法的优点在于范围广、信息全、简便易行、匿名性强、便于定量分析，结果较为客观。其缺点在于测评结果的有效性依赖于问卷设计的科学性与回答者态度的认真性与客观性，问卷的回收率较低。

(3) 专家评议法

专家是指对特定的工作具备专门知识和经验的人。专家评议法是指通过专家会议、专家意见征询表等一定的方式征求相关专家对被测评者的意见，然后对意见进行分析与综合。用一定的形式集中专家的意见，对领导绩效进行测评，是一项非常重要而且必要的方法。首先，专家的专业知识使他可以超越普通人的意识，容易理解领导活动自身的特殊要求，用“内行”的眼光来评价领导者。其次，因为他并不直接参与决策，因此又可以超脱某些人际关系的利害纠葛，站在公正的立场上评议领导者，具有“旁观者清”的优势。最后，从实施形式上来看，专家参与评议过程，对不同意见或观点进行讨论，有利于澄清事实，深入了解被测评者，除了完成评议任务外，还可以提出改进建议，提高评议活动的价值。

(4) 调查研究法

调查研究是我们开展工作的一种常用的方法，也是我们党历来强调的一种方法。这里说的调查研究，包括典型调查、走马观花、解剖麻雀、抽样统计等方式。要想做到调查准确、深入、客观，必须做到以下几方面。一是要有的放矢。在调查中要做到心中有数，分清主次，不能碰到什么抓什么，眉毛胡子一把抓。二要实事求是。实事求是是调查研究的灵魂，如果不能采取客观的态度，偏听偏信，戴着有色眼镜去观察、认识人或事物，那么就不会有好的调查效果，调查研究也会大打折扣。三要深入实际，持之以恒。调查只有深入实际，才可能获得比较真实、客观的情况。对一些有争议的情况，还要持之以恒地深入反复调查，因为一次调查往往不能说明问题。四要以科学为准则。测评者在调查研究过程中必须依靠科学，注重定性研究与定量研究的结合，还要注重系统研究方法的运用。

(5) 模拟情景测试法

在领导绩效测评工作中，如何从整体绩效中分离出领导者个人绩效是比较有难度的。但是有一个方法可以帮助人们思考、分析这一问题，即模拟情景测试法。这一方法是设置一个假设的类似工作的场景，被测试者按照给定的要求进行模拟操作，测试人员观察他的心理反应和行为表现，并依据这些观察对其能力做出评价。这一方法是国外一些国家在第二次世界大战中选拔军事人才时创造的，后来企业管理界引入了这一方法。目前，这一方法已成为很多国家和地区挑选和训练管理人员的重要方式。

模拟情景测试法主要有以下几种方式。一是公文处理。这是模拟测试最基本的方式。测评人员向被测者提供一个较为具体的公文，如财务报表、会议记录、信函等，要求被测试者当场模拟处理这个公文中所涉及的领导问题，看他在这方面的领导能力如何。二是小组讨论。这种方式主要由被测者自行推动。5～6 名被测试者组成一个小组，模拟党委会、企业董事会等，给予一个案例，各抒已见后，还要与其他人进行讨论。然后，每人均以主持人的身份写一份纪要，并做出处理决定，阐明理由。这样通过每个人的不同表现，就可以比较清楚地了解他们的能力和行为的特点。三是口试。依据被测试者的岗位特点设置一些题目，然后通过模拟记者招待会、答辩会等形式进行。通过这种方式可以看出被测试者的思维反应、思维逻辑、语言表达、业务水平以及举止风度等方面的表现。

模拟情景测试法的优点在于：一是体现了测评过程中主客观的有机结合，所以在世界各地广为流行；二是它最大可能地剔除了测评过程中极易产生的长官意志和个人好恶因素，体现了实践标准。然而，这种方法的缺点也是显而易见的，它具有一定的局限性。因为模拟情景同现实工作环境毕竟不同，现实的工作环境在时空上与各种因素有着千丝万缕的联系，无法控制其变量，而模拟情景则在一定程度上突破了时空条件的制约，在这种静态场景中测试的领导能力仅可作为一种参考。此外，这种方法还有费时费力，成本较高等缺点。

(6) 比较考评法

比较考评法是在常规的考评中加入比较因素的一种常用方法。它是指通过比较不同被测人员而确定其各自优劣顺序或好坏的测评方法。领导者与领导者之间是有差距的，这种差距是客观存在的，从比较的视角就可以比较清楚、直观地对他们做出评价。比较的方法是多维度的，可以进行纵向比较，如现在与过去比较，这次考评情况与上次考评情况比较、新班子与老班子的比较、年度间的比较等；可以进行横向比较，如同一领导组织中领导者之间的比较、不同领导组织的同类领导者、同类领导班子的比较等；可以比质或者比量；还可以比效率或者比效益等。

比较其实是确定和评价效果的重要依据，没有比较就没有评价。成绩大小，既是和预定目的相比较而言的，也是与同等条件下的“别人”相比较而言的。如果条件大致相同，别的领导者取得了更好的绩效成绩，那么相形之下，被测者的领导绩效就表示尚未取得应有效果。正确地运用比较方法，既可以较有说服力地评定领导者的绩效，又可以促使被测评者发现其自身的优点和不足，对其产生很好的激励作用，有利于提高其绩效。然而问题在于，现实生活中是没有条件完全相同的组织，所以，在使用这一方法时要选好参照系，以增强可比性和科学性，切不可生搬硬套、牵强附会，乱比一通。

(7) 统计分析法

统计分析法是一种定量的分析方法，具有精准性和客观性的特点。它是指把领导活动的目标尽可能地分解成各项指标，对照工作的实际效果，运用数学方式，建立数学模型，对各种数量关系及其资料进行数理统计、分析，检查领导任务的完成情况，对照工作的实际效果，在此基础上评价领导者工作绩效的一种方法。

统计分析法有很多种，下面主要介绍常用的两种。一是图标测评法，即用特制的测量尺来测量每一个因素，在此基础上算出总成绩的一种测量方法。其步骤是先确定测评项目，然后给每一个测评项目分别设立五个等次排列于测度尺上，运用测量尺评定各项分数，最后计算出各项分数和总分数。二是指标评分法，是指把测评指标分成相应的指标等级和分数，并以此为标准来衡量被测者的相应实际情况，得出量化结果，作为评价依据。

(8) 自我鉴定法

自我鉴定是指被测评者对自己的岗位职责、工作成绩、完成目标程度、工作失误及其原因、今后的打算和措施等情况加以评价的过程。然后，测评人员对自我鉴定报告进行评论，主要看其内容是否实事求是，测评人员对被测评者履行岗位职责以及所做贡献有何不同评价。这种自我鉴定，也是全面考核一个领导者不容忽视的一个侧面。

综上所述，领导绩效测评的方法多种多样，是一个纷繁复杂的有机体系。因此，在选择和使用各种方法时，要从实际出发，具体问题具体分析，讲求针对性、适用性和有效性。同时，领导绩效测评也是一个随着现实情况的发展而不断发展的事物，这就需要我们及时研究实践发展的新情况，重视对实践经验的理论总结和梳理，并在此基础上形成符合实际、具有时代特点的新的测评方法，不断充实和完善领导绩效测评体系。

12.3　领导绩效的提升

领导绩效测评的根本目的在于通过测评优化领导过程，改善领导结果，进而提升领导的绩效，促进领导绩效更好地发展。然而，领导活动却受到诸多因素的影响和制约，是一项极为复杂的社会活动，也就是说，领导活动中的各种因素都会影响和制约领导绩效的提升。因此，要探求领导绩效提升的途径，首要的是弄清楚究竟是哪些因素影响和制约着领导绩效，而后对症下药，从影响和制约的因素入手，建立起提升领导绩效的长效机制，并根据不断发展的领导活动实践进行完善。

12.3.1　影响和制约领导绩效提升的因素

影响和制约领导绩效提升的因素是多种多样的，具体来讲，主要有领导活动中的领导者、被领导者以及领导活动得以开展的资源和条件，此外，还包括领导目标、组织和领导环境等。

(1) 领导者因素

领导者因素是影响领导绩效的主体因素。领导者是领导活动的负责主体，他不仅要负责领导活动的一切计划、方针和政策的制订，方案的采用，问题的处理等，即常规的组织与协调工作，还要求有追求卓越的精神、克服万难的勇气和开拓奋进的能力。从领导者因素的角度而言，影响领导绩效的因素可以分为领导者的智力因素、非智力因素和才能因素。智力因素主要包括领导者的知识水平、战略能力、预见力和判断力等方面的内容；非智力因素包括领导形象、工作作风、领导者个性、情绪、思想观念等方面的内容；才能因素比较复杂，如领导者的业务能力、决策能力、协调控制能力、领导艺术等。

一个有效的领导者要能够激发起全体组织成员的内在潜力、鼓舞全体组织成员的士气，促使他们齐心协力、奋勇向前，共同完成组织的预定目标。这就对领导者的自身素质、领导能力、领导水平、领导艺术、领导方法等提出了更高的要求。如果领导者的各种能力不能与其所在的岗位相匹配，无法胜任领导工作，那么，组织成员的力量就难以被充分聚合，被领导者也会出现不信任感和涣散情绪，从而导致领导绩效的下降。需要注意的是，岗位和领导的能力是一一对应的关系，"高才低用"和"低才高用"都会影响到领导绩效的提升。只有两者的合理匹配才有可能使领导绩效达到比较好的效果。

(2) 被领导者因素

被领导者是领导活动的有机组成部分，是在领导活动中执行具体决策方案并实现领导目标的主要力量。可以说，任何领导活动的目标和任何领导的意图只有通过被领导者的领导活动实践才有可能变为现实。因而，同领导者一样，被领导者的各种能力也对领导活动有着重大影响，对领导绩效产生影响和制约。具体而言，被领导者因素主要包含以下几方面。一是被领导者的素质和能力。被领导者的素质和能力状况直接影响着领导目标、领导决策的落实状况，影响着领导成果的转化，是影响和制约领导绩效的重要因素。一般来说，被领导者的素质越高，能力越强，思想领悟也就越高，对领导意图、领导决策、领导指令的理解和接受能力也就越强，转化为实际行动的执行力也较强，那么，领导活动就能顺利进行并取得较高、较好的领导绩效。反之，如果被领导者的素质低，思想领悟差，对领导意图、领导决策、领导指令的理解和接受能力较弱，那么，领导起来就比较困难，领导意图、领导决策、领导指令就很难落到实处，因而领导绩效势必会受到影响。需要说明的是，不同行业对人的素质和能力的要求是不同的，但相同的是只有领导者充分合理地调动和使用被领导者的素质与能力，其威力才会显现出来，进而促进领导绩效的提升。二是被领导者的合力。领导者与被领导者两者之间的团结互助、通力合作是领导活动取得成效的重要保证，也是影响领导绩效的重要因素。在一个组织中，如果领导者的权威得到被领导者充分认可，那么，他们就会心甘情愿地服从领导者并与之通力合作，从而增强领导活动的有效性，提升领导绩效。反之，领导绩效就低。三是被领导者的目标认同程度。被领导者对组织的预定目标认同程度越高，他们在工作中就会越专注、越投入，领导绩效也随之提高。反之，如果被领导者对组织的预定目标认同程度较低，那么被领导者的积极性就会受挫，工作热情也会下降，被领导者的工作干劲受到影响，领导活动的效果就比较差，领导绩效自然也会受到影响。

(3) 领导目标因素

实现某种现实的目标是一切领导活动的目的，这种目标既是领导活动的一面旗帜，又是激励全体组织成员努力工作的强大动力。因此，领导目标是影响和制约领导绩效的一个重要因素。领导目标因素具体有以下几个方面。一是领导目标的明确程度。无论是哪一层级的目标都要尽可能做到明确无误，只有做到这一点，被领导者才能知晓工作的努力方向、把握重点和所要达到的程度，从而提升领导绩效。反之，不明确甚至有误的领导目标，易于使人误解，并误导人的行为，从而影响和制约领导绩效的提升。二是目标的难易程度。一个难易适度的领导目标是进行领导活动的基础，是给领导活动带来效益和效能的保障。如果一个目标定得过高，被领导者会觉得达成目标遥不可及，难以实现，那么他们就会失去完成目标的动力和激情，领导绩效也会随之受到影响。反之，如果领导目标定得过低，人们能够轻而易举地顺利完成，那么就会激不起他们的潜能和工作积极性，长此以往，也会影响领导绩效的提升。在现实生活中，经常存在的是目标定得过高的情况。主要原因在于领导目标不是秉持着实事求是的态度、科学严谨的精神去制定的，而是主观随意、好大喜功，从迎合上级的需要或某种不切实际的愿望出发，片面拔高目标，结果只能是不利于领导绩效的提升。三是领导目标的实现条件。领导目标的实现是需要消耗一定的人力、物力、财力等资源的，这些资源是实现领导目标的重要条件。如果领导目标的实施缺乏必要和充足的实现条件，那么再有价值的领导目标也难以实现，领导绩效更无从谈起。

(4) 领导组织因素

组织是实现某种目标的各种要素的有机集合体，是领导活动的载体，为领导活动提供了工作场域。任何领导活动都是在特定的组织中进行的，因此，领导组织的各种构成要素必然会对领导活动产生各种不同程度的影响，进而影响和制约领导绩效的提升。这也就意味着如果想要获取较好的领导绩效，领导者的行为及其领导活动必须适应组织既有的工作条件和工作环境，或者设法改变组织中的不利条件，创造有利于领导活动开展的组织环境。影响和制约领导绩效的组织因素有很多，我们主要介绍以下几个方面。一是组织结构。组织结构包括组织的部门结构、层次结构、人员结构和规章制度等。如果组织结构设置较为恰当、合理，那么就会有利于获取和提高领导绩效。反之，如果是部门重叠、人员配备不合理、规章制度不健全等不恰当、不合理的组织结构，就会影响领导活动的有效成果，制约领导效能。二是领导体制。领导体制是领导关系的制度化、体系化。在领导活动中，如果机构设置合理，领导权限的划分较为合理，约束机制和监督机制到位，人事等管理制度较为明确，那么就会保持或提高全体组织成员的工作积极性，促进领导职责、作用和功能的正常发挥，进而促使领导绩效的提升。反之，就会制约领导绩效的提升。三是领导集体。领导集体是领导活动的核心力量，也是决定和影响领导效能的重要因素。也就是说，领导集体的整体素质决定了领导活动的效能水平。如果领导集体的整体素质较高，即年龄结构、气质结构、知识结构、智能结构、能力结构等较为合理，那么就会取得良好的领导效果和领导效益。反之，如果领导集体的整体素质较低，那么不仅难以取得领导成果，反倒会阻碍领导绩效的提升。

(5) 领导环境因素

任何领导活动都是在一定的环境中展开的，不存在脱离一定环境的领导活动。领导环境是指制约或推动领导活动展开的各种自然要素和社会要素的组合。领导环境作为领导活动的一个基本要素，对于领导有效性的发挥具有极其重要的影响，其优劣直接影响到了领导绩效的提升。影响和制约领导绩效的因素有很多，我们主要把它分为内部环境和外部环境两个因素。首先是内部环境。内部环境是指由组织内部的各种要素组合形成的一种情势。它主要包括组织的性质和类别、组织内部的小传统、下属的成熟度、工作结构化程度、领导者的特质等诸要素。其次是外部环境。外部环境是指由组织以外的各种要素组合而成的情势。它包括政治权力的影响、经济发展的程度、社会心理的沉淀、外来文化影响程度的高低等要素。内部环境和外部环境并不是截然分开的两个相互独立运行的系统，而是处于一个不断相互影响、相互作用的动态过程当中的。外部环境不断对组织内部环境产生压力，而组织内部环境也不断抵制或适应着外部环境的变化和挑战。由此也可以看出，作为开放的一个体系，领导环境是充满了不确定性的，这就给领导活动的进行带来了相当大的挑战。面对领导环境的这种不确定性，领导者尽量减少环境因素的制约，并有效地驾驭和充分调动环境这一重要因素，是提高领导有效程度，进而提升领导绩效的关键所在。

12.3.2 提升领导绩效的途径

根据以上对影响和制约领导绩效提升的因素分析，可以看到，提升领导绩效的途径实质上应该是多种相关因素共同作用的动态过程，因此，也存在着多种领导绩效提升的路径和方法。我们认为，至少可以从以下几个方面来着手：

(1) 提高领导者素质，提升领导绩效

领导者是领导活动的主体，发挥着主导作用，领导绩效的高低与领导者的自身素质和领导者作用的发挥有着直接的关系。因此，要提升领导绩效，首要任务就是要提高领导者的自身素质。提高领导者素质可以重点从思想观念和能力素质两方面进行。一方面，领导者的思想观念包括思想品德和领导观念两层含义，领导者的权威来自于职务权力影响力和个人魅力影响力。领导者的思想品德是构成领导者的个人魅力影响力的重要组成部分，高尚的品德、强大的个人威望能够形成很高的感召力，进而团结和动员下属员工积极工作。领导观念支配着领导者的具体领导行为，落后的观念会导致领导行动的滞后性，先进的观念有助于领导工作的前瞻性。因此，提高领导绩效的首要工作就是提高领导者的思想品德和良好的观念。另一方面，领导者的能力素质是保证领导绩效的关键因素，因此，提升领导绩效必须重视提高领导者的能力素质。领导者的能力是以领导者生理、心理、知识、经验、技能等综合素质为基础的，是完成领导工作必备的多种能力的结合体。除了基本的知识、经验外，从管理的一般职能的角度而言，领导者需要的基本技能主要有决策计划能力、组织管理能力、指挥协调能力、应变控制能力等。决策计划能力需要领导者能够发现问题，创造性地提出可行性计划；组织管理能力需要领导者可以将计划转化为组织中的具体行动；指挥协调能力需要领导者能够有效地整合组织资源，动员下属积极工作，完成工作目标；应变控制能力需要领导者能够审时度势，适应变化，掌控组织的发展。

(2) 调动被领导者的主动性和创造性，提升领导绩效

领导者和被领导者是领导活动中的两种基本的相对性力量，领导者在领导绩效中发挥着主导作用，但是如果没有被领导者的认可、支持与配合，领导活动不可能顺利进行，工作目标也不可能成功实现，因此，调动被领导者的积极性、主动性和创造性也是提升领导绩效的重要途径。调动被领导者的积极性、主动性和创造性可以从参与管理和授权两方面进行。首先，参与管理，意即让被领导者参与管理的各个环节，尤其是参与组织决策环节。所谓“众人拾柴火焰高”，让被领导者参与管理，可以达到群策群力的效果，有助于领导者形成正确的领导决策，而正确的领导决策是领导绩效的根本保证。让被领导者参与管理可以增加被领导者对领导活动的了解和支持，促进领导工作的顺利进行。参与决策的被领导者会在心理上更加认同组织目标和领导任务，进而在行动上能够与领导者保持协调一致。其次，领导授权。这意味着领导者将特定任务交给被领导者负责执行，被领导者就具有了更多的领导权力，可以影响领导工作的最终实现程度。在领导活动中，领导者不可能事无巨细、面面俱到、全权掌控；而被领导者处于操作层面，直接面对实践中的各种问题，对许多工作有更多的认识。因此，授权既可以解放领导者，使之集中精力思考核心问题，又可以增强下属的责任感和效能感，调动他们的主动性和创造性，为完成任务做出积极贡献。同时还可以培养下属，增加领导者与被领导者之间的相互信任，而这些都有利于提升领导绩效。

(3) 改善组织环境，增进领导绩效

领导活动是组织活动中的一个主要活动，领导者的一切行为都是组织行为中的一个组成部分。因此，良好的领导绩效需要有良好的组织最为基础性载体。组织环境是影响和制约领导绩效的客观因素，也是领导活动的作用对象。组织环境包括外部环境和内部环境，外部环境因为复杂性和不确定性所以不便控制，所以，改善组织环境主要在于改善组织的内部环境。

改善组织的内部环境至少可以从三个方面进行，即组织目标、组织文化与组织制度。首先，确立现实可行的组织目标。在很大程度上，领导目标和组织目标是重合的，因此，确立现实可行的组织目标是改善领导绩效的第一步。“现实可行”需要领导者在目标制订时要符合组织的实际情况，这样制订出来的组织目标可以在给领导者带来压力和挑战的同时，也可以给领导者提供组织支持。同时应该根据组织环境的改变而进行适应性的修正，避免不确定性变动对组织目标的冲击，从而有效促进领导效率的提高。其次，塑造良好的组织文化氛围。组织文化是全体组织成员共同秉持的精神、理念和价值，它可以凝聚人心、激励创造、引导行动，这种精神动力可以创造出强大的现实效益。在良好的组织文化的精神作用下，领导者更容易对员工的行为进行约束和精神激励，更容易形成团结合作的组织氛围，也就能够更容易提升领导绩效。最后，创设公平合理的组织制度环境。组织制度规范着组织成员的行为，决定着成员的奖惩。公平合理的组织制度可以获得成员的认同和信服，增强组织合力。反之，则可能导致组织成员的抱怨、不满、反对和怨恨，进而影响组织效率。其中，最重要的是要有公平合理的选人和用人制度，尤其是对领导人员的选用、任用、提拔、奖惩制度。领导者的相关制度既是领导者的保障体系，又是领导者的行为依据，不仅是对领导者的激励，也是对潜在领导者人选的激励。因此，只有在公平合理的制度条件下，领导者才愿意并且也能够尽心尽责，勤奋工作，努力实现组织目标，获得组织的认可。

(4) 加强时间管理，提升领导绩效

时间是一种无弹性资源供给，每个人的时间都是宝贵的，领导者的时间更加宝贵。但是，领导者的时间经常不能够由自己支配和安排，领导者的时间经常花费在对常规性事件的处理中，组织中的任何人因为任何问题都有可能随时找到领导者，使得领导者将时间消耗在谈话、打电话、填写表格等日常活动中。这样的领导活动注定不会有很高的领导绩效。因此,高效地利用和管理时间是优秀领导者的重要特点,是保持和提升良好的领导绩效的重要保证。领导者只有实现了对时间的有效管理,才能真正获取时间的价值,进而获取更好的领导绩效。

有效地利用和管理时间,是领导者提升领导绩效必备的管理技巧。有学者提出了简单有效的管理时间的方法:首先,制作时间记录表,认识和分析时间的具体消耗情况,发现纯粹浪费时间的事项;其次,找出时间浪费的原因,如工作计划不合理、组织不健全、沟通方式或渠道不足等;最后,合理安排时间,将有限的时间资源配置在最重要的问题上。在合理安排时间的时候需要对各项工作进行排序,分清各项工作的轻重缓急,将最重要而紧急的事项排在工作计划的最前面,而那些不太紧急和不太重要的事情则放在工作计划的最后。另外,会议是领导工作的必然内容,是领导者进行日常管理的一个工具。在明茨伯格的"经理人时间表"中,会议占用了经理人员最多的时间,这就意味着会议管理是有效的时间管理的核心内容。因此,领导者应该在合理安排时间的时候,重点进行会议时间的安排。领导者需要考虑应不应该开会,如果必须开会,则应该尽可能也开小会、开短会,计算出会议的时间成本,提高会议的效率。

【本章重点】

- 领导绩效的含义与内容
- 领导绩效测评的原则与程序
- 提升领导绩效的途径

【关键概念】

领导绩效　领导绩效测评　领导目标　测评指标　时间管理

【复习思考题】

1. 如何认识领导绩效与组织绩效的关系?
2. 领导绩效的含义和构成要素是什么?
3. 试述领导绩效测评的原则。
4. 如何认识领导者的时间观念?
5. 目前我国对领导绩效的测评存在哪些问题?

【推荐阅读】

- 卓越:《政府绩效管理导论》,北京:清华大学出版社,2006 年版。
- 郭庆松、吴从环等:《领导人才素质及其测评》,北京:经济管理出版社,2003 年版。

后　记

领导学理论是20世纪80年代初在我国逐步发展起来的，经过近30年的研究发展，取得了一定的成就。在此基础上，本书从领导与管理相分离的角度，遵循我国领导活动的规律和特性，注重领导活动的科学性和艺术性的统一，探索适合我国"本土化"的领导学理论体系。

本书大纲由汪来杰拟定，编写组成员集体讨论修改而成。按照分工完成初稿：

第1章　导论	李艳荣
第2章　领导与领导本质	毕铁居、赵媛、鲁莹莹
第3章　领导思想与领导理论	汪来杰、崔玉丽
第4章　领导者与被领导者	毕铁居
第5章　领导素质与领导心理	李艳荣
第6章　领导形象与领导魅力	王晓一
第7章　领导责任与领导伦理	崔玉丽
第8章　领导决策与领导用人	郭　婕
第9章　领导体制与领导结构	郭　婕
第10章　领导方法与领导艺术	李有学
第11章　领导文化与领导力	王晓一
第12章　领导绩效与测评	韩晓静

郭婕、李艳荣、崔玉丽对部分章节进行了修改，最后由汪来杰统稿并审定。

本书在写作过程中，参考并借鉴了领导学界一些专家学者的最新研究成果，有些专家学者的观点可能被直接选用。本书的出版得到河南大学出版社的大力支持，责任编辑为此付出了心血。在此，我们一并表示感谢。

由于时间仓促，加上我们对领导学理论认识的局限性，书中难免有许多不足之处，敬请各位专家、学者以及广大读者给予批评指正。

编　者

2012年10月